中央编译局文库
Central Compilation and
Translation Bureau Literature

国家出版基金项目
NATIONAL PUBLICATION FOUNDATION

国家"十二五"重点图书

国际共产主义运动历史文献

第4卷

主　编　王学东
副主编　戴隆斌（常务）童建挺

共产主义者同盟文献（4）

本卷主编　童建挺

全国百佳出版社
中央编译出版社
Central Compilation & Translation Press

总　序

　　国际共产主义运动，是由以马克思主义为指导的无产阶级政党领导的国际性的无产阶级革命运动，其宗旨是推翻资产阶级统治和一切剥削制度，建立和发展社会主义制度，进而最终实现人的彻底解放，建立共产主义社会。

　　国际共产主义运动迄今已有一百六十多年的历史。19 世纪 40 年代，马克思、恩格斯在创立科学社会主义理论的同时，努力把它与当时西欧无产阶级的革命实践相结合，于 1847 年 6 月创建了第一个国际性的无产阶级政党——共产主义者同盟，亲自拟定并于 1848 年 2 月公开发表了同盟纲领《共产党宣言》。这标志着国际共产主义运动的兴起。

　　自从共产主义者同盟建立以来，历经第一国际（国际工人协会）、第二国际、第三国际（共产国际），国际共产主义运动由小到大、由弱到强，从西方推进到东方、从欧洲扩展到全球，终于突破资本主义链条上一个又一个薄弱环节，取得了社会主义由一国到多国的胜利。二战后社会主义阵营的建立、民族解放运动的胜利进军、社会主义国家革命与建设的重大成就，为国际共产主义运动史书写了辉煌的篇章。20 世纪末，由于东欧剧变、苏联解体，国际共产主义运动遭遇了严重挫折。但是，历史并没有因此而终结。由《共产党宣言》奠基的国际共产主义运动仍在曲折中前进。各资本主义国家中的共产党、工人党仍在不断探索无产阶级取得解放的道路；中国等社会主义国家仍继续高举社会主义伟大旗帜，为完善社会主义、最终实现共产主义而不懈奋斗。

国际共产主义运动一百六十多年跌宕起伏的发展历程，积累了卷帙浩繁的文献档案，留下了丰富的历史遗产。深入发掘和充分利用这些文献档案，对于我们准确地了解和把握国际共产主义运动的发展进程及各个时期的特点，科学地研究和总结国际共产主义运动丰富且宝贵的经验教训，具有极其重要的意义。特别是无产阶级国际组织，作为国际共产主义运动的重要载体，其文献档案对于国际共产主义运动史研究更是具有特殊的重要意义。

早在1984年春，中国国际共产主义运动史学会就发起编辑出版《国际共产主义运动史文献》。当时由中共中央编译局、中国社会科学院马列主义毛泽东思想研究所和近代史研究所、中共中央党校和中国人民大学等单位共同组建了编辑委员会。编委会商定：这套文献主要收编共产主义者同盟、第一国际、第二国际、第三国际、共产党和工人党情报局这五个国际组织已发表的全部文献档案，包括历次代表大会、代表会议和其他重要会议的记录、决议和有关文件；收编材料力求齐全；凡外国有选编完整的版本者，根据外国版本翻译；凡文件散见于外国不同出版物者，尽力搜集完整，组织力量统一编译；文件完全按照原件翻译，译文力求准确，不作修改删节，以便读者根据完整、准确的第一手材料了解这些国际组织的历史。在当时代管全国哲学社会科学基金的中国社会科学院科研局的资助下，经过编辑委员会、编译工作者和中国人民大学出版社的共同努力，这套文献于1986年开始陆续出版，截至1997年共出版了21卷。

到上世纪末，文献的编辑出版工作遇到了巨大困难。首先是编委会发生了重大变故，主编林基洲、副主编王颖和校纪英相继谢世；其次是出版经费难以为继。为继续出版这套文集，中国国际共产主义运动史学会多方努力，组成以会长顾锦屏为主编的新编委会，从全国哲学社会科学规划办公室争取到一笔资助，于1999—2001年又出版了两卷。此后，因缺乏经费，编辑出版工作完全陷于停顿。

2010 年，在中共中央编译局和中国国际共产主义运动史学会的鼎力支持下，中央编译出版社以这套文献申报国家出版基金项目，获得立项资助。中共中央编译局对此项目高度重视，在国家出版基金资助的基础上，给予了相应的资金支持，组建了新编委会，成立了专门机构负责文献整理和编辑工作，并将这套文献纳入“中央编译局文库”出版规划。

经新编委会研究决定，这套文献定名为《国际共产主义运动历史文献》，在其前身《国际共产主义运动史文献》的基础上重新编辑出版。通过进一步广泛搜集资料和适当改变编辑方式，新《文献》的资料更详尽、收文更齐全。例如，在原《文献》的某些卷次中，对已出版的马克思主义经典著作中译本只列目录，不收正文，而新《文献》则全部依据最新的中译本收录，以方便读者查阅。此外，《国际共产主义运动历史文献》扩大了文献资料的搜集和选材范围，采用开放式结构，规模暂定 60 卷，约 2500 万字。

中共中央编译局和中国国际共产主义运动史学会对这套文献的编辑出版工作给予了强有力的支持，中央编译出版社为这套文献的立项和出版做了大量艰苦细致的工作，文献的前两任编委会和编译工作者在十分困难的条件下为这套文献奠定了良好的基础，中国人民大学出版社为这套文献的重新编辑出版提供了帮助，在此一并表示衷心感谢。

《国际共产主义运动历史文献》

编辑委员会

2011 年 12 月 20 日

编辑说明

　　共产主义者同盟是马克思、恩格斯亲自创立的第一个国际性的无产阶级政党。它的建立及其纲领《共产党宣言》的发表，标志着国际共产主义运动的兴起。共产主义者同盟对推动国际共产主义运动的发展发挥了重要的历史作用。它是"一个极好的革命活动学校"，培养了第一批无产阶级革命家；它所从事的革命活动，为后人提供了宝贵的经验教训；《共产党宣言》提出的理论原则，一直是国际无产阶级解放运动的指南。

　　《共产主义者同盟文献》，是根据德国统一社会党中央马列主义研究院和苏共中央马列主义研究院集体编辑（编者：黑尔维希·弗德、马丁·洪特、叶菲姆·康捷尔、索菲亚·列维奥娃）、柏林狄茨出版社出版的德文本（Der Bund der Kommunisten, Dokumente und Materialien, Redaktion: Herwig Förder, Martin Hundt, Jefim Kandel, Sofia Lewiowa, Dietz Verlag Berlin）编译的。德文本分 3 卷出版，第 1 卷 1970 年出版，1983 年再版；第 2 卷 1982 年出版；第 3 卷 1984 年出版。

　　本书力求全面、完整地反映共产主义者同盟的历史面貌，即反映马克思和恩格斯作为同盟的组织者和领导者的卓越活动，反映同盟从中央委员会到各支部的活动，尤其是反映同盟本身的内部发展、同盟的公开活动及其盟员在日益广泛的工人运动和民主运动中的活动情况。因此，本书的选材范围很广，力求做到最大限度的完备性；同时也注意了选材的精练，在不损害有关材料原有资料价值的情况下，删除了其中意义不大、重复、离题太远的段落。书中收入了 1836—1852 年间共产主义者同盟全部历史的有关文件和资料，主要是：（1）同盟的纲领、章程和通告信；（2）同盟各级组织的会议记录和决议；（3）包括马克思、恩格斯在内的同盟领导人和重要活动家的有关书信、著作和回忆录；（4）一些有同盟盟员在其中活动并产生重要影响的工人组织和民主团体（如伦敦工人共产主义教育协会、科隆工人联合会、民主派兄弟协会等）的相关文件，这些文件是同盟活动的佐证；（5）当时的报刊对上述组织和同盟盟员活动的相关报道；（6）当时一些国家的政府镇压、迫害同盟和同盟盟员的官方资料，如审讯记录和被捕者的供词等。

在本书收录的文件中，各种手稿占有重要位置。这些手稿，首先是书信，包括马克思、恩格斯本人的书信和其他人写给马克思、恩格斯的书信，大都来自苏共中央马列主义研究院提供的拷贝。其他记述同盟活动的书信和文件，是在德国、瑞士和其他一些国家的档案馆里发现的，其中有一些是第一次发表。除手稿外，还有大量印刷品（小册子、传单，以及今天已经难得见到的报刊杂志中所发表的呼吁书、声明、报道和文章等）也多半是第一次重新发表。

本书收录的文件均按时间顺序编排，加上序码，并根据同盟历史的各个重要发展阶段分成 8 章。每个文件的篇末都注明原件的出处。原件是手稿的，注明"手稿"字样；第一次发表的手稿，还注明"第一次发表"字样。德文本编者对原件所作的删节，均用删节号加方括号"［……］"表示，并在篇末注明"节录"字样；从较长的文件中摘出较短的段落，则注明"摘要"字样。凡是今天还常用的缩略语均予以保留，凡是明显可以补齐的缩写文字或遗漏文字均予以补齐（补齐的内容加方括号）。

德文本编者用脚注对文件正文作简短的说明和补充；卷末注则用来说明资料情况和解释有关内容，或补充一些从其他资料中摘取的材料。

本书中文本最初收入《国际共产主义运动史文献》，并按照德文本的结构编为 3 卷，由中国人民大学出版社于 1989—1990 年出版。中文本略去了德文本导言和各章说明，正文未作删节和改动。马克思和恩格斯的著作和书信，凡《马克思恩格斯全集》、《马克思恩格斯选集》中文版中已发表者，一律只列目录，不收正文。

在重新编辑出版的《国际共产主义运动历史文献》中，《共产主义者同盟文献》中文本根据同盟历史发展的重要时期编成 4 卷，内容分别是：第 1 卷——正义者同盟和共产主义通讯委员会（1836—1847 年初）；第 2 卷——共产主义者同盟的创建及其在 1848—1849 年革命中的活动（1847 年 1 月—1849 年 7 月）；第 3 卷——总结革命经验及共产主义者同盟的改组和分裂（1849 年 8 月—1851 年 5 月）；第 4 卷——科隆共产党人案件及 1852 年以后盟员的活动和同盟的影响（1851 年 5 月以后）。

新《文献》编者对照原文对原中译本中的明显错误作了修订，参照中共中央编译局编译马克思主义经典著作的标准重新统一了人名、地名、组织机构名、报刊名等专用名，并将原《文献》中省略的马克思和恩格斯的著作和书信及各卷的插图全部编入新《文献》。马克思、恩格斯的著作和书信均采用中共中央编译局编译的最新版本，选录的顺序是：《马克思恩格斯文集》、《马克思恩格斯全集》中文第 2 版、《马克思恩格斯全集》中文第 1 版。为防止中文版卷末注与德文版卷末注混淆，马克思、恩格斯著作和书信的卷末注均改为脚注，并注明"——原卷末注"；对改为脚注后篇幅过大或频繁出现的原卷末注，适当作了删节或归并。其他文件的脚注，未加说明的是德文本编者注；中文本译者或编者所加的注，均注明"——译者注"或"——编者注"。

目　录

注　释　…………………………………………………………　521

插　图

第七章

共产主义者同盟反对政府加强镇压的斗争。
科隆共产党人案件

（1851 年 5 月底至 1852 年 11 月）

626

阿道夫·贝尔姆巴赫[434]（科隆）给
阿伯拉罕·雅科比（柏林）的信[435]

1851 年 5 月 21 日

我亲爱的雅科比：

　　我刚刚得到你的地址，同时确信毕尔格尔斯对这里发生的事还一无所知。贝克尔和勒泽尔已被捕[436]，他们二人以及毕尔格尔斯的住宅都遭到搜查，但没有发现什么，毕尔格尔斯的通缉令登在报纸上，他们认为他仍在这里。逮捕的原因似乎与诺特荣克的被捕有关。我不知道那里搜出的文件①对三个人能构成多大的威胁。我还不能了解得更详细，但我知道，这肯定足以导致长期的、烦人的审前羁押。我已立即让这一事件见诸报端，但愿你们在那里已**及时**获悉此事。您无论如何必须设法**尽快**通知他②，我一筹莫展。现在通信受到严密监视，在收信人看到之前，有些人可以任意拆阅信件。您知道那个能**始终安全**地写信给我的地址，希望很快从您那里听到**令人愉快**的消息。顺致良好的问候。

您的

贝·

1851 年 5 月 21 日

---

①　其中包括文件 540、553、554、563、565、571、602。

②　亨利希·毕尔格尔斯。

手稿
波茨坦国家档案馆，Rep. 30 Berlin
C, Tit. 94, Lit. J, Nr. 78, Bl. 4

第一次发表

627

威廉·豪普特（汉堡）给卡尔·马克思（伦敦）的信

1851 年 5 月 22 日

亲爱的马克思：

匆忙给你写信！

前不久作为特使到这里来的诺特荣克①已在莱比锡车站被捕。当然，我不知道警方从他那里发现了什么。我是从柏林来的毕尔格尔斯那里听说这个消息的。②

毕尔格尔斯几天前在这里，现已去柏林。

我刚刚从早已在这里的维尔特那里听说，贝克尔和勒泽尔已在科隆被捕，他们和毕尔格尔斯的住宅都遭到了搜查，后者现在正受到通缉。

因为我刚刚获悉此事，而邮局马上就要关门了，所以只能这样简短地通知你。可以预料，诺特荣克的被捕可能成为进一步行动的导火线。

---

① 见本书第 3 卷注 362。
② 文件 623。

明天或后天将告知详情以及其他。

向你的夫人、全家及朋友们问好!

你的朋友

豪普特

1851 年 5 月 22 日晚 7 时半于汉堡

手稿　　　　　　　　　　　　　　　　　　　　第一次发表

莫斯科苏共中央马列主义研究院

中央党务档案馆，f. 20, d. 50

628

罗兰特·丹尼尔斯（科隆）给卡尔·马克思（伦敦）的信

1851 年 5 月 25 日

亲爱的马克思:

　　这里出事之后，能原封不动地收到你 19 日的来信使我感到有些惊奇。你现在大概已经从报纸上得知了贝克尔和勒泽尔被捕以及毕尔格尔斯遭到通缉的消息。① 我托明天去伦敦的基恩夫人捎去这封信，就我们

---

　　①　见注 436。

所知道的向你作出详细报告。

　　毕尔格尔斯和贝克尔到汉诺威参加一个由北德意志民主主义者召集的会议。① 出席者九人，其中包括《不来梅每日纪事报》的杜朗先生和编辑们。经过两天的讨论，终于使除不伦瑞克左派领导人鲁齐乌斯博士之外的出席者都接受了《共产党在德国的要求》②，要求的内容已包括在《共产党宣言》③ 中，只是这里阐述得更为准确。然后，毕尔格尔斯继续旅行，贝克尔则回到埃尔伯费尔德，那里正在召开国民议会④，但他没有参加。可能是受埃尔伯费尔德工厂主们的唆使，1200 人至 1500 人响应某个匿名的号召，集合在一起。由于生意每况愈下，这些工厂主把维持工厂稳定的希望寄托于军队。在这期间，诺特荣克先生据说带着牵连到他的信件，而在莱比锡被捕。我们一天后知道了此事，便为应付下一步的逮捕做好了准备。八天之后，提到的三个人⑤的住宅都遭到搜查，大概毫无结果。我们不知道毕尔格尔斯是否脱险。审前羁押可能要持续六个月。因此，出版你的文集⑥和创办杂志⑦的事又得拖延了。在世上没有比你更倒霉的了。一切似乎都对被捕者有利，至少行政区长官亲自散布谣言，说贝克尔已名誉扫地，因为文件表明他与**伦敦中央委员会**有联系，他显然是在公众面前为这一引起公愤的逮捕事件进行辩解。[……]

　　吉恩夫人正好到我这里来了，答应为我捎信。这封信被打断了，因为，我得到消息说，毕尔格尔斯已在德累斯顿被捕，为此有必要采取一

---

①　见本书第 3 卷注 418。

②　文件 224 或 612。

③　文件 202。

④　见注 425。

⑤　海尔曼·贝克尔、亨利希·毕尔格尔斯、彼得·勒泽尔。

⑥　见本书第 3 卷注 393。

⑦　《新杂志》见文件 597。

些措施，而后，10 点钟左右，我妻子①分娩，生下一个健壮的男孩②。她衷心地问候你和你的夫人。

我在上封信③中问到你对法国的看法。难道社会主义者就应该放过这个有利的时机？到处是工厂停产，连艾米尔·德·日拉丹先生也要干起来了。

提醒你的朋友们把**"信"**寄到这里。［……］

详情后叙

你的

丹尼尔斯

你关于琼斯的说明④并没有使我感到惊讶。我在 4 月 10 日的"宪章派大会"通过的纲领⑤中已看出了你的影响。

附言。我今天获悉，反蒲鲁东的手稿⑥（你在其中对成为热门货的蒲鲁东的新产品持不屑一顾的态度）已经送到这里。我们决定一俟经济情况允许，便在出版第 1 卷的续卷之前，先出版反蒲鲁东手稿作为第 2 卷，并公开发行，但愿你赞同此事。

汉斯⑦向你问候。他说，目前，共产党的《要求》在南德广为流传，还得到了小资产阶级的赞赏。他希望**完整地**发表宪章派宣言（有大部分著名宪章派成员的签名），作为补充，它作为历史文献可以较容易地向群众传达。他希望通过此举使他们坚定对《要求》的信心。如你

---

① 阿马利亚·丹尼尔斯，父姓弥勒。

② 罗兰特·丹尼尔斯生于 1851 年 5 月 25 日。此信的日期由此得到证实。

③ 没有保存下来。

④ 马克思的信没有保存下来。

⑤ 文件 604。

⑥ 指大概由威廉·皮佩尔译成德文的马克思著作《哲学的贫困。答蒲鲁东先生的〈贫困的哲学〉》（1847 年巴黎—布鲁塞尔版）。译文没有保存下来。

⑦ 约瑟夫·魏德迈。

愿意把这篇宣言的译文让基恩夫人带来，我将把这篇东西转交给她。

今天，这里又有两个人的住宅遭到搜查。在其中一人那里，警察没收了《人民的隐情》一书，大概因为他们不知道此书的内容。

鲁普斯①在伦敦吗？如果还在，请转告他把护照②寄回。

手稿	节录
莫斯科苏共中央马列主义研究院中央	第一次发表
党务档案馆，f. 1, op. 5, d. 375	

629

索菲娅·迈耶尔（明登）给阿伯拉罕·雅科比（柏林）的信

1851 年 5 月 26 日

1851 年 5 月 26 日于明登

贝克尔、毕尔格尔斯和勒泽尔③都已被捕（涂掉）。我们希望不要再有人出事。［……］你在圣灵降临节无论如何还要到这里来吧？［……］库格曼一点儿音信都没有。再会

---

① 威廉·沃尔弗。

② 科隆的同盟盟员曾设法为沃尔弗由瑞士到伦敦的旅行弄到一张护照。

③ 原稿中，这些名字被弄得无法辨认，是别人的手笔重新写上的。

你的索菲娅

手稿

波茨坦国家档案馆，Rep. 30 Berlin　　　　　　　　　　　节录

C, Tit. 94, Lit. J, Nr. 78, Bl. 155　　　　　　　　　　　第一次发表

630

关于对纽伦堡的奥古斯特·舒尔采和古斯塔夫·法森住宅搜查的报告摘要[437]

1851 年 5 月 26 日

根据这里警察署的请求，今年 5 月 26 日在纽伦堡对裁缝工匠舒尔采的住宅进行了搜查，发现并没收了以下革命文件：

(a) 手写的歌曲《劳动万岁》

(b) 9 本 1848 年 2 月发表的《共产党宣言》①

(c) 2 本 1851 年在科隆出版的马志尼的《意大利的共和国和王国》

(d) 1 本托马斯·潘恩的《人权》（片断）

(e) 1 本 1851 年在科隆出版的《罗马人民致教皇庇护九世的公开信》

————————

① 文件 202，并见本书第 3 卷注 348。

(f) 公民布朗基为 1851 年 2 月 24 日的周年纪念日致伦敦流亡者委员会的《祝酒词》①

后来，在进行住宅搜查时，从法森的物品中发现：

1. 被认证的某封信的副本 B1.81②

2. 12 本马志尼的《意大利的共和国和王国》

3. 6 本《德国是君主制还是共和制，贝克尔博士的控诉书和辩护词》

4. 7 本《哈森普夫·卢格是德国最善良、最正直的大臣之一，或萨克森和黑森》

请予以翻印和散发

5. 6 本《共产党宣言》，如上述 b

（2—6③ 项的印刷品装在一个用绳子捆扎的袋子里，用写着"收到"的封条密封。）

此外，还有一个袋子，用的封条上写着"菲尔特"

7. 6 本上面提到的《宣言》

8. 3 卷《共和国和王国》

9. 1 本潘恩的《人权》（片断）

10. 1 本由 C. B. 翻成德文的赖德律-洛兰的《六月十三日》

法森声称，他是从提到的格洛克纳那里收到这些印刷品的，收到时没有说明作何用场。[……]

---

① 文件 594。

② 指莱比锡的亨利希·赫尔左克给法森的署名"多明戈"的信。

③ 原件如此，从下面的编号来看，6 的内容被漏抄了。

波茨坦国家档案馆，Rep. 30 Berlin　　　　　　　　第一次发表
C, Tit. 94, Lit. G, Nr. 186（副本）

631

弗里德里希·恩格斯（曼彻斯特）给
卡尔·马克思（伦敦）的信

1851 年 5 月 27 日

亲爱的马克思：

如果在这期间不发生什么事情，我于星期六①来伦敦。

我为科隆人②担心的事情，看来实现得太快了；红色贝克尔③和勒泽尔以叛国和企图推翻现存制度的罪名被捕这件事，以及逮捕温和的亨利希④的企图，显然都和同盟⑤的事情有些关联。幸而，据《法兰克福报》报道，在两个被捕者那里根本没有发现任何文件——在毕尔格尔斯

---

①　1851 年 5 月 31 日。——编者注
②　指科隆共产主义者同盟中央委员会的成员。——编者注
③　海·贝克尔。——编者注
④　亨·毕尔格尔斯。——编者注
⑤　这里指共产主义者同盟——原卷末注

那里是否发现了文件，没有提到。① 为了完善《新莱茵报》的班子，亨利希现在大概也会到伦敦来。如果这些家伙做了蠢事，事情可能有不愉快的变化。

你的
弗·恩·

星期二

手稿

莫斯科苏共中央马列主义研究院
中央党务档案馆，f. 1，op. 1，d. 454
（《马克思恩格斯全集》德文版第 27
卷第 272 页，参看《马克思恩格斯
全集》中文第 2 版第 48 卷第 286 页）

---

① 　彼·诺特荣克作为共产主义者同盟科隆中央委员会的特使于 1851 年 5 月
　　10 日在他途经德国北部到达莱比锡时被捕，马克思从威·豪普特 1851 年
　　5 月 22 日从汉堡寄来的一封信中得知了这一消息。警察在诺特荣克身上
　　搜出了同盟中央委员会的一份授权书、同盟中央委员会 1850 年 3 月告盟
　　员书，以及共产主义者同盟的新章程。豪普特在上述信中还提到，海·贝
　　克尔和彼·勒泽尔于 1851 年 5 月 19 日在科隆被捕，但警察从他们身上并
　　未找到不利于亨·毕尔格尔斯的文件。毕尔格尔斯当时已经去了汉堡，随
　　后又到了柏林；5 月 19 日警察在搜查他科隆的住所时也一无所获。据 5
　　月 27 日《科隆日报》报道，毕尔格尔斯于 1851 年 5 月 23 日在德累斯顿
　　被捕。
　　　　在对德国共产主义者同盟中央委员会的成员进行抓捕之后，警察又开
　　始了对工人运动参加者的镇压。——原卷末注

632
玛格达琳娜（莱娜）·毕尔格尔斯（科隆）给
斐迪南·拉萨尔（杜塞尔多夫）的信

1851 年 5 月 27 日

　　现在找到了一个通信的途径。今天，勒泽尔①托他的看守把给他兄弟勒泽尔②的信带到了蒂博尔特巷。他兄弟为此很高兴，立即回了信。勒泽尔的信只寥寥数言，他请他兄弟写信告诉各协会不要再来信，以免为起诉所利用。然后，他让勒泽尔③亲自去波恩、索林根和米尔海姆，其他地方可让汉森去跑。勒泽尔还告诉他的兄弟，先给看守戈特霍尔德 4 塔勒，他会把一切办妥。勒泽尔嘱托我将此事通知您，因为他的时间**很有限**。昨天和今天都在传说亨利希④到这里来了，今天早晨，我到监狱打听此事，而警察机关却告诉我说，他还没有来，大概今天能到。我详细打听了饮食情况。科隆这里的生活费用远比杜塞尔多夫便宜，房租每月 1 塔勒，早餐每天 1 银格罗申 6 芬尼，午餐 5 银格罗申，晚餐 2 银格罗申 6 芬尼。我们大家现在都希望我哥哥到这里来。我们全家，尤其是我本人衷心地问候您和伯爵夫人。⑤

---

①　彼得·勒泽尔。

②　弗兰茨·约瑟夫·勒泽尔。

③　弗兰茨·约瑟夫·勒泽尔。

④　亨利希·毕尔格尔斯是莱娜·毕尔格尔斯的哥哥。

⑤　索菲娅·冯·哈茨费尔特。

您的

莱娜

27 日晚 6 时于科隆

斐·拉萨尔先生

杜塞尔多夫

波茨坦国家档案馆，Rep. 30 Berlin C,　　　　　　　　　　第一次发表

Tit. 94, Lit. R, Nr. 208, Bl. 22（副本①）

633

卡尔·马克思（伦敦）给弗里德里希·恩格斯
（曼彻斯特）的信

1851 年 5 月 28 日

1851 年 5 月 28 日［于伦敦］

亲爱的恩格斯：

丹尼尔斯没有回信（顺便说一下，如果我今天还收不到信，明天我

---

① 这封信于 1851 年 6 月 1 日在拉萨尔那里被查抄，警方副本的左上角注明："监
　狱看守和勒泽尔的兄弟已在科隆被逮捕。"

再给他写封信），是有非常令人烦恼的原因的。诺特荣克在莱比锡火车站被捕。① 被查出些什么文件，我当然不知道。后来（也许是同时，我不知道）贝克尔和勒泽尔在科隆被捕，家被搜查，毕尔格尔斯的家也同样被搜查。毕尔格尔斯现在在柏林，对他已发出逮捕令，他大概不久就会来这里。

警察对特使等人采取这些措施，我们认为完全是由于伦敦的蠢驴们的哀叫造成的。这些饶舌者知道，他们既没有阴谋造反，也没有追求任何现实的目标，在德国也没有一个组织支持自己。他们只愿做出危险的样子，让报纸的踏车转动。因此，这些无赖是在阻碍和危害现实的运动，并使警察找到踪迹。什么时候有过这样一种供认自己的目标纯粹是吹牛的党呢？

为了避免被捕，弗莱里格拉特本能地及时离开了。他刚到这里，所有的流亡者集团，如博爱主义的金克尔党羽，唯美主义的豪伊特之流，以及其他等等，都对他设下了罗网，拉他去入伙。他对所有这些企图非常不客气地回答说：他属于《莱茵报》②，他和世界主义的一伙人没有任何关系，只同"马克思博士及其最亲密的朋友们"来往。［……］

----

① 彼·诺特荣克作为共产主义者同盟科隆中央委员会的特使于 1851 年 5 月 10 日在他途经德国北部到达莱比锡时被捕，马克思从威·豪普特 1851 年 5 月 22 日从汉堡寄来的一封信中得知了这一消息。警察在诺特荣克身上搜出了同盟中央委员会的一份授权书、同盟中央委员会 1850 年 3 月告盟员书，以及共产主义者同盟的新章程。豪普特在上述信中还提到，海·贝克尔和彼·勒泽尔于 1851 年 5 月 19 日在科隆被捕，但警察从他们身上并未找到不利于亨·毕尔格尔斯的文件。毕尔格尔斯当时已经去了汉堡，随后又到了柏林；5 月 19 日警察在搜查他科隆的住所时也一无所获。据 5 月 27 日《科隆日报》报道，毕尔格尔斯于 1851 年 5 月 23 日在德累斯顿被捕。

　　在对德国共产主义者同盟中央委员会的成员进行抓捕之后，警察又开始了对工人运动参加者的镇压。——原卷末注

② 《新莱茵报》——编者注

手稿　　　　　　　　　　　　　　　　　　　　　　　　　　　节录

阿姆斯特丹国际社会史研究所马克思
恩格斯遗著 L VI 39／L 3905（《马克
思恩格斯全集》德文版第 27 卷第
269 页，参看《马克思恩格斯全集》
中文第 2 版第 48 卷第 287—289 页）

634
斐迪南·弗莱里格拉特（伦敦）给
卡尔·马克思（伦敦）的信

1851 年 5 月 28 日

星期三下午于惠廷顿俱乐部

亲爱的马克思：

　　德累斯顿对毕尔格尔斯一家来说真是不祥之兆。一个兄弟两年前在
这里遭到枪杀①，另一个兄弟，捷列林格的拾破烂的奥兰人②，本月 23
日（上星期五）也在这个地方被逮捕。可以参看星期二《科隆日报》
第 2 版。[438]我的意思是，我们现在在这里越早见到丹尼尔斯越好：如果
毕尔格尔斯没有极为小心地保管好他的文件的话，那么，现在的情形可

---

①　文学家克里斯托夫·毕尔格尔斯于 1849 年 5 月在德累斯顿街垒上战死。
②　这个暗示的含义不明。

能**非常**糟糕。远离科隆，便是幸福①，混合酒万岁！

今天收到我妻子②的信，信中没有新消息。《科隆日报》和在勒泽尔被捕时碰巧在他家的拉萨尔是她消息的唯一来源，除此之外，她自然一无所知，大概只能对事情的前因后果进行推测。据拉萨尔对我妻子说，他们是通过当场搜出的诺特荣克的信件来顺藤摸瓜的。

我刚刚把我妻子的信又读了一遍，发现正如拉萨尔所说的，勒泽尔和贝克尔的罪名是"在 1851 年或 1850 年卷入一个推翻政府的密谋"。

我真不理解，毕尔格尔斯竟这么轻易地让人逮捕了他！［……］

手稿　　　　　　　　　　　　　　　　　　　　　　　　　　　节录
阿姆斯特丹国际社会史研究所马克思
恩格斯遗著 D IV 53/D 1972

635
传单《民主和小邦分立主义》[439]

1851 年 5 月底前后

民主和小邦分立主义

往年的革命风潮已经销声匿迹了，我们在 1848 年摆脱了的联邦议

---

① 这里套用了贺雷西一首诗的开头："远离尘嚣，便是幸福……"。
② 伊达·弗莱里格拉特，娘家姓梅洛斯。

会和小邦的伪宪法又恢复了。

联邦议会的恢复**440**是如此巨大的努力所带来的可怜的结果，同时也是反动势力完全没有能力创造新的、伟大的、有益于人民的东西的活生生的证明。联邦议会对于他们正如宪法对于法国各议会党派的情形一样。它不能使任何一派感到称心，每个党派都想方设法来排除它——不言而喻是为了各自的利益，每个党派又都感到必须以它为依据，把它当作挡箭牌来对付其他党派的非分要求。这些势力太懦弱了，不敢拿起武器打破由于一方狭隘嫉妒而为另一方的努力所设置的种种障碍，因为他们认为这样做会引起危及自身的新的革命恐怖，所以他们**只能**借助于外交手腕，被迫互相作出让步或小小的妥协。谎言和欺骗又比从前更加体面了。——然而，尽管存在着各种各样的纷争与不和，在**一点**上这些势力是相互一致的：一旦遇到人民的要求，哪怕是最起码的、最低的要求，他们便团结得如同一个人，并互相给予支持和援助。他们为了互相反对而把大量军队派往前线，这种耗资巨大的戏剧性表演只是为了向人民掩盖其真正的企图，把他们蒙蔽到底。

黑森-卡塞尔懂得了，什么是靠**法律基础**来阻止反革命的泛滥①，什么是用演讲和议会决议来反对某个诸侯②的意志和情绪，而这个诸侯身后有警察云集的、俄罗斯化的德国刺刀作为后盾。在黑森-卡塞尔，**消极抵抗**庆祝了它的唯一的一次胜利，可以相信，人民在其他地方也永远不会再有对第二次胜利的渴望。立宪主义反对派的无能已表现得再明显不过了。

然而，正是那些所谓的民主派领袖总是③一再企图驱使人民加入这

---

① 见本书第 3 卷注 375。

② 弗里德里希-威廉一世。

③ B 稿中没有"总是"这个词。

样的反对派。他们借口代表人民的利益，为了人民的利益坚守阵地直至最后一息，使人民离开唯一能够真正实现其权利和要求的道路，并把他们引向政治上的**冷淡主义**，使人民的热情在毫无结果的、徒劳无益的努力中消退。是的，人民的利益不过是个**借口**，只有那些所谓的领袖们的自身利益，才能决定他们的行动。实际上，如果相信他们在这个讲坛上还可以为人民做些事情，那是再荒谬不过的。

这些小邦的大人物们如果不再能利用他们特有的祖国的讲坛，他们将会怎样呢？它是他们活动的唯一舞台。除此之外，这些莱纳们、弥勒-梅尔希奥尔斯们、肖德们、莫耳们之流[441]还有什么机会**向人民自荐为其未来的大臣呢**？

各邦政府早就对永恒的一致感到厌烦了，它们干脆摆脱了令人不快的议会多数，而把它们专断的意志重新宣布为至高无上的唯一的法规，它们仍然任其存在的**人民代议机构**，只是为了用**来欺骗人民**；因为，这些政府只赞赏人民代议机构对大臣先生们的命令表示"**赞成**"，而对它们所表示的"**反对**"则不会予以重视。——各邦政府又把自己置于革命的基础之上了，难道民主派不应当跟着它们这样去做，而要通过胆怯地参加政府的背叛人民的行为而批准这些政府吗？

然而，达姆施塔特的"极端主义者"甚至还不满意，他们又取消了自己作出的拒绝纳税的决议，因为它阻碍了他们走上讲坛的道路，更为可笑的是，站在反对派一边，又"过上**美好**生活的少数派"，宣布新议会为"非法"——尽管如此，他们仍以习惯的方式参与一切活动。**弥勒-梅尔希奥尔斯**先生对此当然会感到满意，他能够用查理一世①的例子来恐吓可怜的大公爵②，并因为他的英雄气概而理所当然地受到他

---

① 指在1649年革命中被绞死的英国国王查理一世。
② 路德维希三世。

Die Demokratie und die Kleinstaaterei.

Die revolutionären Schwingungen der vergangenen Jahre sind verklungen; wir sind wieder angelangt, wo wir 1848 ausgegangen waren, beim restaurirten Bundestage und den restaurirten Schein-Constitutiönchen der kleinen Staaten.

Die Restauration des Bundestags, das ist das erbärmliche Resultat so gewaltiger Anstrengungen, das ist zugleich der lebendige Beweis von der gänzlichen Ohnmacht der contrerevolutionären Mächte, etwas Neues, Großes, dem Volke Ersprießliches zu schaffen. Es geht ihnen mit dem Bundestage, wie den parlamentarischen Parteien Frankreichs mit der Constitution. Sie gefällt keiner, jede möchte sie beseitigen wissen — in ihrem Interesse versteht sich, und eine jede sieht sich immer genöthigt, sich auf sie zu berufen, sie als Schild zu benutzen gegen die Anmaßungen der übrigen. ∦ Zu furchtsam mit den Waffen in der Hand die Schranken zu durchbrechen, welche die kleinliche Eifersucht des Einen den Bestrebungen des Anderen entgegensetzte, weil sie dadurch die Schrecken einer neuen Revolution über sich herauf zu beschwören wähnten, mußten die Mächte einzig wieder zu den Kunstgriffen der Diplomatie ihre Zuflucht nehmen, um sich gegenseitig Conzessionen und Conzessiönchen abzunöthigen. Lug und Betrug stehen wieder höher in Ehren, denn je. ∦ In einem Punkte aber sind die Mächte einig unter einander trotz aller Zwistigkeiten und Differenzen; sobald es Forderungen des Volkes, auch nur den leisesten und bescheidensten entgegenzutreten gilt, stehen sie da wie ein Mann, und leisten sich gegenseitig Unterstützung und Hülfe. Die kostspieligen theatralischen Aufführungen mit großen Heeresmassen, welche sie gegen einander in's Feld schicken, dienen nur dazu, das Volk bis zum letzten Augenblick über ihre wahren Absichten zu täuschen.

Hessen-Kassel hat es erfahren, was es heißt, sich auf einen Rechtsboden gestützt der überfluthenden Contrerevolution entgegenstemmen zu wollen; was es heißt, mit Reden und Kammerbeschlüssen den Willen und die Laune eines Fürsten bekämpfen zu wollen, der hinter sich die Bajonette des polizeilich einigen und russifizirten Deutschlands hat. In Hessen-Kassel hat der passive Widerstand seinen einzigen Triumph gefeiert, man sollte glauben, das Volk habe auch anderwärts für immer seine Sehnsucht nach einem zweiten verloren. Die Ohnmacht der constitutionellen Opposition konnte nicht glänzender dokumentirt werden.

Und doch sind es gerade die sogenannten „Führer der Demokratie," welche das Volk stets von Neuem in diese Opposition hineinzutreiben suchen. Unter dem Vorwande, seine Interessen zu vertreten und dafür den Kampfplatz bis zum letzten Athemzuge zu behaupten, lenken sie das Volk von dem einzigen Wege ab, auf dem es seine Rechte, seine Forderungen wirklich zur Geltung bringen kann, und führen es zum politischen Indifferentismus, indem sie seinen Eifer in fruchtlosen und unnützen Bemühungen erkalten lassen. ∦ Ja, die Interessen des Volkes sind nur Vorwand, das eigene Interesse ist es allein, welches das Benehmen jener sogenannten „Führer" bestimmt; denn mehr als Blödsinn gehört in der That dazu, zu glauben, daß auf der Tribüne noch etwas für das Volk durchgesetzt werden könne.

Was wären aber die großen Männer der kleinen Staaten, wenn sie nicht mehr die Tribüne ihres speziellen Vaterländchens zu ihrer Verfügung hätten? Sie ist der alleinige Schauplatz ihrer Thaten. Wo böte sich den Lehne's, Müller-Melchior's, den Schoder's, Mohl's und ihren Genossen denn sonst noch eine Gelegenheit, sich dem Volke zu seinen künftigen Ministern zu empfehlen?

Die Regierungen sind des ewigen Vereinbarens längst satt geworden, sie haben sich der unbequemen Kammermajoritäten kurzweg entledigt, und ihren souveränen Willen wieder als das höchste und einzige Gesetz proklamirt. Die Volksvertre-

传单《民主和小邦分立主义》

传单《民主和小邦分立主义》

的崇拜者的赞赏——就像韦尔克尔先生当初在巴登议会中受到的赞赏一样，那时他天天叫喊革命，似乎他可以如同摆弄玩具大炮一样地摆弄革命；而政府**索要的款项**却丝毫也没有减少，它的"违反宪法"的强权措施一项也没有取消或加以限制。

同达姆施塔特议会中的情形一样，符腾堡议会中抗议参加选举的也只是极少数。人民还要让其**议会代言人**牵着鼻子走多久呢？是摆脱他们的时候了，因为除了可能仅仅出于**软弱**而顺从其他多数的少数人之外，他们都是不可救药的。

是时候了，人民将学会认清，**只有拿起武器才能同政府谈判，只有永远消灭了这些政府，才能放下手中的武器**。

是时候了，人民应学会认清，四分五裂的状态将使它永远无力对抗在俄国的旗帜下勾结起来的反革命力量，对德国来说，**只有一种政体能够使人民的利益得到维护和保障：**

统一的、不可分割的德意志共和国！

只有当德国成为一个国家、一个共和国的时候，它才能在各民族的行列中占据一个位置，一个适合于它的位置；只有到了那时它才能够内外强大。**贫困和痛苦是君主政体和小邦分立主义的必然伴侣；只有在统一的、不可分割的、民主的共和国中才能真正考虑消灭它们**。谁真诚地为人民的利益着想，就必须拥护这面旗帜，谁表示反对，谁就是叛徒！谁企图使人民放弃对这个目标的不懈追求，人民就会把他看作敌人。

是狭隘的议会宣传最终让位于革命宣传的时候了。

统一的、不可分割的德意志共和国
将是下一次人民起义的口号！

传单

波茨坦国家档案馆，Rep. 30 Berlin

C, Tit. 94, Lit. H, Nr. 231. Vol. 1

636

罗兰特·丹尼尔斯（科隆）给卡尔·马克思
（伦敦）的信

1851 年 6 月 1 日

［……］检察机关似乎想把对被捕者的审判罗织成一个共产主义者的巨大案件。六个月前，人们还不相信报复的时机将要成熟。逮捕已发生了好几次，搜查则天天都在进行。你的表兄或内兄威斯特华伦先生①于 19 日在普鲁士也查禁了施泰翰在汉诺威编辑的报纸《德意志工人俱乐部》，此事可能发生在八天前施泰翰刚刚改宗之后。②

毕尔格尔斯还一直被拘禁在德累斯顿，不知道他是在这里还是在那里受审，或者像巴枯宁一样在两处受审。也有人说，整个诉讼案将迁往柏林。［……］

---

① 当时的普鲁士内务大臣斐迪南·冯·威斯特华伦，燕妮·马克思的异母哥哥。

② 见本书第 3 卷注 405。

手稿　　　　　　　　　　　　　　　　　　节录

莫斯科苏共中央马列主义研究院中央　　　第一次发表

党务档案馆，f. 1. op. 5. d. 378

637

约瑟夫·魏德迈（美因河畔法兰克福）给
卡尔·马克思（伦敦）的信

1851 年 6 月 10 日

1851 年 6 月 10 日于法兰克福

亲爱的马克思：

　　我请一个可靠的信使把这封信送给你，也请你通过他给我回信。我到过科隆[442]，但只呆了一天，并且尽可能地隐姓埋名，因为，就在我从这里启程的头天晚上，我得到消息说，普鲁士警察也在缉捕我。在明斯特我母亲①那里有个警察打听过我的行踪，借口是在对贝克尔②的文字诉讼中，我要作为证人受到传讯！！！因为我对长期的审前羁押毫无兴

---

①　威廉明娜·魏德迈，父姓斯密斯。

②　海尔曼·贝克尔。

趣，所以又回到了这里，在萨克森豪森租了一个清静的房间，我妻子①将和孩子们一起在乡下她父母那里度过这个夏天。

在科隆，人们知道的并不比我在这里听到的多多少。他们甚至连毕尔格尔斯是在普鲁士人手里还是在萨克森人手里都搞不清，还没有人能够和贝克尔交谈。不过，我能够从警察局的审理程序中推测出事情的大致经过。在诺特荣克那里一定发现了通告信，根据最后一封信，有三个人在科隆被捕，警察局估计他们是中央委员会的成员。② 警察局用的其他办法就是东摸西碰。一个工人在卡塞尔被捕，很可能是在诺特荣克那里发现了他的地址。③ 由于住宅搜查毫无结果，他又被释放了。在审讯中，警察问他是否认识诺特荣克，是否知道在德国存在着某个共产主义者同盟，它的中央委员会在科隆。年轻医师雅科比在威斯特伐利亚④被捕，在他的未婚妻⑤那里发现了通告信。在柏林的亨策也同样遭到了搜查。我很可能已经成为人们注意的目标，因为，在最后一封通告信⑥中特别强调了法兰克福组织。

我在科隆的时候，正在谈论中央委员会迁回伦敦的事，然而，将仍以科隆为德国的联系中枢[443]。由于过去那些要求迁移的理由都不复存在，因而，这一措施无疑是完全适宜的。我认为，总的说来，这些不幸事件给我们带来的益处多于损失，因为我们的事情将成为整个德国公开辩论的主题。你的经济学现在若能出版该有多好啊！

---

① 路易莎·魏德迈，父姓吕宁。
② 海尔曼·贝克尔和彼得·勒泽尔在科隆，亨利希·毕尔格尔斯在德累斯顿。
③ 见文件540；在保存下来的诺特荣克的名单上并没有卡塞尔的地址。
④ 事实上是在柏林。
⑤ 在明登的芬妮·迈耶尔。
⑥ 文件553。

　　我早就计划要写的工人手册现在终于即将完成了。我打算在此之前先寄出一本约一印张的有分量的小册子《论无产阶级对当前资产阶级运动的态度》，这个小册子的论述是针对国民劳动协会会长、若干个保护关税会议的主席、某位克里斯特先生的文章的，该文的题目是《保护关税制度问题的现状》。①

　　为此，我不得不请你为我提供确实的数据。克里斯特先生说，"在英国这个世界上最大的输出国，出口量只占内部销售量的四分之一，在法国只占六分之一，在德国只占六分之一。"这是否正确？尤其是前一个数字我感到极不可靠。

　　这篇短文完全是小资产阶级的，削弱了所有问题的锋芒，因此得以广泛地散发。

　　我的科隆计划现在当然毫无结果；无论如何我只能作在这里呆几个星期的打算，因为我不知道靠什么来生活。目前情况下，在德国求得"生存"对我来说是不可能的；我不得不着眼于国外。我不知道是否已经写信告诉过你，我曾经打算在科隆出版《美国石印通讯》。在伦敦是否有这种可能呢？或许，那里的情形也这样？请你写信告诉我你对这样一个计划的看法，我认为，这个计划若能实现，肯定不仅仅是为某个人提供生存手段。施拉姆熟悉美国，在那里有些门路，他想必能有什么高见。

　　鲁普斯②是在你们那里帮忙，还是漂洋过海去美国了？我们很久没有听到这家伙的消息了。

　　若往这里寄信，还像以前一样用泰·舒斯特的地址，但是，为谨慎

---

①　并见文件644。
②　威廉·沃尔弗。

起见，里面的信封上不要写我的名字，只写汉斯就行了。

衷心地问候你的夫人！

你的

约·魏德迈

手稿　　　　　　　　　　　　　　　　　　　　第一次全文发表

阿姆斯特丹国际社会史研究所马克思

恩格斯遗著 D VIII 102/D 4537

638

载于《德意志工人俱乐部》的一篇文章：论马克思和恩格斯对哥特弗里德·金克尔的批判

1851 年 6 月 14 日

党内批判

在《德意志工人俱乐部》① 第 21 号上，我们读到卡尔·海因岑关于金克尔的一篇文章②，我们不能不指出，工人阶级应该对这两个人采

---

① 见注 405。

② 《卡·海因岑论金克尔》，载于 1851 年 5 月 24 日《德意志工人俱乐部》（汉诺威）第 21 号上。此文是对《关于欧洲形势、德国公众生活和社会生活的德意志快邮报》（纽约）上刊登的一篇文章的节录。当时卡·海因岑是该报编辑。

取什么样的立场。我们大体上同意海因岑对金克尔的评价。无产阶级政党早就认识到，不能对金克尔抱什么希望；金克尔不是革命者，并且不会支持下次革命中不可避免的恐怖行为。无产阶级政党还认识到，金克尔永远不会超越小资产阶级立场。根据文章作者对金克尔的评论，他必然属于极端派，他在该文的末尾对马克思进行了恶意攻击，海因岑指责马克思对金克尔怀有"卑鄙的嫉妒心"，因为，金克尔还在狱中的时候，他"诽谤"过金克尔。我们想就这个问题作一番探讨。

众所周知，在卡尔·马克思编辑的《新莱茵报·政治经济评论》（除《工人俱乐部》之外，是唯一的德国无产阶级政党的机关刊物）上发表过一篇文章，这篇文章特别针对金克尔在拉施塔特军事法庭上发表的辩护词谴责了金克尔在获胜的普鲁士面前的卑躬屈节。① 的确，谁如果不是开始就崇拜金克尔，而是不带偏见地读过这篇文章，还会认识不到，实际上，金克尔的辩护是完全不适宜的呢？但是，在特别是当金克尔先生还在狱中时几乎把他当作光荣的殉道者来崇拜的民主派中，自然发出一种对《新莱茵报》这一新的卑鄙行为的愤懑声。"**囚徒**金克尔竟遭到某个马克思及其同党"的如此诽谤！！不再反驳对金克尔的谴责的海因岑先生甚至把这说成是"卑鄙的嫉妒心"。没有什么比海因岑对"囚徒"一词的强调更有力地证明他还局限于资产阶级的偏见了。难道说，因为金克尔在坐牢，人们就不能评价他吗？难道每个在狱中的党员都可以突然间变得无可指摘，超越一切批评之上吗？海因岑难道不明白，马克思的抨击并不是针对他**个人**，而是针对**党的领袖**金克尔的吗？难道他不知道，是否在坐牢决不能成为评价一位党的领袖的标准？如果

---

① 卡尔·马克思和弗里德里希·恩格斯《哥特弗里德·金克尔》，见《马克思恩格斯全集》德文版第 7 卷第 299—301 页（参看《马克思恩格斯全集》中文第 2 版第 10 卷第 402—405 页）。

马克思**不是**因为这篇辩护词和金克尔的原则而去攻击金克尔，我们倒是要责怪马克思了。此外，如果金克尔是正确的——只有囿于偏见的人才会这样认为——那么，他不是有很多朋友能为他辩护吗？而他们只满足于束手无策地拧着双手，不去反驳这些谴责，而说成是卑鄙、嫉妒。

这种对马克思的攻击说明了海因岑的立场。海因岑与金克尔的不同之处仅仅在于更偏激，更有能量，他们在原则上是完全一致的。二者都是小资产者，他们不想消灭资产阶级社会制度，而是要实行改良，他们不想消除资产阶级和无产阶级之间的矛盾，而是要使矛盾缓和。海因岑和所有对马克思不满的小资产阶级民主主义者一样，他们对马克思的评价都含有个人的卑鄙动机，尽管他们十分清楚地知道，马克思从来没有想到要嫉妒某个人，至少是没有想到要嫉妒金克尔，顺便说一下，马克思在思想上和知识上都大大超过了金克尔。这一对马克思恶意的侧面攻击无非是渗透于整个民主派的对马克思的愤怒的一种表现。他们希望自己与纯粹的无产阶级利益毫不相干，而马克思则把实现无产阶级利益当作自己的终生事业，他们害怕被马克思的杰出思想超过并完全排挤到一边——因此，他们如此恼怒地在其所有的机关刊物上对他表示反对。这些民主派对待无产者正如从前反革命对待民主派一样。他们叫嚷消灭所有神明，摧毁永恒的概念等等，他们用告密代替反驳，用咒骂代替争论。然而，工人们知道自己如何对待民主派。他们一心把纯粹的无产阶级利益引向胜利。

1851 年 6 月 14 日《德意志工人俱
乐部》（汉诺威）第 24 号

639

卡尔·马克思（伦敦）给弗里德里希·恩格斯（曼彻斯特）的信

1851 年 6 月 16 日

1851 年 6 月 16 日于［伦敦］

索霍区第恩街 28 号

亲爱的恩格斯：

丹尼尔斯的家被搜查，他也被捕了①。我不相信在他那里会查到什么东西。

今天早晨我收到一封信，显然是丹尼尔斯的手笔，但没有签名，信中告诉我上述事实，同时叫我把**所有的**信件都收藏起来，因为据"**可靠**"（这是原话）消息，英国这里也要搜查住宅。

我不知道，这在法律上是否可能。不管怎样，我将把一切都收藏起来。你也最好把所有不大重要的信件烧掉，把余下的包含某些材料之类的信件包在一起封上，放在玛丽②或你们的办事员那里。

大概是有人在雅科比那里查到了丹尼尔斯开的介绍信。③

我今天同时还收到由一个商人转来的魏德迈的一封信。他躲在法兰

---

① 罗·丹尼尔斯 1851 年 6 月 13 日被捕。——编者注

② 玛·白恩士。——编者注

③ 这个猜测不准确，丹尼尔斯被捕是由于威·豪普特的叛变出卖。——原卷末注

克福郊区。我把这封信附给你。魏德迈想知道英国国内外贸易比例的确切数字，你是否知道？这方面的情况最近有重大变化。

祝好。

你的

卡·马克思

手稿

阿姆斯特丹国际社会史研究所马克思

恩格斯遗著 L Ⅵ 40/L 3906（《马克思

恩格斯全集》德文版第 27 卷第 273

页，参看《马克思恩格斯全集》中文

第 2 版第 48 卷第 290—291 页）

640

弗里德里希·列斯纳狱中日记　关于他在
美因茨的被捕和预审情况[444]

1851 年 6 月 18 日—8 月

我在美因茨住下来①，并在那里立即找到了工作，干了整整一年没

———————

① 1850 年 6 月 18 日。

有遇到麻烦。我参加了当时还存在的工人协会，直到它遭到查禁。在协会不复存在以后很久，在1851年6月18日下午4点钟我突然被一个警察带到警察局。警官君斯特勒和另一名警官在这里等着我，君斯特勒问了我的住址，然后向我家走去，他走在前面，我和那个警察跟在后面。来到我的住宅后，把所有东西都搜查了一遍，连一句话也没有说，对我的全部书籍都作了认真搜查，没有漏掉一张纸片。经过长时间的到处搜寻，把在我这里找到的全部书籍都捆扎起来，只留下了《**新莱茵报**》、《**西德意志报**》、《**工人报**》①，以及其他几份报纸和别人存在我的住处的几本书。其他书籍全部被带走了。我想逃跑但没有成功。接着我被带到警察局，在这里单独蹲在一个肮脏的班房里一直到晚上9点钟，然后我被带到局里去见君斯特勒先生，接着他就开始让人作审讯记录，但他并不知道应当记什么，于是他马上让人把我送到一个新的拘留所。我来到一间阴暗的单人牢房，在这里一直呆到第二天早上。一大早我又被带到警察局，当然是带着手铐。在这里完成了记录，记的是向我提出的这样一个问题：这些书籍和文件是从哪里来的，这就是全部内容。接着又把我送回拘留所，当天我被带去见国家检察官比林，第三天又被带到预审法官代尔博士那里。他向我宣读了对我的起诉书，内容是："因1850年和1851年散发叛国性的和有煽动性的材料，攻击宗教和财产的法律制度，特此起诉。"

接着他们传来了几个反对我的证人，其中有一个奥地利士兵，但是，这些人我一个也没有见过。我单独在牢房里只呆了4天，我来到一间有20个人住在一起的大牢房，在这里，一句话，害虫和人聚集一堂。我在这里有机会认识了一些在别处不可能遇到的人。

---

①　大概是指：《科隆工人联合会会刊》。

在我坐了一段牢以后，我的情人①得到一张可以到监狱探望我的许可证。她第一次看望我的情景我永远不会忘记，她对我说，我的被捕如何使她伤心，就在我被捕的当天，她的住宅也遭到了搜查。我只能同她谈几句话，因为有第三者站在我们旁边或中间。可以想象，在这种情况下，这第一次探望会造成什么样的印象。5 分钟过去了，她不得不向我告辞，我几乎都不能吻她一下，她走时眼里含着泪水。我的心情如何，谁都可以想象得出。拘留所允许给予的一切方便我从她那里都得到了。我得到的比我所需要的更多。某些被关押者可以为此作证。我被关押到 8 月，后来他们对我提不出什么罪证，就把我交给预审法官**乌勒尔**审讯。他问了我的姓名、出生地、父母亲等等之后，我就清楚地知道我不能再使用**弗里德里希·卡斯滕斯**这个名字（我从什么时候起和为什么用这个名字，在科隆陪审法庭审讯中已作了交待。但是，另外有机会我还要作详细说明），我使用这个化名的事很可能已经暴露，尽管知道这件事的人很少。我向预审法官讲了我的真实姓名，但是他在得到我所谓的出生地②的证明材料以前，似乎对此表示怀疑。因此，我收到一张新逮捕令，说是"冒用了别人的流动手工业者证书"。此后不久，一点也没有向我说明原因就突然把我关进了单人牢房，这是 1851 年 8 月 14 日的事。一点也没有向我说明为什么突然这样严厉地对待我，直到后来我才弄明白了这一点。8 月 25 日星期日，中午 11 点钟左右突然有人把我从牢房带到监狱长门格斯先生的办公室。一进门就发现有一个人面对着监狱长。这位陌生的先生③非常友好地向我打招呼，并且说，他是普鲁士官员，关于他本人没有作进一步的介绍，**我只好猜测**，他是从哪里来

---

① 玛格达琳娜·弗莱肯施坦。
② 图林根的布兰肯海因。
③ 来自柏林的警察厅长舒尔茨。

的，职务是什么。在这一时刻我也不想知道这些。这位官员先生立即开始执行他的任务，他对我离开伦敦后的个人情况了解得很清楚，这使我非常吃惊。总之，他知道的真多，尤其是关于我过去的情人克拉拉·霍珀和沙佩尔。但是，在这里他也提出了一些这位先生自己捏造的、绝大部分是对我进行诬蔑的论断，对此我当然进行了坚决的斗争。总之，根据这位先生向我讲述的情况最后会得出这样的结论，我参加了，而且肯定参加了共产主义者的组织（要把这位先生关于这一案件想知道的东西——加以叙述，同样会使我扯得太远了，我也把它留到下次再详细叙述①）。在我对这位先生的结论提出反驳之后，此人说，我对他的结论同意也好，不同意也好，反正我要被引渡到普鲁士。我说明，如果普鲁士认为有权这样做，它可以这样去做。后来当他问监狱长门格斯先生对这些新的打算和结论有什么意见时（但他对这整个案件一点也不了解），后者根据惯例回答说："是啊，这一切全都是事实。"然后这个普鲁士官员在离开时对我说，我要考虑考虑他说的话，改天他还要再来。我回答说，我没有什么可考虑的，因此他不必再来了。于是他很不高兴地离开，我回到我的牢房，紧张地注视着未来，看看会发生什么事情。还在当天，监狱长门格斯来到我的牢房，并问我，是否考虑过了，那位先生说的全都是事实，等等。然后我对他说，要说的我都说了，现在没有什么要说的了。他对这个回答很不满意，关上门就走了。第二天早上那个官员又来了，但是没有传唤我，而是让监狱长来问我是否考虑过了。我的回答仍像前一天一样，没有什么可考虑的。他再次关上门不满地走了。在这之后，他再也没有向我提过这一问题。

此后，我有很长一段时间蹲在一间 9—10 英尺长、4—5 英尺宽的

---

① 列斯纳可能是害怕自己的日记本会被监狱长没收，因此，没有记载同盟活动的细节。

牢房里，一次也没有出去放过风。1 英尺见方的窗户紧挨着天花板，窗前还有一只有铁箍的木箱，屋里的人除了一小块天空什么也看不见，进来的空气几乎不够维持使人不致窒息的需要。犯人从来没有放过风。马桶日夜都放在那里，我们不得不整天呼吸这种有害于健康的空气。没有桌椅，只有一个草垫和两床毯子。所有饭菜只好放到这个一年也未必打扫一次的肮脏的床上。因为一切都要靠自己动手，所以犯人尽量设法把自己的牢房弄得干净些，但是，刚刚收拾干净，就把你弄走了，关到一间更脏的牢房里，因为他们担心日子久了铁栏杆会被锯断。① 我在这种状态下度过了很长一段时间，一点也不明白为什么这样对待我。［……］

当我在这种状态下度过了一段时间之后，我让人带我去见预审法官（代尔博士），问他为什么对待我这样严厉。接着他告诉我，现在我犯了叛国罪，然后他把 1850 年 8 月我居住科隆时写给美因茨的博尔茨的一封信②拿给我看，对此我没有否认。后来还对我说，如果不说清楚我是否参加了共产主义者同盟，就别想从这个牢房出去。每个人都可以想象我是怎样回答的。我被押回自己的牢房，不久就得知，博尔茨也被捕了。［……］

弗里德里希·列斯纳狱中日记 1853　　　　　　　　第一次用原文发表
年写于格劳登茨要塞国家监狱
莫斯科苏共中央马列主义研究院
中央党务档案馆，f. 178, d. 1/1

---

① 在原件上是看透（durchsehen），锯断在德文中是 durchsägen。

② 文件 505。

641
阿道夫·贝尔姆巴赫（科隆）给
卡尔·马克思（伦敦）的信

1851 年 6 月 24 日

公民：

您很可能还不知道我的名字，如果是这样，将由弗莱里格拉特向您说明我的身份。

我写这封信最直接的原因是想尽我所知向您介绍一下这里的状况，以便您一方面可以批驳那些荒唐的谣言，另一方面可以根据情况采取对策。

您大概知道，诺特荣克于去年年底受委托从这里启程到汉诺威、汉堡、罗斯托克等北德意志城市去旅行，然后再去柏林，如有可能，还要到萨克森去恢复旧的联系，使那些支部重新联合起来，并增建支部等等。[①] 他这次旅行的目的部分地达到了。但是，在柏林好像有点走了弯路，至少他写的通讯是空洞无物的，因此要想取得成果，并且同那里建立密切联系，看来还需要委派一个新的特使，毕尔格尔斯决定接受这项任务[②]。通过这次旅行打算就关于集中资金用于我们的宣传这一问题同北德意志民主派达成一个协议，这使得这次旅行更具有重要意义。协议已经达成。为了预期的目的，毕尔格尔斯和贝克尔于 5 月 7 日在汉诺威同北

---

①　见本书第 3 卷注 362。

②　见本书第 3 卷注 424。

德意志联邦国会左翼的不同成员会晤①，他们发表声明说，准备共同进行鼓动工作，并希望，我们把自己的最低要求同他们的最高要求融为一体，以便提出一个详尽的、可以得到全部资金支持的宣传口号。人们看到，民主派的先生们多么深切地感到自己的软弱无力，多么深切地开始感到无产阶级政党的优势和力量。然而，事情在那里并没有结果，因为我们的全权代表根本没有受到委托去做这样一笔交易。尽管如此，那里的北德意志人还是向毕尔格尔斯提供了资金和地址，以便在东普鲁士、西里西亚等地建立政党和采取共同行动。其余的事情要等到第二次聚会时再决定，现在显然不可能再举行这种聚会，因为大家都已经各奔东西了。

　　当毕尔格尔斯正在旅行期间，诺特荣克突然想到要去萨克森。他到了莱比锡，由于没有身份证明，于5月10日②在那里被捕。在他那里发现了一包印刷品和手稿，其中一部分具有共产主义的内容。个别文件说明他是一个会址在科隆的共产主义协会的特使。作为协会领导人署名的有：勒泽尔、亨·毕尔格尔斯和第三个人（名字看不清楚）。还发现一封完全不致使贝克尔受牵累的私人信件和一封介绍信，信中写道："兹介绍诺特荣克公民同汉堡的门兴博士先生接洽。贝克尔。"③ 其中还有门兴向汉堡的奥尔斯豪森和奥尔斯豪森向罗斯托克的维格斯写的介绍信。查获这些东西的直接后果就是对所有提到名字的人进行了住宅搜查。这些搜查一无所获。这里的人们**大约**在进行住宅搜查前**八天就已经知道了诺特荣克被捕**的消息。在贝克尔处没收了您给他的五封不致使他受牵累的私人信件和一份共产主义者同盟中央委员会的告同盟书④，一

---

① 见本书第3卷注418和文件628。
② 在原件中是11日。
③ 文件540。
④ 文件448。

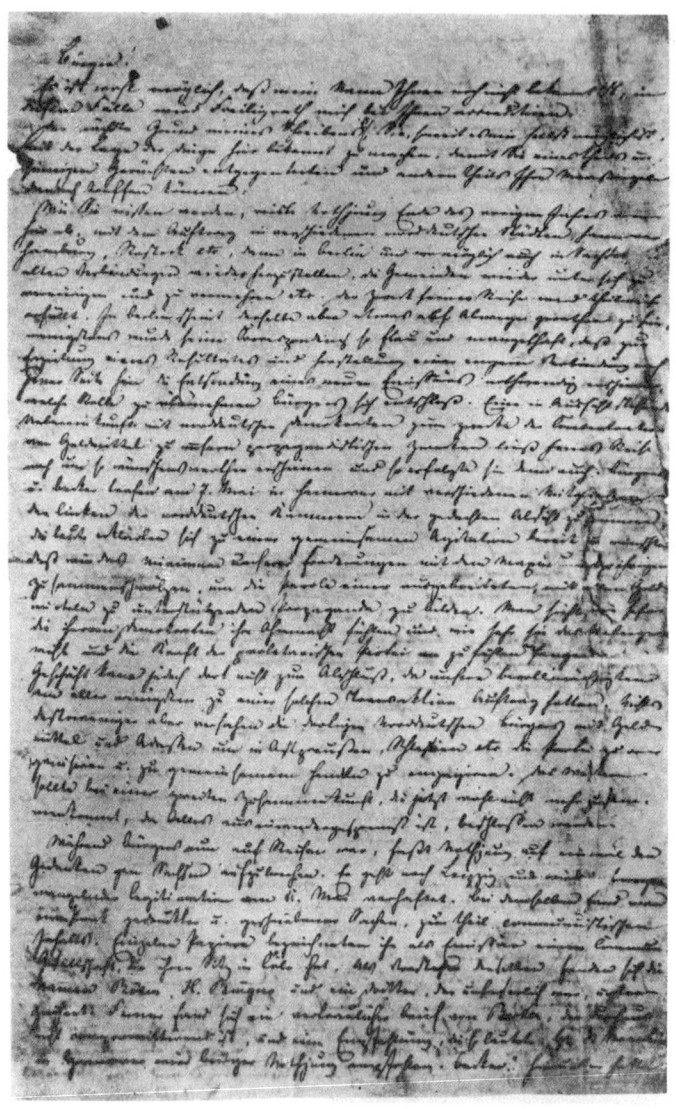

阿道夫·贝尔姆巴赫 1851 年 6 月 24 日给卡尔·马克思的信

份过去从金克尔夫人那里（有些奇怪）得到的旧文件。到处进行的住宅搜查也使得提到的汉诺威会晤暴露出来，这当然是完全无关紧要的。然而这时间谍和告密却起了很大的作用。丹尼尔斯的被捕就仅仅是因为汉堡的某个人的告密，我估计，是布伦①扮演了这个角色。这个汉堡人说丹尼尔斯是中央委员会领导人之一，接着又对毕尔格尔斯的旅行、同盟联系的方式方法、同盟章程等等作了最详细的说明，以致人们几乎不得不设想，似乎另外有人在暗中插手。首要的任务是澄清这件事的疑点。至于今天在《科隆日报》上刊登的章程和告同盟书②是否同样也是通过上述不正当的手段得到的，还是像报道的那样，真正是在诺特荣克那里发现的，时间将会对此作出结论。从巴黎同样也有告密材料寄往柏林，这也需要进行侦查。他们手中根本就没有关于贝克尔和丹尼尔斯的罪证，所以这两个人还有可能被高等审判厅释放的一线希望。毕尔格尔斯和诺特荣克仍然在萨克森坐牢，当地政府拒绝引渡。现在诉讼程序完全取决于这一点，毫无进展，因此，人们已从这里向内阁作了报告。起诉书的内容当然是阴谋推翻政府和武装公民互相格斗。

此外，我们的外部和内部关系并没有因为上述情况而有所改变，这方面几乎不需要再作什么说明。但是，我也想请您要特别小心，尤其是在写通讯时，因为人们的好奇心是很大的。

星期五③，在柏林因本案被捕的医学博士雅科比被押解到这里，这使人有理由希望，在这里，案件也将开始审理，这样，一个有利的结局几乎是毫无疑问的。

现在再来谈点别的。您可能已经想到，由于贝克尔再次被捕，您的

---

① 在原件中是布伦斯。实际上叛徒是威廉·豪普特；见文件647。
② 见文件554、548和553。
③ 6月20日。

文集①的出版工作已停顿下来，如果不出现偶然的有利情况，即有人给我们意外资助的话，那么在贝克尔获释之前，这一工作是很难再继续下去的。而我却恨不得现在就能看到构成文集第二部分的反对蒲鲁东的文章②出版，以便正好可以以此来证明，统治者是根本不可能把一个其存在让他们恐惧的政党摧毁的。从现在由我保管的贝克尔的东西中发现了这份手稿，在丹尼尔斯被捕之前，我还同他谈到过这个问题，他完全同意我的意见，新近还从拘留所托人催我办理这件事。但是，怎样出书，我们是否自费出版并找一个出版商，这些我还无法向您说明，因为这件事还必须经过仔细考虑和商谈，不管怎样，我要事先得到您的同意，我请求您把您对此事的意见告诉我。如果不是目前处境造成我们的资金异常紧张的话，自费出版是绝对不会有什么困难的，而现在这件事却有些成问题。

拉萨尔一段时间以来就在这里不断四处活动，到处对工人进行煽动，挑动工人的一派，并竭尽全力去了解更多的情况，就是说了解组织的内部情况，并力求被吸收进来。他取得的成果越少就表现得越狂热。**445**撇开过去的一切，撇开他曾陷入一位高贵公爵的家庭事件③的各种无聊、讨厌的阴谋之中不谈，我也不可能信任此人，即使我完全相信他的思想品质是纯洁的，那我也永远不会信赖他，因为他是一个空谈家和个人主义者。

如果您看到小沃尔弗④（他从瑞士到了您那里），请您代我问候他，并请他直接再次把护照寄来。

最后请您代我和所有朋友向弗莱里格拉特多多致意，请告诉他，他

———————————

① 《马克思文集》，由海尔曼·贝克尔出版；见注393。
② 《哲学的贫困。答蒲鲁东先生的〈贫困的哲学〉》。1847年巴黎—布鲁塞尔版，并见文件628。
③ 索菲娅·哈茨费尔特伯爵夫人的离婚案。
④ 威廉·沃尔弗。

刚出版的诗集①引起轰动，极为畅销。

如果您能像我所期望的那样很快回信的话，请务必在每一邮件上写上路易·舒尔茨的地址：科隆施尔德尔巷2号（因为我觉得约·丹尼尔斯夫人那里也不太保险），并尽可能把发信地点改到别处，而不是从伦敦邮寄。我深信，每封从那里来的信都要经过检查。

致以兄弟般的问候

贝尔姆巴赫

1851年6月24日于科隆

在以后的场合我将经常使用"Adolphe"（阿道夫）这个签名。

手稿   第一次用原文发表

莫斯科苏共中央马列主义研究院

中央党务档案馆，f. 20, d. 53

642

弗里德里希·恩格斯（曼彻斯特）给 卡尔·马克思（伦敦）的信

1851年6月27日

［18］51年6月27日于［曼彻斯特］

亲爱的马克思：

善良的萨克森警察真是大发善心，不吝赐教地亲自把我们一直不知

---

① 斐迪南·弗莱里格拉特：《政治和社会新诗集》1851年杜塞尔多夫版第2册。

道或者没有能够打听到的消息告诉了我们。毕尔格尔斯的那个威严的训导性通告，以及他那著名的含糊不清的议论①，必定使他们绞尽了脑汁而一无所获；他们用黑体字印出来的，也恰好只是一些不对的地方。令人感到有趣的是，现在全世界都看到了磨坊街的大人物②已经被抛出自己的党外；伟大的维利希同豪德、格贝尔特以及另外一个不知名的流氓，即某个"Schopper"③　（从"Schoppen"一词变来的），结合在一起，后者的罕见的成就默默无闻，甚至在**科隆**，人们也不能正确地印出他的名字！到目前为止，一切都好。但是，章程的第一条："革命活动

---

① 指主要由毕尔格尔斯起草的1850年12月1日共产主义者同盟科隆中央委员会的公告（《中央委员会告同盟书》）。公告谴责了维利希—沙佩尔集团的分裂主义活动，指出理论对共产主义运动发展的意义，这表明它是拥护1850年9月15日伦敦中央委员会决议的。此外，公告还支持科隆中央委员会把维利希和沙佩尔建立的宗得崩德的领导成员开除出同盟的决定、它是根据1850年11月11日共产主义者同盟伦敦区部向科隆中央委员会的建议做出的。但是这个文件没有揭露共产主义者同盟分裂的真正原因，把分裂的罪责也部分地加到马克思和恩格斯的身上。公告的个别论点是含混不清和不明确的。在共产主义者同盟的成员被捕时，公告落入警察当局手中，1851年6月被刊登在《德累斯顿新闻通报》和《科隆日报》上。——原卷末注
② 指伦敦德意志工人教育协会和伦敦民主联合会。
　　伦敦德意志工人教育协会是1840年2月7日正义者同盟的卡·沙佩尔、约·莫尔和其他活动家在伦敦建立的，其宗旨是在工人中间宣传社会主义思想。后来改称伦敦德意志工人共产主义教育协会。有时用会址名称大磨坊街协会，因为19世纪50年代协会设在伦敦索霍区的大磨坊街。
　　伦敦民主联合会大约是在1849年11月初由德国小资产阶级民主派在伦敦成立的，马克思和恩格斯曾称它为希腊街的协会。参加这个联合会的还有一些被工人教育协会开除出去的成员，其中有路·鲍威尔。他和弗·博布钦以及古·司徒卢威一起领导着该联合会的救济委员会。他们极力阻挠无产阶级的独立组织，阴谋反对伦敦德意志工人教育协会。——原卷末注
③ 恩格斯在这里故意利用了《科隆日报》的一个印刷错误，该报把"Schapper"（"沙佩尔"）印成了"Schopper"。在德语中"Schoppen"是酒类等的计量单位，约合1/2升。——编者注

的一切手段"，或者像章程①上所写的那样，对被捕的人是不利的，这就使案情从单纯的违禁结社的范围转到叛国的范围。此外，根据《科隆日报》的暗示来判断，我的推测似乎是正确的：他们要把所有这些人都交给为这个重大案件而专门成立的柏林国家法庭审判。②

政府利用德累斯顿的大发现作为威胁手段的企图完全失败了，这一点是资产者情绪的很好的标志。资产者已经不那么害怕红色幽灵了，他们根本不愿意听什么共产主义者大阴谋，并且开始担心住宅搜查制度不久也会扩大到自己头上。

没有一家报纸愿意上这个钩；政府企图在体操联合会、"自由公理会"③ 和以民主派自命的裁缝师傅那里破获新的密谋的绝望举动，一方面证明，它对资产者的冷淡态度是多么恼怒，多么想激起资产者的好奇心，而另一方面也证明，章程和通告使它进一步发现的东西是多么稀少。对米凯尔的搜查好像也没有什么结果。

---

① 共产主义者同盟分裂后，同盟的伦敦中央委员会于 1850 年 9 月 15 日作出决定，将中央委员会的全权移交给科隆区部，并委托新的科隆中央委员会起草新章程。该委员会于 1850 年 11 月起草了这份新的同盟章程，并把它连同《共产主义者同盟科隆中央委员会告同盟书。1850 年 12 月 1 日》一起交给了同盟。1850 年 12 月 18 日马克思收到了亨·毕尔格尔斯抄写的章程副本。1851 年 1 月 5 日，有马克思参加的伦敦区部会议批准了这个新章程，章程的全文见《马克思恩格斯全集》中文第 2 版第 10 卷第 744—747 页。——原卷末注

② 普鲁士当局打算在 1852 年的科隆共产党人案件中废除民主的陪审团诉讼程序的计划，慑于公众舆论未能实现。直至 1853 年春，新成立了一个隶属于柏林高等法院的所谓的国家法庭；该法庭根据 1853 年 4 月 25 日制定的法律，获得无须通过陪审员就可审判所谓叛国罪的权力。这种审判程序于 1853 年 9 月首次用于对宗得崩德成员弗·威·蒂茨的审判。——原卷末注

③ "光明之友"是德国 1841 年产生的一个宗教派别，它反对在官方新教教会中占统治地位的、以极端神秘和虚伪特征的虔诚主义。它是 19 世纪 40 年代德国资产阶级对德国反动制度不满的一种表现形式。1846 年，"光明之友"运动引起了官方新教的分化，分化出来的部分组成了"自由公理会"。——原卷末注

伦敦有什么新闻？

你的　弗·恩·

51 年 6 月 27 日

阿姆斯特丹国际社会史研究所马克思
恩格斯遗著，D Ⅲ 54/D 1293（《马克
思恩格斯全集》德文版第 27 卷第
274—275 页，参看《马克思恩格斯
全集》中文第 2 版第 48 卷第 295—
297 页）

643

卡尔·马克思（伦敦）给约瑟夫·魏德迈
（美因河畔法兰克福）的信

1851 年 6 月 27 日

1851 年 6 月 27 日［于伦敦］

亲爱的汉斯：

　　我通过法布里齐乌斯给你寄信，这样做不知是否妥当。谁能向我担
保这个人不会在边境被捕？因为这里的人托他带去整整一邮袋信。

　　虽然你设想的美国计划没有什么结果（想必恩格斯已写信给你谈到

这点①），但你毕竟没有别的办法，只有到这里来帮我们的忙。也许会找到某种同别人合作的工作——当然是普通工作，因为人总得生活。

我现在从**可靠**方面获悉，我们的朋友们被捕是因为出现了叛变和告密。我**内心**确信，维利希先生和沙佩尔先生以及他们那帮下贱的坏蛋直接参与了这一卑鄙勾当。你知道，在德国排除那些在他们看来是直接阻碍他们登上宝座的人，对于这些有名无实的"大人物"来说是何等重要。这些蠢驴不懂得，人们把他们看做是蠢驴，而且充其量也只能对他们嗤之以鼻。

维利希尽管有他市侩般高尚的、斯巴达式斋戒的、军士的伪善品德，却是个**十足平庸的**——请注意，十足平庸的——骗子手，一个常泡酒馆的人，此外——虽然有一位可敬的庸人告诉过我，但我对此不敢担保，——他还是个**行骗的**赌棍。这家伙整天待在酒馆里，不过当然是在**民主派的**酒馆里，他在那里吃白食，他给酒馆招揽客人以代替付款，他用连这位骑士自己也不再相信的关于未来革命的一成不变的空话为这些客人解闷，而且常常在相互矛盾的情况下重复这些空话，却总是收到同样的效果。这个家伙是个最下贱的**寄生虫**。但是所有这一切当然都是在爱国主义的幌子下干的。

这个家伙的全部共产主义归结起来就是，他决定和其他游荡的骑士们一起始终依赖社会过自由自在的生活。此人的全部活动就是，在酒馆里散布中伤我们的流言飞语和编造诬蔑我们的谎言，吹嘘他在德国的种种关系，虽然他并没有这些关系，但"中央的小丑"② 阿·卢格、思想上的笨蛋海因岑和伪善的、装腔作势的神学美文学家金克尔对此却都相信。他还在法国人面前吹嘘这些联系。

顺便说一下，最后提到的教士阿多尼斯一面在资产阶级的圈子中周

---

① 指计划在美国出版的石印通讯报刊。——编者注
② 马克思暗指阿·卢格参加了欧洲民主派中央委员会。——原卷末注

旋，被他们豢养，受他们宠爱等等、等等，一面却偷偷地同沙佩尔和维利希保持违禁的联系，以便能同"工人党"也保持接触。这个家伙是想左右逢源。他在各方面都酷似弗里德里希-威廉四世，而弗里德里希-威廉四世无非就是宝座上的金克尔，其特点也是那种平淡无奇的夸夸其谈。

如果你要问我，你在这里将何以为生。那么我就回答：请效法勇敢的维利希吧。他也不种，也不收，而天父尚且养活他。①

不过，说真的，如果你留在德国有危险，那么你还是到这里来为好。如果你能平安地在德国住着，那当然留在那里更好。因为那里比这里更需要人。

你的　卡·马·

又及：英国的对外贸易至少占它整个贸易的 1/3，而且在谷物税②废除以后所占比例就更大了。[……]

从早晨 9 点到晚上 7 点，我通常是在英国博物馆③里。我正在研究的材料头绪繁多，虽然竭尽一切力量，还是不能在 6—8 个星期之内结束这一工作。而且其间常常还有种种实际干扰，这是在贫困条件下过日

---

① 《新约全书·马太福音》第 6 章第 26 节。——编者注
② 19 世纪英国工业资产阶级开展了废除谷物法的斗争。谷物法是英国政府为维护大土地占有者的利益从 1815 年起实施的对谷物征收高额进口税的法令，旨在限制或禁止从国外输入谷物。谷物法规定，当英国本国的谷物价格低于每夸特 80 先令时，禁止输入谷物。1822 年对这项法律作了某些修改，1828 年实行了滑动比率：国内市场谷物价格下跌时谷物进口税就提高，反之，英国谷物价格上涨时谷物进口税就降低。谷物法的实行，严重影响了贫民阶层的生活，同时也不利于工业资产阶级，因为它使劳动力涨价，妨碍国内贸易的发展。谷物法导致工业资产阶级和土地贵族之间的斗争。这一斗争是由曼彻斯特的工厂主理·科布顿和约·布莱特于 1838 年创立的反谷物法同盟领导、在自由贸易的口号下进行的。1846 年 6 月英国议会通过了关于废除谷物法的法案。谷物法废除后，反谷物法同盟宣布解散。而实际上，该同盟一直存在到 1849 年。——原卷末注
③ 英国博物馆的图书馆。——编者注

子所不可避免的。但是，"不管这一切的一切"①，工作要赶紧结束。总有一天必须强行结束。民主派的"头脑简单的人们"靠"从天上"掉下来的灵感，当然不需要下这样的功夫。这些幸运儿为什么要用经济和历史资料来折磨自己呢？正如勇敢的维利希所常对我说的，这一切都是这样简单。一切都这样简单！在这些空洞无物的脑瓜里确是如此！真是些头脑最简单的家伙！

手稿　　　　　　　　　　　　　　　　　　　　　　　　节录

阿姆斯特丹国际社会史研究所马克思
恩格斯遗著 C 203/C 826（《马克思
恩格斯全集》德文版第 27 卷第 558—
560 页，参看《马克思恩格斯全集》
中文第 2 版第 48 卷第 297—300 页）

644

约瑟夫·魏德迈（美因河畔法兰克福）
给卡尔·马克思（伦敦）的信

1851 年 7 月 5 日

1851 年 7 月 5 日于法兰克福

亲爱的马克思：

很幸运，你的信还是到达了我的手中，如果这里的警察再狡猾一点

---

①　斐·弗莱里格拉特的诗《不管这一切》中的诗句。——编者注

的话，恐怕这一次也难以逃脱。按照莱比锡警察局的要求，昨天搜查了舒斯特的家，没收了鲁普斯①最近的一封信，信中说到法布里齐乌斯对你的一次拜访。如果是在萨克森或其他戒严方面的文明邦，法布里齐乌斯毫无疑问会因此而在车站被捕，他的信件也会被没收。昨天还搜查了一个工人的家，但是一无所获。虽然我从这些做法中再次了解到，警察局并不知道我待在这里，但我还是认为，最好是准备逐步撤退，因为跟踪和侦查当然还远远没有结束，谁能受得了这种到处躲躲藏藏的日子。在普鲁士无非是等着看看人们是否真的会把我投入监狱，我之所以不愿等待，还因为在这之后我也不知道我应当如何在德国生活下去，因为在这里根本不能设想去做一般工作，从事文字工作又会完全把我们的手脚束缚住。在他们查获了告同盟书②之后，除非他们比现在更愚蠢，才不会发现我是法兰克福区部的负责人。卡斯滕斯③在美因茨被捕，这是对我们的区部影响最大的一个事件。在被捕时他试图逃跑，但未成功，这使他的处境更加困难了。为了尽量使组织加强，我在这里该做的已经都做了，因此，继续留下来已没有实际必要。尤其是我在法兰克福这里留下一个非常精干的、团结的核心，为组建这个核心，两年来我不断地进行工作。以此为基础，使区部紧密地团结起来。只有一个极为不利的情况，那就是缺乏资金，因而一切活动都受到很大限制。如果追捕真的是由于背叛和告密而造成的，那么这种情况也只能发生在最初逮捕诺特荣克的时候。不管怎么说，是一种极端不负责任的粗心大意。在他那里甚至找到了**署名的**章程，为此，在事后确实还应当把他痛打一顿。发生的这一切即使不是背叛，也完全可以用严重的粗心大意和诺特荣克的喜欢

① 威廉·沃尔弗。
② 文件553。
③ 弗里德里希·列斯纳。

夸夸其谈的特点来解释，我实在难以相信这种可耻的卑劣行径。丹尼尔斯的被捕，是由于从汉堡寄给他的一封信①，这封信在邮局被拆开。在这种时候会寄一封直接写明地址的信，也真够精明的。此外，在这全部灾难中，反动报刊却帮了我们的忙，这是很有意思的。《法兰克福总邮报》全文发表了所有通告信，现在我们可以安全地去翻印，并作为"《法兰克福总邮报》特刊"安全地散发了。至少对那些包含同盟策略②的信件应当这样做。

　　我准备首先撤退到瑞士，这主要是为了生计，因为在物价昂贵的伦敦，除了像维利希那样（他最后甚至连个合适的寄宿处都没有），我简直不知道应当怎样生活下去。在瑞士我将住在我的内兄③家，这里至少有一个很好的图书馆和一个书刊很多的阅览室供我工作使用。加之我从那里能够比从伦敦更容易同德国保持联系。最后，我还想等着看看瑞士人是否真的决定修建铁路，如果要修建，我将设法在那里弄到一个临时的职位。假如这也做不到，那我就再也没有办法呆在欧洲，我实在过够了单身汉的生活或夫妇分居的生活，过了夏天，我决不想再同我的家庭分离。但我决定采取这一步骤并非出自本意，因为我可以完全有把握地预见到，在春天将会再次闹起来。如果你能向我建议去从事某种一般工作，我将非常欢迎。我终究不是很愿意渡海的，因为不可能在纽约留下来，如果我还有可能呆在纽约的话，那就好了，因为在短期的横渡期间，在那里到底可以比在瑞士的任何一个偏僻的山谷更便于同欧洲的一切政治运动保持联系。而在9月以前当然还会发生一些事情。

---

①　这与事实不符。
②　文件448。
③　苏黎世的海尔曼·吕宁。

　　我确实认为，石印通讯大概是不可能的了。我写到美国去的那些信件到目前为止连一封回信也没有收到，我甚至放弃了写通讯。

　　随信附上一本小册子的手稿①，在发表以前我想听听你对它的评价。稿子上空着几个我在这里无法填写的数字，因为在当前情况下去图书馆是有点冒险的。你会找到手稿中那些请你提供英国对外贸易数据的地方，问题恰恰是要向这些家伙证明，国内贸易不是"决定性的"，没有对外销售，任何国家的工业都不能得到应有的发展。我比较深入地研究了关税同盟的政策，因为我希望小册子可供小资产者阅读，在他们中间我的名声还不算太坏。所以我宁愿引证资产者的文章，而不是简单地利用这些文章。现在请你务必向我介绍一个伦敦出版商，以便可以把他的名字作为出版人印在小册子上，因为这本小册子我想以"伦敦自费出版"的形式出版，以便在销售时能有一个合法的形式。如果你认为文章不需要作重大的修改和补充，那你就不必把手稿寄还给我了，因为把它寄往瑞士需要很多邮费。但是请你把它保存起来，以便在最坏的情况下，即当原稿发生什么变故时，还有一个副本保留下来。请尽快把你的意见寄到苏黎世我内兄处，鲁普斯可以告诉你我内兄的地址。〔……〕

　　宪章派的宣言②使我感到异常惊奇，我没有想到其中会提出如"政教分离"等等的小资产阶级民主派要求。起初我想大力宣传它，但当我读过之后，我认为这样做是完全不合适的。〔……〕

　　德朗克被联邦政府驱逐出日内瓦，但还停留在意大利边境。他想返

------

　　① 是否出版了，并以什么形式出版的，不得而知，从文件637中可以看出，这篇文章是针对阿·克里斯特《保护关税制度问题的现状》（1851年美因河畔法兰克福版）一书写的。

　　② 文件604。

回巴黎。他总是一次次地期望，不到两个月就会爆发新的革命，因此他不断经受痛苦的失望。如果不是到日内瓦路途太远，对我来说旅费太贵的话，我就去拜访一下这个小怪物了。他很孤独，因而感到非常不幸。

衷心问候你的夫人、鲁普斯和恩格斯。

你的　汉斯

我明天动身，希望很快听到你的消息。

刮胡刀和眼镜我都非常高兴地扔掉了。

手稿　　　　　　　　　　　　　　　　　　　　　　　　　节录

阿姆斯特丹国际社会史研究所

D VIII 145/D 4538

645

威廉·施特龙[446]（布拉德福德）给
卡尔·马克思（伦敦）的信

1851 年 7 月 7 日

亲爱的马克思：

随您的友好来信一起寄到的给舒尔茨的附件我已经立即送往邮局，

我想尽快把这件事通知您，可惜没有做到。

但我自以为，您一向对我的准时是相信的，所以根本不会忘记我在这类或其他事情上都是如何做的！

我想离开此地一段时间，这一打算暂时还没有希望实现。两三个月之后才能再次把比利时作为目标。对汉堡我不太感兴趣，到莱茵河畔旅行对我来说普鲁士味太浓了！科隆的案件，等等，到底进行得怎样？

我们只是在私下里说说，神圣的宗教裁判所由于它的极端愚蠢是不可能得到什么支持的，我倒是为那些遭到不幸的人们，特别是朋友丹尼尔斯感到由衷地难过，我只是后来才从不可靠的《汉堡消息报》上知道了他的遭遇。直到我在科隆逗留的最后时刻，一些大致定期举行的工人集会还有丹尼尔斯、勒泽尔和其他人参加。后来的事情发生时，我早已离开那里。我参加了上面提到的集会（这些集会由于发现了文件，大概为人提供了求之不得的进行刁难的机会），**其次是**我的处境（某些官员对我怀有相当强烈的私人仇恨），您不认为这些原因已经足以阻止我去履行立即出差到科隆、汉诺威和不来梅的任务吗？此外还应当考虑到，我没有护照，因为在我出发前就要想到设法避开一切麻烦！
[……]

致以衷心的问候

威·施特龙

7月7日于约克郡**布拉德福德**

手稿　　　　　　　　　　　　　　　　　　节录
莫斯科苏共中央马列主义研究院中央　　　第一次发表
党务档案馆，f. 1, op, 5, d. 384

646

弗里德里希·恩格斯（曼彻斯特）给
恩斯特·德朗克（日内瓦）的信

1851 年 7 月 9 日

[18] 51 年 7 月 9 于曼彻斯特

亲爱的德朗克：

你很长时间没有得到我们的任何消息了，首先是因为加莱尔去世后我们没有你的通讯地址，而后来，在你把舒斯特的地址给我们以后，传来消息说，你自己很快就要来英国。可是，由于鲁普斯①在伦敦几乎已经待了一个月了，而我们没听到你的任何消息，所以我们只好猜测，你还要在那里待些时候。

关于去年秋天的伦敦事件你已经知道了。② 至于那些这里没有向你报道的事情，你已从那个时期所发表的文件中获悉。因此，我只需告诉你从那以后所发生的一些事情，以便你了解情况。

因为我从 1850 年 11 月起就一直待在曼彻斯特，而马克思英语说得不好，所以同哈尼和宪章派③的联系就几乎停顿下来。沙佩尔、维利

---

① 廉·沃尔弗。——编者注
② 恩格斯指的是共产主义者同盟的分裂和马克思、恩格斯及其拥护者退出伦敦德意志工人教育协会一事。——原卷末注
③ 宪章派是宪章运动的参加者。宪章运动是 19 世纪 30—50 年代中期英国工人的政治运动，其口号是争取实行包括要求普选权和一系列为工人保证此项权利的许多条件的人民宪章。英国工人阶级为实现人民宪章掀起了广泛的

希、路·勃朗、巴泰勒米等人——总之，一群一方面不满意我们，另一方面不满意赖德律—马志尼委员会①的乌七八糟的德国人和法国人——利用了这一点，以便把哈尼拉来参加纪念 2 月 24 日的宴会②。结果他们成功了。在这次宴会上发生了以下怪事：

（1）我们两位出席宴会的朋友③（其中有施拉姆），被德国流亡者那伙败类赶了出来。事情搞得很严重，几乎闹到法院，但是在受伤害的一方得到满意的赔罪后，被我们调解下来了。这一事件使得同哈尼的关系——暂时——有些紧张，他在这个问题上表现得不大好。但是，同哈

（续前注）　群众性政治运动，宪章运动出现过三次高潮。由于资产阶级收买工人上层和工人阶级政治上的不成熟，到 50 年代中期运动终于失败。宪章派的领导机构是"全国宪章派协会"，机关报是《北极星报》，左翼代表人物是哈尼、琼斯等。恩格斯在他 1892 年为《社会主义从空想到科学的发展》写的英文版导言中称宪章派是"近代第一个工人政党"。列宁把宪章运动称做"世界上第一次广泛的、真正群众性的、政治上已经成型的无产阶级革命运动"（见《列宁全集》中文第 2 版第 36 卷第 292 页）。——原卷末注

① 即欧洲民主派中央委员会，它是根据马志尼的倡议于 1850 年 6 月在伦敦成立的、欧洲各国资产阶级和小资产阶级流亡者的一个国际性的组织。马志尼的倡议曾得到司徒卢威和卢格的全力支持。卢格经司徒卢威的推荐，作为德国民主派的代表加入了委员会。加入委员会的还有赖德律-洛兰、达拉什和科苏特。这个无论成分和思想都极其复杂的组织存在的时间不长。由于意大利和法国民主派流亡者之间的关系恶化，该委员会于 1852 年 3 月实际上已经瓦解。马克思和恩格斯在《时评。1850 年 5—10 月》（《马克思恩格斯全集》中文第 2 版第 10 卷第 575—621 页）中批判了该委员会 1850 年 7 月 3 日的成立宣言。——原卷末注

② 指 1851 年 2 月 24 日为纪念法国 1848 年二月革命三周年在伦敦举行的国际会议。——原卷末注

③ 威·皮佩尔和康·施拉姆。——编者注

尼相比，琼斯却全然不同，他在这件事上完全站在我们一边，现在他正在英国人中间宣传《宣言》①。

（2）因为没有来自德国的献词，维利希先生就宣读了一份来自瑞士的献词。上面也有你的签名。当然，我们在这里无法知道，是用什么样的欺骗或者伪造手段把你的名字弄到这种文件上去的；在你亲自对这件事情作了应有的调查以后，你无论如何要把有关的必要的情况写信告诉我们。顺便说一句，在关于宴会的报道里也刊载了这份有你签名的献词。你可以想象，当签名者中出现了一位《新莱茵报》的编辑的时候，人们是多么兴高采烈。

（3）布朗基祝酒词事件②。所谓的布朗基主义者巴泰勒米请求布朗

---

① 马克思和恩格斯《共产党宣言》。——编者注

② 指 1851 年 2 月 24 日为纪念法国 1848 年二月革命三周年在伦敦举行的国际会议。会议的相关记录以《平等者宴会》为标题发表在 1851 年 3 月《人民之友》报第 14、15 号上。宴会的组织者是路·勃朗领导下的一部分法国小资产阶级流亡者，布朗基流亡者协会的首领巴泰勒米、亚当以及维利希—沙佩尔集团的人。马克思和恩格斯为了了解情况，派自己的拥护者康·施拉姆和威·皮佩尔去参加宴会，但是，他们被逐出会场，并遭到维利希和沙佩尔拥护者的毒打。监狱中的奥·布朗基在寄给"平等者宴会"的祝酒词《人民要警惕》中揭露了路·勃朗和法兰西共和国临时政府其他成员的叛卖行径。所以宴会的组织者故意压下了这篇祝酒词，没有在宴会上宣读。尽管如此，这篇祝酒词仍然在 2 月 27 日《祖国报》第 58 号上及其他许多法国报纸上发表。3 月初，马克思和恩格斯把这篇祝酒词译成了德文并写了按语（见《马克思恩格斯全集》中文第 2 版第 10 卷第 630 页）。德译文寄往科隆并印了 3 万份，在德国和英国广为流传，布朗基的祝酒词也刊登在几家德国报纸上。英译文的情况不详。

与布朗基祝酒词有关的情况，见马克思 1851 年 3 月 17 日给恩格斯的信、马克思和恩格斯的《流亡中的大人物》（《马克思恩格斯全集》中文第 2 版第 11 卷第 277—407 页）、马克思的《高尚意识的骑士》（《马克思恩格斯全集》中文第 2 版第 12 卷第 557—591 页）。——原卷末注

基给宴会写一篇祝酒词，而布朗基寄来了一篇抨击包括勃朗之流在内的整个临时政府的出色的文章。巴泰勒米大吃一惊，把这个祝酒词提交给委员会，委员会决定不宣读它。但是布朗基摸透了他打交道的这些人，于是在宴会举行的同时，巴黎各报都登载了这篇祝酒词，从而破坏了整个演出效果。多愁善感的撒谎家矮子路·勃朗在《泰晤士报》上发表声明，而整个委员会——维利希、沙佩尔、路·勃朗、巴泰勒米、维迪尔等人——则在《祖国报》上发表声明，说他们根本不知道祝酒词的事。但是，《祖国报》对此补充说，布朗基的妹夫安东（该报向他打听过）把祝酒词寄给了巴泰勒米先生，而且手头还有这位声明的共同署名者的收条。在这以后，巴泰勒米声明说，这是事实，一切都由他自己承担，是他撒了谎——他收到了祝酒词，但为了不破坏和谐的气氛而把它压下了。但是不幸的是，与此同时，前龙骑兵上尉维迪尔声明说，他要供认一切：巴泰勒米向委员会提交了祝酒词，而委员会决定不宣读它。可以想象，这对整个这一帮人来说是多么丢脸的事！我们把祝酒词译成了德文，并在德国和英国散发了3万份。

　　在十一月动员时期①，伪造的信件使维利希欣喜若狂，他想用普鲁士的后备军对世界进行革命。我们手里掌握有关于这方面的异常可笑的

----

① 1848—1849年革命失败以后，在普鲁士和奥地利之间爆发了一场争夺德意志霸权的斗争。奥地利力图恢复在革命时期实际上已经瓦解的德意志联邦。普鲁士希望通过建立一个在它领导下的德意志各邦的联盟，来巩固自己的霸权。1850年秋，奥普之间的斗争因黑森选帝侯国而尖锐化了，在黑森选帝侯国发生的革命事件给奥普两国提供了干涉其内政的借口。普鲁士于1850年11月宣布动员，并且为了回答奥地利军队进驻黑森选帝侯国，也向那里派遣军队。在沙皇尼古拉一世的压力下，普鲁士没有进行抵抗就对奥地利让步了。——原卷末注

文件和革命计划。^① 在适当的时候将用得着它们。首先是打算把"写作分子"斩尽杀绝，并且要宣布实行被动员起来的艾费尔高原农民的专政。不幸，结果是一无所得。

从那时起，这些彼此结盟、相互确保对方获得统治权和永垂不朽名声的大人物们，就力图使自己在某个地方站住脚跟，可是白费了力气。一切都落了空。^② 他们只好满足于，德国所发生的所有住宅搜查和逮捕，没有一次是因同他们有联系而引起的。

然而，我们满意的是，我们摆脱了所有这些大言不惭、头脑混乱和软弱无能的伦敦流亡者败类，而且终于能重新不受干扰地进行工作。对于这帮坏蛋个人所干的无数下流勾当，我们可以不予理睬。我们总是比这伙败类占优势，并且在每次重大运动中都能控制他们。但是，从那时起，我们从1848年以来的实践中学到了很多东西，而1850年以后的平静时期我们则适当地用来重新进行钻研。如果再发生什么事情，那么，这一次比起他们来，我们的优势就大不相同了，而且在他们根本想不到的领域也是如此。此外，我们还有一个极大的优势，那就是他们全是一些追名逐利之徒，而我们不是。不可理解的是，在经受了这一切以后，竟然还会有一些蠢驴，他们的最高意愿就是：在起义——他们称之为革命——刚取得第一个胜利的第二天，能参加一个什么政府，然后过那么个把月，就被推翻或者身败名裂，被人抛弃，同1848年勃朗和弗洛孔的遭遇一样。还有一个沙佩尔—格贝尔特—梅因—豪德—维利希政府！遗憾的是，

---

① 指奥·维利希分别于1850年12月6、24日和1851年1月底写给海·贝克尔的信。维利希在这些信中表明了他大约自1850年11月底以来就一直抱有的打算，即借助于普鲁士的后备军在德国发动新的革命。1852年底在科隆共产党人案件贝克尔的辩护词中和1854年在马克思的小册子《高尚意识的骑士》（《马克思恩格斯全集》中文第2版第12卷第557—591页）中，维利希的这些信件都起了一定的作用。这些信的原件都没有保存下来。——原卷末注

② 《旧约全书·传道书》第1章第2节。——编者注

这些可怜虫永远也不会如愿以偿；可惜他们将会重新落到充当尾巴的地步，并且还能以这种身份在小城市里和农民中间制造一些混乱。[……]

由于在德国发生的逮捕使我们不得不设法重新建立各种联系并再次承担本已委托给别人的某些工作，所以你一定要尽快地把瑞士的情况写信告诉我们。就是说，请立即回信。如果你还要求做什么解释的话，请指出是哪几点。来信的地址是：经加来转曼彻斯特由欧门—恩格斯公司的先生们转交。

你的　弗·恩格斯

手稿　　　　　　　　　　　　　　　　　　　　　　　　摘录

阿姆斯特丹国际社会史研究所马克思
恩格斯遗著 K 190/K 397（《马克思恩
格斯全集》德文版第 27 卷第 560—
563 页，参看《马克思恩格斯全集》
中文第 2 版第 48 卷第 303—309 页）

647

阿道夫·贝尔姆巴赫（科隆）给
卡尔·马克思（伦敦）的信

1851 年 7 月 10 日前后[447]

公民：

您的信我已按时收到，在一段时间内您可以放心地使用提供的地址。但为了更加保险，我在后面还想为您提供另一个地址，以便能交替使用。如果说这里事态有什么变化的话，那就是据今天我得到的消息说，对他们的侦查已经结束（？）。侦查机关的先生们自己承认，证据是严重不足的。关于丹尼尔斯，除了众所周知的告密材料外没有更多的东西。据说，汉堡的某个豪普特供认，他在伦敦听说丹尼尔斯是秘密组织的领导人。仅此而已。关于贝克尔，他们也没有掌握多少材料，关于其他人也一样，因此，为我们的朋友们的安全担心是完全没有必要的。此外，悲痛的亲属（高贵的先生们对这些人是相当熟悉的）想尽办法不使诉讼程序拖延得太久，因此，我们还有可能指望秋季或冬季作出判决。但是，根据我们上述的政治处境，也只能是希望而已；谁能知道武装的反动势力会走多远呢？目前统治着德国，甚至整个欧洲的只有一种力量，即结盟的君主的意志和利益，他们以容克地主、士兵和警察为支柱，不仅寻找手段，而且寻找工具，以便针对所有坚持同专制制度格格不入的原则的人，在他们的活动领域内制造一种令人难以忍受的气氛。但根据法国的法律，如果人们在文件上公开自己署名，并向陪审员承认其中谈到的倾向，那么，文件的内容就几乎不可能作为起诉的理由，因为我们在法典①中没有看到一点这样的意图，——然而，中央调查委员会和秘密法庭呢！为什么这些受上帝庇佑的先生们不公开宣布有采取这最后手段的权利？他们反正已打出了最后一张牌。事情对毕尔格尔斯极为不利。他同朋友们的联系被割断，他将在陌生的环境里被陌生人判决——这是一种悲观的想法。最近他从这里寄到家里的仅有的两封信也流露出一些使人难过的忧伤情绪，但是，这种情绪很容易从下列事实得到解释，即早在七个星期以前，他在未经任何审讯，并且对控诉自己的材料和案件一无所知的情况下就在德累斯顿被严密监禁起来。关于德国的情况和科隆这里的情况您可以从弗［莱里格拉特］那里，现在还可

---

① 拿破仑法典。

以从沃〔尔弗〕那里了解。我仅仅补充一点，情况是：现在愉快的科隆人也被最坚决地严禁在 11 点钟以后再到酒馆去，连这件事也没有能够把他们激怒。可是在财政的天空中出现了令人不安的风暴。生意越来越萧条，不仅不能获取巨额利润，连获取少量利润也日益成为不可能。大资本又开始隐藏起来，只是小心翼翼地间或露一下面。收成是出乎意料的好，小工业家面临着破产。但是，即使这些家伙们全都站在深渊的边缘，他们自己还在担心，顺利复苏重新经营的最后希望也遭到破灭，宁可堕入深渊，也不愿意鼓起勇气顶住并消除把他们压倒的沉重负担。德国人需要外部的推动才能起来反抗，但愿这种推动力快点到来。

　　至于继续出版您的文集①的事，正如我最近告诉您的那样，我计划首先出版反对蒲鲁东的著作②，一方面因为现在我不能很好地用贝克尔的名义（这在某种程度上是必要的）继续出版已经开始出版的这部著作，另一方面，因为我必须采取另外一种完全不同的出版办法，那样可以从一部独立的著作中看到取得什么样的成果。您想必会同意，这本书"以您自费出版"的形式出版。该书我将托人在国外印刷所印刷。如果可能，由私人销售的那部分书收现金，但是还要由一位莱比锡书商介绍拿到书店去卖。您如果愿意，请亲自写几句话作为序言，否则就由我来写；在这里将说明，这篇文章本应作为文集的第二部分出版，由于原出版者在这期间被捕而受到干扰，正是在目前情况下，我们不愿意向德国读者扣压一篇完全用科学的方法论述关于一个备受攻击和怀疑的党的基本原则的文章。我相信这本书的销路会很好。德国庸人们对待已发表的告同盟书③的态度证明，他们对共产主义的愚蠢的恐惧心理，部分地消

---

①　见注 393。
②　卡尔·马克思：《哲学的贫困。答蒲鲁东先生的《贫困的哲学》1847 年巴黎—布鲁塞尔版。
③　文件 448 和 553。

失了，他们开始比较友好地看待这个过去的可怕形象。妨碍他们的只是对宗教信条的否定，而没有其他。不久将会对弗莱里格拉特发出通缉令。他会感到高兴，他又可以得到一份证明书。

　　向弗莱里格拉特和大家问好。

您的

阿道夫

由科隆阿尔滕市场街多米［尼克斯］·科特

斯先生转交

或者由彼得·屈贝尔先生转交。

由科隆威契巷 Chr. 鲁厄先生转交。

或者由施尔德尔巷路易·舒尔茨先生转交。

手稿　　　　　　　　　　　　　　　　　　　　　　第一次发表

莫斯科苏共中央马列主义研究院

中央党务档案馆，f. 20, d. 55

648

卡尔·马克思（伦敦）给弗里德里希·恩格斯
（曼彻斯特）的信

1851 年 7 月 13 日

　　［……］首先，从你的几次来信中可以断定，在你的老头儿①逗留

---

　　①　恩格斯的父亲老弗里德里希·恩格斯。——编者注

曼彻斯特期间，你没有看到《科隆日报》发表的以《共产主义者同盟》
为标题的第二个文件。这是我们两个草拟的《告同盟书》①——实际上
不是别的，而是对民主派的作战计划。一方面，发表这个文件是好的，
可以同毕尔格尔斯的形式上多少有些荒唐和内容上不大令人愉快的文
件②相抗衡。另一方面，这个文件的某些地方会使现在被捕者的处境更
为困难。

据我从科隆的路易·舒尔茨那里得知，毕尔格尔斯从德累斯顿写了
一些很伤感的信。相反，在科隆，大家都认为丹尼尔斯将被释放，因为
他没有任何罪证，而在这个神圣的城市里整个"抱怨派"③为他叫屈。
自然，他们认为他不会做出这样的"蠢事"。

米凯尔从格丁根写来信。他家被搜查过多次，什么也没有搜到。他
没有被捕。有五个新的密使大人从格丁根到了柏林等地。[……]

---

① 马克思和恩格斯《共产主义者同盟中央委员会告同盟书。1850 年 6 月》（见
《马克思恩格斯全集》中文第 2 版第 10 卷第 423—430 页）。——编者注

② 指主要由毕尔格尔斯起草的 1850 年 12 月 1 日共产主义者同盟科隆中央委
员会的公告（《中央委员会告同盟书》）。公告谴责了维利希—沙佩尔集团
的分裂主义活动，指出理论对共产主义运动发展的意义，这表明它是拥护
1850 年 9 月 15 日伦敦中央委员会决议的。此外，公告还支持科隆中央委员
会把维利希和沙佩尔建立的宗得崩德的领导成员开除出同盟的决定、它是
根据 1850 年 11 月 11 日共产主义者同盟伦敦区部向科隆中央委员会的建议
做出的。但是这个文件没有揭露共产主义者同盟分裂的真正原因，把分裂
的罪责也部分地加到马克思和恩格斯的身上。公告的个别论点是含混不清
和不明确的。在共产主义者同盟的成员被捕时，公告落入警察当局手中，
1851 年 6 月被刊登在《德累斯顿新闻通报》和《科隆日报》上。——原卷
末注

③ 抱怨派（Heuler）是德国 1848—1849 年革命时期民主共和派给资产阶级立
宪派起的绰号。这里指那些离开伦敦德意志工人教育协会，参加组建民主
联合会的小资产阶级民主派。——原卷末注

　　维利希老爷子逃出了兵营①——兵营的解散似乎已经作了决议——并同他的大部分禁卫军发生激烈争吵。[……]

手稿　　　　　　　　　　　　　　　　　　　　　　　　　　　　　节录

阿姆斯特丹国际社会史研究所马克思
恩格斯遗著 L Ⅵ 41/L 3907（《马克思
恩 格 斯 全 集》 德 文 版 第 27 卷 第
278—279 页，参看《马克思恩格斯
全集》中文第 2 版第 48 卷第 309—
314 页）

649

**约翰奈斯·米凯尔（格丁根）给
卡尔·马克思（伦敦）的信**

1851 年 7 月 15 日前后[448]

　　如果您知道，收到您的信使我多么高兴，使我得到多么大的教益，

---

　　① 营房指社会民主主义流亡者委员会于 1850 年 7 月在伦敦租的一套带工作
　　　室、卧室及公用厨房的房子。这里聚集着维利希的追随者及维利希—沙佩
　　　尔冒险主义宗派集团的大多数成员。——原卷末注

那么您就会懂得，收信的享受显然大大超过了写信的负担，因此，即使写信是一种牺牲，但绝不是毫无意义的牺牲。

假如不是艰难的处境和永无止境的极度的不安（您知道它的原因）使我无法安安静静地做任何事情，我早就回信了。此外，我日复一日地等待皮佩尔的消息，但毫无结果。

那件令人不快的事情①已经产生了不良后果。民主派已经开始用愤怒来回敬我们，并且（这是最糟糕的）失去了他们由于愉快地感到没有反对意见而产生的那种革命热情。我认为，争吵发生得太早了，这不是因为像某些**怯懦的**和**愚蠢的**"共产主义者"所担心的那样，我们在第一次革命冲击之后会立即受到过于强烈的袭击，而是因为**小资产者在革命之前**会过于深思熟虑。另一方面，由于民主派必然要公开抛弃工人的利益，我们的宣传会变得容易得多；但是，我们的组织会受到很大的影响，我们最能干的人可能到下次运动为止一直处于孤独状态。此外，甚至资产阶级报刊也想尽量把事情加以掩饰，这也说明它们一天比一天革命起来。它们公开声明，虽然一次革命将使"文明"倒退20年，然而革命是必要的——即使这仅仅是一种想要"使人们清醒的"威胁，但它却没有使人们清醒，因此必须继续进行下去。这就导致了您对我的指责，说我对下次革命估计得太乐观了。我不知道，我在给皮佩尔的信中是如何表达自己的意思的，我只记得说过，法国人的进军在任何情况下都是不可避免的。我根本没有忽视，在大陆缺少彻底变革经济关系的条件，从而持久的无产阶级专政是不可能的，这些情况必然导致一场世界战争，这种战争将使人发狂，将把经济问题排挤到次要地位，使人只看现象，而忘记原因，作为一场自由反对独裁、公民个性反对（反封建

---

① 指三月告同盟书（文件448）在反动报纸上的发表。

的）专制制度的战争必然是民主资产阶级性质的，等等。一句话，这种战争既是普遍迷惘和丢丑的结果，也是这种现象发生的原因。其次，我承认，这场闹剧主要将在德国土地上演出，但我不相信（这一点**看来我**同您有分歧），德国人民在这方面的表现会是**消极的**。我确信，奋力抵御俄国的一切前提已经具备，正是这种求生存的斗争给了我**唯一的**保证，让我相信德国革命至少可以产生出一些合理的东西。只有对外战争能把地方性的吵闹集中起来，能使民族的浅薄无知的庸人头脑获得比较宽广的视野，能促使恐怖行为——至少暂时地——去排除小资产阶级的"独立性"。没有这种战争，联邦共和国将是不可避免的，没有这种战争，对无产阶级的反击将会更早地到来；没有这种战争，"德国革命"只会以对王朝的第一次胜利冲击而告终，它从此将进入舒适的昏昏欲睡的状态。在给皮佩尔的回信中我只是想说，我认为，如果人们（像皮佩尔那样）把战争说成是下次运动将陷入人们所说的困境的原因，这是不对的，相反，如果没有战争，"德意志民族"还会遭受更大的耻辱。

不久前我在黑森和图林根的部分地方作了一次短期旅行，因而我深信，共产主义固然赢得了广大的地盘，就是说，争取了大量的**皈依者**，但是，除去几个工业区，共产主义者似乎到处都置身于社会之外；他们同德国经济关系几乎没有任何联系，他们几乎在所有城市都共同生活在封闭的圈子中，他们的宣传纯粹是为"争取"个别优秀人物，成了没有士兵的军官。如果说在北德意志还有较大的工人协会存在，那么，除了少数例外，那里存在的都是教育协会，即资产者协会。但是我们具有**这样的**长处；我们的共产主义都是历史的批判的共产主义，换句话说，我们的共产主义者都是您的学生。

如果这些人在下次运动中很好地组织起来，而不是像上次那样成为

"一般革命者"，并四分五裂的话，那他们或许能促使无产阶级去进行一场六月战斗。您的关于决不要对无产阶级抱幻想的警告，对我来说确实是很中肯的。我不是通过费尔巴哈的人类学，而是通过对其他各种社会主义流派的逐步批判达到共产主义的，我曾通过研究我不理解其地位的各种体系对"不能实现的共产主义"感到真正的厌恶，并且只是在没有别的办法时才回到了共产主义，就像重新去做一件**必须做的倒霉事**，那时，当我很快学会了**强调谓语**时，名词自然就消失了，总之，共产主义对我来说并不是一种理想。虽然如此，但是我并不否认，从表面上把无产阶级理想化的**习惯**对我自己产生了消极的影响，因而我已经开始不再严格坚持我在开始时（有意识地）**弄错**的一件事实的错误。

现在我看到，您完全不理睬我们敌人的卑鄙攻击，并且丝毫没有激动，我为这一点感到欣慰。这类的谩骂只有引起人们的愤怒时，才有意义。

此外，欧洲中央委员会及其产物现在甚至对**民主派**来说也仅仅是值得同情的笑料，它们既不会使人感到不安，也不会显示出什么"重要性"，照我们法学家的说法，纯粹是喧嚣。

如果我要印点什么东西的话，我会把它给您寄去的。但我没有什么东西好印。写一部篇幅较大的著作（如关于德国工人状况的著作），现在我既没有足够的时间，也没有足够的知识，写个别问题我又是最讨厌的。天晓得，别的事会怎样发展。我一旦弄清了某个问题，我就不愿再去想它，更不想把它写下来，这件事就算已经做完了而被扔在脑后。

现在还有一个问题。目前看来，法国工业面临再次遭受损失的困境，这是正在开始的商业危机的后果呢，还是**奢侈品**消费者暂时恐惧的后果？

祝您幸福，请原谅我这个求知欲强的年轻人写了这么多废话，您可能对此不感兴趣。

完全属于您的

约·米凯尔

又及：您是否认为维利希—沙佩尔派方面有**背叛行为**？如果认为有，其程度如何？当然，这种卑鄙行为几乎是不可思议的。

手稿

莫斯科苏共中央马列主义研究院中央

党务档案馆，f. 1, op. 5, d. 388

650

卡尔·马克思（伦敦）给弗里德里希·恩格斯（曼彻斯特）的信

1851 年 7 月 17 日前后

[1851 年 7 月 17 日前后于伦敦]

索霍区第恩街 28 号

亲爱的恩格斯：

请将附上的给舒尔茨的信马上在曼彻斯特寄出。

附上弗莱里格拉特给卢格的信——阅后请寄还给我——和贝尔姆巴

赫给我的信，还有米凯尔的一封信。

一个叫"乌尔默"的鞋匠，在最近一次搜查中从科隆逃走。他在"谢特奈尔"酒馆托一个施特劳宾人①带一封信给他的亲戚。这个施特劳宾人带着信，在荷兰国境立即被拘留。因此被牵连的只是那些放走他的人。谢特奈尔酒馆里的警察就是组织得这样好。

魏德迈已经越过国境。我们正在这里等待他。[……]

又及：我刚刚想到，最好是你自己给贝尔姆巴赫写一封信。信封写上：科隆施尔德尔巷2号路易·舒尔茨收。里面装上封好的给贝尔姆巴赫的信②。当然，你要把它封好，使人看不见里面的地址，表面看来好像是一封商业信件。

手稿　　　　　　　　　　　　　　　　　　　　　　　　节录

阿姆斯特丹国际社会史研究所马克思
恩格斯遗著 L Ⅵ 42／L 3908（《马克思
恩格斯全集》德文版第 27 卷第 283
页，参看《马克思恩格斯全集》中
文第 2 版第 48 卷第 314—315 页）

---

① 施特劳宾人是德国的流动手工业帮工。马克思和恩格斯这样称呼那些还受落后的行会意识和成见支配的德国手工业者，这些人抱着反动的小资产阶级幻想，认为可以从资本主义的大工业退回到小手工业去。——原卷末注

② 马克思 1851 年 7 月 17 日前后给阿·贝尔姆巴赫的信是从路·舒尔茨的地址寄出的，这封信没有保存下来。——编者注

651

弗里德里希·恩格斯（曼彻斯特）给
卡尔·马克思（伦敦）的信

1851 年 7 月 17 日

[18] 51 年 7 月 17 日于曼彻斯特

[……] 预订报纸的事这里终于又弄妥了，而且我终于在《科隆日报》上看到了我们的旧文件①。此外，《奥格斯堡报》②在一篇其作者通常看来消息相当灵通的发自德累斯顿的文章中说道，通过折磨式的审讯，终于迫使诺特荣克屈服，他几乎什么都供出来了。不管怎样，我认为老练的检察官完全可能很快就把他逼得走投无路，并且使他陷入最狂乱的矛盾中。据说派去了一位普鲁士官吏③，以便从他那里挤出更多的东西。传说汉诺威国王④已经拒绝在他的领土内进行迫害，至少是拒绝用普鲁士、汉堡等处那样残酷的方法进行迫害。米凯尔的信似乎证实了这一点。马尔滕斯在汉堡被捕一事，你是知道的。可是再没有什么比对"莱茵的卡尔"进行住宅搜查这件事更能说明普鲁士人的愚蠢了。这个

---

① 马克思和恩格斯《共产主义者同盟中央委员会告同盟书。1850 年 6 月》（见《马克思恩格斯全集》中文第 2 版第 10 卷第 423—430 页）。——编者注
② 《总汇报》。——编者注
③ 舒尔茨。——编者注
④ 恩斯特-奥古斯特。——编者注

人也被怀疑加入了共产主义者同盟，而在他那里却只找出了拉沃的信件！

旧文件只有关于"过火行为"① 的一段可能对被捕者不利，其余的一切地方都是反对民主派的，只有当他们站在半民主的陪审团面前时，才会使他们的处境发生困难；但是他们如果受审的话，似乎要在精选出来的特别陪审团或联邦陪审团面前受审。即使这些东西，在一开头就被搜去的毕尔格尔斯的文件②中，大部分也是已经重新加工过的。另一方面，这一文件公布出来并转载于一切报纸，这在其他一切方面都有极大的好处。完全不为人所知、但是从过去的经验看来必定散布于德国各地的、由新进的共产主义者组成的单个的秘密小组，将由此获得一个很好的支柱，就是从《奥格斯堡报》的文章中也可以看出，这个文件，同最初的发现相比，对它所起的作用则完全不同。从这家报纸对内容的概括看来，它对"发狂"已经有了很好的了解——实际上本来也没有使人误解的地方。［……］

---

① 引自马克思和恩格斯《共产主义者同盟中央委员会告同盟书。1850 年 3 月》（见《马克思恩格斯全集》中文第 2 版第 10 卷第 391 页）。——编者注

② 指主要由毕尔格尔斯起草的 1850 年 12 月 1 日共产主义者同盟科隆中央委员会的公告（《中央委员会告同盟书》）。公告谴责了维利希—沙佩尔集团的分裂主义活动，指出理论对共产主义运动发展的意义，这表明它是拥护1850 年 9 月 15 日伦敦中央委员会决议的。此外，公告还支持科隆中央委员会把维利希和沙佩尔建立的宗得崩德的领导成员开除出同盟的决定、它是根据 1850 年 11 月 11 日共产主义者同盟伦敦区部向科隆中央委员会的建议做出的。但是这个文件没有揭露共产主义者同盟分裂的真正原因，把分裂的罪责也部分地加到马克思和恩格斯的身上。公告的个别论点是含混不清和不明确的。在共产主义者同盟的成员被捕时，公告落入警察当局手中，1851 年 6 月被刊登在《德累斯顿新闻通报》和《科隆日报》上。——原卷末注

手稿　　　　　　　　　　　　　　　　　　　　　　　节录

阿姆斯特丹国际社会史研究所马克思

恩格斯遗著 D III 56/D 1295（《马克思

恩格斯全集》德文版第 27 卷第 284—

285 页，参看《马克思恩格斯全集》

中文第 2 版第 48 卷第 316—317 页）

652

弗里德里希·恩格斯（曼彻斯特）给
卡尔·马克思（伦敦）的信

1851 年 7 月 20 日前后

[1851 年 7 月 20 日前后于曼彻斯特]

亲爱的马克思：

　　文件①随信寄还。我喜欢米凯尔的信。这个人至少会考虑问题，如果到外国来住些时候，他一定会成为一个很能干的人。他担心现在公布

---

　　① 指阿·贝尔姆巴赫 1851 年 7 月 10 日前后给马克思的信和约·米凯尔 1851 年 7 月 13 日前给马克思的信。——编者注

的我们的文件①对民主派的影响不好，就他那个地区而言，这种担心的确是有道理的；这个下萨克森土生土长的中农民主派（《科隆日报》新近在拍他们的马屁并提议同他们联合）的情况也正是这样，它远不如较大城市中的小市民民主派，并且还受着他们的支配。虽然这种典型的小资产阶级民主派显然会因这一文件而异常恼怒，但是，由于自身极受限制和压抑，它不得不和大资产阶级一起承认"渡过红海"②的必要性。这些家伙将越来越被迫承认无产阶级暂时的恐怖统治的必要性，但是深信这种统治不能长久继续下去，因为文件的实际内容是这样荒谬，根本谈不到这些人的永久统治和这些原则的最终实现！另一方面，汉诺威的大农和中农除了土地一无所有，鉴于各家保险公司即将破产，他们的房屋、农场和谷仓等等面临各种各样的危险，而且自恩斯特—奥古斯特那时以来，他们已经尝到了合法抵抗的种种甜头——这些强健的德国自耕农在被迫投红海之前是会加倍当心的。

从贝尔姆巴赫的信看来，豪普特是叛徒，但是我不能相信。无论如何，这件事情必须弄清。就我所知，豪普特还是自由的，这的确有些可疑。从格丁根或科隆到汉堡的旅行是不能想象的。能否从诉讼文件或审理材料中得到关于这件事的什么线索，什么时候能得到，很难说。如果这个人是叛徒，那么这件事是不应当忘记的，而且在适当的时机有一个实例，那是很好的。

我希望丹尼尔斯会很快被释放，他毕竟是科隆唯一有政治头脑的人，而且不管警察怎样监视，他还是能够继续正常地进行工作。

---

① 马克思和恩格斯《共产主义者同盟中央委员会告同盟书。1850 年 3 月》（见《马克思恩格斯全集》中文第 2 版第 10 卷第 385—396 页）。——编者注

② 参看《旧约全书·摩西二经》第 13 章第 18 节和第 15 章第 22 节。——编者注

再回过来说说我们的文件对民主派的影响问题：米凯尔应当考虑到，我们曾在或多或少等于党的宣言的一些著作中连续不断地斥责这些先生们。对一个只是以非常平和的、特别是决不牵涉个人的方式来概述一些早已发表的东西的纲领，现在为什么竟大喊大叫起来？是我们的大陆上的青年们背弃了我们吗？是他们同民主派的交往超出了党的政策和党的荣誉所允许的限度了吗？如果民主派正好是由于没有反对意见而这样叫嚷革命，那么究竟是谁使他们没有反对意见呢？决不是我们，至多只是在德国的德国共产党人。这似乎确实就是症结之所在。任何一个明智的民主主义者必定从一开始就知道他从我们党那里期望得到什么——文件不能给他们很多新东西。他们如果暂时同共产党人联合，那他们对于联合的条件和期限是完全清楚的，只有汉诺威的中农和律师才会相信，共产党人自 1850 年以来已经抛弃了《新莱茵报》的原则和政策。瓦尔德克和雅科比肯定决不会梦想这样的事情。无论如何，所有这类出版物，用施蒂纳的话来说①，对"事物的本质"或"关系的概念"是不会起什么长久作用的，而民主派的叫嚷和煽动会很快再次兴盛起来，而且他们会和共产党人携手并进。至于这些家伙在运动过后的第二天就会卑鄙地愚弄我们，这我们老早就知道了，而且这也不是任何外交手腕所能阻止的。

　　另一方面，如我所预见的，到处都有共产主义小组在《宣言》②的基础上建立起来，这使我非常高兴。这正是我们由于迄今的总参谋部软弱无力而缺乏的。士兵自然可以找到，只要局势发展到这种程度就行，

---

①　麦克斯·施蒂纳《唯一者及其所有物》1845 年莱比锡版第 126 页。——编者注

②　马克思和恩格斯《共产党宣言》。——编者注

但是，总参谋部将不是由施特劳宾人①组成，而且它可以比现在的只有受过某种教育的 25 人有更大的选择，这一前景是非常令人高兴的。最好是普遍建议到处在办事员中开展宣传。一旦要组织管理机构，这些人是不可缺少的——他们习惯于埋头工作和做清晰的簿记，而商业就是这些有用的办事员唯一的实习学校。我们的法学家等等不适于做这种工作。我们需要的是从事簿记和会计的办事员，编写电报、书信、文件的有才能、受过良好教育的人。我用六个办事员组织一个管理部门，可以比用 60 个政府顾问和财政学家所组织的要精练实用一千倍。后者甚至写不出通顺可读的文字，只会把所有簿记都弄得一塌糊涂，连鬼都不晓得里面记的是什么。由于我们越来越不得不对这种可能性做准备，所以这件事并不是不重要的。此外，这些办事员习惯于做连续不断的机械的工作，要求不高，不大会偷懒，当不适用的时候，也容易更换。

寄往科隆的信已经发出——弄得很好；如果寄不到，那我就不知道是怎么一回事了。要不然的话，就是使用舒尔茨的地址不大合适，他是我们从前的共同发行人！

手稿
阿姆斯特丹国际社会史研究所马克思
恩格斯遗著 D III 57/D 1296（《马克思
恩格斯全集》德文版第 27 卷第 287—
289 页，参看《马克思恩格斯文集》
第 10 卷第 81—84 页）

---

① 施特劳宾人是德国的流动手工业帮工。马克思和恩格斯这样称呼那些还受落后的行会意识和成见支配的德国手工业者，这些人抱着反动的小资产阶级幻想，认为可以从资本主义的大工业退回到小手工业去。——原卷末注

653
阿伯拉罕·雅科比：在普鲁士狱中的回忆 (1853 年) [1]

1851 年 8 月至 1852 年 11 月

　　我这篇简短回忆录写得较晚，但我是尽快写出的，因为几个月前我才离开普鲁士监狱的围墙和德国国界。至少有一点是很明确的，就是在美国的德国人对德国工人党的头等大案仍然没有失去兴趣。这可以由下列事实证明：尽管形形色色的反动分子和激进主义的天然敌人散布流言飞语，尽管有自封的党内同志的诽谤（他们感到很安全，因为他们相信，他们的谎言不会被已判罪者和被监禁者戳穿），人们还是对科隆共产党人案件给予注意，对被判罪者表示关怀。我很高兴，下面的文章能够在这样一个城市发表，那里的德国居民（我指的特别是作为美国体操协会领导机构的纽约社会体操协会）不仅声明同情被判罪者的命运和那些他们多年来为之忍受痛苦的原则，而且每天都以行动来证明这一点。我愿意利用这个机会，以被判罪者和被监禁者的名义公开对同志们给予的同情表示赞赏，对他们的热情支持表示感谢。此外，我感到**有责任**，在今天，即为工人而斗争的战士们被判决一周年之际出来说几句话，因为三个像我一样在科隆没有被判刑的人当中没有一个人尊重事实。群众从那些能够说明事实真相和作出正确评价的人那里什么也没有听到，消

---

[1]　所注年代是根据卡尔·哈肯贝格在《红色贝克尔》（1922 年莱比锡版第108—111 页）中所引用的片断，最初它是唯一的材料来源。

息的来源只能是一个普鲁士警探①，这个人不久前还企图扮演一个不得志的民主派天才和被埋没的本世纪的大人物的角色，并且（这一切当然对民主派有利）此后一再从他的悲喜剧式的力求开脱的表演中脱身出来，以便在伦敦起劲地充当施梯伯先生的带路人和名单提供者。

关于我在这里再次吸引大家注意的共产党人案件，当时谈论得很多，写得也很多。可是，当侦查还在继续进行时，普鲁士警察和官吏要设法阻挠那些可靠的消息公开发表，当终于能够公开进行审判时，一方面，由于德国报纸对警察和官吏的恐惧，另一方面，由于反动分子对党的仇恨和不仅表现为判刑的复仇欲，其次是由于无意的误解或喜欢自封为"民主派"的那些人的有意歪曲，因而使得几乎任何没有亲自听到审讯的人都不可能根据透露出的消息作出充分的评价。近来的确还出现了歪曲被告立场的企图，并力求把案件说成是对工人党完全没有什么重要性的，有人的确企图把未来的革命先锋放在比没有头脑、没有教养的叛乱者次要的地位，把粗野的拳头放在比**善于思考的**革命力量，把热情冲动下的随心所欲放在比物质需要的历史发展更重要的地位。

1851 年 5 月 10 日②诺特荣克被捕。他从柏林回莱比锡时没有身份证，被拦截并被带到警察局，对他进行了搜查，由于他的粗心大意，产生的后果是：查获了共产主义者同盟 1850 年 3 月和 1850 年 12 月的两份告同盟书、毕尔格尔斯和勒泽尔在科隆给诺特荣克签发的委托书、1850 年 12 月的共产主义者同盟章程③，以及其他一些不太重要的文件。

---

① 雅科比的脚注：威·希尔施。
② 原件中是 5 月 11 日。
③ 文件448、553、539 和 554。

我在同一天（5 月 11 日）到了柏林，几天后去找诺特荣克。近来他没有露面，人们不知道他呆在哪里。关于找不到诺特荣克踪影的这件事我于 5 月 14 日写了一封短信告诉毕尔格尔斯，这就成了后来我被捕的原因。

在那之前不久，在汉诺威举行了一次民主主义者代表大会，贝克尔博士和毕尔格尔斯出席了大会。贝克尔回到了科隆，毕尔格尔斯继续前往汉堡和柏林，5 月 17 日我在柏林碰到他。第二天，我们收到了贝克尔提供的诺特荣克被捕的消息，这消息是他立即从莱比锡得到的。就在当天，我在诺特荣克的住宅中得知，警察局官员曾搜查过他的财物。我们本来认为，诺特荣克肯定不会粗心大意到这种程度，竟然随身携带会使他陷入危险境地的文件，此后，毕尔格尔斯于 5 月 19 日乘车去了布雷斯劳，在当天，由于在诺特荣克那里发现的文件和书信，勒泽尔和贝克尔博士被捕。他们是有时间把某些警察局认为犯禁的东西处理掉的。使人感到特别奇怪的事情是，在贝克尔处发现了一份 1850 年 3 月告同盟书的抄件。

说到被施梯伯先生及其朋友戈尔德海姆大肆吹嘘的普鲁士警察局的工作和效率，那就让事实来说话吧。5 月 11 日诺特荣克被捕，八天后勒泽尔和贝克尔被捕。这第一次拖延的责任可能在萨克森警察局，但是，就在上述两个人在科隆被捕，对毕尔格尔斯进行住宅搜查的那一天，即 5 月 19 日的晚上，毕尔格尔斯从柏林警察局得到了新签署的去布雷斯劳的护照。是电报机的错误吗？如果施梯伯先生和冯·欣克尔代先生这样强调的话，那么，毕尔格尔斯在布雷斯劳却一次也没有受到打扰，大概只是当他于 5 月 23 日[①]到达德累斯顿时，才被第二次碰到有利时机的萨克森人逮捕，对这两位先生的警察局来说这些恰恰算不上什么

---

① 在原稿中是 5 月 24 日。

高度赞扬。当天丹尼尔斯博士在科隆被捕，25 日清晨我被 12 名彬彬有礼的警察请进了市监狱。

接着赖夫①于几星期以后②在科隆被捕，7 月 25 日③奥托被捕，9 月 25 日克莱因博士被捕，列斯纳在 1852 年期间从美因茨（他在那里由高等审判厅决定撤销关于参加共产主义者同盟的指控）被引渡，因为普鲁士人打算再次对他进行这一控告，1852 年 7 月由埃尔哈德凑足了 12 名被告。因为第 12 个被告斐迪南·弗莱里格拉特幸运地在我们被捕前几天到英国去了。

我在市监狱坐牢期间，就是说直到 6 月 20 日，是按"狱规"的规定对待我的。虽然狱规是很严格的，但我也没有抱怨过那些特殊规定。在最初三天，我像其他人一样喝稀粥，5 点准时起床，晚上 5 点半**根据命令**把我的草垫子从走廊拖到我的牢房，脱下衣服躺到"床"上，我同其他囚犯不同的地方只是我受到优待：必须无所事事地闲呆着。人们扣留了在我的住宅找到的钱，但几个月后又把钱送还给我。然而当我几天后搞到钱的时候，我受到了合法的优待：我得到了一个床垫，晚 8 点以前可以不上床，每月可以花 10 塔勒，因此，营养还算可以，还能从借书处借阅小说，甚至允许我每天用没有臭味的肥皂洗脸。这时，我的活动限制在我的寂静的小小牢房所允许的范围内，空气只能是从早上 5 点到晚上 5 点半通过密密的铁丝栅栏挤进来的那一点，到晚 5 点半窗子就关了。

但是，我弄错了。看守不是每隔四天**在饭前**都说："饭后我带您去放风！"吗，他不是**在饭后**"带"我到不像我的牢房那样短小，也不像

---

① 见注 436。

② 7 月 25 日。

③ 在原稿中是 7 月 24 日。

那样明亮的走廊去"放风"了吗？警察厅长舒尔茨先生在我被关押在市监狱的最后 3 天不是决定让我每天到"花园"活动半小时吗？这个"花园"不是一块最可爱的土地吗？在这块 4 个手掌就可以盖住的土地上监狱长可以放置 20 个花盆和一个 12 开书本大小的温床。我不是受到绅士般的待遇吗？他们不是小心翼翼地把我同那些面黄肌瘦的人（当我被带去受审时我看到他们在"散步"，就是说在转圈）隔离开来吗？警察厅长舒尔茨先生不是非常宽宏大量地在我被押往科隆前几小时交还给我三本书吗？我顽固不化到把舒尔茨先生的宽宏大量仅仅看做是耍弄阴谋手段，以使我相信在普鲁士人那里不存在带有倾向性的仇恨和带有倾向性的战争，这能让舒尔茨先生负责吗？舒尔茨先生断言，直到我被押送科隆的时刻他还对此事一无所知，而是那些科隆人急切要求我尽快出庭，我认为这个断言是不真实的，这也能让舒尔茨先生负责吗？

　　我只是在很久以后才知道舒尔茨先生的最后说法的详细内容。当科隆的审讯官了解到我受到的指控之后，他不知道应当如何对我审讯和起诉。因此，他拒绝接受引渡。但是，柏林一封信连一封信、一份电报连一份电报地表示愿意把我交出去，结果是，感到厌烦的科隆人终于让步了，同意把我引渡到科隆，总之，这一点可能完全是在舒尔茨先生意料之中的。

　　对于我的"叛国罪"的侦查不是由审讯官，而是由警察局进行的。我在市监狱被关押的整个期间都被掌握在警察厅长舒尔茨的手中。我等了好几天才被这位先生审讯，一个目光迟钝、两腿细长、衰老的见习法官作为他的书记，他的名字我常常听成"桑科·潘扎"。舒尔茨先生立即找到正确的办法，他命令我"不要抵赖"，因为他是"一个非常老练的刑警"，一切肯定都会弄清楚的。他这种坦率的谦虚当然使我非常感动，我把他该知道的一切都告诉了他，但可惜总是不能满足这位开头相当友好和客气的舒尔茨先生的需要，他的好奇心如此之大，积极性如此之高，以致他每天和我"聊天"（他喜欢用这个词）8 小时，但两个星期之后，他却说，我还什么都没有对他讲。与此相反，他强调说，毕尔格尔斯（舒尔茨在德累斯顿曾拜访过他，折磨了他 12 个小时）把一切都告诉了他，"他掌握了密谋的线索"，说诺特荣克也在莱比锡提供了"内容丰富的供词"。当然他对毕尔格尔斯也说了关于我的同样的话。舒尔茨先生就这样不断来往于柏林、莱比锡和德累斯顿之间。

有一天，舒尔茨在德累斯顿对毕尔格尔斯说了诺特荣克如何顽固地保持沉默，正因为如此，本应很快结束的侦查延长了，因此，毕尔格尔斯应当给他写几句话带去，以便动员他作出说明。毕尔格尔斯知道被没收的全部文件，因此，对此没有必要采取保留态度，加以他不可能知道，诺特荣克是否没有真的完全保持沉默，这时他极其小心地给诺特荣克写了一封信，其中说，否认文件的内容是无益的，也是不适当的，因此，诺特荣克应当向舒尔茨先生作出自己的说明，当然，在说明时没有必要牵涉任何人。舒尔茨先生带着这封信来到莱比锡诺特荣克那里，让人把他带来。向他展示了这封信，同时警告他不要牵涉别人，舒尔茨先生用手指盖住问他认不认得这个笔迹。诺特荣克回答说："不认得。"舒尔茨说，唉，你应当认识这个笔迹，这是毕尔格尔斯的手笔，他劝你提供一个完整的供词，以便结束此案。但是，在这封信不被遮盖、不被割裂地完整地展现在诺特荣克面前之前，他没有能够认出这一笔迹，也不能断定这封信是不是真的。这样一来，这位舒尔茨"刑警"的过分"老练"在这一次也像其他各次一样，没有取得成果，至少是除了可望进一步提升和愉快地享受出差费（有一天他得到厚厚的一捆普鲁士纸币作为出差费用）之外，没有取得其他成果。

只有全部被告都集中到同一地方，整个案件归同一个审讯官审理时，审讯才谈得上正常进行。1851 年 6 月 21 日我来到科隆，从审讯官普费弗尔那里得到保证说，德累斯顿的毕尔格尔斯和莱比锡的诺特荣克随时都可以到达，一旦他们来到，侦查就可以立即结束，因为事态是再简单不过了。他极为肯定地对我说，两星期之内侦查将会结束；他特别告诉我，到那时千万**"别忘了让他们把没收的文件还回来"**，因为他认为，显然不可能找到继续关押我的借口。然而两星期过去了，侦查既没有结束，也没有毕尔格尔斯和诺特荣克到达的准确日期。可是，普费弗尔先生在 7 月初又让人通知我，"两星期之内"侦查将会结束，这个两星期也过去了，直到任何指望和期待 1852 年底以前结束侦查的可能性都被排除之前，我还多次得到"两周"的安慰。毕尔格尔斯终于在 7 月的最后几天到来，诺特荣克大约于 8 月中旬到来，他已经被深深地打上了监禁了三个月的印记。这一点也不奇怪！他在这**三个月中都是带着镣铐度过的**。

现在侦查可以正式结束了。我是说：**正式**。审讯官对此早已同意，因为"阴谋推翻政府"的控告是站不住脚的。他真够诚实的，暗地里承认了这一点，关于我的问题，他竟然对毕尔格尔斯说：连我是不是共产主义者同盟盟员都无法证实。

我可以设想，起诉的最主要之点，有如主要事件和审讯结果，已为大家所熟知了。全世界的报刊谈论这一案件已经很久了。被告的立场和观点这些报刊也已经谈到，在本文的开头也作了简单阐述，卡尔·马克思用下面的话作了详细说明[①]：

> "在被告那里查获的《共产党宣言》是二月革命前出版的，几年来一直公开出售，无论从它的形式或者从它的使命来说，都不可能是'密谋'的纲领。被查获的中央委员会的两个告同盟书只谈到共产党人对未来的民主派政府的态度，因而根本没有涉及弗里德里希-威廉四世的政府。最后，章程是一个秘密的宣传

---

① 雅科比的脚注：《揭露科隆共产党人案件》1853 年版；见文件 745。

协会的章程，但是，在法兰西刑法典里并没有规定要惩罚秘密的协会。这种宣传以破坏现存社会为最终目的，但是普鲁士国家已经灭亡过一次，以后还可能灭亡十次，以致最终灭亡，而现存社会决不会因此掉一根毫毛。共产党人能够帮助加速资产阶级社会瓦解的过程，但是可以让资产阶级社会去瓦解普鲁士国家。如果有人把推翻普鲁士国家作为自己的直接目的，并且告诉人们达到这一目的的手段是破坏社会，那么，他岂不就是一个为了清除道路上的粪堆而打算炸毁地球的疯狂的工程师。

但是，既然同盟的最终目的是**推翻社会**，那么它的手段必然是**政治革命**，而推翻社会包含有推翻普鲁士国家的意思，就像地震包含有破坏鸡窝的意思一样。然而被告们却抱有这样一种罪恶观点：没有他们，当前的普鲁士政府也会垮台。因此，他们并没有组织过目的在于推翻当前的普鲁士政府的同盟，也不曾犯过任何'密谋叛国'罪。

什么时候曾经有人控告过第一批基督徒图谋打倒任何一个罗马土地方官呢？普鲁士的国家哲学家们，从莱布尼茨到黑格尔，都致力于推翻神，可是，如果我要推翻神，那我也同样要推翻神所恩赐的国王。难道曾经有人以危害霍亨索伦王朝的罪名追究过他们吗？"

在 1850 年 9 月 15 日举行的中央委员会会议上，被科隆的起诉书称之为"马克思派"的多数派和被它称之为"维利希—沙佩尔集团"的少数派分裂了，在这次会议的记录中讲述了这两派之间的毋庸置疑的原则分歧。马克思在当时是这样说的：

"少数派用教条主义观点代替批判观点，用唯心主义观点代替唯物主义观点。少数派不是把现实关系、而**仅仅**把意志看作革命的动力。我们对工人说：不仅为了改变现存条件，而且为了改变自己本身，使自己具有进行政治统治的能力，你们或许不得不再经历 15 年、20 年、50 年的内战和国际斗争，而你们却相反地对工人们说：'我们必须马上夺取政权，要不然我们就躺下睡大觉'。我们特别向德国工人指出德国无产阶级不够成熟，而你们却非常笨拙地向德国手工业者的民族感情和等级偏见阿谀逢迎，当然这样做是比较受欢迎的，正像民主派把**人民**这个词变成圣物一样，你们用**无产阶级**这个词来玩这套把戏。你们像民主派一样，用革命的空话代替革命的发展……"

沙佩尔作了回答，他说，他发表了在这里遭到抨击的见解，因为他对这件事总是很热情的。问题在于，"是我们自己动手去砍掉别人的脑袋，还是让别人来砍掉我们的脑袋"；"在法国就要轮到工人的头上了，因而在德国也快要轮到我们的头上了"；如果不是这样，他当然就会寻求安静去了，那时他的物质状况就会不同了，等等。① 沙佩尔的回答证明，科隆被告的真正的密谋是不可能存在的。他们**"研究得太多了"**，**"学习得太多了"**（正如几天前沙佩尔的一位特殊的朋友和同志对我所进行的指责），以致不会不知道，革命不可能一蹴而就，它不可能**由任何个人制造出来，而是物质发展的结果**；他们"学习得太多了"，以致不会不知道每一历史事实都必须有它的条件。反过来说也必然是对的，就是说，人们一定是**"研究"得太少**，**"学习"得太少**，以致（像这些天所发生的情况那样）无法以1789年的**第三等级**和今天的小资产阶级是一样的（因为前者已经摆脱了封建桎梏，所以后者在任何条件下再也不能进行统治）这一论断来证明德国小资产阶级民主派不再有未来。

科隆被告的立场是正确的，他们是以事实和物质状况为依据的，这一点在这里的美国的土地上进行的共产主义实验就可以作为证明。我们的资产阶级关系是同共产主义的社会机构毫无相近之处的，这一点下列事实就可以证明，即一旦个别杰出的居领导地位的人物引退，这种联系就会垮台，这些人物曾经一直是卑微的，他们总是会被迫回到孤独状态，为了避开资产阶级的冲突，他们远离人类社会。此外，我问现在还

---

① 见文件522。

存在的共产主义协会的领袖们，他们的经验是否可以证实我的论断，即**正像革命的空话不是革命的条件一样，关于"爱"和"博爱"的空话同样也不是人类社会的纽带，而只能是每个个别人的利益，我还想补充一句：应予以理解的利益。**

从对我们进行的预审中可以明确看出存在两个时期：第一阶段是我们受到审前羁押的这段时间，这时普鲁士政府确信，不用特殊手段，即不用收买、偷窃、出具伪证就可以判决被告；在行政当局已相信，案件不可能达到预期的结局，就是说不可能把被告送进监狱时，第二阶段开始了。这样两个从前者过渡到后者时间并不很长的阶段，在"预审"的过程中和对待我们的方式上看得最清楚。

直到8月初，人们一直按狱规中的条文对待我们。有一条明确的规定，即伙食自理的犯人可以阅读书刊，种类不限，监狱长仅仅有权禁阅"内容不健康"的书籍。根据这条规定，我们可以力求减少沉闷的孤独感，尽管大家都了解，真正的脑力劳动在一间6英尺宽12英尺长，里面除了一个人还要放一张床、一张桌子和一把木椅子的小屋里，在受着最难以忍受的烈日烘烤下，是根本不可能的。总检察长尼科洛维乌斯想限制每人只准看三本书，但这一企图很快就落空了，由于审讯官对这种限制从未表示同意，总检察长的命令不久就无人再考虑了，我们甚至在一段不长的时间内还得到阅读《科隆日报》的权利。

但情况很快发生了变化。他们开始对我们严厉起来、怀疑起来，我们不知道这是为什么，当局那时就已经开始故弄玄虚和装腔作势，他们企图以此来掩饰经常发起的突然袭击。将近7月底，警察厅长舒尔茨先生到科隆访问，我拒绝了他再次想同我"聊天"的愿望，同时我对他声明，我不是警察局的犯人，只有一个审讯官就足够了。他对我说，他对毕尔格尔斯和诺特荣克的转移（对此我急切地期待着，因为我相信，他们到来后不久就会获得自由）一无所知。事实是，他刚从德累斯顿和莱比锡来，他把第二天毕尔格尔斯将到来的消息带到科隆来。舒尔茨先生一般是如何对待真实性的（不管是关于重大问题也好，还是非重大问题也好），有许多例子可以说明。他扣留了注明给我的信件，这只算是最无罪的偷窃，这样做看来可以给他以乐趣，在德累斯顿他就已经对毕尔格尔斯这样做了。从我被捕的最初几天起，他就藏匿了寄给我的信件，并对我的询问作了否定的答复，当他认为必要时就把这些信放入我的案卷，把案卷塞得鼓鼓的，以便在公开审理时把我从未读过的这些信件向我展示出来，这大概就是证明一个"刑警"的"老练"的审理方法。舒尔茨先生一再向我保证，他是宽宏大量的和"友好"的，但是对于我被允许看报和阅读"一批"书籍却深表不满。

不要忘记，这里说的仅仅是审前羁押。每个政府都有权要求按照沿袭下来的"法律"途径来保障自己的安全。但是谁也不会承认它有权把怀疑同证据等同起来，用满足复仇欲（作为今天的"惩罚"这一概念的依据的也正是这种复仇欲）来解释施以审前羁押的原因。要想使审前羁押符合它的目的（甚至根据我们的法律），那羁押时间首先必须尽量缩短。由于被判罪者以后反正要受到法律制裁，所以被宣告无罪者被剥夺法律地位的时间不应长于最需要的时间。其次，出于类似的原因，这种审前羁押必须尽量不使人感到痛苦。

在科隆，人们走了一条相反的道路。

人们认识到，判决几乎是没有指望的，因此，他们把审前羁押成年地、无限期地延长了。

由于已经完全没有希望把被告投入监狱，所以他们就把审前羁押安排得没有一个被告不感到呆在监狱中都比在这里幸福。

从8月到10月这是向完全不按法律行事过渡的几个月。他们首先扣发了我们的报纸。人们不大关心我们是否需要做点事情，他们把那些应由办公室转交我们的书籍在那里放上几天后才交给我们；我们按照狱规写在石板上的信，被放置三四天之久不让抄写和寄出。他们常常在我们牢房里搜查（那时还是偷偷地）文具之类的东西。审讯官早就说过，侦查条件没有出现什么困难，但在 8 月底他却说，如果他"现在就"把他的报告提交侦讯室的话，肯定会被驳回，并会被勒令重新进行侦查。他没有说明，为了使侦查拖延下去而提出的、在当时听起来还相当奇怪的这一理由的根据何在，但他最坚决地保证，案件将在 10 月的陪审法庭上审理！9 月过去了，没有发生特别的事情，只是行政区长官（我们同他没有任何关系）突然想起要颁发一项命令：把寄给我们的信件全部退回去，并禁止我们同任何人通信，包括同最亲近的亲属通信。采取这一措施还有点过早，一星期后，这一命令又被撤销了，为的是不久之后更坚决地去实行。

在 9 月，审讯官承认，案件不可能在下个月审理。但是，照他看来，为了补救不可避免的拖延，毫无疑问，特别陪审法庭将于 11 月开庭。

在 10 月 8 日和 9 日他进行了"最终审讯"，并安慰我们说，如果我们的案件在 11 月还不能判决的话，在 12 月开庭的特别陪审法庭上肯定会进行判决。但是，他劝告我们说，不要过分急切地要求开庭，同时他暗示，**最好是等到 1852 年 1 月的正常的季度法庭开庭，这样可以避免召集一个不怀好意的、偏颇的陪审法庭的危险。**

高等审判厅认为，11 月 7 日以前接受审讯官的报告是不妥当的。它终于很快抛弃了法律手续，宣布我们都犯有"叛国罪"，并把案件提交给检察院。

根据法律，检察院必须在两周之内，即 11 月 21 日以前作出决定。我们知道，检察院不是经常召集的，我们也知道，把照我们的人看来早已结束的案子交给了 1 月的法庭——我们没有看到，也没有听到关于我们的人的任何消息。

尽管如此，但最终必须作出某种决定。毫无疑问，对密谋的起诉并无事实构成可以证实，甚至检察院的人也这样说。因此，有一天晚上监狱看守从上级得到消息说，很可能所有"民主主义者"明天晚上就可以获释。第二天，12 月底，检察院宣布决定！

关于叛国罪的起诉并无事实构成可以证实，但被告不能获释，必须重新开始侦查。

在这之前，我们坐牢是因为有人断言，他们**发现了**密谋，我们还要继续坐牢是因为现在**要寻找**密谋。

在这之前，我们被关押是因为有人控告，**存在**密谋，以后我们继续被关押是因为**没有**密谋存在。

以武断为依据的关押！

在这之前很久，全体被告的被捕就已经具有它的明确的性质。在不长的一段时间，我们弄不清楚我们应当归谁管，是审讯官还是监狱长，是检察长还是行政区长官。只要侦查掌握在审讯官手中，他就是我们的当然"上司"，但是，**每个人都想发号施令**，都想向当局**毛遂自荐**。监狱长被禁止把事先没有经过审讯官过目的书籍交给我们，这使他很高兴，而可怜的审讯官很快从检察长先生那里得知，最好是由他，即泽肯多夫先生自己掌握允许还是禁止把书籍交给犯人的大权。于是就出现了：检察长先生把亚当·斯密的《国民经济学》在家里放上两三个星期之久，以便在这之后把它列入为科隆拘留所的狱规所禁止的"内容不健康的书籍"的范围，并把它扣下来，不交给我。其次，还会发生这样的情况：亲属或朋友请他转交给我们某些科学书籍，我们等了数星期之久，当我们向他询问书籍的下落时，他高傲而又粗暴地说，"这些书还没有经过通读"。

一名普鲁士检察长必须"通读"物理学、医学、经济学著作，以便检查其中是否包含着普鲁士意义上的"不健康的内容"。如果所有反普鲁士的书籍都是不健康的，那么，我们建议他把所得到的全部科学书籍都销毁。

以前他们还企图维护假象；然而很快他们发现，这样做已没有必要。检察长摆脱了检查和"通读"应交给我们的书籍的辛劳——**我们根本不再能得到任何书籍**，在我们牢房中原有的书籍也被他们拿走了。住在科隆的人偶尔享受的亲属探视（有两三个看守站在两个互相隔开的铁格子后面监视，最多只有 10 分钟）被禁止了，深情的妻子、微笑的孩子、期待着的母亲的到来，对这些囚犯来说，得到的太多了，这样就会大大妨碍普鲁士政府进行报复，这个政府不仅迫害或关押它所恐惧和痛恨的人，或者突然地、**经常是慢慢地**把他们置于死地，还企图这样来打击他们，即伤害和打击他们所珍爱的一切。普鲁士政府把本文作者个人的一位朋友的年轻妻子杀害了（按这个词的最充分的意义），因为它暂时还不能把他本人弄到手，用这种方法终于达到了它的目的，摧毁了这个在这之前坚贞不屈的人，并让他只带着痛苦被放逐到得克萨斯荒原，这件事就发生在几个月之前。

监狱当局再次拒绝把信交给我们或者把我们的信发出去。整整一年我们几乎没有得到一点围墙外的消息。我们看不到也听不到关于亲属和朋友的任何消息，不知道他们的死活。我的亲属向内阁询问关于我的情况，人们让他们去问科隆检察院；科隆检察官回答说，他不认为有必要作出回答，说我坐牢要坐到不需要再坐的时候。

他们比任何时候都热衷于搜寻小纸片或文具；但不再是背着我们秘密地搜寻，而是公开地这样做。每星期"看守长"都要带着他的一串钥匙在一两个其他官员陪同下来搜查我们的牢房、床铺、衣服和我们的人身。至于我们是冷是热，是健康还是生病，这都无关紧要。当普鲁士监狱的看守，"英勇军队"的前军士到来时，谁也无权生病；他到这里来是为了把人弄到地上，脱光衣服，并尽量在自然的、纯朴的和美的状态下加以检查。有一天终于在诺特荣克处发现了 1/8 印张的白纸，为此，他在"土牢"（一个在墙上挖的 6 英尺长的黑洞）里关了 24 小时。在毕尔格尔斯处发现了类似的情况，人们是宽宏大量的——让他选择，或者是关 24 小时的土牢，或者是挨饿 24 小时。他选择了挨饿。

故意折磨坐牢的"民主主义者"的办法是多种多样的，这些不大可能出自**单独一个人**的头脑。那些对当地有重要意义的事情监狱的官员必须加以考虑。我们的法定放风时间被尽量缩短了。1851 年 11 月和 12 月，有三个星期的时间我连一次也没有迈出过屋门，我们活动的地方越来越小了。关押我们的厢房有两个院子，所以我们之中总可以有两个人在相互严格隔离开的情况下同时散步，并受到监视。**但是**，从一个院子里可以**看到**相邻的院子里的伐木工人，其次，还可以**看到**医院的窗子；于是我们很快就被禁止到这个院子去了，这样一来我们每个人可以享受自由空气的时间也就缩短了。而另一个院子也有它的缺陷；它有一面同这所房子作为我们之中一个人的牢房的那部分挨得太近。使人不能理解的是：在经常有一个看守监视，周围有 12 英尺和 18 英尺高的两层牢固围墙环绕，有显然因为我们而增加了岗哨人数的双重警戒线，并且窗子都用粗铁棍纵横交错地拦住的情况下，这些先生们害怕什么呢。但是，他们做得就像是有所考虑的样子，我们被禁止超越明确标出的界线。

我们的牢房必须经常调换，原因很简单，人们担心，我们会同某个看守搞熟。在我们受到这样严格的监视的情况下，是不会有人相信我们企图逃跑的，这尤其是因为，我们的看守也像我们一样，肯定已经估计到，一旦我们有机会在法庭上公开为我们的案件进行辩护，我们将会获释。尽管如此，当检察长被迫在公开审讯中就我们受到的苛刻待遇作出说明时，他断言，犯人曾"**企图逃跑**"。对此我们没有别的办法，只能让监狱警察局督察员证明，他从来没有听说过类似的事情。

在对我们的关照中，检察长扮演了什么角色，已经得到了说明。行政区长官曾经在急于禁止对我们的"探视"和扣压我们的信件方面遭到过失败，后来他又极其顺利地达到了目的，他认为，一个人不可能什么都照顾到，也不可能一切事情都亲自过问，但是，也不可能把一切事情都放手地交给自己的下级官员。因此，他写信给监狱长格策先生，要他"对犯人甚至不惜采取强硬手段"，这项秘密制定、秘密颁发的命令，这时已经在行政区长官办公室内抄写，并立即送交给我们的朋友阿·贝尔姆巴赫，数月之后，警察在他的屋子里发现了这份不为人所知的文件。

　　但是，怯弱通常比卑鄙的作用还要大。将近1851年底，我向检察长诉说了受到的无比苛刻的而且是荒谬和野蛮的待遇。他回答说：**这不是他的过错，而是行政区长官的过错**。我向行政区长官作了类似的陈述并得到了同样的回答：**这不是他的过错，而是检察长的过错！** 我再也不去找这些先生们了，再也不抱怨了。审讯官下次到我们这里进行每月查访时，向我们彬彬有礼地、客观地、小心翼翼地提出问题："是否对我们的案件有什么要说的"，这时我向他声明，我不能阻止他让人给他把门打开，不能阻止他代表官方提出问题，但他不要指望我作出回答。他太正直了，竟认为这种沉默是正常的，但他太无足轻重了，以致不能为加速有意拖延的案件做一点事情。

　　1852年4月19日，政府参事西蒙（一位身高体胖的先生）到拘留所来"视察"。监狱长和监狱警局督察员陪同。他问我，"是否对伙食有什么意见"。我问他，他到这里来是否专门为了听取对伙食的意见。他表示愿意听取，从他那里我终于了解到我所猜测的事情：在监狱官员的背后，在检察长和行政区长官的背后还有其他决策的势力，这就是柏林警察总局和大臣（不是司法大臣，而是**内务**大臣）冯·威斯特华伦先生。普鲁士各级官员都在活动，都在工作，以便对普鲁士公民实行无法无天的暴行，这些公民真正的罪行在于：他们是人民的朋友，支持人民争取自由，他们是敌视人民的政府的敌人，他们犯了在刑事法典上没有记载的罪行，由于这种罪行，他们随时都可能被投入监狱。

我已经说明，从1851年10月至次年1月，每个月都说陪审法庭可能开庭。他们根本就不打算在1852年1月到4月之间确定一个可以开庭审理案件的时间。最能说明问题的是，1852年2月14日，审讯官普费弗对我说："我对您爱莫能助，我不得不让您听天由命。"

4月，他们自我解嘲地说5月21日将开始公开审理。5月到来了，他们又说6月21日。当6月终于到来时，又说，为什么我们不应当等到7月正常开庭呢？

7月28日本应开始审理。25日晚，我们得到事先可以预料到的通知，应当作为证人出庭的警察厅长舒尔茨病了，因此，案件必须推迟到10月审理。人们早已不再用月来计算，而是用累积成年的季度来计算。但是，造成拖延的奥秘是：

汉堡的某个豪普特（共产主义者同盟过去的盟员）可能出于害怕而招供，大概在科隆要充当反对我们的证人。日子临近的时候，他突然失踪了，人们听他父亲说，他的儿子到巴西去了，并且说，他**（父亲）希望再也不要听到关于他的任何消息**。普鲁士政府想另外找一个证人代替豪普特，并希望在下一季度能找到。政府提供了1000塔勒，当然，如果为了十次伪誓只能提供1000塔勒，那么，要想找到这样的人就需要不止一个季度。在普鲁士，人们当然习惯于廉价：普鲁士警察局在这件事情上（即找一个干这种事的人）没有任何收获。关于这一点以后再谈。

拖延的第二个原因是：在被任命的陪审法庭庭长冯·维森讷尽可能阅读了大量必要的案卷之后，私下里说，他深信，案件只能以被告的无罪释放而告终。于是危险迫在眉睫。为了达到目的，普鲁士政府不仅必须为伪证和伪誓付款，而且还需要有一个陪审法庭庭长，他当然完全是普鲁士用"1000 塔勒"收买的那种人，是具有那种人的一切特点的人，但是，使这个人感到满意的还有：他会得到高度评价，并获得一枚第四级红鹰章。

他们不能把庭长的职位再从冯·维森讷先生手里夺走，但他们要把冯·维森讷先生从我们这里夺走。他们不需要这个恐怕会**按法律规定的那样**不偏不倚的庭长，但是他们需要一个懂得利用法律要求的不偏不倚这一神圣假象的人，以便能够像经过长期准备的伪造、伪证和伪誓那样，对陪审员，**如果**可能也对公众，起到巨大的作用。

因此，我们又一次从 7 月 28 日等到 10 月 4 日。

7 月已经把 17 印张多的对开本的起诉书（不包括对埃尔哈德和列斯纳的专门起诉）提交给我们。在这整个期间我们的处境没有丝毫变化。我们有同我们的律师交谈的天赋权利，**从 7 月底到陪审法庭即将开庭的这段时间内，人们不让我们见到任何律师**。与此相反，正是在这期间，他们却充分发挥了创造才能，做了要做的一切事情。看来仅仅把开在我们牢房墙壁高处的窗户上安上铁棍是不够的，他们还装上密密的铁丝网，里面的人甚至连天上的云彩和星星都看不到，使人精神上感到痛苦。厚厚的栎木门和设在每个通道上的看守不再够用，在我们的牢房前面装了两道门，在门的外面用很厚的垫子包起来，连一点声音，包括常常喝得酩酊大醉的看守们不断发出的吵闹声也进不来。

人们虽然不允许律师到我们这里来，以免我们能够与其讨论我们的案件，但人们对这件事还是非常关心的。检察长不是每隔几天就亲自到监狱来一次，而且正是为了我们的事件吗？情况如下所述。

在监狱关押着一个来自埃尔伯费尔德的商人（如果我没记错的话），名叫莱维·西蒙，由于窝赃被判处五年徒刑。在预审时他早就被隔离了，"放风"也是单独的。这位先生必定是被冯·泽肯多夫先生说服了。普鲁士人可以保留他们的"1000 塔勒"，莱维或者西蒙自己愿意拿出更多的钱，只要能获得自由；冯·泽肯多夫先生为他的甘愿效劳向他作了什么许诺，从下面的情况就可以看出。他受到委托，尽可能从诺特荣克（人们相信让他开口是最容易的）那里了解有关当前侦查的情况，并作出报告，这就是说，检察长先生从被他自己送入监狱的"小偷"中间招募他的密探。后来诺特荣克在一段时间内每天按时被带出去散步，总是同一个和蔼可亲的、健谈的、民主化的先生在一起，大概两个星期之后，才停止这样做，因为西蒙先生不能再讲出什么情况。

公开审讯时，监狱警局督察员希蒙内克先生被请来作为原告的证人，从我们方面向他提出以下问题：检察长冯·泽肯多夫是否多次同犯人莱维·西蒙长时间交谈？回答：是的。莱·西蒙先生是否受到委托，执行密探的职务？证人断言，他不知道检察长和犯人彼此谈了些什么；他没有在场。这时从检察长的脸上可以看到一个人出乎意料地突然被人揭发时的表情。

但他这是罪有应得。冯·泽肯多夫先生实现了他的诺言。根据普鲁士的法律，犯人必须渡过他的关押期的一半时间以上或者在确实被关押了较长时间之后，才能请求赦免。但是，鉴于莱维·西蒙先生卓有成绩的努力，在他刚刚被加重判刑之后不久，他的五年徒刑就被减去了三年。

顺便说一下，我认为，每个人都利用他最了解的人、同他们打交道最多的人，这是很自然的。如果人们需要密探，那么只要能找到，就要利用他们。冯·泽肯多夫先生在囚犯中找到了，普鲁士国家的另一个出色的贵族代表本生骑士需要英国商人和工厂主。我不再去提早就被利用的商人查理·弗略里，我的报道新得多。本生先生了解到，有名的德朗克博士在布拉德福德的一家商行中任职。普鲁士公使立即向曼彻斯特的一家在布拉德福德设分公司的著名公司提出，要它向他说明德朗克博士到底在布拉德福德干了些什么，他看到了谁，是否常常旅行，等等。曼彻斯特的先生也真够无耻，居然同意了这种要求，并要求布拉德福德答复提出的那些问题。但是，这个布拉德福德意志很坚强，没有充当普鲁士的密探，他把这些无理要求告诉了德朗克博士，并让他看了接到的那封信。

他们为此得到了报酬：在1853年1月18日的授勋仪式上国王陛下最仁慈地颁发了奖章，在获奖者的名单上，新获得**第四级红鹰章**的人中间有检察长冯·泽肯多夫先生和检察官泽特先生。

关于为普鲁士政府服务的原告证人，我还想说几句。主要证人是警察局官员，部分是负责或掌握侦查工作的那些人，或者是起密探作用的人。但这还不够，他们需要平民作为反对被告的证人。

反对我们的主要原告证人之一是来自柏林的前炮兵少尉亨策，叫这个人从那时起就一天天地不断进行新的咒骂。他的刊登在报纸上的证词从头到尾都是伪造的，他这个一向表现得有民主主义思想，并具有民主主义同情心的人成为被政府收买的证人，并出庭作证。在案件开始审理之前不久，亨策被派往伦敦；他是以参观工业博览会为借口的。他在那里充当密探，他不仅始终同普鲁士内阁保持联系，而且为了保持这种联系可以使用国家的电报机。

他叛变的秘密是很容易看穿的。亨策需要很多钱，甚至从科隆—明登铁路骗取的（**证据确凿**）那笔钱也不够用，必须靠警察局追加。此外，根据同亨策最接近的人的看法，他并不很勇敢。因此，亨策先生受到警察局金钱的诱惑，并由于具有民主主义思想而受到警察局恐吓，他被利用来当密探和作伪证，是再自然不过的了。

如果人们读了下面所写的，谁都不会认为上述情况是不重要的。亨策先生对德国反革命历史和德国共和党失败的历史所起的作用，比他通过共产党人案件所起的作用还要大。

3月，警方在柏林和罗斯托克进行了大规模的逮捕；医生、大学教授、律师和工人组成被捕者队伍。起诉书中当然写着："叛国罪"。**借助于亨策少尉先生**逮捕得以进行，全部联系受到发现。

当亨策从科隆到来时，人们对他还没有产生很大怀疑，还像往常一样让他参加每一项秘密活动。在进行逮捕和住宅搜查时警察根据事先拟定的计划找出收藏的武器等等，这本身就说明逮捕是根据某个知情人的告密才进行的。亨策先生制定了计划，亨策先生充当了懦弱的、待价而沽的叛徒，德国舆论指责他给许多勇敢的共和党人和许多居丧的家庭带来无穷的灾难，他受到咒骂，这种咒骂是每个正直的、有气节的人对于**为了金钱和出于怯懦而背叛并损害了亲密同志的那种人**的咒骂。

但是，我认为，我有责任向公众揭发那个丧失男子汉气概并充当了普鲁士密探的人，有责任不断要公众注意：被人提醒，是永远不会过早或过多的。

科隆的地区医生卡内塔博士的证词可以进一步说明：证词是有利于起诉的，普鲁士政府为了达到它的目的，证词是经过选择的。

卡内塔博士先生是普鲁士王国的官员，这一事实就可以解开他的证词之谜。他受到传唤，以便发誓证明，被告不应当抱怨他们的健康因坐牢而受到损害。他要证明，如果被告断言，他们身体彻底垮掉，是因为受到极不人道的待遇，就是说人们最严重地违反了狱规，那么，这样做只是为了使国家当局蒙受冤枉。卡内塔博士要通过他的证词反驳全世界都知道的事实，实际上，看来政府在案件持续的这一年半期间，似乎没有漏做任何一件能促使它在公众舆论中垮台的事情。

我们所受到的待遇，特别是在审前羁押的最后一年受到的待遇，对我们的健康必然会产生什么样的影响，用不着我再多做分析。卡内塔博士先生被传唤去宣伪誓，就是说去完成他的任务，但是，他十分狡猾，他对国家起诉人提出的问题并不是无条件地全部接受。在他宣誓说明，讲的是实话，全都是实话之后，他对我们的待遇是否符合我们健康的要求这一问题避而不答，而是说了下面一串话："为病人做了一切必要做的和希望做的。"

赖夫有很长一段时间患了严重的急性风湿病，根本不能动弹，需要人喂饭，如果突然发生什么情况，他连喊人来帮忙都不可能，这当然是"希望做的"，也是"必要做的"。在他生病的初期，他躺在牢房的最底层，这一层的特点就是冰冷，从为整个建筑供暖的"热风供暖设施"得到的只是令人无法忍受的烟雾。他要求医院接受他，但没有成功，我不知道过了多少时间之后，他才被送到四楼，当时我被关在同一层楼的与赖夫的牢房相邻的一间牢房里。这是在冬天，从晚上 8 点到早上 6 点没有看守在场，只有两三个人组成的巡逻队从 10 点以后直到早上在所有的场所和牢房巡逻，他们大声说着话，踏着沉重的步伐，带着叮当作响的钥匙。此外，还常常在一些通道上安置密探，以便监视我们和窃听可能发生的联络企图。如人们所说，卡内塔博士先生是医生，因此，他必然知道，赖夫所得的这种卧床不起的病是很容易发生突然死亡事件的，他也知道，如果赖夫发生什么情况，他（假如还有力量这样做的话）也完全不可能向下面的岗哨呼喊求助。这显然是"必要做的"和"希望做的"，赖夫赤裸着身子被交到一个阴险的家伙手中，这个人必须不时地按处方为他搽药，搽药时门当然是开着的，以便在外面通道上完成其救国事业的看守能够很方便地进行监视，以免病得要死的赖夫同他暂时的护理人建立密切的关系，这同样也是"必要的"和"希望的"。

卡内塔先生坚信，勒泽尔"长时间以来就生病了，但是按他的情况来说不必要去住医院"。当然是不"必要的"，更谈不到"希望的"了！更值得希望的是，一年多以来，特别是被捕后的许多个月以来，得了脊髓病的病人每星期有一次或两次被人从床上拖下来，弄到牢房中间，脱光衣服（连衬衫也不留），以便让人搜查他是否藏有纸片、铅笔、信件或其他这类颠覆国家的用品。更值得希望的是，根据他的请求让他住院后，人们对他说：**"他们认为没有必要为他采取什么措施。"**

为了说明地区医生卡内塔博士先生的证词的性质，我引用了他证词中与我有关的一部分。《科隆日报》报道了他的如下声明（继它之后其他报纸也作了报道）："如果雅科比断言，有一次四天没有吃到药，那么，这是他自己的过错，因为他为自己开了一张药方，本证人对这张药方只能部分认可。"但是，他在公开审讯时所谈的事实情况以及卡内塔先生的发言如下：

"1851 年 11 月和 12 月，由于空气不流通、缺少运动、牢房忽冷忽热、穿堂风和煤烟，我第一次长时间地感到不舒服和软弱无力，并且吃了几剂由狱医卡内塔博士开的药。1852 年 2 月我再次陷于不得不求助于医药的境地。但是，我十分"顽固"，既不相信这位官方狱医的医学造诣，也不相信他的品质，我大胆地援引了狱规中的一节，原文大致如下：

"任何犯人①都有权自费请本市的任何医生看病，但在诊视时必须有监狱的一位官员在场。"

我要求行使这项权利，遭到了拒绝，作为对我们根据狱规提出的任何要求的回答总是把我们手中的那份狱规取走一小时，把我们所引用的章节删掉，然后把改正过的狱规退还给我们。在这些文本中几乎没有一节（也许列举惩罚的那一节除外）不因为我们的缘故而被完全删掉或加以修改。于是我请求允许我为自己开处方。他们还没有足够的创造力，还不够沉着果断，以致没有找到任何借口来加以拒绝。因此，我开

---

① 雅科比的脚注：在我们以前就已经作了更正："任何伙食自理的犯人"，我们属于这种犯人。

了处方。

两天后我还没有得到所需的药品，向督察员询问，他告诉我，我的处方**必须**经过狱医过目（他每天都在），**大概是**把处方交给他了。当我询问为什么拖这么久还没有办好，并说明，我并不反对这样做时，得到的回答是明天就能办好。从这时起，我每天询问，每天的回答都是"明天"就能办好，拖了 11 天以后大夫来到我这里，他来这里为的是对我说，他刚刚看到我的药方，认为其中有一种药不必要。

为了还能得到点药，我回答他说，请他把其他药送来，以便我最终能为改善我的状况做点什么。同一天晚上，我得到了需要的药品。从开药方到拿到药从来也不会超过七八个小时，对一个受审的"叛国者"来说，却要 11 天。

我提交给庭长的向证人卡内塔博士提出的问题全文如下：

1．"**他是否知道**，根据狱规，任何伙食自理的犯人都有权自费选择医生，在诊视时仅需监狱的官员在场；

2．他是否知道，当我在去年冬天生病时，等了 11 天才拿到药。"

庭长明确地问道："您知道这些情况吗！"正如估计的那样，卡内塔博士先生既不肯定也不否定，而是开始作了一个很长的分析。他真不愧为普鲁士官员，同行政当局、国家起诉人和警察是一路货色，或者他十分愚蠢，**竟真的相信**，在上述这个同他本人无关的问题中包含着对他的指责。而指责是他所不能容忍的，他装作很不高兴的样子解释说，这不是他的过错，而是**我本人**的过错，他在这里的回答正如对贝克尔的抱怨所作的回答：甚至在公开审讯时我们也被隔离起来，因此不可能在室外活动或者最多只活动一刻钟，在回答贝克尔提出的医生是否认为这对健康是够用的或有益的这一问题时，他半蛮横、半尖刻地说："**监狱长对我说，一切可能的都会发生。**"

当然，只要人们还记得由行政区长官冯·默勒先生下达的秘密命令，要监狱长对我们"不惜采取强硬手段"，那就会知道，一切可能的都发生了。

有一件事可以说明关于我没有兴趣去了解科隆拘留所的官方医生的医学造诣和他的品质的断言，这件事发生在1852年，它是这类事情中最可怕的一件，但是在监狱围墙内却无人理睬，这不会是唯一的一件。在拘留所的厢房里关押着一个被判处三个月徒刑的19岁的年轻农民，一个身强力壮的人。当他的不长的关押期限将满时，他生病了。他把病情报告卡内塔博士，后者却让他走开，说**他没有病**。第二天早上，这个年轻人又被他的看守带去，但再次被这位博士先生赶走，并且说，**如果再来，他要通知监狱长按装病来处罚他。按装病**！卡内塔先生知道得很清楚，针对装病他通常采取的饥饿疗法很容易把病人从军医院赶走，而不会把健康人抬来。我知道，有一些我很了解的犯人为了逃避长期挨饿的折磨，病还没有好就离开了"医院"（？）。

在第三天早上，监狱长偶然看到这个年轻人，正像他对医生（？）诉说的，看来他是病了。

这样，卡内塔博士就只好到病人那里跑了一趟，他已经不能起床！

这个可怜的人被拉到医院去——那天下午他死了！

但是，因犯苍白可怕的面孔告诉每个善于观察的人，他们不仅感到和懂得自己是孤独的和被社会遗弃的，而且也感到，"知识分子的国家"时时刻刻都在把他们交到丧尽天良的刽子手的手中。

经过六个星期的审判，对毕尔格尔斯、勒泽尔、诺特荣克、赖夫、贝克尔博士、奥托、列斯纳判决之后，案件宣告结束。丹尼尔斯博士、克莱因博士、埃尔哈德和我被宣告无罪，他们被释放，而我还留在拘留所，准备从那里把我转移到普鲁士国家的其他两个监狱，因为我在其他一件事情上被控告，很快将作出判决。

不久，科隆案件的被判罪者分别被送往东部各省的监狱，他们之中的大部分可能是在西里西亚。关于他们的命运，人们一无所知。但是，如果谁了解近几年政治犯所受的待遇，谁读了马上就要结尾的这篇文章，谁只要想一想，一个犯人发一封信需要经过多少人的手，需要经过多少次净化，他就能够判断出犯人被关押的情况，这些人多年来为一种信念而工作，而奋斗，现在又要为其忍受痛苦。

　　我将就此来结束我的这篇关于案件的回忆，这个案件对于德国党的活动的历史的重要性从一开始就已经谈到。任何一个最终获取政权和上升到统治地位的政党历来都不得不走上这样一条道路，即以其被告和被判罪者为代表的德国工人党所走的道路。所有新的政党在它们强大之前都是弱小的，它们要经过多次战败才能胜利；直到它们取得统治为止的发展史是在不断失败中，物质逐渐增长和精神逐渐加强的历史；除了必须进行的积极抵抗，同时还有对灾难的消极抵抗力在经受考验。工人党，即未来的党，受到所有现存政权的反对，受到所有这些政权的迫害；因此，它们历史的最初篇章所记载的只是它们的不幸。但这些不幸事件、这些失败正是历史，任何不进行斗争的人都不会经历失败，任何没有力量和生命的政党都不会进行战斗。

　　因此，工人党在科隆共产党人案件中的失败所证明的，不是别的而是它的存在，证明它是足够强大的，所以能够出现在战场上，因此，科隆共产党人案件在德国工人党的历史上是不可缺少的，它是德国无产阶级将要进行的斗争的序幕，而它的结束告诫人们不能热衷于盲目期望仓促得到成果，而是要做好进行许多次战斗，或许是许多次失败的准备。但是，失败不会把工人吓退，只要他们懂得，他们与之斗争的势力在取得政权以前自身也曾经历过一些失败，在自己可能遭到的那些失败后面等待着的是胜利。

　　那一天将会到来，前进吧！

　　我的关于科隆共产党人案件的论断将会得到各方面的认可，甚至那些在今天竟然还对生命和自由都没有保障的人们进行诬蔑和诽谤的人也会这样认为。在最近几个星期，有人还公然强调，被告（主要是我的被判罪的朋友和同志）不是英勇地反抗打算消灭他们的反动势力，而是"在多关几个月或少关几个月的问题上讨价还价"。①

人人都知道他说的不是事实，在他这样写的时候，他自己也知道这不是事实。他为什么有意地说这种假话呢，关于这一点他自己大概知道得最清楚。

好吧！既然有人得到故意散布谣言、进行诬蔑的自由，那么，我就有要求还它们本来面目的权利，即直截了当地指出众所周知的事实，并要求公众在被囚禁的人民代表（我再重复一遍，即**那些过去为自己的信念而奋斗，现在为自己的信念而受苦的人**）和那个竟敢对那些被剥夺任何自卫武器的人们大肆诬蔑（他们身陷囹圄是不知道对他们进行的攻击的）的人之间进行裁决。我，这个受到可耻诬蔑的人们的当然代表，无需再多说了。

"骂人的箭又飞了回去，
射向射箭人。"

《阿·雅科比博士的文章、报告和演说集。为他的女儿16岁生日而编》
1893年纽约版第1卷第1—46页②

---

① 雅科比的脚注：奥古斯特·维利希在《纽约刑法报》第33号上发表的文章《卡尔·马克思博士和他的〈揭露〉》。
② 第一次发表在《改革报》（纽约）上，从1853年11月15日开始连载。但我们没有这第一个版本。

654

弗里德里希·恩格斯（曼彻斯特）给
约瑟夫·魏德迈（苏黎世）的信

1851 年 8 月 7 日

[……] 关于兵营①，除了维利希同这帮人闹翻并离开了兵营，我没有听到什么情况。马克思写信告诉我，未来的军队的骨干被瓦解了②，维利希落到了没有贝桑松③的地步。多惨！再者，这个维利希不仅是个笨蛋，而且还是个卑鄙阴险、狠毒的家伙；他用来为他膨胀到极点的和完全无法置信的虚荣心和自我崇拜服务的恶毒是毫无限度的。我还从来没有遇到过这样撒谎成性的家伙。我可以向你保证，我确实从来没有从他的嘴里听到过一句真话。他总是认为，他是一个凭自己的军事、政治和社会组织方面的天才必定会引导革命取得胜利和彻底完成的人物，你真的想象不出，这种固定观念把这个家伙变成了什么样子。当然，这种狂妄是逐渐发展起来的。我认为，他可能毫无例外地干出各种卑鄙勾当，可是我也不认为这一次他干了直接的背叛勾当。汉堡事件另

---

① 营房指社会民主主义流亡者委员会于 1850 年 7 月在伦敦租的一套带工作室、卧室及公用厨房的房子。这里聚集着维利希的追随者及维利希—沙佩尔冒险主义宗派集团的大多数成员。——原卷末注

② 见《马克思恩格斯全集》中文第 2 版第 48 卷第 319 页。——编者注

③ 1848 年 11 月奥·维利希在法国贝桑松组织了一支志愿部队。这支部队是由在 1848 年第一次巴登起义失败后逃到法国的德国流亡工人和其他一些手工业者组成的，由维利希对他们进行军事训练，通常被称做"贝桑松纵队"。这支部队到 1849 年初为止，一直领取法国政府的津贴。它后来被编入维利希军团。维护帝国宪法运动期间，它在维利希的指挥下参加了 1849 年 5—6 月的巴登—普法尔茨起义军的战斗行动。——原卷末注

有原因；叛徒不是维利希和沙佩尔在那里的唯一代理人布伦；据说是豪普特泄了密，但我不能相信这一点。

当然，我们听任这整个一帮人去干他们想干的事，他们的全部活动，当然不过是吹牛、臆造狂妄的计划以及对我们谩骂而已。这一切对我们说来无关紧要。我们没有必要去注意这群人，普鲁士警察当局正在替我们去做。在他们盘踞的谢特奈尔的酒馆里所说的话，没有一句不是被人向警察局作了报告的。[……]

你听到关于德朗克的什么消息吗？他仍然住在日内瓦，你可以从舒斯特那里得到他的地址。

手稿　　　　　　　　　　　　　　　　　　　　　　　　　　节录

阿姆斯特丹国际社会史研究所马克思恩格斯遗著 K 682/K 1716（《马克思恩格斯全集》德文版第 27 卷第 568、569—570 页，参看《马克思恩格斯全集》中文第 2 版第 48 卷第 338—339 页）

655

阿道夫·贝尔姆巴赫（科隆）给
卡尔·马克思（伦敦）的信

1851 年 8 月 18 日

亲爱的马克思：

请原谅，这封信让您等了这么长时间。原因如下：其一，我面临着即将被下令逮捕的危险，因此，在这整个期间已生活在一种特殊的等待状态之中，其二，我打算向您报告一些有关蒲鲁东一书①的出版情况。我还没有能够找到本书的承印人和批发商，由此您可以判断在德国办事的情况。在普鲁士，没有人愿意干，因为承印人要负责任。同德国其他邦我只能靠通信间接联系，因为任何直接联系都会引起警察局的极大注意，并且最终会把事情弄坏。最近我已委托人在法兰克福、不伦瑞克、汉诺威和汉堡进行谈判，希望至少从某处能够得到有利的回答。寻找一个出售该书的书商是最困难的，但必须去找，因为通过私人途径最多只能指望有四五百册的销路，这刚好可以抵消开支，否则就赚得更少。如果像我所得知的那样，维尔特又去了汉堡，那么最好您请他在那里同"霍夫曼公司"联系一下，它或许愿意承担这件事。只要出版得到保证，我就可以不太费力地为您弄到钱，只要全部捐款都用于维持在这里坐牢的七个人的生活，另外就几乎不可能从这里的党那里得到款项了。尽管如此，我还要看看能不能弄到点钱。弗莱里格拉特正巧出版了他的诗集，并参加工业博览会②去了，假如他的行动稍有迟缓的话，那他现在就可能和其他人一起老老实实地在科隆监狱中进行思考了。已经证实，他帮助抄写了一份告同盟书③，因此可以证明他是知情人，在或许还能诱劝他到这里来的希望落空之后，今天终于把对他的通缉令登在报纸上。罪名是：参加推翻政府的密谋。侦查何时结束根本无法预料。案卷在无限地增加。毕尔格尔斯大约三星期前来到这里④，诺特荣克仍然

---

① 卡尔·马克思《哲学的贫困。答蒲鲁东先生的〈贫困的哲学〉》1847 年巴黎—布鲁塞尔版，并见文件 647。

② 1851 年 5 月至 10 月在伦敦举行。

③ 文件 448。

④ 从 7 月 29 日起。

在萨克森①，看来还根本不可能把他引渡，因为他的缺席是侦查无限期拖延的极有利的借口。住宅搜查没完没了。在这方面我当然也没有幸免，施奈德②终于在昨天也受到光顾，以致在这里的生活当中要不断保持一种愉快的变换。过去的工人教育协会的全部藏书都放置在工人住宅中。只要能嗅出党的气味的一切东西都必然引起警方的高度注意。告密和间谍活动空前盛行。您可以想象，生活在这里是多么美好。但是，人们对这种巨大的关注和安宁并不满意。对共产主义者同盟的揭露完全失败了。最近，一个抱怨派向我特别讲述了《共产主义原理》及其产生的历史，《埃尔伯费尔德日报》新近发表了一篇原稿本来被没收的文章，其中完全承认党所致力的共产主义斗争是合理的。最近在伦敦党的组建情况如何？不久前在报纸上有一些关于这方面的报道。您在最后一封信中也谈到了这一内容，但没有涉及他们的目的和他们党的组织机构。虽然我认为那些人的尝试是最无关紧要的，并且他们想插足于我们活动领域的努力始终不会取得成果，但是却有必要不断了解他们这些人的各种小动作，以便具备应有的知识来对付不时都可能重新在这里出现的他们的某个特使的论断。看来这些先生们已经靠他们的欺骗弄到了一些钱。

非常有必要重新发一份告同盟书，就是说拟定这样一份告同盟书：一旦适当的时机到来，例如，侦查有了确定期限或者结束，就可以把它散发出去。③即使我们本来对此事负有责任，那我还是必须承认，在目前我随时都可能被捕的情况下，我不大敢接受一篇恰恰是在当前必须小心翼翼地进行编辑的东西。另外，我目前只是单枪匹马，没有一个人可以和我一起商讨这样的文章，更不要说我根本不是作家。由于这个原因

---

① 前一天，1851年8月17日诺特荣克被押往科隆。

② 卡尔·施奈德第二。

③ 马克思对这一计划持极大的怀疑态度，见文件668。

以及其他许多原因，我请您和其他朋友一起来考虑一下这件事，如果您同意由我来做，那就请您费心去完成政治和经济部分。一切有关内部的事情，容我以后再告诉您。其中特别应当考虑到以下各点：

1. 各色各样的法国民主派以及德国民主派最热心地宣传的直接立法的理论。① 虽然在这里举行的许多次会议上人们对这种理论缺乏论据、甚至同共产主义原则矛盾的问题进行了详细讨论，但这件事对文化不高的工人来说仍有很大的吸引力，以致它不仅在这里会赢得一些地盘，在外地得到的地盘将会更多。

2. 民主派支持自由贸易斗争、甚至认为在现存条件下自由贸易是民主主义原理的直接产物的这种荒唐的想法。

3. 这样一种必要性，即一旦法国发生有利的变革，就有必要支持和促进在德国必然随之而来的爆发，有必要在更大范围内处处致力于使叛乱的西部各省直接同法国合并的活动，而不考虑各民族的抵触情绪和地方观念[449]。如果人们能就上面的这种意见开始同法国激进党进行谈判，那绝不会是没有裨益的，但问题在采取行动的时刻将会自行解决。目前我正在从事对我们一些最优秀成员的军事训练工作。当前这种状态不会长期继续下去。这是暴风雨前的沉闷，但愿它不久就会猛烈爆发。向朋友们问好！

您的　阿道夫

您以后来信请写下面的地址：

韦尔维耶"阿莱玛奈"旅馆

德沙托先生。

然后在里面所附信件上写上施米茨先生[450]（火车司机）亲启，并在左角标上字母 B。

---

① 见本书第 3 卷注 290。

手稿　　　　　　　　　　　　　　　　　　　　　　　第一次全文发表

莫斯科苏共中央马列主义研究院中央

党务档案馆，f. 20, op. 1, d. 56

656

约瑟夫·魏德迈（苏黎世的吕施利孔）给
卡尔·马克思（伦敦）的信[451]

1851 年 8 月 30 日

1851 年 8 月 30 日于苏黎世的吕施利孔

亲爱的马克思：

我的妻子①几天前来到这里，现在才有可能大致确定我们的行期。9 月 26 日以前不可能动身，那时我们大概将乘坐北美"德意志号"邮船。无论如何，在我即将动身之前，你还会接到我从勒阿弗尔写的短信。如果鲁普斯②给赖希黑尔姆写几句话，事先替我在《［纽约］国家报》谋求一个职位不是很好吗？无论如何我必须在纽约较长期地呆下来，以便把《工人报》掌握在自己手中，无论如何我必须首先争取赢得对工人的影响，以便能够把工业骑士芬讷尔·冯·芬讷贝格赶走。一旦我为了生存不得不继续往内地走，以后再想回到纽约就不那么容易

----

①　路易莎·魏德迈，父姓吕宁。
②　威廉·沃尔弗。

了，因为缺少资金。

我最近从德国南部得到的消息不太有利。警察局的追捕开始获得越来越大的成果，并导致一些组织解散。但是在法兰克福一切还都是稳定的，同盟盟员也在尽力设法对外尽最大可能去保全组织。

我最近一次去符腾堡，把许多小资产阶级共和派分子开除出同盟。这总是胜利，特别是在符腾堡，这里在过去是根本不可能发生开除这种事情的。

即使目前这种普遍联系又会松弛下来，但同盟在下次革命中肯定会取得它的成果，最精干的分子就是在现在也不会被吓倒。

德朗克指定把写给他的信寄到泰·舒斯特那里，我认为这完全没有必要，因为途经德国是可以采取的办法中最不保险的，舒斯特的地址也不是非常可靠的。最好是由恩格斯的公司支付邮资。

《科隆日报》最近报道说，我们的施拉姆①在渡过海峡时同另一名流亡者一起淹死了。现在我知道事情的来龙去脉，请告诉我他在巴黎的地址，以便我在那里可以去找他。[452]

我们的革命大人物的联盟现在必然会对工人们尽量说沙佩尔和维利希先生的好话，因此，在我的小册子②中也不能忽略了这一点，可惜这本小册子由于缺少一些数据（正在等待法兰克福提供）一直还没有能够发稿。

我的妻子和我衷心问候你和你的全家，并问候鲁普斯和弗莱里格拉特。

你的

约·魏德迈

---

① 康拉德·施拉姆。
② 是否出版或以什么形式出版，不得而知；如文件 637 中所说，该文是针对阿·克里斯特的《论保护关税问题的现状》（1851 年美因河畔法兰克福版）一书的。

　　我的地址还是苏黎世的老地址。9 月 15 日以前我大概不会离开那里。

　　又及。你没有告诉我关于卡普①的新情况，我也知道他这样做的原因，他是黑尔维希、蒲鲁东和赫尔岑的信徒，但主要是他完全相信他自己的政治经验。我知道如何回击他可能进行的诽谤。

手稿　　　　　　　　　　　　　　　　　　　　　　　第一次全文发表

阿姆斯特丹国际社会史研究所马克思

恩格斯遗著 D VIII 147／D 4540

657

恩斯特·德朗克（日内瓦）给
卡尔·马克思（伦敦）的信

1851 年 8 月 30 日以前[453]

亲爱的马克思：

　　我没有早些给你写信，最初是因为我最近按小鲍威尔②的地址寄的信没有得到回音，我对这一途径的可靠性表示怀疑；后来，当鲁普斯③

---

① 弗里德里希·卡普是路德维希·费尔巴哈的信徒，是维护帝国宪法运动的参加者，1850 年 3 月起作为律师住在纽约。

② 亨利希·鲍威尔。

③ 威廉·沃尔弗。

动身时①，我又要为我个人的困境花费很多精力，所以我未能动笔写关于这里的流亡者们的共同困境。[……]

至于说到来自德国的老熟人，在这里要说的也只是伦敦关系的缩影。同盟支部由于《布朗基祝酒词的按语》②而解散了，因为施特劳宾人不愿意让人们"先是毫无理由地把维利希作为大人物强加于他们，后来又是毫无理由地揭发他是人民的骗子"。拉绍德封人③宣称，"直到中央委员会内的纠纷和解为止"，他们是独立的，自从厄博姆被驱逐，我再也没有得到来自伯尔尼的消息。在这里，大人物建立了一个"同盟"，"黑色兄弟同盟"或者这类的组织。该组织的领导人当然有：浅薄和虚荣得可笑的傻瓜老贝克尔④、特里尔的蠢材席利（他只不过是狂热的庸人伊曼特（舒里曼特）手中的工具）和科隆的鞋匠莫里逊（他大概指望通过这些人再建立一个"安全委员会"⑤），在伦敦，他们同笨蛋菲克勒尔有通信联系。

小德斯特尔⑥来到这里参加联邦有奖射击，他没有中奖。他在各个派别中四处窥测，以"赢得声望"，他的主要目的是在瑞士保留一个普通职位，他在这方面甚至暗示：他不知道，在下次革命时他是否回去！你想，他靠行医和药剂学知识已经赚得了一副坐骑，并且骑着它遍游了他所在的州，此外，他还指望娶一位富有的妻子，你会理解他的愉快心情。我在这里，在讨厌的犹太人布特尔米尔希（一般称波尔恩）的圈子中遇到过他，他要求我帮他弄清他从伦敦被驱逐的原因，当然我让他

---

① 1851 年 5 月。
② 文件 594。
③ 拉绍德封的同盟盟员；并见文件 620。
④ 约翰·菲利浦·贝克尔。
⑤ 见本书第 3 卷注 369。
⑥ 卡尔·德斯特尔。

直接找你们。

我本人必须撤退到萨瓦边界，因为瑞士联邦当局要求日内瓦政府对我下驱逐令，老法济宣称，我已经离开，在这种情况下我是很少到城里去的。〔……〕

向所有朋友致以衷心的问候。

完全属于你的

恩·德·

我直接的地址是：日内瓦舍维尔先生收，留局待取，信封里面写我的名字。但你最好写法兰克福的泰·舒斯特的地址，因为通过这一途径，我可以省一点邮资。

手稿　　　　　　　　　　　　　　　　　　　　　　　　节录

莫斯科苏共中央马列主义研究院中央　　　　　　　第一次发表

党务档案馆，f. 1, op. 5, d. 405

658

恩斯特·德朗克（日内瓦）给约瑟夫·魏德迈（苏黎世）的信

1851 年 9 月 7 日[454]

9 月 7 日

亲爱的汉斯：

你可以想得出，我迟迟不写信的原因仅仅是因为我陷入了在这里注定要陷入的困境。这种必须不断忍受的悲惨状况使我非常厌烦，以致我彻底病倒了，持续地发烧，根本不能工作。在 10 月初，2 日或最晚是 3 日，我将离开这里去都灵，我将拿到写给那里的几个反对派代表的介绍信，请他们为我弄一些课时。这如果失败了，那我当然就不知道如何去做了；但无论如何我要尽量设法在欧洲停留到 1852 年初。那时如果革命再次推迟（暂时我还不相信会这样，因为最近 3 年整个法国在政治和经济方面发生的变革比在路易-菲力浦统治下的 18 年还要多，全世界都认为明年春天革命将会到来），我也就只好到无聊的美国去了！

这里没有任何新情况可以报告，至少在我的隐居地没有听到什么消息。莫泽斯·赫斯写了一本小册子《对旧社会世界的末日审判》①（！），为此，俄国人赫尔岑为他提供了印刷费。这些粗制滥造的家伙总能找到出版他们那些废品的资金！此外，这份毫无价值的东西促使人们比任何时候都渴望看到《宣言》②的译文付印，因此，请你告知，为了这件事我应当通过舒斯特同谁进行联系。译文已经完成，只要我弄清楚是否能够付印③，两天之内就可以把序言写好。

巴塞尔的书商沙贝利茨在他从伦敦返回的途中来到我这里。他见到了马克思和红色沃尔弗④，至于他讲的有关流亡者中的那帮大人物，卢格、金克尔、陶森瑙等等的情况，你已经从鲁普斯⑤和恩格斯的信中知道了。［……］

---

① 莫泽斯·赫斯《对旧社会世界的末日审判》1851 年日内瓦版。

② 文件 202。

③ 没有能够印刷。

④ 斐迪南·沃尔弗。

⑤ 威廉·沃尔弗。

手稿　　　　　　　　　　　　　　　　　　　　　　　　　　节录
阿姆斯特丹国际社会史研究所约瑟
夫·魏德迈遗著

659

弗里德里希·恩格斯（曼彻斯特）给
卡尔·马克思（伦敦）的信

1851 年 9 月 8 日

[……] 巴黎的新事件是怎么回事?① 这一次河马集团②看来处境
不妙；被捕的德国人名单中，凡是我认识的，全是 1847 年时期和更早

---

① 指德法密谋事件。1851 年 9 月法国当局逮捕了 1850 年 9 月从共产主义者同
　　盟分裂出去的维利希—沙佩尔集团所属巴黎地方支部的一些盟员。这个集
　　团无视现实状况，采取密谋策略，指望立即组织起义，致使法国和普鲁士
　　警察当局能够依靠领导巴黎一个地方支部的密探舍尔瓦尔捏造了所谓德法
　　密谋的案件。1852 年 2 月，被捕者被判刑。舍尔瓦尔被安排越狱逃跑。
　　1851 年 9 月在巴黎被捕的共产主义者同盟盟员康·施拉姆，由于缺乏罪证
　　很快就被释放。普鲁士警察当局诬蔑马克思和恩格斯领导的共产主义者同
　　盟参加了德法密谋的企图完全破产。马克思在《揭露科隆共产党人案件》
　　和《福格特先生》中揭穿了施梯伯在科隆案件中捏造的用以证明被告参加
　　了德法密谋的伪证（见《马克思恩格斯全集》中文第 2 版第 11 卷第 485—
　　500 页）。——原卷末注
② 卡·沙佩尔的绰号。——编者注

的老魏特林主义者①。其中可能夹杂着一些欺诈的手法。士瓦本的那个救世主②看来也属于这些幸运者之列。这对他更好。你听到什么情况，请告诉我。

　　据德国各家报纸报道，科隆人③不会在最近即 10 月开庭的陪审法庭上受审。[……]

手稿

阿姆斯特丹国际社会史研究所马克思　　　　　　　　　　　　　　　节录
恩格斯遗著 D III 64/D 1304 （《马克思
恩格斯全集》德文版第 27 卷第 337
页，参看《马克思恩格斯全集》中文
第 2 版第 48 卷第 382 页）

660

弗里德里希·恩格斯（曼彻斯特）给
卡尔·马克思（伦敦）的信

1851 年 9 月 23 日

　　[……] 高尚的施拉姆成为首先落入巴黎警察当局的魔爪的人之

---

① 魏特林主义者，指威·魏特林的追随者。1846 年年中，他们在正义者同盟
　　中，甚至在工人运动中就已经起着消极的作用，阻挠了革命的无产阶级政
　　党的产生。——原卷末注
② 可能指阿·迈尔。——编者注
③ 指被捕的共产主义者同盟盟员。——编者注

一①，这已在意料之中了。他一定是在一些咖啡馆大肆喧嚣，因而被拘留，但是因为他同维利希—沙佩尔的密谋没有联系，所以你们很快又可以在伦敦见到他。登在《科隆日报》上的维利希的文件摘要，比登在那些法文报纸上的效果要好得多，因为这家报纸是转载德文原文，这个伟大的、万能的人物的强有力的用词在这里表达得最纯正。② 例如，那里面说，"同盟"和"第四等级"（不能把它同马克思和恩格斯的工厂贴上"无产阶级"标签抛到市场上去的假货混为一谈）在下一次革命中"应该使经济问题的历史发展达到最后的结局"！！法国警察当局的拙劣的译文把这个无比珍贵的文件完全糟蹋了。这个发疯的大兵的固执的旧念头，关于经过公社实现社会革命的老掉了牙的蠢话，打算在去年11月用莱茵后备军把世界翻转过来的妙计——这一切都模模糊糊。[……] 财政措施也是无与伦比的：第一发行纸币，发行多少没关系，第二实行没收，第三实行征用。其次是社会措施，也很简单：第一好歹组织一下，第二大吃一番，吃得很多很多，直到第三，达到再也没有什么可吃的地步，而这是一种幸运，因为那时我们就走到这样的地步，以致我们，第四，又要从头开始，因为无论如何，最彻底的大扫除就是把所有的餐桌都吃个精光；于是，实现先知维利希的话的时候来到了："我们要进入德国，就像进入我们要去殖民和开发的荒地一样。"这个家伙除了想率领从"上帝的选民"中精选出来的"5000人"去征服共产主义的迦南，从外面剿灭那里的土著居民，从来没有别的想法。[……]

---

①　指德法密谋事件。——原卷末注
②　恩格斯是指1851年夏季"宗得崩德"代表大会上通过的《在革命前夕、革命期间和革命以后给同盟的指示》。这份告盟员书反映了宗得崩德领导人的宗派主义和冒险计划：他们不考虑客观条件而要人为地挑起革命。1851年9月由于法国逮捕了宗得崩德地方支部的许多盟员，这个告盟员书落在警察手中，被发表在1851年9月17日的《祖国报》上。1851年9月19日《科隆日报》第225号转载了其中的部分内容。——原卷末注

手稿   节录

阿姆斯特丹国际社会史研究所马克思

恩格斯遗著 D Ⅲ 67／D 1307（《马克思

恩格斯全集》德文版第 27 卷第

343—344 页，参看《马克思恩格斯

全集》中文第 2 版第 48 卷第 391—

392 页）

661

卡尔·马克思（伦敦）给弗里德里希·恩格斯（曼彻斯特）的信

1851 年 9 月 23 日

1851 年 9 月 23 日于［伦敦］

索霍区第恩街 28 号

亲爱的恩格斯：

巴黎文件①的事弄得十分愚蠢。德国报纸，如科隆和奥格斯堡的报

---

① 指 1851 年夏季"宗得崩德"代表大会上通过的《在革命前夕、革命期间和革命以后给同盟的指示》。这份告盟员书反映了宗得崩德领导人的宗派主义和冒险计划：他们不考虑客观条件而要人为地挑起革命。1851 年 9 月由于法国逮捕了宗得崩德地方支部的许多盟员，这个告盟员书落在警察手中，被发表在 1851 年 9 月 17 日的《祖国报》上。1851 年 9 月 19 日《科隆日报》第 225 号转载了其中的部分内容。——原卷末注

纸①，都硬说文件是我们搞的，这群没有任何判断能力的狗这样做是意料之中的事。另一方面，可怜的维利希及其同伙又放出空气，说是我们通过自己的熟人在巴黎把这个肮脏东西泄露出去。你对此有什么看法？

康·施拉姆也被捕了。② 真是活该。［……］

在这里还要告诉你的是，刚刚收到了你的来信。

注意：你知道，有个叫施泰翰或施泰克翰的在汉诺威被捕，他在同我们建立联系以前，和沙佩尔等人的委员会通信。现在发现，他写给该委员会秘书狄茨，并且已经由这个蟑螂收到的两封信，目前都进了汉诺威警察局督察员的办公处。③ 乌尔默本来受我们委托，将在本星期五在"流亡者协会"或"移民协会"的公开会议上就这个问题向狄茨先生及其同伙提出质问。但是，我们后来撤销了我们的指示。施泰翰逃了出来，也就是说，他正在来伦敦的途中，或者已经到达这里。谁能向我们担保，施泰翰一定会来找我们，而不会去找我们的敌人呢？

这些施特劳宾人④是什么事情都干得出来的。新的证据是：保尔·施土姆普弗先生在伦敦作短期逗留时既没有在我这里露面，也没有

---

① 《科隆日报》和《总汇报》。——编者注

② 指德法密谋事件。——原卷末注

③ 1851年6月路·施泰翰由于彼·诺特荣克的被捕也在汉诺威被拘押。警察在对案件的调查中，向施泰翰出示了他寄给伦敦奥·狄茨的信件并要他对自己的信进行确认和解释。施泰翰于是在汉诺威的《北德报》上通过记者散布消息说，上述信件是被人从奥·狄茨负责的宗得崩德的档案中窃走后交到警察手里的，而且信的内容已被篡改。施泰翰还称一个名叫 H……t 的人现在是警察的密探，是他的告密招致了包括对施泰翰在内的多名成员的搜查。——原卷末注

④ 施特劳宾人是德国的流动手工业帮工。马克思和恩格斯这样称呼那些还受落后的行会意识和成见支配的德国手工业者，这些人抱着反动的小资产阶级幻想，认为可以从资本主义的大工业退回到小手工业去。——原卷末注

在鲁普斯①那里露面，而是只同这些恶棍们往来。［……］

手稿　　　　　　　　　　　　　　　　　　　　　　　　节录

阿姆斯特丹国际社会史研究所马克思
恩格斯遗著 L Ⅵ 50/L 3916（《马克思
恩格斯全集》德文版第 27 卷第
347、351 页，参看《马克思恩格斯
全集》中文第 2 版第 48 卷第 395、
400—401 页）

662

约瑟夫·魏德迈（勒阿弗尔）给
卡尔·马克思（伦敦）的信

1851 年 9 月 28 日

1851 年 9 月 28 日于勒阿弗尔

亲爱的马克思：

从这封信所注明的日期你可以看出，我的决定是不可改变的。如果
我是单身一个人没有携带家眷的话，那我就会毫无顾虑地设法在英国找
到一条出路了，尽管那里的工程师显然是足够用的，而不是缺少；但这
样做是不可能的。［……］

你大概已经知道（也许不知道）施拉姆仍在巴黎坐牢，人们弄清

---

①　威·沃尔弗。——编者注

了他的真实姓名，事情是由于他轻率地随身携带着一份辩论记录而发生的。因此，他大概要被关押较长时间。[……]

注意。如果有可靠的机会，你们能同法兰克福建立直接联系，那就好了。那里的人还在积极活动，最好能给以鼓励。在符腾堡经过清洗之后一切又恢复了正常。

如果书信没有被拆的危险，是否可以从纽约给伦敦写信？

我的妻子①和我衷心问候你和你的一家，以及鲁普斯②、弗莱里格拉特和恩格斯。

你的　约·魏德迈

手稿	节录
阿姆斯特丹国际社会史研究所马克思	第一次发表
恩格斯遗著 D VIII 148/D 4541	

663

斐迪南·弗莱里格拉特（伦敦）给
卡尔·马克思（伦敦）的信

1851 年 10 月 2 日

[……]金克尔最近的活动和行踪我完全不知道，因为两周以来我根本没有看到德文报纸。因此对克莱因博士[455]的被捕也同样感到惊

---

①　路易莎·魏德迈，父姓吕宁。
②　威廉·沃尔弗。

奇。我估计，**这次逮捕只能是由于诺特荣克的告密**。克莱因在同盟中一直表现消极，甚至很少或者根本就不出席会议，因此他在狂热者（如奥托）那里名声不好。［……］

手稿   节录

阿姆斯特丹国际社会史研究所马克思
恩格斯遗著 D IV 41/D 1978

664

卡尔·马克思关于共产主义者同盟盟员
被捕事件的声明

1851 年 10 月 4 日

声　明

奥格斯堡《总汇报》发表一篇精心炮制的"科隆 9 月 26 日"通讯，荒唐地把我同倍克男爵夫人以及科隆的逮捕①扯在一起，竟说什么

---

① 指在科隆逮捕共产主义者同盟活动家勒泽尔等人的事件。这次逮捕是普鲁士警察当局于 1851 年 5 月间继萨克森当局在莱比锡逮捕同盟特派员诺特荣克之后进行的。普鲁士政府企图通过对共产主义者同盟盟员的审判来破坏无产阶级的独立运动。马克思的著作《揭露科隆共产党人案件》（见《马克思恩格斯全集》中文第 2 版第 11 卷第 471—545 页）揭示了科隆案件的实质。——原卷末注

我曾经把政治机密透露给倍克男爵夫人，而这些机密后来通过某种途径为政府获悉。我同倍克男爵夫人只见过两次面[1]，两次见面都有见证人。在两次会面时，都只谈到了向我约稿的事，而我不得不加以拒绝，因为这是以我同德国报纸保持着某种联系这个完全错误的假定为根据的。在这件事情结束以后，直到我听说这位男爵夫人突然死亡时为止，我没有再听到过她的消息。[2]

至于每天都同倍克夫人来往的那些德国流亡者，我始终没有把他们当作自己的朋友，正如我没有把奥格斯堡《总汇报》的科隆通讯员或者在伦敦的那些把流亡变成一种营生或职务的德国"大"人物当作自己的朋友一样。

我从来就认为，德国报纸上那些形形色色的卑鄙、荒谬而且拙劣的谣言是不值一驳的，它们不是从伦敦直接制造出来的，就是从伦敦策划出来的。而我这一次之所以破例，只是因为奥格斯堡《总汇报》的科隆通讯员卡·马克思的《声明》的手稿企图把所谓我向倍克男爵夫人泄密当作在科隆、德累斯顿等地进行逮捕的根据。

卡尔·马克思
1851 年 10 月 4 日于伦敦

---

① 马克思于 1851 年 3 月底 4 月初与威·倍克在伦敦相识。人们把她当作 1848—1849 年匈牙利革命战争期间拉·科苏特的情报员。恩格斯打算详细地描写这次战争，马克思与她会面是希望从她那里得到有关资料和特殊细节。——原卷末注

② 威·倍克 1851 年 8 月底因诈骗嫌疑在伯明翰被捕，预审前突然死亡。在她的证件中找到了她在 1851 年 5 月伦敦世界博览会的头几个星期为英国警方从事间谍活动的凭据。她还有奥地利间谍的嫌疑。关于她神秘地死亡以及涉嫌从事间谍活动的问题报纸曾作过详细报道。——原卷末注

手稿

莫斯科苏共中央马列主义研究院中央
党务档案馆，Sign. ME 65（《马克思
恩格斯全集》德文版第 8 卷第 109
页，参看《马克思恩格斯全集》中
文第 2 版第 11 卷第 122—125 页）

665

卡尔·马克思（伦敦）给弗里德里希·恩格斯（曼彻斯特）的信

1851 年 10 月 13 日

1851 年 10 月 13 日于［伦敦］
索霍区第恩街 28 号

亲爱的恩格斯：

你想必已经从《科隆日报》上看到我为驳斥奥格斯堡《总汇报》
的诽谤而写的一篇声明。① 那种胡说简直太岂有此理了。我清楚地知

---

① 马克思的答复是一篇声明（见《马克思恩格斯全集》中文第 2 版第 11 卷第
122—125 页），是他对德国警察当局从 1851 年 5 月起在各地逮捕共产主义
者同盟盟员的第一次公开表态。

　　马克思 1851 年 10 月 4 日写出这篇声明的当天将声明分别寄给《总
汇报》和《科隆日报》。1851 年 10 月 9 日《科隆日报》第 242 号发表了这
篇声明的全文。《总汇报》则在一个多星期之后才发表，而且还删掉了某些
字句。——原卷末注

道，那些无赖近来在所有德文报纸上连续不断地进行攻击，目的是使我陷入进退两难的地步：或者是公开谴责这种密谋，这样也就是谴责我们党内的朋友，或者是公开承认这种密谋，这样就犯了"法律上的"叛逆罪。然而这些先生们太愚蠢了，他们不能使我们上当。

魏德迈9月29日由阿弗尔乘船前往纽约。他遇见了也要横渡大西洋的赖希。赖希曾经和施拉姆一同被捕，他说警察在施拉姆那里找到了一个记录的抄本，其中记载着引起他和维利希决斗的那场争论，也就是他痛斥维利希并退出会议的那天晚上会议的记录。① 这个文件是他亲笔写的，但没有署名。这样一来，警察发现他是施拉姆，而不是他住在巴黎时所用的护照上写的那个"班贝格尔"。另一方面，这个记录使警察局长魏斯先生及其同僚十分茫然，因为我们的名字也被牵涉到这个卑鄙勾当里面。既然施拉姆干了这种蠢事，那么这个正直的人将自食其果，这至少是件令人高兴的事。[……]

施泰翰——不要相信任何一个施特劳宾人②——几个星期以来一直

---

① 在1850年8月底共产主义者同盟中央委员会会议上，在马克思和恩格斯为一方和维利希为另一方进行激烈辩论期间，马克思和恩格斯的拥护者康·施拉姆要求同维利希进行决斗，决斗于9月在奥斯坦德附近举行，结果施拉姆受了轻伤。

　　由于阿·卢格在自己的文章中歪曲了康·施拉姆同维利希决斗的真相，施拉姆就此事写了一篇声明。马克思将施拉姆的声明与他自己草拟的反对卢格的声明一道附在1851年1月27日给恩格斯的信中。但这两个声明均未被当时的报刊发表。——原卷末注

② 施特劳宾人是德国的流动手工业帮工。马克思和恩格斯这样称呼那些还受落后的行会意识和成见支配的德国手工业者，这些人抱着反动的小资产阶级幻想，认为可以从资本主义的大工业退回到小手工业去。——原卷末注

在这里当维利希—沙佩尔的随从。当他写给蟑螂狄茨的信落入汉诺威警察当局手里的事实被发觉时，他就在《北德报》上发表了一篇通讯，说是狄茨先生的书桌被撬开（多么荒唐！），那些信件就这样被偷走了。据说，目前查明，密探就是很久以来就为警方效劳的汉堡的豪普特。[①]我幸好在几个星期以前就已阻止对狄茨—施泰翰事件的任何公开干预。关于豪普特，我没有听到什么更多的消息，想设法转交给他一封信，因为他应该把事情说清楚，但徒劳无功。我已经通过维尔特试探过一次，但是豪普特的家人总是借口他不在而拒绝接待。你对豪普特怎么看？我相信，他现在不是密探，而且从来没有当过密探。[……]

手稿　　　　　　　　　　　　　　　　　　　　　　　　　节录

阿姆斯特丹国际社会史研究所马克思
恩格斯遗著 L VI50/L 3917 （《马克思
恩格斯全集》德文版第 27 卷第
356、357 页，参看《马克思恩格斯
全集》中文第 2 版第 48 卷第 408—
410 页）

---

① 1851 年 6 月路·施泰翰由于彼·诺特荣克的被捕也在汉诺威被拘押。警察在对案件的调查中，向施泰翰出示了他寄给伦敦奥·狄茨的信件并要他对自己的信进行确认和解释。施泰翰于是在汉诺威的《北德报》上通过记者散布消息说，上述信件是被人从奥·狄茨负责的宗得崩德的档案中窃走后交到警察手里的，而且信的内容已被篡改。施泰翰还称一个名叫 H……t 的人现在是警察的密探，是他的告密招致了包括对施泰翰在内的多名成员的搜查。——原卷末注

666

弗里德里希·恩格斯（曼彻斯特）给
卡尔·马克思（伦敦）的信

1851 年 10 月 15 日

[……] 施拉姆的事令人不很愉快①。假如我们同这种龌龊的事情毫无关系，那就好了。有关鲍威尔②和普芬德经管款项问题的动人的争吵③的记录，现在落在这些先生们的手中，绝不是一件好事。施拉姆随身携带这种东西，真该狠狠打屁股。他将因此受到短期监禁，并且将由于用假护照而被判处六个月徒刑，这怎么说都是自作自受。

至于豪普特，在我没有拿到证据以前，我是不会把他当成密探的。这家伙可能在监狱里干了蠢事，而且，据说是由于他告密而使丹尼尔斯被捕，这件事无论如何也使人对他产生怀疑。可是磨坊街④的庸人们开始喋喋不休地议论他，是同狄茨的书桌被撬开⑤的消息发生在同一个时候，所以这种议论就更加荒唐了。豪普特大概是从汉堡那里撬开了蟑螂

---

① 见《马克思恩格斯全集》中文第 2 版第 48 卷第 411 页。——编者注
② 亨·鲍威尔。——编者注
③ 指 1850 年 11 月 20 日，伦敦德意志工人教育协会的多数派奥·维利希和卡·沙佩尔在共产主义者同盟分裂后，为反对马克思的拥护者亨·鲍威尔和卡·普芬德而策划的一场诉讼。他们指控自 1848 年 8 月起就被委任为协会钱款管理人的鲍威尔和普芬德（他们当时经管着协会的钱款 16 英镑）侵吞了协会的钱款。这一指控以鲍威尔和普芬德胜诉而告结束。——原卷末注
④ 指伦敦德意志工人教育协会和伦敦民主联合会。——原卷末注
⑤ 1851 年 6 月路·施泰翰由于彼·诺特荣克的被捕也在汉诺威被拘押。警察在对案件的调查中，向施泰翰出示了他寄给伦敦奥·狄茨的信件并要他对

的书桌。高贵的狄茨为什么不向英国警察局控告呢？顺便说一句，如果能使豪普特说明真相，那自然很好。如果你把一封给他的信寄给维尔特，那么我想，有两个星期维尔特就可以找到机会把信交给他本人，必要时可以到营业所去找他。商人总是找得着的。［……］

手稿　　　　　　　　　　　　　　　　　　　　　　　　　　节录

阿姆斯特丹国际社会史研究所马克思

恩格斯遗著 D III 70／D 1310（《马克思

恩格斯全集》德文版第 27 卷第 360—

361 页，参看《马克思恩格斯全集》

中文第 2 版第 48 卷第 414 页）

667

卡尔·马克思（伦敦）给弗里德里希·恩格斯（曼彻斯特）的信

1851 年 10 月 19 日

1851 年 10 月 19 日于［伦敦］

索霍区第恩街 28 号

亲爱的恩格斯：

前几天我收到德朗克的来信，告诉我他将（据说是由于被驱逐）

（续前注）　自己的信进行确认和解释。施泰翰于是在汉诺威的《北德报》上通过记者散布消息说，上述信件是被人从奥·狄茨负责的宗得崩德的档案中窃走后交到警察手里的，而且信的内容已被篡改。施泰翰还称一个名叫 H……t 的人现在是警察的密探，是他的告密招致了包括对施泰翰在内的多名成员的搜查。——原卷末注

于本月 23 日或 24 日到达伦敦。在这里他的生计问题将比以往任何时候都更紧迫。

还有一个更糟糕的消息。我最近是这样同科隆通信的：来信由铁路列车员施米特负责送往吕蒂希；而我则把信加上一个信封由第三者带往吕蒂希转交给他。这个施米特被捕了，随后就放了出来，但是侦讯仍在进行。这件事看来是一种直接的叛卖勾当。此外，按照约定，皮佩尔早就应该有来自科隆和法兰克福的消息了，路特希尔德一家在科隆待了一天。① 可是我从埃布讷（从法兰克福）给弗莱里格拉特的信里得知，皮佩尔虽然在法兰克福待了一星期，但是还没有到埃布讷那里去过，没有把我的信转交给他。我们真够倒霉，为我们办事的人总是极端漫不经心，常常把事情看得无足轻重。为别人无疑会服务得好些。［……］

维尔特又到了布拉德福德。你写一封信给他，问他是不是能亲自把信交给豪普特，这件事很重要。我看这全部诽谤有两个来源，一方面是施泰翰—狄茨，另一方面是恶棍的保护人维利希，是他首先在这里谢特奈尔的酒馆的顾客当中使他们怀疑豪普特是密探。维利希和前普鲁士的军士贝尔托尔德保持经常联系。豪普特曾经给这个畜生在汉堡的一个商人那里找到职务，而贝尔托尔德偷了这个商人的东西，于是受到警察的追究。豪普特自然作了不利于这个小偷的证言，而这个家伙也许同他的朋友维利希分了赃。所以维利希大喊大叫什么"一个可怜的逃亡的爱国者"被出卖了。如果这件事公之于众，"高贵的"维利希会大吃一惊。重要的是，不仅要让豪普特对关于他的种种明的和暗的怀疑作出解释；

---

① 曾在伦敦银行家路特希尔德家里当过家庭教师的威·皮佩尔于 1851 年 10—11 月陪同路特希尔德一家前往美因河畔的法兰克福。为了替共产主义者同盟做事，他利用这一机会接受了一系列任务。此外，他还受马克思之托去商谈各出版事宜，但都没有结果。这期间，皮佩尔一直给马克思写信向他汇报自己一路上的情况。——原卷末注

而且，如果他是清白的，他必须发表公开声明，说明这整个事情是由于维利希的诽谤，同时还要指出维利希同小偷贝尔托尔德有联系，也许还是同谋。豪普特还不知道维利希的无耻行径，还不知道对他的怀疑最初是从哪里来的。如果维尔特同意，你可以根据这个意思写封信，由他转交豪普特。事情要快点办。豪普特在他的声明当中还应当提到"狄茨"和他的书桌被撬开一事的可疑性质。[……]

手稿   节录

阿姆斯特丹国际社会史研究所马克思恩格斯遗著 L Ⅵ 52／L 3918（《马克思恩格斯全集》德文版第 27 卷第 363、364 页，参看《马克思恩格斯全集》中文第 2 版第 48 卷第 420、422 页）

668

阿道夫·贝尔姆巴赫（科隆）给
卡尔·马克思（伦敦）的信

1851 年 10 月 22 日

亲爱的朋友：

您的信我已按时收到①，如果不是由于新近出现的情况被迫中断了近来采取的联系方法，我早就给您回信了。

----

① 这封没有保存下来的信大概是通过威廉·皮佩尔转交的。

首先说说我们的朋友们的状况，他们在狱中情况没有什么变化。这些人在坐牢，就像真正的国家罪犯那样受到双重或三重的警戒，同他们的任何来往都受到限制，在有些地方，政府还随心所欲地把这种来往完全切断。要说有什么变化，那就是克莱因博士也被捕了，事情已从警察——宗教审判式阶段过渡到警察——宗教审判——行政式的阶段，我个人也被牵连进去，虽然没有被捕，但受到了控告。您看，普鲁士当局在这方面也要保持坚定不移的名声，它力图把案件划归严重的政治案件，从而使自己有机会在危机即将到来时，在有一定道理的幌子下，去消除那部分按其地位和个性来说都让它讨厌的人。它当然不会放过这个机会。侦查越是得不到原始材料和可靠依据，就越要搞得神秘莫测和至关重要。于是行政区长官先生现在亲自来抓这件事了，被关押者的一切个人联系都要通过此人来实现；有时长达数星期之久完全禁止探视，不准阅读书籍，而报纸等等早已不在话下。事情还要拖多久，无法预料。警察局看来的确太高明了，它全力以赴地参加了进去。

至于说到您对曾向您提到的计划①的考虑，那么，这种考虑无论如何是有道理的，这对我来说也是完全清楚的。但是，一方面，只有当我确信这封通告信在那层意义上是无害的之后，我才会寄出去；另一方面，照我看来这样的信是非常需要的，它的好处几乎完全可以打消担心有害的任何顾虑，把这样一封信准备好，以便等到需要时，能立即派上用场，这至少是很有意义的，提到的各点在信中必须仔细地、精确地加以阐述。

即将来临的商业危机已经出现某种征兆，在这里也已经露出迹象，商业界渐渐出现令人不安的紧张情绪。在这里值得注意的情况还有：关于宗教的讨论日益提上了日程，一方面，虔敬主义极为明显地表现出来，另一方面，无神论得到进一步传播。一切政治生活当然几乎完全消

---

① 指他建议起草的告同盟书，见文件655。

失，但是立宪主义已最彻底地结束。自从克莱森博士、戚美尔曼律师、谢默尔、克莱因、霍施佩尔特（全都是市议员）由于侵犯虔敬和激发不满情绪而受到控告之后，他们开始对自己的立宪主义的未来失去了信心。

洛贝尔图斯、翁鲁之流的北德意志民主派开始谋反，已向我发出举行会晤的各种邀请，但我认为这种会晤不可能取得成果。无论如何，下次革命的口号将是"德意志共和国"，至于它是否是统一的和不可分割的，这还是问题。因为在德国，大臣候选人仍然太多。

关于那本书①的出版，我没有新情况可以告诉您，出版当然是有可能的，但在这方面我还没有取得最后结果。人们害怕这个名字，他们太爱惜自己了。现在您自己也会有所体验，您路过此地的朋友②至少会告诉您这一点。我没有见到他本人。

哈根③的生意做得不错，关于他的其他情况一点也没有看到或听到；他似乎想成为资产者。其他情况一切都照旧。

您的　阿道夫

1851 年 10 月 22 日

我刚刚接到您的第二封信。④ 现在我可以明确告诉您，侦查终于结束了，文件已提交给地方法院的高等审判厅，在那里已暂时撤销对我的起诉，案件现在提交到上诉法院的检察院。这样就又有了在 1 月的法庭上进行判决的希望。对铁路职员施米茨的侦查同其他情况联系在一起——但起初这件事牵连到了我，使我极不愉快，这是我长时间沉默的部分原因。

阿·

---

① 指卡尔·马克思的《哲学的贫困。答蒲鲁东先生的〈贫困的哲学〉》（1847年巴黎—布鲁塞尔版）的德译本。

② 威廉·皮佩尔。

③ 兰伯特·哈根。

④ 没有保存下来。

下次仍使用这里的某个地址。

手稿　　　　　　　　　　　　　　　　　　　　　　第一次发表

莫斯科苏共中央马列主义研究院中央

党务档案馆，f. 1, op. 1, d. 5561

669

威廉·皮佩尔（美因河畔法兰克福）给
卡尔·马克思（伦敦）的信

1851 年 10 月 24 日

1851 年 10 月 24 日星期五于美因河畔法兰克福

亲爱的查理：

　　不管怎么说，我没有在两星期前把平安到达法兰克福①的消息简单写信告诉你，这是我的过错，为这件事深感内疚使我今天肚子整整痛了一天。天晓得怎么会一天又一天地拖延下去，等我发现已过了两周时，

---

①　1851 年 10—11 月，威廉·皮佩尔随同伦敦的银行家路特希尔德（当时皮佩尔任他家的家庭教师）旅行来到美因河畔法兰克福。他利用这一机会完成了许多有利于共产主义者同盟的任务。在科隆与阿马利亚·丹尼尔斯、贝尔姆巴赫进行了接触。在格丁根同米凯尔就改组共产主义者同盟的可能性作了交谈，并同他一起在卡塞尔继续开展同盟的活动，还去过美因茨和达姆施塔特。在回程途中，皮佩尔又在科隆逗留，从阿马利亚·丹尼尔斯或贝尔姆巴赫那里得知了关于科隆共产党人案件的最新情况。12 月初，他把此次旅行的成果向马克思作了汇报。

我大吃一惊。我不想考虑你们对我的沉默所作的奇怪推测，我也没有试图替自己辩解。总之，我在这里。

[……] 在列日我买了《科隆日报》，我高兴地看到上面刊登了你的声明。① 据我所知，在奥格斯堡《总汇报》上既没有发表你的声明，也没有发表一篇反驳文章。这个巨人，更确切些说是矮子，看来被击败了。我们很晚才到达科隆，11 点以后我才得以离开。敲门声把我们朋友的妻子②从床上叫起来，我同她进行了长时间的谈话，尽管我们两个人都有点睡意朦胧。我发现她具有对我们的事业极为难得的忠诚，对你特别热情的关注和清醒的判断力。她埋怨许多人粗心大意、温情、愚蠢。化学家③不仅失去了他的职位，也失去了他的头脑，据说他同他的妻子（一个可怜的爱哭的饶舌妇），演出了激动人心的一幕。雅科比大师④的被捕完全可以由他给一个甚至两个⑤女友的有泄密和天真自白等内容的书信来解释。这种空洞无物的心迹剖白看来仅仅在我们之中，尤其是在德国较年轻的人们之中起着独特的作用，他们在理论方面进取的立场必须靠实践中的这种小事来得到安慰。丹尼尔斯夫人对此极为不满，她说，例如，她在这场灾难之前对整个事情一无所知。她的丈夫在案件中的遭遇比预期的要好些，他的处境还能过得去，他可以保留书籍和纸张，并且每周同他的妻子见一次面。她赞扬了人们从工人中筹集必要生活费的努力；她只希望能够用得稍稍节约一点，这些人酗酒太厉害了。同时她认为，《新莱茵报》的先生们必然会受到小小的打击。她对贝尔姆巴赫没有多大好感，相反，对书商 X 却印象不错，她把他作为

---

① 文件 664。
② 阿马利亚·丹尼尔斯，父姓弥勒。
③ 卡尔·奥托。
④ 阿伯拉罕·雅科比。
⑤ 明登的芬妮·迈耶尔和索菲亚·迈耶尔。

所有书商中最可靠、最积极的一个介绍给我，如她所说，你特别应当感谢他的崇高的热情。例如，他把在春天或者某个时候寄给你的那笔钱立即以他的工资作为担保。这只是附带说一说。此外，她好像是为了不让我带着这样坏的印象离开，又**着重**补充说，总的说来，我们，特别是在红色战士①和亨利希②所处情况下，可以指望看到整个事情取得满意的结果。他们大家将完全**协调一致**地进行活动，他们决定，如果他们不能通过**法律**途径脱逃，那就把案件变成一个著名的事件，同时他们将大胆地宣布他们的原则。[……]

　　说到舒斯特，这个人现在正是民主派的领导人，通过他我悄悄地进入了他们的团体。不难看出，我在这里是处在敌人阵营的心脏。民主派小市民和小市民的儿子（这些民主主义者中有一名叫法布里齐乌斯的人不久前到过伦敦，看来他在谢特奈尔那里非常满意）同讨厌的犹太无赖一起在这里建立了一个所谓的市民联合会，晚上人们在联合会喝艾波尔酒，闲聊天。这个联合会的基础正是"为流亡者募集捐款"。由此你可以想象，一切有关我们伦敦的朋友们的报道、说明、揭露，说得客气些是根本没起作用，实际上只是激起人们来反对我，因为我想让他们摆脱这种幻想。当然，我对此毫不介意；只要我没有被赶走，我就照样到那里去，以便让这些家伙感到厌烦。德国民主派仍为"流亡者"募捐，只有这点还能表明他们是民主派。因此，请你采取点反对他们的行动。搜出的共产主义通告信③真正激起了这些家伙们的狂怒。尽管如此，我还是一再谈论这个文件。我把《宣言》④拿来让大家讨论，等等，而当

---

①　海尔曼·贝克尔。
②　毕尔格尔斯。
③　文件448。
④　文件202。

艾波尔酒成为附属品，讨论成为主题时，人们立即变得严肃起来——玩笑突然停止，一张张阴沉沉的脸看着你——或者一个接一个地悻悻离去。在这种情况下，我没有把很多的夜晚消磨在这些人中间，在那里我颇有兴趣地结识了一些法国人，这是一些风趣的、可以与之交往的人。

最近我想同米凯尔见一次面。

我再补充一点，关于汉堡的豪普特的遭遇完全是真实的。人们**没有发现**丹尼尔斯的其他问题，审讯官亲自向他宣读了汉堡当局的公诉书，其中明确写着：根据某个豪普特的供词。这件事令人很不愉快，因为人们会对伦敦人进行严厉指责，说他们可能对这个"家伙"估计不足。[……]

图普曼

手稿　　　　　　　　　　　　　　　　　　　　　　节录
莫斯科苏共中央马列主义研究院　　　　　　　　　　第一次用原文发表
中央党务档案馆，1. 20, d. 58

670

阿道夫·克路斯（华盛顿） 给威廉·沃尔弗 （伦敦） 的信

1851 年 11 月 4—6 日

[……] 来到了美国①，在纽约住了大约六个月，其实用不着这样

---

　① 1848 年 8 月至 9 月左右。

长的时间，就会烦透了那些在那里栖身的民主派无赖。神秘的共产主义者阿伦斯（过去在巴黎时就出了名①）是当时那里的吼叫进步的兽类动物园中的一个奇特的标本，他在阐明启示录和类似的谬论方面已浪费了许多唇舌，然而，尽管他具有圣经中的英雄气概，但他仍然是所有青年黑格尔派的朋友；他是忠实于已熄灭的战争的桑科·潘扎，同时他也是"一贯的意志坚强者"海因岑和庸俗的秘密结社者魏特林的可敬的鼓吹者，如果我们的马克思来到纽约的话，他想必也会成为一个马克思的拥护者。［……］1849 年 2 月中旬我离开纽约，经过在费城和巴尔的摩的短期逗留之后，来到了华盛顿，在这里经过短时间的审查，我被海岸测量队录用，整个夏天我有时驻扎在海岸，有时在美国的一艘轮船上。［……］

就是这样，一年半以来我在从事重要工作，即如何最恰当地来对待"他的岛国上的敌人"，等等，只要旧欧洲还没有感到阵痛，我大概还要继续这样做下去。

我并不为我留在美国而后悔。人们在这里是多么彻底地领教了温情的说教，即在"有教养的"南德意志协会中的一种教育的附属品，是多么的贫乏，在这个赤裸裸的资产者社会中毫不掩饰地进行滔滔不绝的民主主义空谈，显得多么可笑。"自助"是所有人的指导思想，每个人都在窥视个人的利益，这里魔术般地出现了一些巨大的企业。［……］是的，资产阶级在世界舞台上所起的革命作用，在这位处在这里的喧嚣之中的观察家看来是伟大的，但是他对这幅画的阴暗面也不能视而不见。还没有一个社会主义者把现代资产阶级描绘得像这里的人们在自己的周围所看到的那样深刻。［……］

---

① 　1836—1838 年，亨利希·阿伦斯（或阿伦茨）在创建正义者同盟方面起了积极的作用，见文件 2、3 和 11。

　　至于说到党的态度，在最近一段时间有了极其明显的有利于工人的发展。［……］更为直接地同资本相对立的工人阶级日益组织起来，以便提出缩短劳动时间和提高工资的要求，它也几乎到处都会取得胜利，只要外国的竞争没有使这样做在经济上成为不可能的话。在很大范围内实行的是十小时工作制，当然美国佬的手工业区在这方面也有例外；个别行业，如采石工人，已经走在前面，他们主张仅仅工作 8 小时。［……］无赖魏特林在这里制造了许多不幸，他通过关于他的交换银行的宣传分裂了运动。现在他还不断为交换银行游说，但他完全陷入困境，对这一点他本人还没有意识到。不久前，他无耻地指令我充当华盛顿交换银行的代理人，并这样公布了；受他指令的我，根本没有同他交换过一点意见，也从来没有给他写过信。新近他在他的周刊①上发表了你们的 1848 年《共产党宣言》②中的《资产者和无产者》一章，而没有注明出处。同样，上星期我在巴尔的摩看到前面几期（1851 年 9 月）上也刊登了伦敦工人教育协会本年 5 月的一篇宣言，看来是出自沙佩尔之手，你们肯定知道，文中责骂了"马克思集团"，全是一派胡言，同样也把布朗基的祝酒词③弄得同民主派的正式联盟尽量和谐一致。到那时为止，我根本不知道沙佩尔和你们之间已经断绝关系，我完全是通过你们热心的敌人得知你们的消息的。［……］

　　维斯打算把德斯特尔拉入革命委员会。为此目的他想要我参加"美国保证人代表大会"**456**；请务必写信告诉我，根据这类先例，你认为我怎样做才最合适，因为只要还须特别为我们党的利益而斗争（不管以什么方式或在什么地方），那你一定会看到我在自己的岗位上。［……］

———————

①　《工人共和国》（纽约）。

②　文件 202。

③　文件 594。

手稿　　　　　　　　　　　　　　　　　　　　　　节录

莫斯科苏共中央马列主义研究院　　　　　　　　第一次发表

中央党务档案馆，f. 429, d. 1/2

671

威廉·皮佩尔（美因河畔法兰克福）给
卡尔·马克思（伦敦）的信

1851 年 11 月 6 日或 7 日

亲爱的威廉斯：

我已经收到你的 10 月 28 日的来信，它的内容使我理所当然地感到高兴。[……]

这些天我正在旅行①，同米凯尔作了一次会晤。毫无疑问，他是我们党在德国所拥有的最优秀最能干的党员。一般说来，他对 K. en② 和同盟是非常不满意的，他的抱怨完全证实了我在信中向你说的，即这些人纪律松弛，多愁善感，懒散拖沓，而且天真无邪。他断言，当前的事情毫无办法。他们接受了一批人，不是因为这些人有能力，有用处，而

---

① 见本卷第 131 页注①。

② 这里的缩写 K. en 可能是"科隆人"或"共产党人"。

是为了把他们塞进来，先把他们拉住，因此**本来**应当由完全可靠的、坚定不移的人建立的组织被削弱成了宣传性的协会，这个协会还由于组织涣散，作风随便，成为一个完全不能适用于我们的目标的工具。目前的状况要求另外一种政策。工人们对民主派确实相当坚决地采取了敬而远之的态度，一般说来，他们具有最好的素质，而如果人们没有及时地利用这一点，那就一切都会令人担心。在目前情况下，当工人协会（有幸的是，所有正式协会已经不起作用）被镇压，而相反却日益热衷于搞政治阴谋的时候，必须采取一种教育这个阶级的新方法（暂时停下来，以使我本人和其他人都轻松一下。）我们在小资产阶级手工业者身上花费了很大的力气，但看到的却是他们一有机会就背叛我们的旗帜，并成为民主派的后卫，这不是非常可笑吗？为了把他们造就成共产主义者，我们必须忍受不快，千百次地伴随着他们一步步地通过人道主义、世界主义、社会主义的各个阶梯。路是多么漫长！因此，我们要不断进行宣传。该死的福音书！广大工业无产者和农业无产者分散在全国，分散在一千零一个德国席尔达①，因而绝对需要有一个哪怕小小的阶级，一个反对蠢货和庸人的反对派核心，以便能够进行战斗，否则人们就会高兴地狠狠教训一下所有这些鞋匠、木匠、锁匠和其他"工人"了！为了达到这一目的（说这话的是我的朋友），宣传在各地都必须成为纯粹地方的事情，人们必须逐步地按部门地对工人做工作，使他们参加秘密集会，促使他们作报告和参加讨论，同时提出一些明确的题目，让他们轮流充当批判者，使他们对这种积极性有强烈的荣誉感。半年来，米凯尔在格丁根采取了这种做法，因而取得了许多成果，在不得已的情况下也

———————————

① 席尔达是一个城市的名称。该城居民席尔达人是 16 世纪末流传在德国民间的同名故事《Schildbürger》里所描写的人物，他们是庸人的无知和愚蠢的象征。——译者注

威廉·皮佩尔 1851 年 11 月 6 日或 7 日给卡尔·马克思的信

仅仅是一个地方受到损失。这种联系仅借助于那些创立和奠定这种地方
团体的那些人，而其他人对此毫无所知。在这些人之中也必须分出等
级。掌握这种联系的人是同由现有的少数人擅自重新建立的中央委员会
有通讯关系的那些人。而当前的组织仅仅还包括科隆、科布伦茨以及他
所掌握的地方。其次，他想在最近几天把他最好的朋友（他同此人已经
完全说定）派往科隆，并要他同贝尔姆巴赫（他认为贝尔姆巴赫是最
能干的人）一起进一步澄清问题。你和恩格斯一定不要同这件事发生任
何关系，因为，第一，从德国本地来指挥这件事是必要的，第二，人们
是会始终遵循你的意见的；第三，那里有一些非常有用的人，他们只是
出于对你本人的偏见才采取保留态度（其中有雷姆佩尔，他把整个威斯
特伐利亚捏在自己手中，口袋里装满了钱）；第四，实际存在的密谋也
必然会使你一时感到厌烦，第五，也是最后一点，在革命中的确会一切
都要你负责。对这一建议我暂时不作说明，我只补充一点，米凯尔本人
对你肯定是坚信不移的，关于你本人我已向他作了一切必要的说明，事
情的关键在于，他是一个性格刚毅的、完全能够掌握当前局势的天才，
所以人们更愿意他是一个有点独立性的人。咱们两个人之间的事情也还
没有完全弄清楚。因此，下次我还回到这个题目上来。我的朋友在汉诺
威地区开展了大量的活动，在最困难的情况下，他表现得非常机智。他
很担心，由于某些人喜欢把每片废纸保存下来留作纪念的无聊癖好（这
也是科隆人的错误，一种在当时是不负责任的疏忽大意），有朝一日还
会被捕。此外，他没有把施泰翰吸收进来，而是仅仅把他拉住，有一段
时间，通过他顺利地分发了救济金。现在事情令人心烦，我将立即对他
提出警告。如果这只狗在另外一些人的密探会议①上提到米凯尔的名

---

① 指当时由维利希和沙佩尔控制的伦敦工人教育协会的会议，在这种会议上
也有密探参加。

字，对米凯尔来说就会产生不幸的后果。

我们的通告信①的发表促使民主派永远主动地摆脱了我们的影响，最糟糕的是摆脱了我们的利用。米凯尔有好几次都对此深信不疑，特别是他不久前碰到的杜朗向他证实了这一点。尽管米凯尔在许多民主派报刊上发表的一些文章极其巧妙地试图缓和，并掩盖事态的发展，但没有奏效。这些畜生从中学到的东西太多了，对这件事一点也不会忘记，现在他们明白了自己的处境，他们的幻想被打破了，他们变得非常令人讨厌和无法接近。无论在哪里，只要我碰到这些无赖我都这样说明。此外，你的暗示我也不会忘记，我还要使他们的英雄们狠狠地丢一下丑。

［……］我曾同米凯尔一起在卡塞尔逗留，在那里我们把我们的两个老熟人召集在一起，做了应该做的事情，并带着美好的印象和决定离去。我准备下次探访在黑森享有盛名的人物马尔堡的拜尔霍弗，要看看这位先生打算对我们采取什么态度。我也曾在美因茨逗留，但没有见到朋友格茨。由于他家属的请求，两个月后他得到赦免，并被送往巴黎以便成为体面的商人。他的兄弟和母亲对我不信任，我好不容易弄到他的地址。可惜现在我又把它丢了，但希望还能在某个被忽略的马甲口袋中找到它。下星期天我想去哈瑙，看看在那里能做些什么。例如，我在旅行中曾把一个汉诺威工人拉进来，他向我提供了他的地址。［……］

手稿　　　　　　　　　　　　　　　　　　节录
莫斯科苏共中央马列主义研究院中央　　　第一次用原文发表
党务档案馆，f. 20, op. 1, d. 59

---

① 文件448。

672

威廉·皮佩尔（美因河畔法兰克福）给
卡尔·马克思（伦敦）的信

1851 年 11 月 17 日

亲爱的查理：

　　6 日或 7 日我给你写过一封相当长但有些混乱的信，希望你已经收到。[……]

　　如果鲁普斯[①]（他作为通讯员的认真态度我不否认）没有读过《总邮报》，那么我想说明，在 11 月 15 日的那一期上有一篇巴黎通讯[②]，文章对最近的共产党人密谋[③]作了有趣的说明。这篇东西大概在《祖国报》上也刊登了，关于载勒尔也许已经向你作了报道。其中有一封被截获的信，显然是由沙佩尔署名的，但是，是由维利希构思的：他们这些在 1848 年以前已经加入同盟的人为脱离了马克思集团（这是一个什么样的集团？）而感到庆幸；这些人的确具有文学天才，但不具备组织才能等等……这些大家熟知的词句。然后，阿道夫·迈尔，我们的救星，被介绍成极有能力的、"狡猾的"谋反者，并把他说成是全权代表……等等。人们应当亲自读读这篇东西；今天晚上我将寻一下开心，

---

① 威廉·沃尔弗。

② 《巴黎 1851 年 11 月 12 日电》，载于 1851 年 1 月 15 日《法兰克福总邮报》第 273 号。

③ 见注 452。

以此来戏弄一下我的民主派朋友。此外，在《德意志警察总汇报》上还刊登了对共产主义者特使的宝贵的控诉书，说他们是在伦敦受过训和得到锤炼的弑君者，非常狡猾，像一把三面有刃的匕首——总之，笑死人。我的熟人看来非常精通共产主义。此外，许多讨厌的事情我们都应当归功于这些打着双重招牌的畜牲。他们不仅毁了生意，而且使它遭受**极大的危险**。科隆人**必须**很好地坚持住，并理所当然地把自己的名声从侈谈共产主义的害人虫们那里挽救出来。[……]

　　我还没有从科隆得到回答：不幸的是，我只有丹尼尔斯的地址，人们似乎把全部信件都截获了。但是，我的那些信还安然无恙。但愿我们两周内能返回，那时我将亲自打开装着那些书籍和其他消息的包裹。[……]

　　最近我在信中向你谈到的关于我的朋友①的计划和看法，需要更详细地加以说明。但这件事要推迟到我回去以后再做。

　　昨天，为了我们的朋友李卜克内西的事情我到了达姆施塔特，但什么事也没有办成。我要找的人没有在家，他只有早上9点钟以前才接待来访者。因此，我决定，以书面形式着手进行此事，以便能取得一定的结果。请把这件事告诉我们的朋友李卜克内西。本周他将从我这里得到更详细的情况。[……]

　　最后，我衷心地问候你的夫人和孩子以及尊敬的朋友们。

你的　图普曼

　　又及。在《杜塞尔多夫日报》上我看到，对丹尼尔斯及其同志的侦查活动已经结束，并提交给高等审判厅判决。据透露，高等审判厅已把犯人移交给**下一届**陪审法庭。祝顺利！

　　施米茨又获释了，在他那里人们什么也没有发现。

1851年11月17日于法兰克福

---

　　①　约翰奈斯·米凯尔。

手稿 节录
莫斯科苏共中央马列主义研究院中央 第一次发表
党务档案馆，f. 1, op. 5, d. 428

673

卡尔·马克思（伦敦）给弗里德里希·恩格斯（曼彻斯特）的信

1851 年 11 月 24 日

[……] 我们在科隆的人终于要到陪审法庭受审了，这是个好消息①；杜塞尔多夫的书商许勒尔昨天有把握地告诉我，等到 12 月陪审法庭的特别法庭开庭时就进行审讯。[……]

埃卡留斯的兄弟②到这里来了。他和所有其余在汉堡被捕的施特劳宾人③一起被释放，还领到了释放证。豪普特本来并没有打算叛变，这一点从下面事实可以看出：毕尔格尔斯给他的信落到他父亲的手里，他

---

① 普鲁士政府千方百计地延长 1851 年 5 月被捕的共产主义者同盟盟员的审前羁押时间。因此，马克思和恩格斯不懈地致力于促使案件尽快地转为公开审理，以利于被监禁的共产主义者同盟盟员。——原卷末注

② 约·弗·埃卡留斯。——编者注

③ 施特劳宾人是德国的流动手工业帮工。马克思和恩格斯这样称呼那些还受落后的行会意识和成见支配的德国手工业者，这些人抱着反动的小资产阶级幻想，认为可以从资本主义的大工业退回到小手工业去。——原卷末注

父亲向他追问这件事，并且要把信交给警察局。他阻止这样做，把信撕了，事后他又把信的碎片拿到埃卡留斯等人那里，先把碎片拼起来，读完以后就当着他们的面烧了。这个事实很重要。家庭的压力毁了这个不幸的家伙。[……]

手稿　　　　　　　　　　　　　　　　　　　　　　　　　　　节录

阿姆斯特丹国际社会史研究所马克思
恩格斯遗著 L Ⅵ 55/L 3920（《马克思
恩格斯全集》德文版第27卷第
370、371页，参看《马克思恩格斯
全集》中文第2版第48卷第430、
431页）

674

威廉·皮佩尔（布鲁塞尔）给
卡尔·马克思（伦敦）的信

1851年11月28日

1851年11月27日①星期五

亲爱的朋友：

我们较为匆忙地离开法兰克福②，现在我正在布鲁塞尔。由于我们还

---

① 皮佩尔误把日期写成27日。
② 见本卷第131页注①。

不知道，是否在这里呆几天，我把关于我的以下消息告诉您。［……］

　　一旦我回到英国，不管是在布赖顿还是圣伦纳兹，我将立即拜访您，以便向您汇报，我没有能够实现的一切，以及在我们可爱的国家里没有机会看到的一切。［……］

　　我一点也不希望像丹东想做的那样，把祖国带在鞋底上，而是相反，我感到离乡背井非常愉快。我肯定地对您说，那里正刮北风，会使人冻僵。

　　这"实在可怕"，我们的朋友①忍受着极大的痛苦。一个月以来，一本书也不允许他们看，连小说也不行，可怜的丹尼尔斯夫人一星期只能见她丈夫一次，以便说2分钟的话（法律规定10分钟），而且有两个宪兵在场，一直盯着她，只有先在院子里在小偷和军士们的嘲笑声中等候2小时之后，宪兵们才放她进去。为了作记录并加以整理，需要三天时间，它的内容是如此广泛，人们难以指望在1月6日（应当开庭审判的日子）之前，检察官和其他审判员能够读完这些材料。

　　因此，人们将会让这些被告等到5月，他们一点也不会放松对事件的注意，以便事先用尽一切卑鄙手段向被告进行报复。采取这种无耻态度的命令是专门从柏林下达的。整个报界保持沉默——对于这种一千零一次地违反法典的做法只字不谈。

　　逮捕到处都在继续，但是您会看到，这种无耻行径所引起的愤怒将会由于贫困的增长，食品，特别是粮食的涨价，天时不正而更加强烈。等等，等等［……］

　　说到李卜克内西，我真够倒霉的。为了同他的表兄弟面谈，我两次来到达姆施塔特，却没有找到他。［……］

---

　　①　科隆共产党人案件中的被告。

手稿　　　　　　　　　　　　　　　　　　　　　节录

莫斯科苏共中央马列主义研究院中央　　　　　　第一次发表

党务档案馆，f. 1, op. 1, d. 512

675

康拉德·施拉姆关于他在巴黎被捕的声明

1851 年 12 月

声　明

编辑先生：

在 9 月巴黎发生的对外国人的迫害事件中，我在普瓦松尼耶尔的佛布尔的新法兰西咖啡馆同其他五六十名顾客一起被捕。我被可笑地指控为一个秘密协会的成员，因此被拘留了将近两个月，他们说这个协会以推翻德国和法国为目的，由"一个爱尔兰人、一个德国裁缝帮工和一个被免职的普鲁士少尉作为领导人"进行领导。① 由于没有向法庭提供出任何不利于我的材料，10 月底我承蒙莱昂·福适的好心照顾被驱逐出

---

① "爱尔兰人"是指茹利安·舍尔瓦尔，"德国裁缝帮工"是指约翰·格奥尔格·莱宁格尔或安德烈阿斯·谢尔策尔（见注 511）。这里说的是所谓的德法密谋，见注 452。

法国，于是就解除了对我的拘留。

　　我在马扎斯逗留了六个星期之后又被带到警察局的一个仓库，10月16日我在这里接待了来访的一位穿着相当体面的先生，他用德语对我作了如下的谈话：

　　　"我是普鲁士政府官员，您知道，在德国各地，特别是在科隆，由于发现了一个共产主义协会而进行了多次逮捕。只要在某封信中被提到的名字就足以造成这个人的被捕。由于逮捕了很多人，政府处境有些困难，它不知道这些被捕者是否同案情有点关系。我们知道，您大概同德法密谋毫无关系，而同马克思和恩格斯是很熟识的，无疑已经了解到了关于德国共产主义联合会的各个细节。如果您能告诉我们需要了解的情况，详细说明哪些人是有罪的，哪些人是无罪的，我将对您非常感谢。这样您将为大部分人的获释作出贡献。如果您愿意，那我们就把您的声明作成记录。作这样的声明您不必有任何顾虑，因为法国不会引渡您，最多只能把您驱逐出境"。

　　我当然拒绝了这位先生的无理要求，直接向他说明，关于所谓的在德国的共产主义协会，我一无所知。我对莱昂·福适先生（当时的内务部长）抱怨说，普鲁士政府官员打扰了我在狱中的安宁，我宁可立即被引渡到普鲁士。作为对这种抱怨的回答，我被驱逐出法国。

　　我认为我作这一声明是必要的，因为照我看来，它对大量的政治性逮捕作了某些揭发。

康·施拉姆

1851 年 12 月于伦敦

手稿　　　　　　　　　　　　　　　　　　　　第一次用原文发表

莫斯科苏共中央马列主义研究院

中央党务档案馆，f. 20, d. 170

676

卡尔·马克思（伦敦）给弗里德里希·恩格斯
（曼彻斯特）的信

1851 年 12 月 1 日

[……] 至于**科隆人**①，那些把猪嘴伸进整个报纸污水坑里的卑鄙的流亡猪猡们一贯采取这种做法：用保持沉默的阴谋来对待这个案件，但求他们自身价值不受损害。现在必须同这种做法进行斗争。我今天已经把反对普鲁士司法的信②寄往巴黎，以便把这一事件在那里的报纸上披露出来。鲁普斯已经答应给美国和瑞士写文章。现在你必须为我写一篇给英国的文章，还要写一封给《泰晤士报》编辑的私人信，必须想办法把这个东西寄给这家报纸。③《泰晤士报》现在正力图重孚众望，如

---

① 指被捕的科隆共产主义者同盟盟员。——编者注

② 马克思的这封信没有保存下来。——编者注

③ 马克思倡议在英文报刊上发表文章以揭露普鲁士政府对被拘押的科隆共产主义者进行任意审查的专制行为。恩格斯遵照马克思的这一要求于 1852 年 1 月底写了一封信给《泰晤士报》编辑部，随后又写了一封类似的信寄给《纽约每日论坛报》；但这些文章都未被报刊发表。马克思的倡议因此未能实现。留传下来的只有由马克思和恩格斯共同撰写的《给〈泰晤士报〉编辑的信》的草稿（见《马克思恩格斯全集》中文第 2 版第 11 卷第 256—258 页）。——原卷末注

果有人把它看做是在大陆上唯一有影响的报纸，那它准会扬扬得意，何
况它本来就是反对普鲁士的。如果《泰晤士报》愿意承担这件事情，
那么就可以通过它对德国发生影响。重点应当是揭露普鲁士的司法状
况。[……]

　　附带说一下！我差一点把丑闻集锦中的一件重要的事情忘掉了。施
泰翰、希尔施、居姆佩尔等人，一句话，从德国来的工人已表示要来访
问我。我今天要接待他们。他们已经同沙佩尔和维利希闹翻了。施泰翰
已公开向工人协会①告发狄茨是间谍，尽管有一些人叫嚷，说他是马克
思的代理人，他仍然设法成立了一个委员会，但是在委员会里扮演主要
角色的是狄茨—沙佩尔和维利希的朋友和庇护者。靠这些施特劳宾
人②，我至少可以在裁缝和流浪汉的可怜的小客店里引起新的危机。
[……]

手稿　　　　　　　　　　　　　　　　　　　　　　　　　　　　　节录

阿姆斯特丹国际社会史研究所马克思
恩格斯遗著 L XI 56/L 3920^A（《马
克思恩格斯全集》德文版第 27 卷第
376—378 页，参看《马克思恩格斯
全集》中文第 2 版第 48 卷第 437—
439 页）

----

① 　指伦敦德意志工人教育协会。——原卷末注
② 　施特劳宾人是德国的流动手工业帮工。马克思和恩格斯这样称呼那些还受
　　落后的行会意识和成见支配的德国手工业者，这些人抱着反动的小资产
　　阶级幻想，认为可以从资本主义的大工业退回到小手工业去。——原卷
　　末注

677

约瑟夫·魏德迈（威廉斯堡）给弗里德里希·恩格斯（曼彻斯特）的信

1851 年 12 月 1 日

1851 年 12 月 1 日于纽约威廉斯堡

亲爱的恩格斯：

根据你的指示我把写给英国的信寄给你，即使这封信至少大部分是直接写给马克思的。[……]

协会这一组织分裂了。有一个"社会主义体操协会"，在该协会，为了教育会员还朗诵了席勒的《钟之歌》。这里存在的"德意志民主协会"按其现实表现来说完全是小资产阶级的，并且同海因岑保持联系。我在这里应采取什么态度，我还不清楚。

这里的德文报刊是真正的污水坑。[……]因此，马克思建议出版小册子的事不得不暂时搁置下来，以便为一家周刊①让路，无论如何周刊将会更好地为我们的事业服务。赖希黑尔姆决定，冒着风险为这件事提供数百美元，这当然是在你们能给我以所许诺的支持的条件下。但这种支持包括：你们，特别是你和马克思，随最近一班轮船把文章寄来，你们的名字在这里是人们所熟悉的。如果弗莱里格拉特手头有一首现成的诗，那就太好了，因为问题完全取决于第 1 期（准备 1 月初出版）版面是否出色。这里的人们不再轻信诺言了，他们已经多次受骗。可是，

---

　　① 《革命》（纽约）；见文件 678。

在我写文章维护你们的声誉时，如果能够指望得到弗莱里格拉特的合作，这对我是非常可贵的。关于法国的状况，德朗克肯定有足够的材料。我希望这个刊物能够吸引读者，然后可以利用一切有利机会加以扩充。第 1 期应当按一印张的篇幅出版。［……］

　　关于每周政治事件的简短评述将不断补充来自欧洲的报道。请尽快地把文章寄来，以便第 1 期能尽早出版，并且在本月内就可以作出版预告，因为材料没有掌握在我手中，我是不敢作出版预告的。［……］

手稿　　　　　　　　　　　　　　　　　　　　　　　节录
阿姆斯特丹国际社会史研究所马克思　　　　　　　　　第一次发表
恩格斯遗著 LIX242/L6321

678

约瑟夫·魏德迈（威廉斯堡）给卡尔·马克思（伦敦）的信和《革命》[457]编辑计划

1851 年 12 月 10 日和 13 日

　　　　　　　　　　　　　　　　　　　1851 年 12 月 10 日于威廉斯堡

亲爱的马克思：

　　昨天我的计划再次完全落空。赖希［黑尔姆］告诉我，2 月左右他的兄弟将到这里来，然后他们打算共同在内地购置房产。因此，出版和

周刊的事又暂时告吹。但是，为了弥补损失我还要再次作出一切努力，因为事实上不可能出现对我们事业更为有利的时机．[……]

尽管前景暂时是这样不乐观，但你们为第 1 期提供文章还是绝对必要的；既然我还能够出版周刊，我就必须立即着手工作。如果你们不能提供别的援助，在最坏的情况下，请你们在书桌上为周刊写文章。但是，如果我们党能在这里创办一份独立的机关刊物，从另一方面说，将会产生巨大的意义。还有另外一条道路可以尝试。即使这一事业所需要的钱现在还没有募集起来，第 1 期也是要出版的。因为只有第 1 期出版后，人们看到了它同当地德文报刊上的所有其他作品有极大的不同，那时款项也许可以收集起来。

因此请尽快把文章寄来，特别是弗莱里格拉特的诗，他的诗是最吸引人的。过了 1 月份我就不能再等了，到那时我必须为自己找一个测量员可做的工作，无论如何这将会使我离开纽约。[……]

我必须立即把信送往邮局，以便赶上今天的航班。

1851 年 12 月 13 日

实际上我到邮局去得太晚了，不得不把信推迟到今天才寄出。[……]

现在我终于为周刊召集了股份委员会，我希望现在事情能逐步就绪，以便在我及时收到你们的稿件的情况下，第 1 期能在 1 月份出版。你们的文章对我来说是多么重要，你从下面我为股东起草的计划中就可以看出：

"署名人准备以《革命》为标题出版一种新周刊。

虽然当地的德文报刊大部分掌握在流亡者手中，但恰恰缺少完全代表这个最坚决的革命政党的刊物，在德国，由在科隆的卡尔·马克思的编辑部出版的《新莱茵报》就是被大家公认的这个党的主要机关报。我们对本刊并不抱有这样的奢望，只不过是想对现状发表一些或多或少激进的看法，想在同一条道路上或多或少地作些推进。但直到今天只有这个党和与其相敌对的那个党懂得根据

　　其实际意义来评价一切发展的物质的、国民经济的基础。因此，这个党具有较大的决心，因为人们只有从正确的前提出发才能得出最后的结论。

　　新周刊的任务是：尽量清晰地描绘一幅在旧大陆日益尖锐的以消灭一切阶级差别为目的的阶级斗争的图景，使它的读者能够不断了解在不同民族和人民阶层的工商业关系中的各种变化，以及在他们的相互政治态度中的各种变化，这种变化正在孕育着革命的爆发。

　　只要对本地报刊看上一眼就会确信，它是不可能完成署名人在这里所提出的任务的。因此，关于这个新计划的必要性无须再多说一个字。该刊物的可靠性将由撰稿人，前《新莱茵报》编辑部马克思、恩格斯、弗莱里格拉特等人的名字作为担保，这比由署名人这个不为人所知的名字（何况他也是受到上述各位的全权委托）来担保更为有效。

约·魏·

被警察查禁的美因河畔法兰克福

《新德意志报》的编辑之一"

　　我争取到了原来支持海因岑的小报①的一些人，他们所以支持它是因为该报曾是这里出版的最激进的报纸。现在卡普也拒绝刊登反对金克尔的东西，因此使人感到迫切需要一个新的机关报。看来，我必须在下星期亲自去一趟费城。根据你的委托，我将给华盛顿的阿·克路斯写信，他的地址利埃夫尔已经告诉我。我应当征求股东和订户。[……]

手稿　　　　　　　　　　　　　　　　　　　　　　　节录
阿姆斯特丹国际社会史研究所马克思　　　　　　　　第一次发表
恩格斯遗著 D VIII 103/D 4542

---

　　① 《纽约德意志报》。

679

阿道夫·克路斯（华盛顿）给约瑟夫·魏德迈 （威廉斯堡）的信

1851 年 12 月 20 日

1851 年 12 月 20 日于华盛顿

亲爱的魏德迈：

我很久没有与马克思通信了，上星期他写信给我说：

"我们的一个好朋友约瑟夫·魏德迈现已到达纽约。请你马上同他联系；我还不知道他的地址。但是你如果把信寄给《［纽约］国家报》或者《［纽约］晚报》，他肯定会收到。他会把党内所有情况告诉你。在纽约的一伙人中间①，他对你会有帮助，你可以帮助他在美国找个工作。

请你写信告诉他②，说是我建议你同他联系的。"③

威·沃尔弗也向你问好。如果我知道这几行字已经到了你的手中，以后可以多写一点；暂时我只能说，由于我在旧大陆是建筑师，在这里，三年来我在华盛顿美国某部工作（技术工作）。

---

① 克路斯的脚注：是指金克尔公债，我由于不大了解情况，竟使自己卷了进去。马克思认为我应当暂时保留那里的位置。怎样做呢？以后再谈。
② 在原件中是你。
③ 见《马克思恩格斯全集》德文版第 27 卷第 586 页，参看《马克思恩格斯全集》中文第 2 版第 48 卷第 436—437 页。

从 1847 年《［德意志–］布鲁塞尔报》时期开始，我就同共产党和马克思等人建立了联系，但是，关于同沙佩尔等的争吵以及争吵的一些细节我不大了解。从现在起我将同马克思等人恢复正常通信联系。

致以敬礼！

华盛顿美国海军造船厂

阿道夫·克路斯

手稿

阿姆斯特丹国际社会史研究所

约瑟夫·魏德迈遗著

680

约瑟夫·魏德迈论无产阶级专政的文章[458]

1852 年 1 月 1 日

无产阶级专政

无产阶级是这样一个阶级，它在欧洲较发达的国家里为资产阶级争得了对所有其他社会阶级的胜利；只有无产阶级，这个地位低于其他阶级的阶级，能够粉碎资产阶级的统治，以宣布建立本阶级的统治。所谓激进反对派的领袖们到处对这一前景拼命抗议，但这改变不了事态的进程，也不可能在你死我活的斗争双方之间进行任何调和。

无产阶级和资产阶级都是蒸汽的产儿，现代工业的产物，它们都是随着现代工业而发展起来的，其他社会成分都越来越溶化在这两个巨大的对立物中。**封建主义的**力量被摧毁了，虽然那种非中世纪的特权的垃圾还没有在一切地方被扫除，高傲的容克地主们被迫放弃他们祖辈的生活方式，而采取**资产阶级的**生活方式。**小资产阶级**到处濒于破产，行会的规章尽管在德国仍被珍惜备至，甚至还被浪漫的普鲁士国王①重新加以恢复，但是已经证明它对付大资本的优势已经无能为力；每一次商业危机都把成千上万的小私有者抛入无产阶级的行列，只要有一种新的机器，就能毁灭整个整个的行业。小资产阶级的消失意味着在此以前构成资产阶级和无产阶级之间的桥梁的阶级的消失，这个阶级即使不是调和也是掩盖了这两者之间的对立。

可是，有一条老经验说明，任何一个社会阶级，尽管它立足的基础已经动摇，只要它的灭亡还不是既成事实，就不会放弃有朝一日复辟的希望。而想把这种愚蠢的希望变成一种体系的蠢货从来就不乏其人。世界只要哪怕是只有一天迁就他们的想法，他们就会为了自己的博爱幻想而牺牲整个发展进程。

现在就已经没有任何一种行业能够免于大工业的侵袭。即使在机器不能侵入的地方，不管怎样，不断分工也足以把人本身变成机器，而且越来越多地由廉价的女工和童工来代替男人的劳动。

现代工业把资本越来越集中在少数人手中，因为和中世纪的手工劳动不同，它只能以大量资金来经营。对于那些遭受掠夺和从独立的劳动者沦为机器的广大群众来说，他们只能感觉到这种发展的一切坏处，这是很自然的。因此，对这种发展的最早的和最原始的反抗也表现为捣毁

---

① 弗里德里希－威廉四世。

机器，首先是工厂工人采取这种手段，以求改善自己的状况。只是在他们认识到这样做和个人抵抗的其他许多手段都无济于事之后，他们的反抗才变得理智一些。每一次新的尝试都只能使他们更强烈地感觉到他们对工业的依赖性，以及他们无法有朝一日摆脱工业，因为他们在工业的兴衰中是首当其冲的。但是，每一次新的尝试也使无产阶级的各个部分更紧密地联系起来，他们开始认识到，他们的利益是共同的，一句话，他们开始感觉到他们是一个阶级，只有利用工业，而不是反对工业才能取得胜利。

那些虽然还从事小资产阶级生产，但是并不像享有特权的工匠们那样无知地死抱住这种生产不放的工人，也逐渐地参加到他们的行列中来。起初，这些人的反抗也具有敌视发展的性质，他们的理想是恢复手工业，取消大工业，把社会溶化成一个大的手工业工人联合体；他们最喜欢附和那些懂得如何把这种反动的希望体系化的人（如威廉·魏特林），或者让那些懂得如何迎合他们的天真想法的人任意利用自己。但是，只要经过几次激烈的动乱，这个梦幻世界就破灭了，而且在旧大陆的那些虚伪的领袖们很快就被工人群众抛弃了。

现代工业不仅越来越把资本集中在少数人手中，而且也把群众集中到某些地点，这样，现代工业就造成人口激增的现象；另一方面，它通过不断扩大机器的使用范围而使人力越来越过剩。所谓的剩余人口，即现代社会不再能雇用，因而不再能供养的那一部分人口，与日俱增。因此，现代社会就经常处于战争状态，直到推翻现存的关系，消灭为了极少数人的利益对群众的剥削为止。

"至今的一切社会都是建立在压迫阶级和被压迫阶级的对立之上的。但是，为了有可能压迫一个阶级，就必须保证这个阶级至少有能够勉强维持它的奴隶般的生存的条件。农奴曾经在农奴制度下挣扎到公社成员的地位，小资产者曾经在封建专制制度的束缚下挣扎到资产者的地位。现代的工人却相反，他们并不是随着工业的进步而上升，而是越来越降到本阶级的生存条件以下。工人变成赤贫者，贫困比人口和财富增长得还要快。由此可以明显地看出，资产阶级再不能做社会的统治阶级了，再不能把自己阶级的生存条件当做支配一切的规律强加于社会了。资产阶级不能统治下去了，因为它甚至不能保证自己的奴隶维持奴隶的生活，因为它不得不让自己的奴隶落到不能养活它反而要它来养活的地步。社会再不能在它统治下生存下去了，就是说，它的生存不再同社会相容了。"①

必须推翻资产阶级的统治，但不是为了重新回到中世纪去，分散资本，捣毁机器，而是为了使整个社会能够享用工业的成果。资本和生产工具不断集中到个人手中，只有通过集中到国家手中才能达到这种集中的最终目的。现代工业已经发展到它在私有制在一切地方给它规定范围内所能达到的最高水平。商业危机的日益加剧表明，生产力已经接近于冲破这个范围，正如工业的兴起曾经冲破了中世纪的生产方式一样。代替私有制的只能是公有制，只能是国家所有制，而代替私人生产的只能是国家的生产。在这种变革中发生的"对财产的侵犯"和我们日常见到的大资本对小资本的侵犯是一样的，不同的是，在后一种情况下这样做是为了个人的利益，而在前一种情况下却是为了整个社会的利益。

很清楚，这里根本谈不上逐渐的、和平的过渡。这是一场生存斗争。在这场斗争中，资产阶级为了保住一切，不惜孤注一掷，无产阶级迫于贫困和不堪忍受的压迫不断地投入这场斗争，直到最后成功地排除阻止他们享受世上财富的障碍为止。小资产阶级扮演着庸人的角色，它小心翼翼，但往往陷于绝望，它一个时候被相同的压力推到无产阶级一边，在另一个时候，由于有人对其追求私利的卑鄙行为作了微不足道的

---

① 引自《共产党宣言》，文件202。

让步，又背叛它昨天的战友。即使这个阶级得以暂时为自己夺得政权，那它很快也会重新被迫投靠这个或那个"极端的"政党，并服从其领导，这是无法避免的，因为它的所有倾向都是和现实的发展进程相矛盾的。

无产阶级的统治和汪达尔人的野蛮统治毫无共同之处，相反，无产阶级是唯一能接受资产阶级全部遗产的阶级，因为它自身的繁荣依赖这些遗产的继续发展。无产阶级是实行阶级统治的最后一个阶级，因为随着一切阶级特权的消灭，所有其他的阶级都将溶化在这个阶级之中，而它现在就在吸收曾经从理论上对历史进程有所了解的其他阶级的一切教育因素。经过无产阶级的统治，任何政治统治都将宣告结束，因为这种统治的基础是阶级斗争。

"代替那存在着阶级和阶级对立的资产阶级旧社会的，将是这样一个联合体，在那里，每个人的自由发展是一切人的自由发展的条件。"①

革命要想胜利，就需要一种集中的权力，就需要一种专政来从事领导。为了确立英国资产阶级的无上地位，需要克伦威尔的专政，只有巴黎公社和公安委员会的恐怖主义才能在法国土地上粉碎封建贵族的反抗。没有集中在大城市的无产阶级的专政，就不能消灭资产阶级反动势力。

约·魏德迈

1851 年 12 月于纽约

1852 年 1 月 1 日《体操报》**459**

（纽约）第 3 号

---

① 引自《共产党宣言》，第 202 号文件。

681

约瑟夫·魏德迈（威廉斯堡）给卡尔·马克思（伦敦）的信

1852 年 1 月 5 日

1852 年 1 月 5 日于威廉斯堡

亲爱的马克思：

今天我接到你通过"大西洋号"邮船寄来的信①，带来伦敦到 22 日为止的消息。下一次航班 31 日才从利物浦出发；很遗憾，你们的文章没有早一天寄出，现在我只能把它们收入第 3 期。② 但是，在没有资金和暂时也没有得到任何援助的情况下，我抱着侥幸心理不顾一切地开始干了起来。我原以为，不会拖过 1 月初的。同魏特林的小报③没有达成任何协议，但这也没什么关系。相反，这里有一家激进的地方小报《金星报》，［……］它濒于倒闭，但仍然还有将近 400 订户。我同印刷人（他同时也是发行人）商定，我接受这 400 订户，由他承印《革命》而不必另外再付给他什么补偿。400 订户总是一个可观的基数，许多工人积极支持这件事，以致我可以指望，开头这几期就可以抵补开支。这样就需要有 700 个顾主，超过这个数字就可以带来一些利润。我希望得到你一篇可连载的著作，这样无论如何手头总能有一点储备。其他稿件我也非常欢迎。设立一个维尔特文艺专栏显然对周刊的推销将会有很大好处。到目前为止，恩格斯还没有什么东西寄来。第 1 期明天出版，第

---

① 1851 年 12 月 19 日；见注 457。

② 《革命》（纽约）。

③ 《共和国报》（纽约）。

2 期星期六①出版。每期我将给恩格斯寄去 50 份，但是，大概等到第 3 期才适合作试刊号，因为前两期几乎完全由我一个人执笔。[……]

　　从现在起通讯地址为：纽约市议会街 7 号《革命》营业所。

　　又及。你从我的上封信中已经知道，我给克路斯写了信。我将得到他的积极支持。这里的《体操报》为我提供了篇幅，由于这家报纸在整个美国销路很广，因此值得去好好干一下，我马上就从论无产阶级专政的文章②开始写起。你能否把《北极星》捆扎邮寄给我？你可以送给编辑部一册作为交换。

手稿　　　　　　　　　　　　　　　　　　　　　　　　节录
莫斯科苏共中央马列主义研究院中央　　　　　　　　　第一次发表
党务档案馆，f. 1, op. 5, d. 447

682

威廉·皮佩尔（伦敦）给弗里德里希·恩格斯
（曼彻斯特）的信

1852 年 1 月 14 日

　　[……] 你知道施泰翰公民的事情吧。总之，他退出了磨坊街③（这是一个值得保留的名字）。由于那里的专制主义禁止"持不同观点者"发表意见，他对此很气愤，当我急忙赶到他那里时，他怀着对这些"共产主义者"的厌恶心情正想投入梅因—陶森瑙集团这个深渊，我作

---

①　1852 年 1 月 11 日。

②　文件 680。

③　大磨坊街是伦敦工人教育协会所在地。

为"同乡"和朋友警告他不要充当民主派集团的工具，劝他不要损害工人的独立及其真正的利益，等等。一句话，我好言劝说我的施泰翰，直到他同意靠自己的力量建立一个新的但也是完全独立的施特劳宾人的协会。① 我们甚至立即可以制定章程。为什么不这样做呢！有墨水和钢笔，他来执笔，由我口授，其内容当然是那些我想写入的，并且和马克思事先说定的东西。事情已经安排妥当，我们把我们同盟盟员，即工人，派进去进行监督，任何民主主义者和参加其他政治协会的骗子都不允许加入。[……]

手稿　　　　　　　　　　　　　　　　　　　　　　　　节录
莫斯科苏共中央马列主义研究院中央　　　　　　　　　第一次发表
党务档案馆，f. 1, op. 5, d. 449

683
厄内斯特·琼斯（伦敦）给弗里德里希·恩格斯（曼彻斯特）的信

1852 年 1 月 16 日

1852 年②1 月 16 日于伦敦贝沃特区
莫斯科路哈德威克旅馆

（私事）

我亲爱的恩格斯：

　　昨天晚上我在马克思那里。他大概会把我们交谈的一些内容写信告

---

①　见文件684。
②　原稿中是1825年。

诉你。我向他分析了《寄语人民》的情况，以及哈尼和我之间的关系。哈尼出版了一种新刊物（《人民之友》）⁴⁶⁰——价钱是 **3 个半便士**。所有"笨蛋"，卢格、豪格、路易·勃朗等等都支持他。这是针对我的。他退出了**报纸**①，以便能够做这件事。三星期之前，我请求他和我共同办好《寄语》。我这样做纯粹是出自对他的友谊，因为《寄语》每周都在发展，已经不再负债。他拒绝了这一请求，他说，"因为它攻击了合作社员②和工联。我没有这样做。因此，我同他们相处友好。关于合作社运动和工联，**我的看法同您一样，但我认为，发表自己的观点不是政治问题**。因此，我不能同《寄语》打任何交道。"

就在他这样说的时候，他已经付印了他的传阅信（随信给你寄去一份）！

我对你说，这与其说是针对我的，倒不如说是针对我们的。沙佩尔、维利希、路易·勃朗、汉特、侯里欧克、弗莱明、雷诺，所有这些人都会支持哈尼，以便打垮我们。英格兰的《北极星报》、《雷诺新闻》、《先驱》和苏格兰的《哨兵》都会帮助他。

此外，让马克思告诉你，这里面包藏着什么样的卑鄙祸心，我为什么被朱利安先生③**的美妙的传阅信（我把它随信寄去）骗走了大约 15 便士。**

从这封传阅信中你可以看出，国外的事情将会在哈尼的报纸中起主要作用。人民要求这样。**我也必须有这种内容，否则我就要垮台。**

除了你没有别人能够帮助我。你能**每周**给我写一封信吗？以"我们的外国通讯员"，或者是以"流亡者来信"的名义，或者用随便一个化

---

① 《寄语人民》（伦敦）。

② 合作社运动的成员。

③ 哈尼。

名，用以与哈尼的《人民之友来信》①相抗衡。

你了解《寄语》，按它的篇幅至少写一页，或者最多两页（最低限度和最大限度）。为了兄弟情谊请这样做吧。

我听说，由于我在曼彻斯特时没有去拜访你，你生我的气了——我连睡觉的时间都没有，或者说几乎没有。写信！写信！写信！写信！

你的 厄内斯特·琼斯

手稿   第一次发表
莫斯科苏共中央马列主义研究院中央
党务档案馆，f. 1, op. 5, d. 451

684
关于伦敦新工人协会会议的报告[461]

1852 年 1 月 18 日—8 月 8 日

1 月 18 日

由于**施泰翰和罗赫纳**事件②，共产主义工人协会的许多会员已经决

---

① 根据所提到的哈尼的传阅信，《人民之友来信》栏应位于新创办的报纸的上端。
② 指的是 1851 年 12 月伦敦工人教育协会中的分歧，见注 353 和 462。

定成立一个新协会，今天他们在**新牛津街牛头酒馆**举行集会：

皮佩尔、施泰翰、罗赫纳[462]**、埃卡留斯第一和第二**①**、乌尔默**②**、达贝克、霍尔堡、柏林的施万内费尔德和罗森堡、维德曼、弗里茨、吕克**（曾是法兰克福工人协会会员）、**格吕宁**（波兹南的细木工）、**李希特尔**（裁缝）、**李卜克内西、克洛泽、伦普夫、弗里德尔、埃尔费特**（柏林的裁缝）、**法尔克**以及其他大约 15 人。

施泰翰宣布开会。他说：促使他们召开今天会议的理由，即共产主义工人协会的事件，大家都已经很清楚，所以在这里用不着再作说明，于是他和十几个朋友在一起聚会，就即将建立的新协会的宗旨取得了一致意见，他们**一致同意仅仅讨论工人的利益**，从革命立场出发为了工人的利益而工作，同时尽量为会员的科学教育作出贡献。在共产主义工人协会中，最后一点完全被忽视了，被排挤到了次要地位，**维利希和沙佩尔采取种种欺骗手段**，使人们完全脱离真正革命的道路，即通过知识而发挥影响。而这就是他们的任务，为了建立完备的联盟，他提出以下章程草案。

有人开始宣读章程：

第一节，促进工人利益。

皮佩尔：他建议，关于章程的讨论推迟到下一次会议，因为只有一半会员（大约 30 人）**应邀**出席会议。

这一建议被采纳，下次会议定于星期二晚 9 时在同一酒馆召开。

散会。

---

① 格奥尔格·埃卡留斯和弗里德里希·埃卡留斯兄弟。

② 见注 460。

1 月 20 日

协会会议，新牛津街

施泰翰宣布开会；讨论即将建立的协会章程，这一目的是很清楚的，他主张在这之前再谈协会的宗旨，即"从各方面促进工人阶级利益和愉快地互相交谈"，他不揣冒昧地再提醒一句，追求的宗旨范围不能限制得太窄。［……］

皮佩尔：现在首先应当讨论协会的名称。

施泰翰：这一点已经讨论过了，决定用"工人协会"这个名称。

施万内费尔德提醒注意一点，即人们有两年的时间这样称呼磨房街的协会。

李卜克内西：到处都认为那个协会是共产主义的，同它弄混了，大概也不会有什么危险。［……］

皮佩尔：共产主义绝没有丢丑，而是代表它的人丢了丑，一方面是由于他们的空洞的废话，另一方面是由于他们的可笑的行动，但是他也赞成有一个新的名称，并建议协会的名称叫"**伦敦新工人协会**"。

名称被通过。

随后转向协会章程的个别章节，**施泰翰**和**罗赫纳**当选为主席，**图多尔**和**魏茵加特**当选为书记，**皮佩尔**当选为司库，决定每月预付会费 6 分尼，规定协会会员不得参加其他政治组织，其次还规定每周召开两次会议，最后决定，据此而拟定的完整章程在下次会议上由理事会提出。

散会。下次会议定于 25 日晚 9 时召开。

1 月 24 日

新工人协会理事会会议

讨论章程，所拟定的章程如下：

伦敦新工人协会章程

§1. 协会的目的是促进工人阶级利益和愉快地互相交谈。

§2. 协会每周至少必须召开两次会议，其内容是：政治讨论、交谈和讲课。

§3. 每个会员每月须预付6芬尼会费。

§4. 发展对象须在理事会登记，他们的名字在协会所在地宣布。三次会议之后，如果协会没有提出异议并作出其他决定，他们就被吸收入会。

§5. 任何会员都不得参加伦敦的任何其他政治性协会。

§6. 月终不缴纳会费者将被除名。因其他原因除名则由协会决定。

§7. 外人可以经人介绍参加活动。介绍人应把他们的名字报告书记。

§8. 协会每月选举主席一人、副主席一人、书记二人和司库一人。选举投票进行。

§9. 修改章程，以及协会的一切其他决议由简单多数票通过。

理事会

2月1日

新工人协会会议

主席**施泰翰**宣布开会。

书记**图多尔**宣读记录，被通过。

接收下列人员为新会员：**明克斯**（博伊岑堡的裁缝）、**小明克斯**（他的弟弟，职业相同[463]）、**费尔滕**（德累斯顿的地板镶嵌工）。

施泰翰：他宣布开始讨论今天提出的问题：工人在资本主义制度内部做了哪些摧毁资本权力的尝试？并取得哪些成果？

李卜克内西：他主张首先着重谈谈英国，因为这里无产阶级最集中。首先，在上一世纪末工联看来就已作为有力量的现代行会组织起来，至少是试图同资本相对抗，直到今天它还通过共同行动和改善工资收入，以及最后通过所谓的罢工力求达到这一目的，但总是失败。[……]

居姆佩尔提请注意：在德国，工人也作了徒劳无益的尝试，例如，联合会作过无疑是和平的尝试。

皮佩尔谈到已解散的法国工人协会，它同样是消灭资本的和平手段，因而也是错误手段。

参加讨论的还有**李卜克内西、居姆佩尔、罗赫纳、克鲁格**。

皮佩尔最后提出讨论下列问题：为了尽量团结更多的力量以发挥作用，协会首先还要做些什么。作为回答，他立即提议由协会决定：责成理事会争取在更多的德国报刊上发表一个公开声明，说明成立伦敦工人协会的理由。——被通过。

居姆佩尔：然后他提议责成所有在德国有党内朋友的会员，把协会的一般情况直接告诉他们。——被通过。12 时 3 刻散会。

2 月 8 日

[……] 接收下列人员为新会员：J. **弗里茨**（盖默斯海姆的裁缝）、哈默尔恩的**格伯尔**（哈默尔恩的细木工）、R. **考普**（包岑的金饰工人）。

施泰翰：如果没有对协会至关重要的问题需要说明，那就转入议程，开始讨论关于 1848 年和 1849 年的工人代表大会在多大程度上同资本作斗争的问题。[……]

2 月 22 日

[……] 接收下列人员为新会员：**弗雷尔克斯**（阿姆斯特丹的细木工）、J. N. **奥特曼**（弗赖堡［巴登］的细木工）。

施泰翰宣布开始改选理事会，经过选举，旧的理事会成员继续担任他们的职务，只有**魏茵加特**由**居姆佩尔**来代替。[……]

　　施泰翰开始按照议程提出讨论下列问题：通过宣传是否能够导致革命？这个问题是李卜克内西提出的。

　　李卜克内西：恰恰是在目前，当人们看到美国公债①那样的臭名昭著的阴谋、所有那些号召和传单等等出笼的时候，讨论提出的这个问题是很有意思的。从 1793 年以来，可以看到人们比任何时候都更会玩弄计谋，但是这种计谋的可怜结局总是证明了他们的思想是多么可笑。人们相信，通过所谓的准备，例如：把资金用于向粗鲁的群众进行宣传、购买武器等做法，对革命起着某种决定性作用，而他们却不去考虑，进行社会变革必须具备社会本身的条件，任何一个目光短浅的计划都不可能促使这种条件产生。革命在事后甚至都不去理会它高傲的制造者，革命的结果总是向这些阴谋家作出最好的证明，他们那种革命是根本不存在的。

　　居姆佩尔：他也认为，想制造革命是很可笑的，但他认为，如果社会关系的进程使它成为必要的话，那么，通过准备可促使它提前发生。［……］

2 月 25 日

　　［……］接收下列人员为新会员：E. **鲍恩芬德**（柯尼斯堡的排字工人）、C. K. **施略格尔**（耶拿的制帽工人）。

　　埃卡留斯第一作关于时事政策的报告，他说：关于什么是工人真正利益的问题被政治问题排挤到了非常次要的地位，至于**路·拿破仑**是多查抄了几百万，还是少查抄了几百万钱财，以及是否向瑞士递交了威胁性照会，等等，当前对工人的状况不会发生任何影响。无产阶级革命发展的进程根本就不考虑某些自以为了不起的笨蛋的政治手腕，不论它对

――――――――――

　　①　李卜克内西指的是所谓的德美革命公债，见注 456。

这些人不置一顾也好，或者在进程中把他们消灭也好。［……］

2 月 29 日

［……］接收下列人员为新会员：J. **布雷泰尔**（腓特烈港的缝制毛皮衣服的工人）、L. E. **海因费尔德**（戈灵［萨尔茨堡］的裁缝）。［……］

施泰翰：按照议程讨论以下问题：贫困是否推动形势发生革命的发展？

皮佩尔：他对这个问题完全持肯定态度，如果没有人也就没有局势，为了进行无产阶级革命，就需要有像在英国存在的那种受过训练的无产者。贫困是无产阶级的灾难，只有当穷人完成遭受这种灾难之后，才能促使他们改变这种状况。肠胃始终是最好的革命家。

克鲁格：他不相信贫困能起这样重要的推动作用，爱尔兰就是这方面的例子，那里的贫困达到了难以想象的程度，而革命积极性相反却是很低的。［……］

3 月 7 日

主席：**施泰翰**。

宣读记录，并通过。

接收下列人员为会员：**邦巴赫**（达姆施塔特的铸锡工）。

居姆佩尔：报告关于购买一个图书室的提案，并说明这种图书室是没有意义的。

埃卡留斯提出下列问题进行讨论：教会对革命群众的发展会产生什么影响？

他试图证明，教会，不管是天主教，还是基督教，在群众中依靠的是无知的感情要求，心灵的影响，信仰不是共同的思想，而是每个个人所特有的事情。他认为，教会除了具有革命的力量，还有加速革命进程的倾向，只要它在革命中看到自己的利益，等等。

皮佩尔也谈到了这个问题。

施泰翰把自由教区同一般教会相对照，谈了它的影响。散会。

3 月 14 日

［……］接收下列人员为会员：**克莱门斯**（卡尔斯鲁厄的招待员）、**克勒**（同一地方的细木工）。［……］

接着讨论下列问题：下次革命能否解决财产问题，或者这个问题的解决只有以后才能实现？

居姆佩尔试图在一个长篇报告中证实后面一种意见，因为照他看来，财产问题的全面变革只有通过一场全面的无产阶级革命才能达到。

散会。

3 月 28 日

主席：**施泰翰**。

宣读记录，并通过。

接收下列人员为新会员：**E. 叙姆斯贝格**（阿罗尔森郊区的裁缝）。

施泰翰提出讨论以下问题：现在一般的战争是否符合革命党的利益？

他认为对这个问题可以作肯定的回答，因为任何这类事件都会唤起群众，并迫使他们关心政治。

李卜克内西，他完全是另外一种观点，那时人民会忽略他们本身的利益，离开本来的革命问题，重新陷入过去的民族主义的朦胧状态；他看不出一场始终仅仅为了内阁利益而进行的、同革命无关的战斗有什么好处。

居姆佩尔支持这一观点，他认为，战争肯定无疑地会使反动派参加自己的党。

此外，参加这一讨论的还有**皮佩尔**和**罗赫纳**。

散会。

4 月 4 日

〔……〕接收下列人员为会员：**绍尔**（阿姆斯特丹的细木工）。

普芬德提议，给予沃尔弗①公民以协会名誉会员称号，他无法按时参加会议，这就是他不想成为会员的原因。但是沃尔弗是德国最能干的革命家之一，受到反对者**维利希**之流的尊重和敬畏，他们表示的这种信任当然会促使沃尔弗竭尽一切力量支持协会。

李卜克内西、皮佩尔、埃卡留斯表示同意。决定接收**沃尔弗**（**鲁普斯**）为名誉会员。委托**皮佩尔**把这件事通知**沃尔弗**。

施泰翰宣布开始讨论以下问题：为了达到目的，各革命政党是否必须联合起来，或者不必联合就可以达到这一目的？

居姆佩尔：他认为，如果人们看一看政党当前的混乱，那么这个问题是很有意义的，他认为联合不仅无益，而且是有害的，因为每一个对现状不满的政党都有自己不同的明确利益，这种不同使得有益的联合成为不可能，等等。②〔……〕

4 月 11 日

主席：**施泰翰**。

宣读记录，并通过。

---

① 威廉·沃尔弗。
② 这句话在原件中如此。

接收下列人员为会员：**富尔曼**（海尔布隆的鞋匠）。

施泰翰：宣布开始讨论他自己提出的问题：在当前情况下参加改革斗争是否符合革命利益？

他作了肯定的论述，**罗赫纳、皮佩尔**和**居姆佩尔**发言反对他。

讨论时事政策。

12 时 1 刻散会。

4 月 18 日

［……］接收下列人员为会员：**克勒格尔**（新比科的裁缝）。
［……］

施泰翰提出讨论以下问题：限制最长劳动时间是否能促进工人利益？

李卜克内西：问题应当这样提出：限制劳动时间是否符合工人利益，而不是促进。

克鲁格：他是问题的提出者，接受修改意见，他认为缩短劳动时间是必要的，这样做至少保护工人不受资本过量的剥削，并避免过度紧张。

埃卡留斯：这个问题直接提出了一个一般的社会问题，劳动时间延长的根源在于当前的生产方式，一个大工厂主如果想在市场需求中存在下去，他常常就不得不让工人夜以继日地劳动，而在其他时间又仅仅劳动半天。劳动主要由商业危机来决定，但是在还没有通过无产阶级革命来改变政权之前，在工业资产阶级没有完全毁灭之前，不可能作出这种社会主义的实验。①

散会。

---

① 原文如此。

4 月 25 日

〔……〕接收：**凯利**（卢塞恩的细木工）。

施泰翰：按照议程提出讨论以下问题：把较大地主的土地划分成小块是否有利于无产阶级？〔……〕

5 月 9 日

〔……〕接收下列人员为会员：J. **卡尔克翰**（石勒苏益格的服装饰物工人）。

施泰翰宣读列入议程的问题；在革命后是否可以完全消除贫困？〔……〕

5 月 13 日

〔……〕接收下列人员为会员：K. **韦尔弗莱特**（波兹南的工人）。

施泰翰宣布开始改选理事会，但是，他事先拒绝重新当选。当选的有：**皮佩尔**当选为主席，**埃卡留斯第一**当选为副主席，**罗赫纳**和**图多尔**当选为书记，**居姆佩尔**当选为司库。

皮佩尔提议关于时事政策的讨论改到星期日，其他讨论改到星期三。

被通过。

皮佩尔接着宣读了下面列入日程的问题：在共产主义国家中究竟怎样消灭存在的小资产阶级所有制？〔……〕

皮佩尔：**居姆佩尔**认为小资产阶级对于共产主义是最危险的，他说的完全正确，但是随着革命的发展，小资产阶级将会自然而然地失去一切价值，人们不需要像**维利希**之流所宣传的那样去简单地废除所有制，因为工人手中的政权必须保证每个工人的命运比现在小资产阶级的命运更好，他的权力就是以此为依据的，等等。

继续讨论这一问题．

12 时多散会。

5 月 19 日

主席：**皮佩尔**。

宣读记录，并通过。

接收：G. **埃姆福特或埃姆沃特**（贝格区的面包师）。

皮佩尔提出讨论以下问题：什么是无产阶级，它要经受什么样的考验［……］

5 月 26 日

［……］**皮佩尔**：由于没有其他安排，他提出讨论以下问题：革命是以外部事件（如在法国发生的事件）为转移呢，还是自己发展起来的？

李卜克内西：自从政治运动在 1848 年政治事件的推动下发展起来，并必然导致资本采取更大的努力以来，在德国就存在着革命。因此，无产阶级日益发展起来，这种发展孕育着革命，当工人的利益岌岌可危的时候，革命就要发生，它的存在并不以各种闹剧，如二月革命或拿破仑的政变①等等为转移。

埃卡留斯在谈到无产阶级的发展时举出了英国，它完全是自己发展起来的，直至推翻资产阶级国家，自己掌握政权。

居姆佩尔：无产阶级同政治闹剧没有关系，它仅仅为了自己的利益而斗争。正如反对**专制制度一样**，它同样坚决反对民主共和国。

---

① 指拿破仑三世 1851 年 12 月 2 日的反革命政变。

讨论，尽情地交谈。

12 时 1 刻散会。

6 月 9 日

［……］接收下列人员为会员：L. **施米特**（安德纳赫的玻璃工人）。

沃尔弗通知协会，他每周将作一次关于中世纪文化的报告，并为此请求给他安排一个晚上的时间，星期四和星期五除外。这一请求被接受，并对他表示感谢。报告安排在星期三晚上 9 时到 10 时。

接着讨论了以下问题：德国取得第二次革命胜利以后，同俄国的战争不可避免吗？［……］

6 月 16 日

主席：**皮佩尔**。

宣读记录，并通过。

接收：**阿尔布热**（卡尔巴赫的抄写员）。

提出以下问题进行讨论：在德国，在一次新的革命之后革命的资产阶级是否会掌握政权？

施泰翰：他不太明白"革命的资产阶级"这个词的意思，问题提出者应当说得清楚些。

埃卡留斯解释了这一概念。

皮佩尔论述了在当前社会中资产阶级要想使无产阶级革命成为可能所必须经历的过程。

接着**李卜克内西、居姆佩尔**和**罗赫纳**也作了论述，他们坚持这样的观点，即新的革命之后，旧的行会资产阶级走向了灭亡，而新的工业资产阶级也将由于资本主义统治的**后果**而走向灭亡。

尽情地交谈。

散会。

6 月 23 日

［……］接收：L. **巴尔勒西乌斯**（梅克伦堡的染色工人）。

列入议程的问题是：政治变革是由生产关系的变革决定呢，还是相反？［……］

7 月 18 日

主席：**皮佩尔**。

宣读记录，并通过。

埃卡留斯作关于时事政策的报告。［……］

8 月 8 日

［……］**居姆佩尔**主张在夏季剩下几个月间关闭协会。**罗赫纳**反对这样做。

经过反复激烈的辩论，根据**李卜克内西**的建议决定：协会章程暂时停止生效，会员组成一个只有会员参加的读书小组，仅仅在星期日聚会，允许引见。由三人（**沃尔弗、皮佩尔和罗赫纳**）组成的委员会领导。

一般性讨论。

散会。

波茨坦国家档案馆，Rep. 30 Berlin   摘要
C, Tit. 94. Lit. A, Nr. 103 （副本）

685

阿道夫·克路斯（华盛顿）给约瑟夫·魏德迈（纽约）的信

1852 年 1 月 20 日

　　［……］我很想同你谈谈关于把同盟组织移到美国[464]来的问题和关于我们党的组织问题。对于后一个问题我还没有得出任何结论，我认为它是非常重要的。［……］

手稿　　　　　　　　　　　　　　　　　　　　　　　　　　　　摘要
莫斯科苏共中央马列主义研究院
中央党务档案馆 f, 429, d. 2/5

686

卡尔·普芬德（伦敦）给伦敦工人教育协会主席的信

1852 年 1 月 21 日

伦敦工人教育协会主席：

　　9 月 17 日，我们（亨·鲍威尔和我作为管理协会一部分钱款的两个

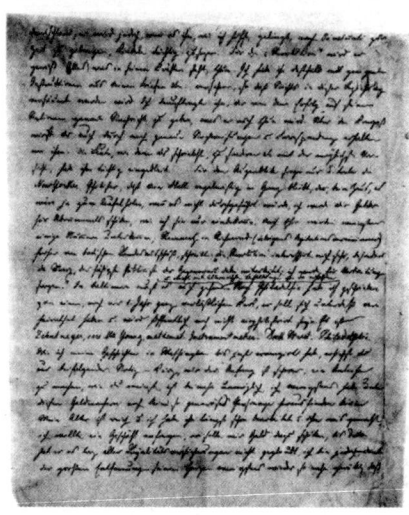

阿道夫·克路斯 1852 年 1 月 20 日给约瑟夫·魏德迈的信

受托人）把一封信，连同我们关于退出协会的声明①，寄给了大磨坊街协会。我们在信中要求，次日派弗兰茨·鲍威尔——第三受托人，到我们这里来，解决财务事项。几天过去了，未见答复。后来亨·鲍威尔收到一封信，要我们到大磨坊街协会。当然，我们没有理睬这个无礼的要求。过了两周，协会又一次提出它的要求，同时威胁说，这可能引起不良后果。为了答复这个新的无礼要求，亨·鲍威尔和我决定，在这种情况下我们将分期付款。我们的政治朋友都赞成这个决定，何况大家已经知道，这些钱本来都是要用于派遣特使前去德国散布那些退出协会的人的流言飞语，也就是说破坏章程，而只有利于个别的阴谋家的。最后，那位曾为第三受托人的人，来到我们这里；同他一起，共同作出了决定：付款将分期进行，1850 年 12 月 1 日将是第一个付款日期。但是，虽然这个日期是商议好的，我们却接到传票说，11 月 20 日必须到法院出庭。我们出庭了，不用说，协会对汇款的要求被拒绝了。12 月 1 日协会方面没有人来领取以私人方式约好的到期款子。反之，瑞士、德国、美国的报纸上都登出了协会的声明，妄图控告我们盗用款项。几个星期以前，协会的一个主席来到我这里说，他听到我同意付款。我回答说，我随时准备这样办，错误在他自己，因为他们不遵守领款的合法日期而是告到法院，并在报刊上进行诽谤，但是这事我应该和亨·鲍威尔商量。后者向我声明，既然协会败诉了，他依照法律不应当再付款给这个组织了；同时，由于协会对我们进行挑衅性诽谤，他打算将行使自己的合法权利。至于我，那协会可以在任何时刻向我领取五英镑，同时交来由主席、财务员及出纳员签字的收据；至于十八先令四便士诉讼费用，以及我为协会所制的莫尔画像的稿费，这些我都放弃。

---

① 文件 523。

　　　　　　　　　　　　　　　　　　　　　　　卡·普芬德

　　　　　　　　　　　　　　　　　　　1852 年 1 月 21 日于伦敦

　　次日上述磨坊街协会的三个代表来我这里，领了钱，交了收据，但是他们认为，一点不提我信中所指出的事实，特别是协会对不起我的地方，是有好处的。

　　　　　　　　　　　　　　　　　　　　　　　卡·普芬德

手稿①

莫斯科苏共中央马列主义研究院中央

党务档案馆，f. 20, d. 110 （《马克思

恩格斯全集》历史考证版第 1 部分

第 10 卷，第 1010—1011 页，参看

《马克思恩格斯全集》中文第 2 版

第 48 卷第 536—537 页）

<h1 style="text-align:center">687</h1>

<h2 style="text-align:center">卡尔·马克思（伦敦）给约瑟夫·魏德迈
（纽约）的信</h2>

1852 年 1 月 23 日

　　[……] 关于雾月十八日，现在你还会收到两篇文章②；其中第一

---

　　① 　可能是普芬德给马克思抄写的复件。

　　② 　卡·马克思《路易·波拿巴的雾月十八日》第三章和第四章。——编者注

篇无论如何将在这个星期五寄出，第二篇如果不能同时寄出，也将紧随第一篇之后寄上。

附上皮佩尔的一篇文章。

至于鲁普斯①，我曾再三催促他，看来他决定为你的报纸写一篇关于回顾科苏特在匈牙利的事业的文章。你犯了两个错误：第一，你在你的启事中没有在提到我们的同时提到鲁普斯②；第二，你没有**专门邀请**他**撰稿**。你应该写信请求他给你写文章，以此来弥补**后一个错误**——你可以把这封信装在给我的信的信封里。我们之中谁也不能像他那样写得十分通俗。他是非常谦逊的。尤其应该避免造成这样的印象，似乎他的撰稿被认为是多余的。[……]

还附上我的朋友**普芬德**的声明（鲍威尔已经不再是我们同盟的人了）。你必须刊登这个文件，因为磨坊街协会诬告普芬德的声明，不但在欧洲的报纸上而且在**美国**的报纸上也登载了。③ 最好你能在声明后面

---

① 威廉·沃尔弗。——编者注

② 在1852年1月出版的两期《革命》杂志中，刊登了由约·魏德迈签署的如下启事：“《革命》从1月起每星期六出版，由签署人担任编辑，并有前《新莱茵报》编辑部成员——马克思、恩格斯、弗莱里格拉特等人协助。他们的责任是提供一幅尽可能鲜明的阶级斗争的图景，这种阶级斗争在旧大陆将日益尖锐，而最终必将导致所有的阶级差别的消灭，同时经常使读者了解不同民族和不同阶级间的工商业关系及其政治状况的一切变化，由于这些变化正酝酿着革命的爆发。”——原卷末注

③ 在准备刊登的普芬德1852年1月21日的声明中，说明了支持维利希—沙佩尔集团的伦敦德意志工人教育协会（位于大磨坊街）的多数派同马克思和恩格斯的拥护者即共产主义者同盟盟员卡·普芬德和亨·鲍威尔之间的冲突的实质，普芬德和鲍威尔被诬告侵占该协会的钱款。这个声明在美国没有发表，而刊载于《瑞士国民报》，关于此事雅·沙贝利茨在1852年3月6日的信中曾告诉马克思。

信中提到的由奥斯瓦尔德·狄茨以教育协会的名义发表的诬告鲍威尔、普芬德侵占钱款的声明，发表于1851年1月7日《瑞士国民报》上。——原卷末注

加个补充，说它**仅仅**提到在**目前警察条件**下所能公布的情况（鲍威尔和普芬德同旧同盟之间的账目，我们占有多数的那个**中央委员会**后来对这笔钱的使用的监督——所有这些当然现在**还**不能写上去）。还要写上：老长舌妇和欧洲民主主义的"糊涂虫"——阿尔诺德·文克里特-卢格①，利用我们出于政治上的考虑而必须在德国特别慎重行事这一情况，同时还暗示一些与普芬德和鲍威尔有关的事件（他本人只是从第三者或第四者传来的谣言中听来的），来竭力引起公众对**我和恩格斯**的怀疑，虽然我们与此毫无关系。这头蠢驴还以同样的方式声称，似乎**我们**是从磨坊街协会中被赶出来的，其实是**我们自己声明退出**这个协会的；普芬德的信也能说明这一点。

你还可以报道，在伦敦成立了一个由**施泰翰**领导的**新的工人协会**，②它将同"流亡者"、"鼓动者"③和大磨坊街协会一律不发生联系，并具有严正的宗旨。

我的亲爱的，你知道，这个协会是我们的，尽管我们只是派去了我们的青年；我这里指的不是我们的工人，而是我们的**"有学问的人"**。工人全都参加了这个协会。

施泰翰有些行会市民的妄自尊大和小手工业者的动摇性，但是他是

----

① 马克思讽刺地把阿尔诺德·卢格比作十四世纪瑞士人反对奥地利压迫的解放战争中半传奇式的英雄阿尔诺德·文克里特。——原卷末注

② 这个协会是在马克思的支持下于 1852 年 1 月在伦敦成立的，主席是汉诺威的流亡者施泰翰。加入该协会的是脱离了受维利希—沙佩尔集团影响的德意志工人教育协会的工人们。马克思和恩格斯的密友、共产主义者同盟盟员、工人罗赫纳也曾积极参加协会的筹建工作。后来，该协会的许多成员，包括施泰翰本人在内，都受了维利希—沙佩尔集团的影响，并归附于原先的组织了。——原卷末注

③ 马克思把 1851 年在伦敦出现的两个互相竞争的德国小资产阶级流亡者组织称作"鼓动者"和"流亡者"，即以金克尔、维利希为首的德国流亡者俱乐部和以卢格、戈克为首的鼓动者协会。两个组织的人数不多，其目的主要是募捐以组织德国的"立即革命"。——原卷末注

可以教育的，并且他在德国北部的声望很高。因此，我也建议他给你写
文章。我们逐渐把他推到他竭力想回避的前列，使他面对他原想掩饰的
矛盾。维利希曾要他当金克尔公债①的保证人，但他拒绝了。起初，沙
佩尔——维利希欣喜若狂地接待他，企图唆使他反对我们，但是由于他健
全的本性，很快就认清这些恶棍及其信徒们的卑鄙和无聊。这样，他就
公然同这些恶棍绝交了（这部分是由于我们悄悄派去帮助他的罗赫纳和
其他的助手促成的）。[……]

手稿　　　　　　　　　　　　　　　　　　　　　　　　　　　　节录
莫斯科苏共中央马列主义研究院
中央党务档案馆，f. 1，op. 1，d. 540
（《马克思恩格斯全集》德文版第28
卷第477、478—479页，参看《马
克思恩格斯全集》中文第1版第28
卷第475—477页）

688
弗里德里希·恩格斯（曼彻斯特）给
约瑟夫·魏德迈（纽约）的信

1852年1月23日

[……] 跟海因岑同船前往美国的那个前巴登炮兵和啤酒工人格

---

① 指所谓"德美革命公债"。——原卷末注

纳姆是一个很好的小伙子。跟他们同行的还有巴登南方高原地区的大学生罗特哈克尔；这家伙过去是好的，但可能有变化，此外，他因为爱写蹩脚诗而十分危险。美因兹的小席克耳将热心地为《革命》工作，他的地址（在阿勒格尼山脉一带）克路斯会告诉你。请代我向他致衷心的问候。这通过克路斯可以办到。［……］

手稿   摘要
莫斯科苏共中央马列主义研究院
中央党务档案馆，f. 1，op. 1，d. 541
（《马克思恩格斯全集》德文版第28
卷第 482 页，参看《马克思恩格斯
全集》中文第 1 版第 28 卷第 480 页）

689

卡尔·马克思（伦敦） 给斐迪南·弗莱里格拉特 （伦敦） 的信

1852 年 1 月 26 日

［……］我收到贝尔姆巴赫的一封约有三十行字的信。他问为什么这样久得不到我的消息。回答很简单。我往科隆寄了几乎半印张的

信，结果却是，过了很长时间才收到寥寥数行，而且根本不答复我的问题；例如，关于丹尼尔斯的健康状况等等只字未提。贝尔姆巴赫的这封信从曼彻斯特一寄回来，你就可以收到它。恩格斯为英国报纸写文章必须利用它。这张废纸中唯一重要的是下面这一点：检察院鉴于——要特别注意！——"缺乏客观的犯罪构成，因此没有起诉的根据"，决定**重新**开始侦查。① 这样，根据荒谬的臆断，你首先得坐九个月牢；然后发现，你坐牢是没有任何法律根据的。最后：你必须坐到侦查员能够为诉讼提出"客观的犯罪构成"为止，如果"客观的犯罪构成"找不到，你就得在监牢里吃苦头。

这种无耻的胆怯是难以想象的。主要的罪责落到一言不发的可怜的"报刊"头上。《科隆日报》、《国民报》和《布莱斯劳报》② 还登了几篇文章——而科隆检察院未必敢冒这样的危险。但是这些民主派和自由派畜生们正在为他们的共产主义敌人这一次被清除而欢呼。当泰梅和形形色色的民主派恶棍同警察当局和法庭发生冲突时，难道我们没有出来为他们讲话吗？③ 曾经受到贝克尔的提挈和毕尔格尔斯的庇护④的金克尔，在他的用美国钱喂养起来的《石印通讯》上从来没有为了报答这一点而提到他们。真是流氓！

如果我知道科隆某个可靠的资产者的地址，我就写信给丹尼尔斯夫

---

① 指检察院关于被捕并在科隆受审的共产主义者同盟盟员的案件的决定。——原卷末注

② 马克思可能是指在布莱斯劳出版的《新秩序报》。

③ 见马克思的文章《普鲁士反革命和普鲁士法官》（《马克思恩格斯全集》中文第 1 版第 6 卷第 162—169 页），该文发表于 1848 年 12 月 24 日《新莱茵报》。——原卷末注

④ 文字游戏："Becker"（贝克尔）是姓，和"hat gebacken"（"烘烤"，转义是"提挈"）的词根相近；"Bürgers"（毕尔格尔斯）是姓，和"hat geborgen"（"庇护"）的词根相近。——编者注

人，使她对政局多少放心一些。从皮佩尔告诉我的情况可以看出，反革命的每个胜利都被"勇敢的市民们"用来使她担惊受怕和忧虑烦恼。[……]

手稿　　　　　　　　　　　　　　　　　　　　　　　　　　节录

莫斯科苏共中央马列主义研究院

中央党务档案馆，f. 1, op. 1, d. 545

（《马克思恩格斯全集》德文版第28

卷第 485 页，参看《马克思恩格斯

全集》中文第 1 版第 28 卷第 484—

485 页）

690

卡尔·马克思和弗里德里希·恩格斯关于科隆共产党人案件的准备情况所作的声明

1852 年 1 月 29 日

给《泰晤士报》编辑的信

阁下！

　　大陆上最后残留的一些独立报刊也都被查封了，因此揭露在欧洲的这个地区所发生的一切违法和迫害行为，就成为英国报刊的光荣的义务了。所以请允许我通过贵报向公众报告一件事实，这件事实表明，普鲁士的法官和路易-拿破仑的政治奴仆简直一模一样。

您知道，假如在恰当的时机搞一个经过周密策划的阴谋，那将是一种多么宝贵的**统治方法**。普鲁士政府在去年年初很需要搞这样一个阴谋，好让议会变得比较驯服一些。因此，逮捕了许多人，在全德国动用了警察。但是结果，一无所获，最后只是把少数几个人关进了科隆监狱，借口说他们是一个遍及各地的革命组织的领袖。他们当中的主要人物有：同新闻界有联系的两位先生贝克尔博士和毕尔格尔斯博士；从事医务工作的丹尼尔斯博士、雅科比博士和克莱因博士，其中两个人光荣地履行了济贫院医生的艰苦职责；此外还有一个大化学企业的领导人、因自己在化学方面的科学成就而驰名全国的奥托先生。因为没有任何证据证明他们有罪，所以，人们每天都以为他们会得到释放。但是，就在他们被拘禁的期间，颁布了一个"纪律法"①，这个法律使政府有权通过非常简便的手续解除任何一个它不称心的司法官员的职务。这个法律的实施直接影响到迄今为止已经拖延很久而迟迟未决的、对上面提到的那几位先生的诉讼。他们不仅被关进单人牢房，被禁止彼此之间以及同朋友之间的任何来往，即使是书信来往，不得读书和写作（在普鲁士，这对尚未判决的最恶劣的重罪犯也是允许的），而且诉讼程序也完全改变了。**审议委员会**（您知道，在我们科隆是根据拿破仑法典进行审判的）立即同意确认他们的犯罪构成，案件提交检察院，检察院是由法官

---

①　"纪律法"是1851年5月7日普鲁士当局颁布的、惩处法官渎职和将法官强行调离或解除职务的法律。——原卷末注

组成的一个委员会，其职能相当于英国的大陪审团①。我请您特别注意检察院所作的史无前例的决定。在这个决定里有下列一段令人吃惊的话，现在把这段话逐字逐句地翻译如下：

> "鉴于没有提出可靠的证据，因而也未能确定犯罪构成，没有理由坚持起诉〈您当然会以为，由此得出的必然结论应该是下令释放被拘禁者了吧？完全不是！〉，现将全部记录和文件发还预审法官重新进行调查。"

这就是说，经过 10 个月的拘禁，警察当局花了很大力气，王国检察官也费尽心机，却没有能够造成一点点犯罪构成，全部程序要从头再来一遍，也许是为了再经过一年的调查，将案件第三次交还给预审法官！

这样明目张胆的违法行为是事出有因的：政府现在正在准备成立一个由最忠顺的分子组成的最高法庭。政府在陪审团面前必然会遭到失败，所以它必须拖延这个案件的最后审理，直到能够把它移交给新的法庭，而这个新的法庭当然会对国王百依百顺，而使被告毫无保障。

如果普鲁士政府仿照路易·波拿巴先生的办法，立即由国王下令对犯人进行判决，那岂不是光明磊落得多吗？

阁下，我永远是您的最顺从的仆人。　　一个普鲁士人②

1852 年 1 月 29 日于伦敦

---

① 大陪审团是 1933 年之前存在于英国的一种陪审团，由郡长从郡中选出 12 至 23 个"忠厚老实的人"组成。陪审团的职能是对案件进行预先审查，并决定是否将被告提交刑事法庭审判。——原卷末注

② 这个署名是马克思写的，信的正文则是恩格斯写的。——编者注

手稿

莫斯科苏共中央马列主义研究院
中央党务档案馆，f. 1，op. 1，d. 546
（《马克思恩格斯全集》德文版第 8
卷第 219—220 页，参看《马克思
恩格斯全集》中文第 2 版第 11 卷第
256—258 页）

691

弗里德里希·恩格斯（曼彻斯特）给
卡尔·马克思（伦敦）的信

1852 年 2 月 2 日

1852 年 2 月 2 日［于曼彻斯特］

亲爱的马克思：

你是否记得有个托尔高（普鲁士萨克森）的流亡者**李希特尔**？是个鞍匠和裱糊工，以前在伦敦呆过。我记得在伦敦见过，高个子、黄头发，流亡者的派头，他突然来到我这里，似乎是从巴门回来，据他说，他没有证件在那里工作过一个时期，并带来许纳拜恩等人的问候，等等。关于他，除了曾见过他这一点，我什么也想不起了。我们的流亡者名册，以及普芬德或林格斯的好记性，无论如何能提供一些关于他的比较详细的情况。我有点怀疑这个家伙是维利希集团的一员。如果是这样，我将立即把他赶走。这个人在这里已经找到工作了。

关于科隆案件，我在《泰晤士报》上至今什么都没有看到①。你的回信一到，如果需要，我就马上写信给《每日新闻》。美国轮船已经到达，但使我很惊奇的是，至少到目前为止，既未接到魏德迈的信，也没有收到他的杂志②。也许明天会来。

你的 弗·恩·

告诉皮佩尔，我最近几天就给他寄去那两英镑，因为新的月份开始了。

手稿

莫斯科苏共中央马列主义研究院

中央党务档案馆，f. 1，op. 1，d. 551

（《马克思恩格斯全集》德文版第 28

卷第 17 页，参看《马克思恩格斯全

集》中文第 1 版第 28 卷第 15—16 页）

692

威廉·皮佩尔（伦敦）给弗里德里希·恩格斯（曼彻斯特）的信

1852 年 2 月 6 日

［……］宪章派在议会开幕那天举行了集会。我还从来没有听到过更加反动更加富有叛卖性的演说。如果党不把它的执行机构清除出

---

① 见《马克思恩格斯全集》中文第 1 版第 28 卷第 13 页。——编者注

② 《革命》杂志。——编者注

去，整个党就是个清谈馆。我立即给琼斯寄去一篇文章，揭发了这帮家伙。亲爱的朱利安①和夫人也在场，这个家伙完蛋了，所有无足轻重的空喊家，一旦脱离运动都是如此下场。［……］

［……］我的施泰翰打开了局面。② 我们的协会大有起色。不过，需要把几个钻进来的家伙清除出去。维利希先生想从正面把我们搞垮，他曾试图利用我们协会的一个人③当奸细。祝他成功。在"阵营"中爆发了新的争吵，是由于钱的问题。很难就钱的使用取得一致意见，而他们又不愿在众多的流亡者当中分发这笔钱。如何是好！［……］

手稿　　　　　　　　　　　　　　　　　　　　　　　　　　　节录
莫斯科苏共中央马列主义研究院中央　　　　　　　　　　第一次发表
党务档案馆，f. 1, op. 5, d. 463

693

约瑟夫·魏德迈（威廉斯堡）给卡尔·马克思（伦敦）的信

1852 年 2 月 6 日

亲爱的马克思：

如果不是等着克路斯的到达，我早就给你写信了。他已来这里几天了，我们一起考虑过，下一步该怎么办，因为《革命》出版两期之后

---

① 朱利安·哈尼。
② 指伦敦新的工人协会，见文件 684。
③ 法尔克。

暂时又得停下来。不过这也没什么了不起；那两期不是没有作用的，我满怀信心地希望，杂志不久又会在有利的条件下出版。为填补这个间歇，我将把你的文章①印成小册子并加个简短的前言，在前言中我将考虑到路德维希·西蒙先生，因为他在《纽约每日论坛报》上对你们（你和恩格斯）发难。[……]

真是活见鬼，这里的工人都深深地资产阶级化了。为了掌握各协会，把同盟的组织也迁到这里来，是完全必要的。因此，请你把所有必要的文件尽快寄给我们，可惜我一份也没有随身带来。[……]

手稿　　　　　　　　　　　　　　　　　　　　　　　　　　　　节录

莫斯科苏共中央马列主义研究院中央

党务档案馆，f. 1, op. 5, d. 462

694

约瑟夫·魏德迈（威廉斯堡）给弗里德里希·恩格斯（曼彻斯特）的信

1852 年 2 月 9 日

[……]美国这块地方对人的腐蚀性相当厉害，同时还让人傲慢，似乎这些人在远处看不到自己"旧大陆"的同志们，而且为了不使他们完全从自己的眼界里消失，又必须去束缚他们的革命热情。事实上，我是几天前在我们最好的协会，即社会改革协会听到这种议论的。不过

---

①《路易·波拿巴的雾月十八日》。

我也发现一些非常能干的人，其中有个叫施坦道[465]的，他和你在瑞士一起呆过。为了在这里取得影响并掌握各协会，唯一的途径是把同盟的组织移植到美国的土地上，我已经为此和克路斯商定好必要的措施。① 关于格纳姆和席克耳的下落，我将去打听一下②，新近我收到罗特哈克尔的一封信，他在信中怀着极大的热情讲到马克思。他曾在《弗吉尼亚州报》工作过，现在想去匹茨堡，在那里他可能对我们有用处。但愿他不要用写诗给我添麻烦。施坦道要我问候你。〔……〕

手稿	节录
莫斯科苏共中央马列主义研究院中央	第一次发表
党务档案馆，f. 1, op. 5, d. 465	

695

受阿道夫·贝尔姆巴赫（科隆）之托写给
卡尔·马克思（伦敦）的信③

1852 年 2 月 29 日

朋友：

您在那里要么处在严密的控制之下，要么在您较为密切的熟人当中

---

① 见注464。
② 见文件688。
③ 这封信可能是由贝尔姆巴赫的一位亲密的朋友写的。马克思也把这信看成是出自贝尔姆巴赫，见马克思1852年10月28日给恩格斯的信（《马克思恩格斯全集》德文版第28卷第170页，参看《马克思恩格斯全集》中文第1版第28卷第170页）。

有个叛徒①。您或者您那里的朋友每采取一个步骤都受到监视，并被详细地报告给柏林的警察局。例如，最近有人报告说，在5日（如果我没弄错的话）举行的会议上，由沃尔弗②宣读了科隆的丹尼尔斯医生的妻子③的一封信，信中谈到她丈夫的身体状况和科隆政治犯的处境，会上决定对这封信作出答复。紧接着就有个命令下达到科隆警察局，要它在丹尼尔斯夫人家仔细搜查，特别是查找那些莫须有的回信。他们没收了您夫人、弗莱里格拉特夫人④和一个皮佩尔先生（附带说一下，有人在所有的普鲁士警察机构告密说，他是您的同党）的一些信件以及类似的无关紧要的文件，而这一切仅仅是为了查出目前的联系的证据。

在这个报告中还提到，您和您的朋友们打算改组同盟并已在德国采取了必要步骤，近期内还要采取某些步骤。其他的事情就不那么重要了。我把上述情形（它是否确实您自能判断）通报给您，请您不要忽视了您正在坐牢的政治朋友们的处境，为了延长对他们的监禁，当局正在寻找一切借口。

　　　　　　　　　　　　　　　　　您的朋友　阿·

　　　　　　　　　　　　　　　　　　1852年2月29日

手稿　　　　　　　　　　　　　　　　　　　　　第一次发表

莫斯科苏共中央马列主义研究院中央

党务档案馆，f. 1. op. 1, d. 570

---

① 威廉·希尔施，见文件696。

② 威廉·沃尔弗。

③ 阿马利亚·丹尼尔斯，父姓弥勒。

④ 伊达·弗莱里格拉特，父姓梅洛斯。

696

卡尔·马克思（伦敦）给弗里德里希·恩格斯（曼彻斯特）的信

1852 年 3 月 3 日

　　[……] 你从附上的信中可以看到，我们同警察局之间的情况怎样。除了鲁普斯 2 月 5 日替我担任主席以及告密者把我们给《泰晤士报》的信①同给丹尼尔斯夫人的回信弄混之外，事实全是伪造的。暗探是汉堡的"希尔施"，这个人在两个星期以前就被我们驱逐出同盟②了。他是在德国被吸收的，因为我从来没有完全信任过他，所以也从来没有当他的面说过半句有危险的话。[……]

手稿　　　　　　　　　　　　　　　　　　　　　　　　　摘要

莫斯科苏共中央马列主义研究院
中央党务档案馆，f. 1，op. 1，d. 569
（《马克思恩格斯全集》德文版第 28
卷第 37 页，参看《马克思恩格斯全
集》中文第 1 版第 28 卷第 35 页）

---

①　卡·马克思和弗·恩格斯《给〈泰晤士报〉编辑的信》。——编者注
②　共产主义者同盟。——编者注

697

卡尔·马克思关于他与宗得崩德的特使
阿道夫·迈尔的关系的声明

1852 年 3 月 3 日

声　明

《科隆日报》第 51 号发表的一篇"巴黎 2 月 25 日"通讯就所谓德法密谋写了下面一段话：

> "有些被告已经潜逃，其中有个名叫阿·迈尔的人，据说是马克思及其同伙的代理人……"①

这种关于我不仅有"同伙"而且还有一个"代理人"的说法的欺骗性从下列事实就可以看出。阿·迈尔是卡·沙佩尔先生和前普鲁士尉官维利希的一个密友，他曾在他们领导的流亡者委员会②中当会计。关

---

① 见 1852 年 2 月 28 日《科隆日报》第 51 号。——编者注

② 流亡者委员会，即社会民主主义流亡者委员会，原名是伦敦德国流亡者救济委员会，是伦敦德意志工人共产主义教育协会的附属机构，1849 年 9 月成立。马克思当选为委员会委员，1849 年 12 月 3 日根据马克思和共产主义者同盟其他领导人的提议，该委员会改组为社会民主主义流亡者委员会，马克思和恩格斯都参加了它的领导。共产主义者同盟分裂以后，流亡者委员会大多数成员都受到了维利希—沙佩尔集团的影响，1850 年 9 月 18 日马克思、恩格斯及其拥护者宣布退出这个组织，委员会被维利希—沙佩尔集团所控制。——原卷末注

于这个同我毫不相干的人离开伦敦一事，我只是从我的一个日内瓦的朋友的来信中才得知的。他告诉我，有一个名叫阿·迈尔的人散布关于我的最卑鄙的谣言。最后我从法国报纸上了解到这个阿·迈尔原是一位"政治人物"。①

卡尔·马克思

1852 年 3 月 3 日于伦敦

载于 1852 年 3 月 6 日《科隆日报》
第 57 号（《马克思恩格斯全集》德
文版第 28 卷第 232 页，参看《马克思
恩格斯全集》中文第 2 版第 11 卷第
274—275 页）

698

卡尔·马克思（伦敦）给约瑟夫·魏德迈（纽约）的信

（1852 年 3 月 5 日）

［……］附上章程②。建议你把它整理得更条理些。**伦敦**定为美国

---

① 见 1851 年 2 月 7 日恩·德朗克致马克思的信。——编者注
② 指共产主义者同盟章程，该章程是在 1850 年 9 月共产主义者同盟分裂后，科隆的同盟中央委员会于 1850 年 12 月制订的。——原卷末注

的总区部。在这以前我们只能有名无实地实行我们的统治。

　　如果"希尔施"的声明还没有刊登，就不要登了。① 这是一个卑鄙
的人，虽然他对沙佩尔和维利希的态度是正确的。

手稿　　　　　　　　　　　　　　　　　　　　　　　　摘要

莫斯科苏共中央马列主义研究院
中央党务档案馆，f. 1，op. 1，d. 572
（《马克思恩格斯全集》德文版第 28
卷第 509 页，参看《马克思恩格斯
全集》中文第 1 版第 28 卷第 510 页）

699

海尔曼·贝克尔（科隆）给司法大臣
路德维希·西蒙斯（柏林）的信

1852 年 3 月 5 日

阁下：

　　我和另外八名同志由于所谓的政治侦查已经被捕十个月了，我可以

---

　　① 见《马克思恩格斯全集》中文第 1 版第 28 卷第 474 页。——编者注

满有把握地认为，阁下是清楚这一事实的，因为使我们的监禁轰动一时的那些非常措施，有一部分就是出自阁下的直接安排。我不敢贸然地妒忌阁下赢得的桂冠（康普茨先生就善于用这类桂冠精心装饰自己），所以，对这些措施不提出申诉。但是，我不能假定，阁下同样也知道——我这样说，并无侮辱普鲁士司法首脑之意——检察机关是用什么样的手段来促进调查：利用其他犯人搞窃听！

为了这个目的，至少从去年 10 月起，检察长泽肯多夫先生就不惜屈尊利用那个因窝藏罪而被转移到这里受审的莱维·西蒙（埃尔伯费尔德），甚至应允他——这一点几乎是没有什么可怀疑的——事成之后予以宽免，这和欣克尔代先生在瓦尔德克事件上与莱维·欧姆达成的协议差不多。

不言而喻，这种滥用王国的所谓至高无上的特权的行径不会得逞，结果只会加强欧姆—西蒙之流的察觉力和希冀宽赦的幻想。而对我们这些反正已落入一个享有特权的敌对者之手的犯人来说，不存在什么法律手段来对付这种审理，它纯粹是个卑劣伎俩。现在我要坚定地对此提出抗议，特别是因为，目前还无法预见到，要建立在这种基础上的预审究竟什么时候才敢于声言：预审本身是无懈可击的。但是，到现在为止我一直保持沉默，为的是不打扰西蒙的爱国主义行动，这种行动说到底和破坏侦查所差无几。因为这个人昨天离开我们被转移到另一侧的牢房，而预审并未结束，所以我不得不认为，泽肯多夫先生或许对西蒙的成果并不十分满意，他将会施展出新的招数，就是说，把对我们的虐待再一次推向遥远的未来。

因此，我必须有劳阁下的大驾，请您

1. 敦促泽肯多夫先生放弃一切针对我们的并与公民的荣誉观念相抵触的心计；

2. 指示总检察官尼科洛维乌斯先生，让他不要等待泽肯多夫先生可能提出的揭露材料从而阻碍对我们案件的最终判决。

　　还须说明一点，我之所以越过总检察官先生而直接向阁下陈述，是因为据我所知，这位先生对我们九个同志的申诉从来是不屑于回答的。

阁下最忠实的仆人

海·贝克尔

1852 年 3 月 5 日于科隆

手稿　　　　　　　　　　　　　　　　　　第一次发表

柏林德国统一社会党中央马列主义研

究院中央党务档案馆，St. 6/2, Bd. 1

700

卡尔·马克思（伦敦）给约瑟夫·魏德迈（纽约）的信

1852 年 3 月 25 日

　　［……］克路斯的声明①非常好。

　　或许——我看这很好——你把厄内斯特·琼斯的信②就刊登在第一

---

①　马克思摘引克路斯 1852 年 4 月 15 日给他的信。——原卷末注

②　魏德迈驳斥海因岑的文章载于 1852 年 1 月 29 日《纽约民主主义者报》。在马克思提到的那封预定在《革命》上发表的琼斯 1852 年 3 月 3 日给魏德迈的信中，阐述了英国社会各阶级的状况并评述了英国阶级斗争的发展。根据魏德迈 1853 年 5 月 24 日给马克思的来信判断，琼斯的信于 1852 年底或 1853 年初发表在美国民主派报刊上。——原卷末注

期上？只要写上两句前言就足以把它说清楚。[……]

德朗克在巴黎被捕了。他从瑞士来这里路过那里时耽搁得太久，没有很快通过那里。

你的选材我很满意。皮佩尔的文章登报纸还可以，用作小册子未免写得太匆忙和太肤浅。[……]

克路斯的抗议书在这里的同盟①会议上得到普遍的喝彩，而你的《革命》在施泰翰协会②那里像在我们这里一样都受到了好评。

我们全家衷心问候你们全家。

你的　卡·马克思

如果哪一家报纸（例如魏特林的③）发表维利希协会④对普芬德声明⑤的卑鄙的答复，我就把普芬德的第二个声明寄给你。[……]

---

①　共产主义者同盟。——编者注

②　这个协会是在马克思的支持下于 1852 年 1 月在伦敦成立的，主席是汉诺威的流亡者施泰翰。加入该协会的是脱离了受维利希—沙佩尔集团影响的德意志工人教育协会的工人们。马克思和恩格斯的密友、共产主义者同盟盟员、工人罗赫纳也曾积极参加协会的筹建工作。后来，该协会的许多成员，包括施泰翰本人在内，都受了维利希—沙佩尔集团的影响，并归附于原先的组织了。——原卷末注

③　《工人共和国报》。——编者注

④　马克思在这里把德意志工人教育协会称作维利希协会，当时维利希—沙佩尔的拥护者在该协会占优势。——原卷末注

⑤　在准备刊登的普芬德 1852 年 1 月 21 日的声明中，说明了支持维利希—沙佩尔集团的伦敦德意志工人教育协会（位于大磨坊街）的多数派同马克思和恩格斯的拥护者即共产主义者同盟盟员卡·普芬德和亨·鲍威尔之间的冲突的实质，普芬德和鲍威尔被诬告侵占该协会的钱款。这个声明在美国没有发表，而刊载于《瑞士国民报》，关于此事雅·沙贝利茨在 1852 年 3 月 6 日的信中曾告诉马克思。

　　信中提到的由奥斯瓦尔德·狄茨以教育协会的名义发表的诬告鲍威尔、普芬德侵占钱款的声明，发表于 1851 年 1 月 7 日《瑞士国民报》上。——原卷末注

手稿　　　　　　　　　　　　　　　　　　　　　　　　　　　节录

莫斯科苏共中央马列主义研究院
中央党务档案馆，f. 1, op. 1, d. 574
（《马克思恩格斯全集》德文版第 28
卷第 510、511—512 页，参看《马
克思恩格斯全集》中文第 1 版第 28
卷第 511、512—513 页）

701
卡尔·马克思（伦敦）给弗里德里希·恩格斯（曼彻斯特）的信

1852 年 4 月 5 日

1852 年 4 月 5 日于伦敦
索霍区第恩街 28 号

亲爱的弗雷德里克：

附上克路斯最近寄来的资料，这些资料务必在星期三（同盟①开会的日子）以前寄还给我。

在你把德朗克的第一封信寄还给我的第二天，他从狱中给弗莱里格拉特写了一封信，这事我忘记告诉你了。弗莱里格拉特立即把这封信寄给拉萨尔，要他往巴黎给德朗克寄钱。大概这没有什么困难，因为拉萨尔可以拿这封信去向杜塞尔多夫的所有自由资产者求援。遗憾的是，据《祖

---

① 共产主义者同盟。——编者注

国报》报道，在德朗克身上发现了暴露内情的信件。难道他愚蠢到这种地步，竟把他同糊涂的里昂人①以及其他人联系的证件带在身上？〔……〕

手稿   节录

莫斯科苏共中央马列主义研究院
中央党务档案馆，f.1，op.1，d.578
(《马克思恩格斯全集》德文版第28
卷第48页，参看《马克思恩格斯全
集》中文第1版第28卷第45页)

702

阿道夫·克路斯关于科隆被告所受待遇的文章[466]

1852年4月7日

(为《高地哨兵》而作)

4月7日于**华盛顿**哥伦比亚特区

今天，我们应该以这样的方式来履行一项痛心的党内义务，即回顾德国，想念一批非常干练的革命者。这些人作为普鲁士制度的牺牲品被加上叛国和类似的荒谬罪名投到科隆的监狱里已经整整一年了。他们是：**贝克尔博士、丹尼尔斯博士、奥托、克莱因、毕尔格尔斯**等。

由**贝克尔**和**毕尔格尔斯**编辑的《西德意志报》出色地填补了由于《新莱茵报》的被查禁而产生的空白，该报已在最广泛的阶层中为这些

---

① 看来是指赫斯。——编者注

早就在自己党内的同志们中间声名赫赫的人物树立了光辉的形象，所以，这里只须唤起贵报读者对这两个人的名字的记忆就够了。贝克尔1850年在几件报界审判案中发表的洋溢着革命气息的辩护词已由在美国出版的德文报刊未加删节地发表了，这些辩护词以其大无畏的气概和高超的讥讽手法使每一个人都不得不对他所代表的党肃然起敬。我们对《西德意志报》为"被捕的诗人金克尔"争取同情和"物质援助"所作的努力记忆犹新，而至今我们还没有从"获释的诗人"所掌握的为数众多的刊物上听到一句表示关切的话语，这就不能不让人感到惊异了。因此，我们觉得特别骄傲的是，我们还保有宝贵的权利，越过大洋向故乡遭到不幸的党内同志们伸出友谊之手。

丹尼尔斯博士是个优秀的、受过高等教育的医生，被捕前一直住在科隆，他把自己的身心和知识都献给了革命。他的一本心理学著作①在他入狱时被没收了，这本书很可能对党极为有用，我们希望，它不会永远被埋没。

奥托是个有名的、成绩卓著的化学家。

侦查过程已经在去年秋天结束。因此，犯人们被检察院移交到1851年第四季度的陪审法庭。不过，国家检察部门在11月底就声称，在1月6日以前，也就是在陪审法庭开庭时，它读不完那浩如烟海的记录和文件。这一点奏了效，于是政府（除了它的神圣的警察以外，它自己当然可以随意干预法庭的审理）跟着声明说，缺少原始文件，而且案件如此复杂，如此棘手，全部侦查必须重新从头开始。

政府这个鬼蜮伎俩的目的显而易见，它无非是要把案件无限期拖长，直到莱茵省的陪审制被铲除掉，因为陪审法庭宣判被告无罪的可能性始终存在着，尽管陪审法庭的组成令人生厌，尽管这个希望仅仅寄托

---

① 罗兰特·丹尼尔斯：《小宇宙。生理人类学概论》（未发表）。

在一点上，即资产阶级由于缺乏证据无法使任何控告被告反对普鲁士王国"法律"的"罪行"成立而不敢宣判"有罪"。

无论怎样说，政府达到下述的企图：最大限度地推迟它可能遭到的失败，在此期间摧残这些"秩序、宗教和国家的敌人"的健康，竭尽普鲁士监狱所擅长的虐待之能事，把这些人折磨到疯狂的程度。

关于如何对待犯人的极其详细的指示发自柏林，这是没有疑问的。但是，这里对犯人的待遇在一切方面就其专横和残暴而言都达到了登峰造极的地步：在政府最低级的工具中，勃兰登堡的伪劣政策表现得尤其令人厌恶。

根据莱茵省的法律，必须准许犯人家属**每天**至少有10分钟时间和被捕者会面与谈话。不过，从一开始我们犯人的妻子就遭冷遇，**甚至**每周一次6分钟的探监——而且有宪兵在场——都不允许。例如，有一次丹尼尔斯夫人①经过一周的努力被批准进入监狱内部，她来到院子里，四周都是暗探，这些人以及负责监视的普鲁士下级军官用最卑鄙下流的语言污辱她，当时天气异常恶劣，她不得不在露天里等了3小时之久，最后才和丈夫谈上2分钟的话。

整整四个月以来，任何人都未获准接近被捕者，他们之间被严格隔离，而且几乎每天都受到搜查，甚至搜身，动辄遭受折磨。不许他们阅读任何书籍，一切书写用具全被拿走，换洗衣服必须在监狱内部解决，一句话，他们与外界完全隔绝了：为了使他们在精神上恢复健康，伪善狡诈的普鲁士人提供给他们的是《圣经》。

上帝保佑的容克—官僚反动势力就这样在普鲁士横行无忌；它们的教训对**人民党**来说不会没有益处。我党同志以大无畏的精神、顽强的意志在它们的牢房里坚持着。荣誉属于勇敢者，永不属于动摇分子！！！

———————————

① 阿马利亚·丹尼尔斯，父姓弥勒。

德朗克博士和他科隆的朋友们一样，在巴黎遭到相同的命运。他从瑞士返回巴黎，在那里被普鲁士老密探**罗德**认了出来并被告发。德朗克现在关押在巴黎警察局的监狱里。① 我们并不怀疑，以后他将分文不差、一丝不苟地偿还拿破仑·奥古斯图路斯②的牢房债！这类债务他总是一笔勾销。

C. St.

1852 年 4 月 14 日《高地哨兵》

（辛辛那提）第 28 号

703
约瑟夫·魏德迈（威廉斯堡）给卡尔·马克思（伦敦）的信

1852 年 4 月 9 日

1852 年 4 月 9 日于威廉斯堡

亲爱的马克思：

　　一笔意外的援助突然间解决了印刷小册子③面临的困难。寄走最后

---

① 恩斯特·德朗克是从瑞士去伦敦的旅途中被捕的。恩格斯在得知初步的消息之后于 1852 年 4 月 1 日写信给马克思（见《马克思恩格斯全集》德文版第 28 卷第 46 页，参看《马克思恩格斯全集》中文第 1 版第 28 卷第 43—44 页）。马克思的回信见文件 701。在经过三周的监禁之后，德朗克被逐出法国，1852 年 4 月底到达伦敦。

② 奥古斯图路斯是罗马皇帝的名字，这里借用来讽刺拿破仑三世（在 1852 年称帝）。——译者注

③ 《革命。不定期刊物》。

Die Revolution,

Eine Zeitschrift in zwanglosen Heften.

Herausgegeben von

J. Weydemeyer.

Erstes Heft.

Der 18te Brumaire des Louis Napoleon

von

Karl Marx.

New=York.

Expedition: Deutsche Vereins=Buchhandlung von Schmidt und Helmich.

William=Street Nr. 191.

1852.

一期刊载卡尔·马克思《路易·波拿巴的雾月十八日》的
《革命》杂志封面

一封信后，我碰到我们法兰克福的一个工人，是个裁缝，也是去年夏天来这里的。他当即把全部节余40美元提供我支配。和克路斯的钱加在一起，这些钱足够支付必要的印刷费用，所欠零头我们借用信贷。同时，你的文章①的结尾部分也到了，今天我就要把工作最后结束。埃卡留斯的文章这一次是否能收进去，要看你的文章还留下多少空间，小册子不应超出8个印张的分量，否则就太贵了。［……］我已从多方面收到鼓励的信件。不过，我的测量员的职位——我还在等待着有关这件事的最后的明确答复——自然又得放弃了，因为这项工作把我拖到远远的地方，还会占用我大量时间，使我不可能同时再办一份**周**刊。［……］

不久前我得到美因茨的小席克耳的消息，但是还未能给他回信，因为那时一切情况都那么捉摸不定。他向你们问候。［……］

维［利希］的声明②我还没有看到；因为我不清楚《革命》什么时候再次出版，普芬德的声明③应该连同第一个声明现在就刊登出来。前几天我和前维利希军团的一些人——他们跟后来入伙的那些莽汉大不相同——谈过话，这些人全都对维利希大为恼火，维利希在他们中间早已失去一切威信。对于沙佩尔，他们也同样没有什么好感，你要我提防的那个列曼被他们称作耶稣会教徒。［……］

手稿　　　　　　　　　　　　　　　　　　　　　　　第一次发表

莫斯科苏共中央马列主义研究院中央

党务档案馆，f. 1. op. 5. d. 482

---

① 卡尔·马克思《路易·波拿巴的雾月十八日》。

② 指的是奥斯瓦尔德·狄茨的一篇声明。

③ 文件686。

704

阿道夫·贝尔姆巴赫（科隆）给卡尔·马克思
（伦敦）的信

1852 年 5 月 3 日

1852 年 5 月 3 日

亲爱的朋友：

　　您最后的一封信同样收到无误，其中谈到的情况我已告知我们的朋友。我过去就曾听说过 K. 先生的荒唐计划，但从未料到，他们竟把事情搞到如此荒谬的地步，从现在起我开始相信，他们什么愚蠢的勾当都干得出来。不久前丹尼尔斯夫人①再次被搜家，搜查的目的是务必搜出您的什么信件。看来普鲁士警察准备充当每头蠢驴手中的玩具。被捕者的案件看来正趋于结案，侦查已结束，材料两个多月来又回到上诉法院的国家检察官先生手里；看来上诉法院未能及时为检察院拟订出一份意见书。究竟会搞出个什么名堂来，人们正拭目以待。据广为流传的消息说，案件将在 6 月份交陪审法庭的特别法庭来审理。

　　四八年的成果现在逐渐显现出来。对于个人钱财的粗暴侵犯把爱好安静的秩序之友初时的粗野叫喊平息下来以后，在那些冥顽不化的头脑中开始渗入一点点觉悟。经济的特别不景气和手头拮据是说服善良的庸人们的最好手段，不满情绪甚至在较高的阶层也明显在增长。外部的推动，再一次歉收或贸易危机都会点起一场大火。[……]

　　我有个庞大的打算，想在今年冬天作一系列关于"贸易史和贸易法

---

　　① 阿马利亚·丹尼尔斯，父姓弥勒。

史"的报告，如果不能公开举行，就在小范围内。这个题目可以把凡属用抽象的形式难以使人们听得津津有味的东西联系起来。但是，这里确实缺少几乎所有用得上的材料。您是否能给我指出一本也比较详细地讲到工业的发展的像样的贸易史。如果您的书能出版，我同样很欢迎。难道您就一点希望都没有吗？如果连学术著作的出版也因对作者的仇视而搁浅，那真太可笑了。

您论述最近的法国事件的小册子①一出版，就请寄来一批，首先寄100—250本左右，根据这批书的体积来定，包装不要过大，以便看一看是否畅行无阻。请把包裹连同一张简单的运货单寄往韦尔维耶（比利时）的四国饭店德沙托先生收，在包裹下部画个框框，简单地署上S. C.＊10即可。运货单等等当然都要用法文填写。东西寄出后，用通常的方式通知我，这样包裹中就不附有任何可以表明寄件人的文字材料。当然，价格请在下封信中注明。进款我将转给您并根据销路发出补订数。

您不能顺便寄给我一份魏德迈编辑的报纸②吗？您知道《雷诺新闻》吧？据说该报在伦敦出版，专门代表工人的利益。

英国各工人协会的现状究竟如何？国内报纸登载的全是些不正经的东西。请快点来信，代向所有熟人致衷心问候。

手稿　　　　　　　　　　　　　　　　　　　　　　节录
莫斯科苏共中央马列主义研究院中央　　　　　第一次发表③
党务档案馆，f. 1. op. 1, d. 592

---

① 卡尔·马克思《路易·波拿巴的雾月十八日》。
② 《革命》（纽约）。
③ 马克思在给阿道夫·克路斯的信中（写于1852年5月10日左右）引用或介绍了这封信的片断（《马克思恩格斯全集》德文版第28卷第523页，参看《马克思恩格斯全集》中文第1版第28卷第525页）。

705

约瑟夫·魏德迈（布鲁克林）给卡尔·马克思 （伦敦）的信

1852 年 5 月 18 日

　　［……］对于扩大我们的同盟来说，这里的土壤还很不适宜①，因此，我把工作限于从"社会改革协会"中抽出些干练的成员组建一个特殊的协会，该协会将以"无产者同盟"**467**命名，如果可能的话，要把它扩展成一个广泛的组织。以后可以从这个无产者同盟中发展同盟成员。［……］

手稿　　　　　　　　　　　　　　　　　　　　　　　　　　　　摘要
莫斯科苏共中央马列主义研究院中央
党务档案馆，f. 1. op. 5, d. 498

706

卡尔·马克思（伦敦）给弗里德里希·恩格斯 （曼彻斯特）的信

1852 年 5 月 22 日

　　［……］舍尔瓦尔因德法密谋案件②在巴黎陪审法庭上的英雄业绩，

---

① 参看注 464。
② 1851 年 9 月法国逮捕了 1850 年 9 月从共产主义者同盟分裂出去的维利希—沙

你已经在报上看到了，这个家伙以传奇般的勇敢从监狱看守的手中溜掉了，这一点也许你在英国的报纸（《晨报》）上也看到了。后来发现，这是在他供出了他所知道的一切之后警察当局同意他干的。甚至拼命吹捧他的伦敦大磨坊街的那些人①也不得不将这个英雄赶走。

科隆人②终于被检察院提交到陪审法庭。如果陪审法庭的特别法庭不开庭，7 月以前不会审讯。

德朗克问候你。

　　　　　　　　　　　　　　　　　你的　卡·马·

手稿　　　　　　　　　　　　　　　　　　　　　　　　节录

莫斯科苏共中央马列主义研究院

中央党务档案馆，f. 1，op. 1，d. 603

（《马克思恩格斯全集》德文版第 28

卷第 78 页，参看《马克思恩格斯全

集》中文第 1 版第 28 卷第 73—74 页）

（续前注）　佩尔集团地方支部的一些盟员。这个集团采取小资产阶级的密谋性
　　　　策略，忽视现实状况，指望立即组织起义，致使法国和普鲁士警察当局能
　　　　够靠领导巴黎的一个支部的奸细舍尔瓦尔（真姓是克列美尔）制造了所谓
　　　　德法密谋。在 1852 年 2 月，被捕者以策划政变的罪名被判罪。奸细舍尔瓦
　　　　尔被安排越狱逃跑。普鲁士警察当局诬蔑马克思和恩格斯领导的共产主义
　　　　者同盟参加了德法密谋的企图就完全破产了。——原卷末注
　①　指伦敦德意志工人教育协会的会员。——原卷末注
　②　被捕并在科隆受审的共产主义者同盟盟员。——编者注

707

约瑟夫·魏德迈（布鲁克林）给弗里德里希·恩格斯（曼彻斯特）的信

1852 年 6 月 17 日

［……］一件对我来说无比重要的事情是，有三名同盟成员到达这里，他们属于被法兰克福驱逐出来的人，都很热情、积极、有才干。其中一个叫舒勒姆堡的还是我在的时候被吸收的，另外两人是后来加入的。他们在这里很快找到了工作，暂时都定居下来。这样我们就有了个五人支部，因此请求你们把通报等等定期告知我们。我说，要发展整个组织，对我来讲人员是无比宝贵的，因为我在这里所缺少的就是这一类在各方面靠得住同时又具有必需的宣传热情的成员。眼下的酷暑似乎叫人活不成，对任何活动无疑都极其不利。［……］

手稿　　　　　　　　　　　　　　　　　　　　　　　　　　　节录
莫斯科苏共中央马列主义研究院中央
党务档案馆，f. 1. op. 5. d. 515

708

斐迪南·拉萨尔（杜塞尔多夫）给卡尔·马克思（伦敦）的信

1852 年 6 月 24 日

［……］至于说到无产阶级，那么，看来这里在广大的范围内正

发生一场运动，黑格尔在世的话会称它是"自我反省"。工人阶级显然正利用现时的政治平静在很大的程度和规模上尽力回到自己的世界中来，尽力意识自己内在的概念，从而巩固自己。在当前的政治形势下，工人远远不像资产阶级那样感到压抑和沮丧，因为工人无论如何懂得，他们对最近的一段时间不能有所指望，另一方面他们又本能地知道，专制制度的延长本身包含着资产阶级直接的阶级统治的相应缩短。工人们就这样利用这段间歇期，以便在内部使本阶级的概念尽可能有血有肉地渗透到每个成员中，在外部使这个概念尽可能一清二楚地展示出来并从理论上阐明它的结论。

我无须向你说明，这个运动是多么喜人。它将产生这样的结果：工人阶级为下次革命准备好力量，这批人将比 1848 年临时凑起来建立工人政党的那些涣散分子远为坚强，远为有觉悟。如果我没错的话，那么，正是在这表面上死一样的沉寂中，将诞生一个真正的德国工人政党。

从一切迹象来看，科隆的被捕者这一次也不能出席陪审法庭受审！起诉书还没有向他们提出，他们还没有找到辩护人，如果这一切在一周之内办不到，那么，或许从被告方面来说都不肯要求在陪审法庭本届开庭期审理，因为鉴于案件如此繁琐，甚至连辩护工作都无法充分准备。不可否认，科隆的党几乎无所事事！这是自然的。工人本身在这件事上无法采取直接行动，为此他们需要带头人。而他们所拥有的带头人都是些唯唯诺诺的小资产者，缺乏远见、实干作风和牺牲精神。

今天就此住笔，盼速回信。

你的 斐·拉萨尔
1852 年 6 月 24 日于杜塞尔多夫

又及。刚刚得到的消息说，陪审法庭在 7 月 26 日开庭，科隆人还有希望在开庭期结束前出庭受审。

手稿　　　　　　　　　　　　　　　　　　　　　　　　　　　　节录

莫斯科苏共中央马列主义研究院中央

党务档案馆，f. 1, op. 1, d. 5433

709

弗里德里希·列斯纳记述他从美因茨被
转移到科隆的经过①

1852 年 6 月 27 日—7 月 6 日

[……]1852 年 6 月 28 日，我的刑期满了。但是，27 日清晨 4 时半，我被从床上拖下来，要我尽快穿衣服。我计算到星期一早晨才期满，可那帮先生们算到星期日早晨而且没有跟我说一句解释的话。当我急急忙忙穿上衣服，把其他东西粗略地打点好之后，[……]一副手铐扣上了我的双手。接着我被带上一辆套着两匹马的囚车，它已在这座圣殿的门口恭候着。于是，快马加鞭飞驰而去。两个解差手持双筒短枪，子弹都上了膛，一个坐在我的右边，一个坐在我的左边。就这样，在 6 月的一个星期日的大清早，我被迫离开了我曾度过不少愉快时光的美因

———————

① 见注 444。

茨，甚至来不及同任何一个友人话别。连我那亲爱的心上人琳娜①也不知道，我已在星期日早晨那么早就被带走了。[……]

我们一口气就到了宾根。那时才8时半。他们要我在一条街上下车，我不知道那条街叫什么，我对宾根的地理不熟。从那儿我又走了一小段路直到监狱，或者说得准确些，到了一座牲口棚，因为猪圈往往还要比那里干净，我和两个流浪汉被关在一起。屋里臭气熏天。过了一会儿，那个大名鼎鼎的美因茨市场总管、现今宾根的刑警队长戈塞先生走进来，他上下打量了我一番，当即严令把我单独关起来，而把两个流浪汉塞到别的地方去，说完他就走开了。我不知道，我该不该留在这儿。可是，我渐渐地听到在我所在的房子前面的那条街上有越来越大的喧闹声。但我什么也看不见。我虽然爬上了那小得可怜的窗口，还是白费力气。不过我到底弄清楚了，原来有一群人在好奇地谈论着。我不相信他们会谈论我，我想不到这上面去。但是我错了。没有多久我就确信，外边是在议论我。我听到一辆车驶近，停在门前。这时我看到发生的事。各道门被打开，一群警察和宪兵朝我走来，说要继续押送我。我发现其中有一个普鲁士宪兵和从美因茨来的那两个解差。屋里挤满了警察。我又被搜查一遍，尽管美因茨的宪兵强调说，在美因茨已经对我彻底搜查过了，也无济于事。办完这一切，我被带出房间送向囚车，所有的警察都围着我。当我走上街时，不禁大吃一惊。在这短短的3刻钟里，聚集了一大堆人，我好不容易才穿过人群。大家都好奇地看着我，也许有的人听说过我的名字。大多数人用同情的眼光看着我。也许他们已经知道我是个政治犯，因为我发现几个人似乎认识我，还可能有一些人当我在美因茨受审时与我在同一座监狱里坐过牢。总之，我感受到很大的同情，如果事情由他们来决定，我无疑会立即获得自由。我就这样离开了

---

① 玛格达琳娜·弗莱肯施坦。

可以喝到物美价廉的葡萄酒的宾根，直奔普鲁士边界。当我们驶出宾根时，我发现，除了两名黑森宪兵还有一名普鲁士宪兵骑着马跟在车后。我不知道这是什么意思。直到后来，车夫停住车，两个黑森宪兵走下来，普鲁士宪兵接管了我，我这才明白。他检查我的手是否铐牢，然后跨上他的马，于是我们又全速前进了。我以为当天就可到达科隆，但是宪兵告诉我，我得去巴哈拉赫并在那里住三天，等候汽船开往科布伦茨。［……］

　　大约下午两点钟，我到了巴哈拉赫，被带进监狱，关在二层楼上的一个房间里。这个房间（如果可以称作房间的话）有两扇窗子，通向一个小花园，小花园连着大的葡萄园。我永远忘不了这幅景象。我的窗户是斜着砌进墙里的，只有上边一英尺宽的一块面积透亮，所以只能看到一片高山，山上有些地方是葡萄园，有些地方是光秃秃的峭壁。［……］

　　我在这个可怜的房间里度过了三天，我想给我的小琳娜写封信，但没有获准。和其他许多这类人一样，巴哈拉赫的市长先生无论如何也想行使一下自己在这个案件中的职权！在我从这里被带走的前一天，进来两个宪兵，其中的一个（不是在宾根接管我的那个）立刻逼向我，他们搜查我的全部衣服，拿走每一张字条，甚至我在美因茨监狱中收到的未婚妻的一封信也未幸免。更有甚者，他们还搜走了我的钱，这是空前的粗暴行为，至今我还不知道这些钱的下落。是这位宪兵先生装入腰包还是市长先生，或者流向他处。市长先生步步紧逼，下令在这最后一夜把我拖到地窖里并加上锁链，他硬说窗户上的铁栅栏被人锯断，而这肯定是我干的，我想逃跑，想干坏事，我对这种野蛮行径提出抗议，但是一切仍然照旧，只是我已被他们洗劫一空了。为了加强防范，他们从另一个屋子里弄来两名因犯安插在我身边，对我严加监视。这里应当再补充一句，从宾根接管我的那个士兵路上对我说，"您被描绘成一个非常危险的人物，上司命令我对您要格外小心，严密监视"，等等。

那个对我搜身并拿走了钱的宪兵还告诉我一些新闻，使我大吃一惊，而这个愚蠢的家伙却以此取乐。他讲的事情是这样的：曾有两个妇女或姑娘到宾根来救我，现在她们也被捕了，她们收买了几个男人试图把我救走，其中之一从一切迹象看是我的未婚妻。

这也许是个试探，看看我是否和我亲爱的未婚妻在这方面有什么约定。我简单地回答他几句，不过怀着几分恐惧，担心我的未婚妻可能在这方面采取某种行动，落得这样的结果。不过，对这谣传我还是半信半疑，当然，我也左思右想了一番，直到后来我从小琳娜处得知，这一切不过是卑鄙的谣言和诽谤而已。［……］

再回过头来谈我的行程吧。1852年7月1日早晨，我和另外四至六个男人以及几个姑娘被押离巴哈拉赫。我被夹在两个人中间，和他们铐在一起，这样我的双手都动弹不得，而其余的人至少有一只手可以活动。当然啰，我是个政治犯嘛。我们总算到了博帕德，在那里过了一夜，这时我已身无分文，一路上不得不享用那粗劣的监狱饭菜，它往往糟极了，简直难以下咽。夜里我们也受到看管，这是平时少有的，都因为有我在内的缘故，在巴哈拉赫派了三个看守，在博帕德派两个。同行的人对我说，他们一定认为我非常危险，所以才采取这样严厉的措施。

我从博帕德被押往科布伦茨。7月2日到达科布伦茨。在这里他们拿走了我的全部衣服，逼我穿上囚衣。7月4日，我们又动身去安德纳赫，这时犯人有32个，足够编一个排了，其中大部分是送往韦尔达监狱或布劳韦勒监狱。这里集中了从判处1年徒刑到判处20年徒刑的形形色色的犯人。［……］

7月4日，我们到了安德纳赫，在把我们送进那高高的塔楼之前，走来一个中等身材的男人，问我是不是弗里德里希·列斯纳，还把我从头到脚打量一番。看来，这位就是市长先生或这类人物。狱吏也对我说，他们两个星期以前就知道我要来。我真觉得好笑极了，为了我，竟

这样兴师动众。对于一个工人，他们竟然惊恐万状。[……]

7月5日，队伍开向雷马根，一部分人坐车，一部分人步行；宪兵们有的骑马，有的步行，还有两个步兵从科布伦茨一直跟随我们到科隆。我觉得我们大家似乎在一起漫游，这一路上我真是思绪万千。当然，作为政治犯我总是优先受到照顾。两只手被铐得牢牢的，老是被人盯着，如此等等。在雷马根，因为没有特大房间，我们不能所有的人都住进一个房间，而是分成六个人和八个人一间。在这里我看到一个不久前被捕的男子，被捕后几天就疯了，而且疯得那么厉害，以致人们不得不给他穿上拘束衫。7月6日去波恩。

我在这里的遭遇很不寻常。我们被塞进一个已经住了五个人、充其量九英尺见方的房间里，挤得甚至连站着都很困难。我们在里面呆了大约一个小时，那热劲使人透不过气来。虫叮蚊咬，伙食糟得令人无法下咽，我一生中还没见过给人吃这种猪食。我们实在忍受不下去了，就闹起来，要求离开这个狗窝。结果门打开了，我们走到一条大的过道，在这里起码不至于一个贴着一个地挤在一起了。夜里我们中的一部分人也是在这条过道里度过的。我还算走运，睡在两个干净人之间。虽然我很怕睡在这些肮脏的草垫子上，但由于没有别的地方再加上极度疲劳，我还是躺下来。第二天，当我们离开这里继续前进时，我真高兴，仿佛已获得自由。从这里开始他们让我坐车了，这段路程把我折磨得疲惫不堪，我再也走不动了。坐车也同样遭罪，因为在车里我还是被铐着。

向科隆进发了。科隆越来越近，我此时此刻的感情只有熟悉我的处境的人才能理解。科隆是我1848年和1849年生活过的地方，在这里我听到并吸取了不少崇高而伟大的思想，结识了不少实实在在的、真诚可靠的朋友而且还会结识新朋友，这个科隆不是每个局外人都能像我认识

得这样清楚。带着这般思绪和其他错综复杂的感情，我于 7 月 6① 日来到科隆。[……]

弗里德里希·列斯纳日记 1853 年写　　　　　　　　　　　摘要
于格劳登茨要塞国家监狱。莫斯科　　　　　　　　　　　第一次用原文发表
苏共中央马列主义研究院中央党务
档案馆，f. 178, d. 1/2

710

卡尔·马克思（伦敦）给弗里德里希·恩格斯（曼彻斯特）的信

1852 年 7 月 3 日

1852 年 7 月 3 日于 ［伦敦］
索霍区第恩街 28 号

亲爱的恩格斯：

　　我来晚了，但是我来了。② 你从下面谈的情况可以明白耽搁的原因。

---

① 原稿如此，可能是 7 月 7 日之误。
② 这里套用席勒的悲剧《皮柯乐米尼父子》（第一幕第一场）中的话。——编者注

一回到伦敦，就马上誊写手稿①。星期一中午已经最后完成。我口述，由我的妻子和德朗克轮流笔录。星期三中午我收到了钱。班迪亚扣下了七英镑，关于这七英镑你是清楚的。此外，还有德朗克参加工作的报酬。这样一来，剩下的钱甚至不够维持家里的开销。施特龙毫无支付能力。还加上意外的不幸事情。

克洛泽的妻子早已生病，在医院里奄奄一息，恰恰在最后病危的时候被这些恶棍撵了出来；三天前死在家里。一文钱没有，但却要支付埋葬等费用。弗莱里格拉特毫无办法，因为他为了送海尔堡的妻子和孩子回布雷斯劳②，维持海尔堡本人的生活，最后送他进医院，把所有的熟人都求到了。于是这件事自然落到了我的身上，并给我带来了无法形容的麻烦，直到把一切事情办完。现在又平静了。[……]

[……]沙佩尔曾通过伊曼特向我表示悔过并向我试探。回答是：首先他必须同维利希**公开**决裂，下一步很清楚。这是必要的条件。[……]

手稿　　　　　　　　　　　　　　　　　　　节录

莫斯科苏共中央马列主义研究院　　　　　第一次用原文发表

中央党务档案馆，f.1，op.1，d.615

(《马克思恩格斯全集》德文版第28

卷第81、83页，参看《马克思恩格

斯全集》中文第1版第28卷第76、

78页)

---

① 卡·马克思和弗·恩格斯《流亡中的大人物》。——编者注

② 弗罗茨瓦夫。——编者注

711
康拉德·施拉姆（费城）给约瑟夫·魏德迈（纽约）的信[468]

1852 年 7 月 3 日

1852 年 7 月 3 日于费城

亲爱的魏德迈：

昨天从朋友克路斯那里得知您的地址，今天急忙写信告诉您，我已到达美国。我是两周前抵达这里的，暂时寄住在表兄韦森东克家，很舒适。离开伦敦时，我们那里的朋友都很好，他们都一再地问候您。马克思给我开来一张全权证书，委托我和您一道为党工作。当然，我还不知道应该怎样做和做些什么。克路斯寄来一份介绍信，要我去找一个叫岑特迈耶尔的工人，但是我还未能去拜访这位工人，因为脚有毛病，不宜外出。我正尽力在这里的一家商号谋个职位，也有些希望。[……]

克路斯已把登有弗莱里格拉特的诗的《革命》第 2 期寄给我了，其他各期希望能在岑特迈耶尔处看到。[……]

我不想和这里平庸的德国政治垃圾有所瓜葛，但是如果事关我们党、我们朋友的利益，我会毫不客气、毫不留情地对付这伙来自同邦的无赖，这伙社会渣滓。

我目前的地址是：

费城　派恩街494 号

康·施拉姆

手稿　　　　　　　　　　　　　　　　　　　　节录

莫斯科苏共中央马列主义研究院　　　　　　　第一次用原文发表

中央党务档案馆，f. 20, d. 172

712

阿道夫·贝尔姆巴赫（科隆）给卡尔·马克思（伦敦）的信

1852 年 7 月 9 日

亲爱的朋友：

　　请原谅我没有及早给您回音，除了某些因素的干扰外，主要是我身体不适使我未能动笔。您的信都已收到无误，对于您有益的启示在此谨表谢意。近来各地都在各种各样的人那里寻找您的信，据说莱茵省民主派就是通过这些人收到您的信的。您看，他们在您身上多么下功夫，从中您也可看出，他们多么小心从事。我能够告诉您的最令人高兴的消息是，您的科隆朋友们终于要出席陪审法庭受审了。起诉书，一本大部头著作，已经提出来，此案定于本月 28 日公开审理①，常规的准备工作正

────────────

　　①　不久又决定再度推迟三个月。

在加紧进行。就我对此案所能作出的判断来看，案件从法律方面来说非常有利，但是人们知道，在陪审员那里道德观是占上风的，从这方面来说，不能否认对某些被告存在着危险。主要的被告——勒泽尔、毕尔格尔斯、诺特荣克和赖夫承认得太多了。他们承认有一个抱定某种宗旨并已经存在一些时候的团体，他们说了接受新成员有一定手续和义务以及诸如此类的事情。所有这一切本身还构不成罪行，但在一定情况下却能对多半是从农民中选出来的陪审员发生不良影响，特别是当对上帝和地产表现出相当不尊重的时候。

辩护也会遇到很大困难。律师先生们对这类案件一窍不通，其中大多数是被告的原则上的敌人，想到为此案规定的十天开庭期便害怕。法庭里全是些龌龊勾当和警察统治。不应忘记，目前在伦敦的斐·弗莱里格拉特，将受陪审法庭缺席审判。这样他很快就要作为被缺席判处死刑的德国诗人而在英国漂泊，这当然不会有损于他的声誉。尽管目前德国从表面上看群众抱着冷漠的态度，但是您很难想象，大量的干柴正暗地里堆积起来。19 世纪的新经验开始脱去它那骇人的外衣，逐渐为人们所接受。但是，需要有物质匮乏这一因素加进来，否则德国人还会长期忍受粗暴的压力；普鲁士的对俄政策到头来会使这一压力变得异常粗暴。

我刚刚读了不下 65 至 70 页（写字纸大小）的起诉书。[469]如果被告还要坐牢，那么这完全要怪他们自己的供词。当然找不到比这些德国工人更蠢的蠢驴了。赖夫的供词带有直接告密的性质，其他人的表现也是笨拙的。看，和工人们一道在一个应该或必须加以保密的团体活动，是一件多么危险的事。把这些人折磨得这样久，是不奇怪的；单独拘禁越久，供词就越详尽。根本没有任何事实根据；如果不是被告们自己亲口说出审讯机关希望听到的绝大部分供词，那么，他们要拼凑出哪怕是一纸证明材料，也不知要到何年何月。

您要的地址是：韦尔维耶四国饭店德沙托先生，内署 S*10。

向朋友们问候！

您的朋友　阿道夫

1852 年 7 月 9 日

顺便说一下，起诉书包含一切细节，由此可以看出，通过截获的信件和间谍活动，他们已经把某些关系和人物弄得相当清楚了。

手稿　　　　　　　　　　　　　　　　　　　　第一次全文发表①

莫斯科苏共中央马列主义研究院中央

党务档案馆，f. 1, op. 1, d. 619

713

阿道夫·贝尔姆巴赫（科隆）给卡尔·马克思（伦敦）的信

不早于 1852 年 7 月 22 日②

逮捕贝克尔时，搜去了您的几封信：1851 年 2 月 8 日、2 月 21 日

---

① 马克思 1852 年 7 月 20 日写给恩格斯和克路斯的信中摘引了这封信（《马克思恩格斯全集》德文版第 28 卷第 92—93 页和第 536—537 页，参看《马克思恩格斯全集》中文第 1 版第 28 卷第 88—89 页和第 538 页）。

② 这封信的原件并未保存下来，留下来的只是马克思在 1852 年 7 月 30 日致恩格斯和克路斯的信中所摘录的部分。从信的内容推算，写作的日期大致在 1852 年 7 月 22 日至 25 日之间。

和 4 月 9 日的信。起诉书指出最后那封信中的以下几处，作为特别加重罪行的证据："附上金克尔派的一篇可笑的拙劣文章。这里 F. d. B. 筹集了十五先令。还差十先令，这笔款子已经有人认捐，但是钱还没有拿到。我将按照你的建议行事。请让我负担一英镑吧。应该付五先令的那个会员的生活状况更加恶化，这笔钱拿不到了。"起诉书认为 F. d. B. 三个字母是："为同盟"［《Für den Bund》］，而贝克尔把这解释为他和您之间关于为您购买廉价书并寄往伦敦一事而商定的缩写符号。这几行构成了起诉书的重点，因为除此以外对贝克尔差不多提不出任何罪证，即使提出罪证，那也仅仅是故意捏造的。然后，起诉书从 1851 年讲起，断言共产主义者同盟是由巴黎的德国人的团体组成的，这种团体经过多次变动，用各种名称——"德国人同盟"、"正义者同盟"——出面，并以被控告的这一团体的形式一直继续存在到现在。资料看来是从汉诺威政府的说明中抄来的。对于 1850 年在伦敦发生的分裂，起诉书并没有予以重视。因为它认为这仅仅是个人的纠纷，所有的参加者都追求同一个罪恶目的，有着同一个倾向，在紧要关头就会携手并进。除去以前曾经刊登在报上的那两个呼吁书以外，起诉书还拉扯上了第三个呼吁书①（1850 年 6 月或者 7 月发表，似乎在莱比锡被截走的）。——唯一有意义的供词是证人豪普特的供词和证人前尉官亨策的供词，前者详细地把全部情况都讲了，后者供出某些涉及贝克尔的东西。星期六②银行家施泰因的出纳员埃尔哈德也因这一案件被捕。大概他是由于给诺特荣克写的介绍信③和在诺特荣克那里发现的几封信而轻易地受害了，因为从这里可以断定他们之间是有联系的……然而，挑选了这样一些可爱的

---

① 文件 473。

② 1852 年 6 月 17 日。

③ 文件 539。

陪审员，从当局的观点来看，想象不出更好的了。

（《马克思恩格斯全集》德文版第28
卷第 542—543 页，参看《马克思
恩格斯全集》中文第 1 版第 28 卷第
544 页）

714
斐迪南·弗莱里格拉特（伦敦）给
卡尔·马克思（伦敦）的信

1852 年 7 月 25 日

7 月 25 日于哈克尼区萨顿街 3 号

亲爱的马克思：

　　经过上次搜家之后埃尔哈德肯定**被捕**了。① 昨天我在《科隆日报》
上亲自读到有关消息。**470**鲁普斯②一定把事情记得不很清楚了。

　　我还从《国民报》上看到，一年来在美因茨坐牢的**卡斯滕斯**（列

---

① 在 1852 年 7 月 17 日。
② 威廉·沃尔弗。

斯纳）不久前被移到科隆。① 卡斯滕斯就是被沙佩尔拐骗走恋人的那个
人。［……］

手稿   节录
莫斯科苏共中央马列主义研究院中央
党务档案馆，f. 1, op. 5, d. 531

715
康拉德·施拉姆（费城）给约瑟夫·魏德迈
（纽约）的信

1852 年 7 月 30 日

1852 年 7 月 30 日于费城
亲爱的魏德迈：

　　一周又一周地我想着有可能去纽约一趟，因此就把回复您本月 7 日
的友好来信的事搁下了。但是从一切迹象来看，我至少还得在这里逗留
三四个星期，所以不能让您久等了。虽然我跑遍全城并且可以说是乞求
职业，至今还是一无所获。［……］

　　由于同家里人住在一起，我的时间并不完全自由，通常晚间被占
用。因此，我不可能像我希望的那样尽量去关心协会的事情。当然也有
一些进展。我遇到五六个非常虔诚的工人，他们中的一部分人和协会的

---

　　① 见文件 709。

所有大事都有牵扯，我可以通过他们了解到所发生的一切。其中有两人是非常可靠的同盟盟员，在伦敦时是我们的忠实弟子。这两人会很有用处。一个叫克莱因（索林根的制刀工人），是个非常能干的家伙，另一个叫格纳姆（巴登的啤酒工人）。格纳姆正生病，又没有职业，眼下当然干不了很多工作。我相信，我会在这里碰上一批熟悉的工人，有一个晚上，至少二三十工人在一个酒店里白白地等了我，上午我和格纳姆、克莱因等人曾在那里逗留过。我并没有答应他们要来，现在我已和他们约好明天晚上碰头，我一定不会失约。此外，我还听说有一个半共产主义的俱乐部，在雷斯街举行会议。如果我没弄错的话，俱乐部的头儿是我从前的一个熟人。下次会议在星期一召开，我也要去听听。[……]

手稿　　　　　　　　　　　　　　　　　　　　　节录

莫斯科苏共中央马列主义研究院　　　　　　　　第一次用原文发表

中央党务档案馆，f. 20, d. 173

716

卡尔·马克思（伦敦）给阿道夫·克路斯（华盛顿）的信

1852 年 8 月初

[……]为什么对科隆人①的审判又没有举行，这个秘密现在被发

_____

①　被捕并在科隆受审的共产主义者同盟盟员。——编者注

现了。主要证人、叛徒、汉堡的豪普特逃到巴西去了。第二个重要证人裁缝帮工也溜走了。这样，在政府那里连一点证据的影子也没有了。这个卑鄙的政府以拖延审前羁押来为自己的失败进行报复。[……]

莫斯科苏共中央马列主义研究院　　　　　　　　　　　　　　摘要
中央党务档案馆，f. 1，op. 1，d. 628
（《马克思恩格斯全集》德文版第 28
卷第 545 页，参看《马克思恩格斯
全集》中文第 1 版第 28 卷第 545—
546 页）

717

约瑟夫·魏德迈（布鲁克林）给卡尔·马克思（伦敦）的信

1852 年 8 月 13 日

1852 年 8 月 13 日于布鲁克林

亲爱的马克思：

　　[……] 几天前又有一个同盟盟员从瑞士到达这里，名字叫卡·弗·鲍威尔，我们虽然没有得到关于他要到来的通知，但是他拿着李卜克内西的一封信，又是你亲笔写的地址，这些就是足够的保证了。我劝说他留在这里，因为谁要是去西部，我就认为这个人对我们不复存在了。在未找到较合适的工作之前，他想学做小钱包。现在支部有六名成员了。我们

的无产者协会虽然还弱小，但是起步良好。几次激烈的辩论导致几个**激进派**旧领袖宣布退出，这样一来就促使我们和社会改革协会分道扬镳，并建立一个自己的**协会**与它分庭抗礼。

克路斯在华盛顿组织一个体操协会，只要领导机构不是在9月份迁移到西部的原始森林中去，并落入正在那里蔓延生长的某一派人（金克尔分子、戈克分子、科苏特分子）手里，它就可能对整个"体操联合会"产生一些影响。那样的话，《体操报》也就再见了！施拉姆在费城还没有什么建树，至少他还没有向我谈到这一点，不过，他认为，已在那里找到些可用的人。如果你们还存有《共产党宣言》①，请让下一个过来的人送来几本。我们就靠唯一的一本对付着。[……]

手稿　　　　　　　　　　　　　　　　　　　　　　　　节录
莫斯科苏共中央马列主义研究院中央　　　　　　　　　第一次发表
党务档案馆，f. 1, op. 5. d. 535

718

卡尔·马克思（伦敦）给阿道夫·克路斯
（华盛顿）的信

1852 年 9 月 3 日

[……] 这里谣传，酒鬼裁缝帮工、维利希的仆从之一**格贝尔特**

---

①　文件202。

已到美国去了。情况不是这样。金克尔和维利希在 8 月初把他作为特使派到德国去了。

因为这些家伙在他们最近给保证人的通告中胡诌了各种关于"组织"的谎话，而总的说来在德国没有联系，所以共产主义者同盟在这个国家剩下的一些人（他们由于某种原因与科隆不发生关系）就必须用来作为这种"组织"的假象和相应的借口。① 问题是这些先生必须对数达二百多英镑的花费作出交代。因此就需要拿出一定数目的钱用在某一方面，以便仍然能体面地说是把钱"用于革命"。他们以为，这样一来，对花掉的另一部分钱也将比较容易搪塞过去了。最后，应该专门在德国工人心目中消灭（按这个词的直接含义）马克思、恩格斯及其同党。金克尔指望，在他的资产阶级保证人面前能把欺骗和央求到的共产主义者同盟残余部分冒充为一个**资产阶级民主主义**联合会。那位由自己本人和金克尔委派为德国工人代表的维利希，真的希望最终从在德国的工人中给自己网罗一批随从。

现在接着谈。在马格德堡，格贝尔特召集了一个所谓的共产主义者支部；一连进行了三天讨论，有二十六至三十人参加，主席是一个叫哈默尔的（有特殊含义的姓②）。反对马克思和恩格斯的发言非常激烈，宣布主要任务是消灭他们本人、他们的影响以及他们的"学说"（哈默尔兄弟要做到后面这点不那么容易）。除了很多行政问题和组织问题以外，还涉及怎样和用什么方式建立一个印刷所的问题。找到了一个不富裕的印刷厂主，他在马格德堡或离那里很近的地方开业，同他订立了合同。他提供自己的印刷所作宣传之用，并保持原来的商号。为此立即付

---

① 见《马克思恩格斯全集》中文第 1 版第 28 卷第 117—119 页。——编者注
② 哈默尔的原文是"Hammel"，也有"阉羊"的意思。——编者注

给他一百塔勒，并开了一张为期**一年**的三百五十塔勒的期票。

可见，革命的钱必须用来宣扬金克尔和维利希个人，并用来施展各种阴谋以分裂德国的"组织"。

但是最精彩的还在后头。从天真的格贝尔特离开伦敦而这里都以为他是在赴美途中的时候起，普鲁士警察当局就**了解全部情况**。在马格德堡的庸人大会上，政府的情报员也出席了，他给政府把全部辩论都速记下来了。格贝尔特在这之后去柏林，就有一名普鲁士警察随行。没有一分钟不注视着他。政府想让他先完成自己的使命，那时将有数十人跟他一起倒霉。

这些消息我是从一个普鲁士警察局得到的，那里有一个忠实于我的人，——要知道，维利希也夸耀过他在德国的"情报机关"。

你对此有什么好说的！这样一来，这些流氓就使普鲁士政府能够把科隆案件再搅乱，等等。——而目的是什么呢？目的就是为了遮盖他们的空头开支报告，为了掩饰他们至今从事的关于革命委员会的毫无效果的阴谋活动，为了满足他们对自己敌人的卑劣的报复心理，等等。这目前还**必须保密**。但是，你只要一得悉格贝尔特被关起来或者开始逮捕"共产党人"的消息，就要毫不迟疑地开始行动……

莫斯科苏共中央马列主义研究院
中央党务档案馆，f. 1，op. 1，d. 654
(《马克思恩格斯全集》德文版第28
卷第 549—551 页，参看《马克思
恩格斯全集》中文第 1 版第 28 卷第
549—550 页)

719

卡尔·马克思（伦敦）给弗里德里希·恩格斯（曼彻斯特）的信

1852 年 9 月 23 日

[……] 这样，"我们的人"就应该在 10 月 4 日出庭①！毕尔格尔斯会承认一切，至少是涉及到他的。根据他的职业，他将"在原则上"进行辩护。在侦查期间，他随笔录附上了一份关于"共产主义的实质"的长达三十页的备忘录。恶意揣度者可耻。② 据说，丹尼尔斯觉得身体不错。检察官将从圣西门主义者开始；施奈德律师为了击败他，决心从

---

① 指 1851 年 5 月被普鲁士警察当局逮捕的、被控为"进行叛国性密谋"的共产主义者同盟盟员。在普鲁士警察当局最终写成"起诉书"之前，被捕者受了大约一年半的审前羁押。审讯是 1852 年 10 月 4 日至 11 月 12 日在科隆进行的。受审的有十一名共产主义者同盟盟员：亨·毕尔格尔斯、彼·诺特荣克、彼·勒泽尔、海·贝克尔、卡·奥托、威·赖夫、弗·列斯纳、罗·丹尼尔斯、约·克莱因、约·埃尔哈特和阿·雅科比。科隆共产党人案件的被告斐·弗莱里格拉特流亡伦敦，避免了逮捕和审判。控告的物证是普鲁士警探们假造的同盟中央委员会会议的"原本记录"和其他一些伪造文件，以及警察当局从维利希—沙佩尔冒险主义集团那里偷来的一些文件。根据伪造文件和假证词，七名被告被分别判处三年到六年的徒刑。马克思、恩格斯以及他们的在伦敦和德国的朋友和拥护者大力协助被告的辩护人，供给他们以反驳警察当局伪造罪状的文件和材料。马克思和恩格斯对这个案件的组织者的挑衅行为和普鲁士警察国家用来反对国际工人运动的卑鄙手段，进行了彻底的揭露（见恩格斯《最近的科隆案件》一文和马克思的抨击性著作《揭露科隆共产党人案件》）。——原卷末注

② "恶意揣度者可耻"（《Honnisoitquimalypense》）是英王爱德华三世在 1350 年所设置的"袜带勋章"上的一句箴言；这句箴言用金丝绣在深蓝色的天鹅绒带子上，勋章获得者把它带在左膝下面。——原卷末注

巴贝夫开始。如果谁也不追溯到印加人或莱喀古士，那就算是幸事了[①]。[……]

手稿　　　　　　　　　　　　　　　　　　　　　　　　摘要

莫斯科苏共中央马列主义研究院
中央党务档案馆，f. 1，op. 1，d. 664
（《马克思恩格斯全集》德文版第 28
卷第 143 页，参看《马克思恩格斯
全集》中文第 1 版第 28 卷第 145 页）

720

阿道夫·贝尔姆巴赫（科隆）给
卡尔·马克思（伦敦）的信

1852 年 9 月 26 日

亲爱的朋友：

　　直到此时此刻我还没有收到那些书[②]，因此无法告诉您是否有可能出新版的问题。如果您已把书寄出，那就请您通知我一下，以便我去寻

---

① 马克思讽刺地暗示在印加（十五世纪秘鲁地区内形成的早期奴隶占有制国家的所谓统治上层）国和古代斯巴达存在的原始共产主义的若干特征；古代斯巴达（公元前七至六世纪）的社会制度是同传说中的立法者莱喀古士的名字联系在一起的。——原卷末注
② 大概指由约瑟夫·魏德迈在纽约出版的、登载有马克思的《路易·波拿巴的雾月十八日》的那一期《革命》杂志。

找这些书的下落，无论如何，我希望得知书已寄出，以便把它们立即分发出去。

根据最新决定，审判在下月 4 日开始，我们真是特别盼望这个案件最终能有个完，因为从我得到的各方面的消息来看，被捕者在精神上和肉体上都遭受了极大的伤害。祸不单行，丹尼尔斯最小的孩子病危，治愈无望。您可以想象，这对于坐牢的丹尼尔斯及其妻子①会产生怎样的影响。

哈根律师开始时被委托为毕尔格尔斯和雅科比辩护，他也接受了这一委托，而现在他细细地一想，这样做对他经济上是不利的而且事关他的声誉，所以又拒绝了。[471]

您告诉我的发生在马格德堡的事②，在这里并没有为其他人所知，看来没有引起轰动，否则的话，他们一定会以此作为求之不得的理由再度拖延审判。柏林的警察厅长舒尔茨（上一次主要是因为他而推迟开庭）在这个期间果真死了，他一死侦查的原动力也就消失了。

最后关进去的埃尔哈德几天前被高等审判厅宣布无罪释放，但是由于检察机关提出上诉，他还在押。不过，他仍然有可能被检察院开释。——刚刚听说，我的这个期望落空了。埃尔哈德同样被移交到法庭，这样一来，被告的数字达到 12 个。

在下届陪审法庭上，德斯特尔也要因叛国罪而被审判，当然是缺席审判。

据我所知，对个别被告又提出新的指控，所以，不管怎样，即使是被宣告无罪也不会把他们放出来，这一点特别是针对贝克尔和雅科比，给雅科比加的新罪名是侮辱陛下，据说这是在他 1848 年写给友人的一

---

① 阿马利亚·丹尼尔斯，父姓弥勒。
② 见文件 718。

封信中查到的。看吧，为了寻找把柄，他们现在煞费心机地翻老账。

　　在起诉书中下述场合有您出现：1. 谈到 1850 年在伦敦中央机关的成员中爆发争吵时。2. 您被指出是《共产党宣言》的作者，1848 年春天共产主义者同盟的核心成员。您作为《新莱茵报》的编辑在这方面的活动。3. 沙佩尔在信中提到您，说把您开除出同盟。4. 亨策被说成是您的一位老朋友。5. 说您把存在同盟的事情告诉给豪普特并于 1850 年 9 月在伦敦接纳他入盟，还把德国的形势介绍给他并委派他去科隆。6. 在对贝克尔的起诉中包括的五封信：（1）由于维利希的信件；（2）同上；（3）关于 2 月 24 日伦敦宴会的信，其中有一处是这样的：当维利希和沙佩尔及其拥护者被开除出同盟的时候，他们便同维迪尔、巴泰勒米……联合起来。① （4）附上金克尔派的一篇可笑的拙劣文章。这里为同盟筹集了 15 先令。还差 10 先令，等等。② （5）1851 年 5 月 2 日的信，谈及维利希、沙佩尔、海因岑等人。

　　毕尔格尔斯希望知道，您是否有充分的证据来说明您在某个地方提出的断言，即人类的十分之九没有财产。

　　他想在自我辩护中利用这个论据，盼望您指出证据来。如果您能在最近几天把情况告诉我，是很有必要的。

您的　阿道夫

1852 年 9 月 26 日

手稿　　　　　　　　　　　　　　　　　　　　　　　第一次发表
莫斯科苏共中央马列主义研究院
中央党务档案馆，f. 20, d. 60

---

① 《马克思恩格斯全集》中文第 2 版第 48 卷第 218 页。——译者注
② 文件 713。——译者注

721
弗里德里希·列斯纳回忆科隆共产党人案件

1852 年 10 月 1 日—11 月 12 日

[……] 直到 10 月 1 日我才收到起诉书，因为牢房太暗，根本无法读一遍，而 2 日就得把它交给辩护人。我从单人牢房里出来的时候，恰恰是星期六晚上，只有星期日还可休息一下。星期一，10 月 4 日，陪审法庭对我们开始审理了；我疲惫不堪，脸色很难看，因为我被禁闭三天三夜，睡在地板上，这是很伤身的。对我来说，这三天比在普通牢房蹲一个月还难熬，比在外边半年还要长。但是，我平静而体面地忍受下来，我知道，这是为了我的未婚妻呀，我的琳蘅①！

10 月 4 日就这样临近了，这是灾难性的一天，同时也盼望它的到来。未婚妻杳无音讯。我除了身上的衣服没别的可穿，甚至连一件干净的衬衣都没有，一位难友想通过看守送给我两件干净的衬衣，但是警察局督察员先生不答应，要问为什么，恐怕他本人也说不清。不过，我并没有穿狱衣，这很扫那班老爷们的兴，尽管他们大权在握。但是，最可笑的事还在后头，这里接着说下去：押送我们去法庭大楼时，为了防备我们彼此讲话，看守们组成一条甬道，我们逐个地走出自己的牢房，在这条甬道中扬长而过，上了停在医院旁边的汽车上。

从这时起就案件本身来说大体上发生的事情，每个稍许关心点时事

---

① 玛格达琳娜·弗莱肯施坦。

的人大概都知道了，因为所有的报纸都报道过，或许还有人决定把这个案件的全貌专门地再现出来，如果情况不是这样，那么，在我的难友中肯定会有人以后详详细细地记述它，因为这是值得的。也许以后情况允许，可以从各个侧面阐述这个案件，把真实的和虚假的揭示给人类。

因此，这里提到的案件审理过程中的事只和我个人有关。开始我要说，当我看到很长时间没有看到的朋友并能和他们讲话时，真打心里高兴，我们这些人命运相同，除个别人例外，愿望大概也相同——不过，必须说明，难友中有几个人我并不认识，10 月 4 日以前我也并不知道，究竟谁是我同案的难友。直到 10 月 4 日我才认识他们，按照被控告的顺序，他们依次是：1. **勒泽尔**，2. **毕尔格尔斯**，3. **诺特荣克**，4. **赖夫**，5. **贝克尔博士**，6. **丹尼尔斯博士**，7. **奥托**，8. **雅科比博士**，9. **克莱因博士**，10. **埃尔哈德**。我名列最后。当我在证人名单上看到**博尔茨**这个名字时，感到很惊奇，这个人也是因这个案子和我一起在美因茨被扣留，而现在却要他作为证人露面。[……]

证人中还有我的师傅，我在美因茨的时候曾跟着他干过活，还有个叫**莱昂哈德**的人，我在科隆时与他同住过一个房间。难道要这三个证人证明我有罪？——事实上，他们的证词更多地是保护了我，而不是有害于我，而且，对于他们不得不出庭，我也丝毫不介意，因为他们讲不出什么不利于我的话。

倒是我的辩护人冯·洪特海姆博士使我大为恼火。他总是劝我对一切保持沉默，一句话，扮演个胆小鬼的角色。我们俩无法取得一致，因为我持有不同的看法，而且从我来说这些看法完全是有道理的；我直到今天还认为，他对我被判刑负有责任，因为他把对我的指控看成是小事一桩，所以只是蜻蜓点水般地点了点，试图把对我的全部控告当做开玩笑。早知如此，我会为自己辩护得更好些，因为一个人的自我感觉是其他人所无法体验的（不过，在这方面我只想说到这里为止）。但我甚至在庭长提问时向我的辩护人就讲得过多了，他甚至把我被判刑委过于我，说我讲得太多了，等等。

关于陪审法庭庭长①，另行详述。［……］

检察长冯·泽肯多夫在指控我的报告中提出很多不符合事实的东西，尽管我提请辩护人注意，他也并没有予以反驳。

国家检察官泽特作了一篇非常尖锐而又很有分量的报告，对于雅科比博士、克莱因博士、埃尔哈德和我，他没有什么可指控的，报告的整个结尾部分表示，他希望我们四人获释。但是庭长先生另有所想，他在总结中也对我提出很多子虚乌有、尖酸刻毒的东西。陪审员们对庭长先生的话心领神会，这一点表现在他们作出的判决中。对此我有很多话要说，不过留待下一次吧。［……］

审讯从10月4日延续到11月12日。只要把审判以外发生的一切事情记下来，就足够写一本书了。不过，我还有一些琐事要讲，例如，柏林的**施梯伯**警官先生也作为证人出庭。［……］

在场的证人还有汉诺威警察厅长**维尔穆特**先生。马克思在某个地方指出，这个案件中的证人是由警察、叛徒和同盟盟员组成的。②

总而言之，许多警方人员，既有科隆的也有外地的，出庭作证。［……］

我们每天坐在一辆大汽车上被拉来拉去，车里每次都有两个宪兵和一个警官，汽车由重骑兵护送。科隆警方的全部力量都动员起来了。［……］

开庭的时候，我第一眼就投向听众，寻找我的未婚妻，但是一无所获，开头几天始终没见到她。到10月8日，我在法庭上发现了她，相隔这么长时间又见到她，我真高兴。［……］

---

① 哥贝尔。
② 这句话是列斯纳以后加进来的。

同时代人作的两幅反映 1852 年科隆陪审法庭的共产党人案件的画

　　我的未婚妻第一次又和我说话了，在此之后她时常来法庭，有几次我们可以在休息时间谈话。就是在谈话中我得知，当我离开美因茨后，美因茨的警察把我留下的一切东西都从我未婚妻那里拿走了。只有经历过类似遭遇的人才能想象得出，对此我多么愤怒。甚至把我仅有的衬衣都拿走了，只是由于偶然，我的未婚妻才从他们手里抢救出一件完好的上衣和一条裤子。

　　现在我再回到审判期间来，并且还要说明一下，我们每次从陪审法庭返回监狱时，都是一个一个地从汽车上走下来，独自穿过上面提到的那些人，走回自己的囚室，在我们被准许进入囚室之前，另一侧囚室的看守们仔细地审核每一个人。在宣判的那一天，即 11 月 12 日，监狱、军队和警察采取了特别的安全措施。在整整六个星期里，庭审时间总是从早 9 时到下午 3—4 时左右，但最后一天就不然了。我们像往常一样，早 9 时去法庭，每个人都认为，审判还要持续到下一周，或者至少到星期六，11 月 13 日。不过庭长先生却另有打算，虽然这个案件拖得够长了，但是当我们从庭长那里看出，案件在当天就要结束。当庭长开始作他的冠冕堂皇的总结——简短，但合于他的身份而且意图明确——时，每个人都感到惊奇。庭审从早 9 时开始，到下午 5 时半总结完毕，中间有两次休息。陪审员们退庭之后，我们被带回监狱，等待他们作出决定性的、**公正的、不偏不倚的**判决。［……］回到监狱后马上让我们吃午饭，我的饭是一大碗已经凉了的豌豆。不过我已习惯了，从审判开始每天中午都给我这种冷饭，我很少去品尝它。我之所以没有被搞到精疲力竭，这要感谢一位难友，他每次都给我弄一点主食。我一生中永远不会忘记在那段时间遭受的苦难。在所有人当中，我是最贫穷的，无疑也是受我的某些同案人轻视的、最不起眼儿的人，我注意观察了这一切。早知今日，我会有另外的表现了，而不是摇摇摆摆、小小气气。［……］

　　我再回过来谈谈 11 月 12 日那个倒霉的星期五晚上。我怀着错综复杂的感情等待着把我们最后一次送进那座司法大楼的时刻，在那里决定着我们的命运——自由还是羁押，我们是在奴役中还是在自由中度过我们的未来，就取决于一票、一个人，他们所决定的问题和其他任何普通问题一样，有两个方面——权力和法律。［……］

又过了几个小时，我们才听到"有罪"这个决定命运的词。我们被带走时已经是晚上9时，当我们离开监狱时，每个人又被彻底搜查一遍，而过去只是在我们返回时才这样做。核实、搜查，但什么也没找到！我真不明白，一个人从监狱里能拐走什么？大概是毛毯或床架吧？

从监狱到法庭大楼的这段路程很不寻常。每个人都在想，如果你又返回，那你的不幸就确定下来了，你的自由就是羁押，你的交际对象就是监狱长。但是大家并不像怯懦的罪犯那样垂头丧气，而是勇敢地、自觉地等待着判决，不会因获释而欢天喜地，也不会因判决而灰心失望。怀着这种心情，在严密的护送下，我们来到法庭大楼。上诉法庭和所有邻近的街道都被封锁了，布满荷枪实弹的士兵。除了押送我们的重骑兵，法庭里还布下一大群岗哨，全部听众都被拒之门外，任何人不得随意走动。出庭的只有少数几个人，没有再准许其他人进来。大厅里灯火辉煌，法官们一一就座，陪审员先生们、宪兵、士兵、警察等等各就各位。［……］

在死一般的寂静过后，法官宣读了判决书。被判罪的人都正气凛然地听取自己的"有罪"，就像被宣告无罪的人听取自己的"真无罪"一样。被宣告无罪的人获释了，我们同他们长时间地告别，对某些人来说恐怕是永别了。法官们离开法庭去确定处分和刑期，过一会儿就回来了，宣布判决，这项判决大概人人都知道了，应该知道，永远不要忘记！阿门。［……］

不用说，从这时起警戒更为加强了。所有的人都走开以后，我们这些歹徒、叛国分子由宪兵们一一地架着臂膀拖向汽车，左右两旁站着密密麻麻的士兵。全部重骑兵前后左右押送我们，他们全速奔驰，把离汽车太近的东西全踩倒。我们又被带回监狱这座圣殿，所幸又有人接管我们了。共产党人的这桩大案件就这样收场了，某些人的愿望实现了，这出戏演得满不错。

　　人类历史一定会把这个审判案记载下来，并作出不同的判决——今天的判决是人们带着偏见和党派的狂热作出的。［……］

手稿　　　　　　　　　　　　　　　　　　　　　　　　第一次发表

弗里德里希·列斯纳日记 1853 年写
于格劳登茨要塞国家监狱。莫斯科
苏共中央马列主义研究院中央党务
档案馆，f. 178, d. 1/3

722

彼得·勒泽尔在科隆共产党人案件中发表的声明

1852 年 10 月 7 日[472]

　　［……］被告在谈到马克思的《共产党宣言》（关于它的内容，亦请参看有关 10 月 6 日庭审的报道）时承认，该文件也曾作为同盟的基础。根据他的愿望宣读了它的全文。在此之后，被告阐释了伦敦的多数

派和少数派之间产生的分歧。他说，沙佩尔及其拥护者认为，在下一次、由于形势的压力不久就会发生的革命中，即应使共产主义付诸实现，而马克思和他的那一派则打算在稍后一些时候，当着共产主义制度得到较为广泛的传播和较好的理解时，再来实现共产主义。所以，这种分歧并不像起诉书所断言的那样，只不过是相互仇视，而是基于真正的对发展趋势的不同看法产生的。

1852 年 10 月 8 日《科隆日报》　　　　　　　　　　　　　　　　　　节录
第 256 号

723

弗里德里希·恩格斯（曼彻斯特）给
卡尔·马克思（伦敦）的信

1852 年 10 月 18 日

［……］我觉得，毕尔格尔斯、勒泽尔，可能还有奥托以及诺特荣克，他们的情况都相当糟。对丹尼尔斯、贝克尔、雅科比，似乎拿不出任何罪证，因此，我希望至少这些人将被宣告无罪。贝克尔非常无耻地开脱自己。但是我想，一些人的罪责越少，法官和陪审员就会越厉害地对付另一些受诬告的人；受到侮辱的资产阶级和受到侮辱的国家需要

赎罪的供品。[……]

手稿　　　　　　　　　　　　　　　　　　　　　　　　　节录

莫斯科苏共中央马列主义研究院
中央党务档案馆，f. 1，op. 1，d. 679
（《马克思恩格斯全集》德文版第 28
卷第 158 页，参看《马克思恩格斯
全集》中文第 1 版第 28 卷第 159 页）

724

弗里德里希·恩格斯（曼彻斯特）给
卡尔·马克思（伦敦）的信

1852 年 10 月 22 日

　　[……]可见，我们现在已被国家，甚至被警察局认为是"有知识的"人了，见证人就是施梯伯。妙极了！愚蠢的施梯伯多么想使我们的人替他自己的密探舍尔瓦尔负责啊！[①] 科特斯和贝尔姆巴赫被捕的原因，你知道一点什么吗？正好逮捕他们两个人——这是不祥之兆。但我

---

① 恩格斯指作为科隆案件原告证人的警务顾问施梯伯企图在 1852 年 10 月 18
　日法庭开庭时的证词中硬说共产主义者同盟参加了所谓德法密谋。——原
　卷末注

们将惩办豪普特①。维尔特知道他在南美什么地方，如果去那里，就要揭发他。为此必须弄到载有他的供词的《科隆日报》或其他什么报纸。你们不能想想办法吗？尽力而为吧；让这个坏蛋感到连巴西也有《新莱茵报》的力量，该有多妙。[⋯⋯]

手稿　　　　　　　　　　　　　　　　　　　　　　　　　　节录

莫斯科苏共中央马列主义研究院中央
党务档案馆，f. 1, op. 1, d. 681（《马克
思恩格斯全集》德文版第 28 卷第
160 页，参看《马克思恩格斯全集》
中文第 1 版第 28 卷第 160—161 页）

725

卡尔·施奈德第二（科隆）给恩斯特·德朗克
（伦敦）的信

1852 年 10 月 24 日

恩·德朗克先生收
伦敦索霍广场旧康普顿街 36 号

　　我已经在昨天给您寄去一封信，请代为转交卡·马克思，我在信中通知他，在对勒泽尔及其同伙提起的诉讼中作为证人出庭的警务顾问、

---

① 豪普特曾经是共产主义者同盟盟员，因科隆共产党人案被捕，他在侦讯中作了叛卖性的供词。豪普特在审判前就被警察当局释放，逃到了巴西。他的供词使被告的处境恶化，该供词由泽肯多夫于 1852 年 11 月 3 日法庭开庭时在起诉词中宣读。——原卷末注

柏林的施梯伯，在作了种种揭发之后递交出一份文件，据称该文件包括共产主义者同盟伦敦区部以及目前移驻此地的中央委员会召开的历次会议的记录，是一个警探从记录员那里偷出来的。大部分记录由林格斯和李卜克内西签名。今天的《科隆日报》登载有细节材料。**473**我写这封短信的目的只是，万一我昨天的信丢失了，那就请马克思**立即**把能够证明这些记录纯属伪造的一切可能的证据告诉**我**。①

辩护人中没有谁怀疑它不是伪造的，而且我们手中也掌握某些证明材料。

您在转寄马克思的回信时请用如下地址：亚琛的体操教师卡尔·伦辛

律师　施奈德第二
1852 年 10 月 24 日于科隆

在伦敦能否找到一些信件，从中可以直接或间接地看出，丹尼尔斯夫人②**没有**往伦敦写过信？

手稿　　　　　　　　　　　　　　　　　　　　　　　第一次发表

莫斯科苏共中央马列主义研究院

中央党务档案馆，f. 20, d. 180

---

① 指马克思应科隆共产党人案件辩护人之一、卡尔·施奈德第二 1852 年 10 月 23 日和 24 日的请求（见文件 725），寄给他的丰富材料。马克思的这封信——信的内容可从他 10 月 28 日写给恩格斯的信（文件 730）中看出——是通过施泰因塔耳公司寄给格奥尔格·维尔特的，由后者继续发往科隆，见 1852 年 10 月 26 日马克思给恩格斯的信（《马克思恩格斯全集》德文版第 28 卷第 164 页，参看《马克思恩格斯全集》中文第 1 版第 28 卷第 163—164 页）。从文件 736 可以看出，施奈德第二收到了寄去的东西。

② 阿马利亚·丹尼尔斯，父姓弥勒。

726

卡尔·马克思（伦敦）给弗里德里希·恩格斯

（曼彻斯特）的信

1852 年 10 月 25 日

1852 年 10 月 25 日于［伦敦］

索霍区第恩街 28 号

亲爱的恩格斯：

对我们的通信，应当采取一些措施。在得比内阁里，无疑有一个参加阅读我们信件的**伙伴**。此外，在我的家门口至少试探性地又设置了一个警卫（每天晚上）。因此，我认为现在不宜让普鲁士政府知道的事情，我绝对不能写信告诉你。［……］

四五天以前，克路斯寄来一百三十本《雾月》。但至今我不能从海关那里取出，因为必须为此交纳十先令九便士。［……］

科特斯和贝尔姆巴赫之所以被捕，是因为我通过前者给后者寄去了一件为辩护所必需的东西，这件东西相当厚（尽管纸薄字小）。① 政府以为得到了一个绝好的猎物。但是，经过进一步的审查，年青的泽特一定会想尽办法把这件事压下，因为这件东西对于他的天才等等有预料不到的非难，如果被陪审员知道了，它就只能促进被告的释放。

在《新普鲁士报》上，"格·维尔特"被称为科隆中央委员会委员，而且这是从起诉书中援引出来的。［……］

案件一结束，不管其结果如何，我们两人应该发表一篇一两印张的《告公众书》。向全国讲话的更好时机不会再有了。此外，我们无论如

---

① 关于科特斯和贝尔姆巴赫被捕的事情，详见马克思《揭露科隆共产党人案件》（《马克思恩格斯全集》中文第 2 版第 11 卷第 503—507 页）。——原卷末注

何要消除掉这个案件所留下的可笑印象——这种印象，即使是温和的亨利希①的道德品质和科学修养也不能把它清除掉。

　　舍尔瓦尔自己写信给伦敦德意志工人协会②说，他是"密探，不过是高尚的'库伯密探'③"。我通过可靠的途径把必要的说明寄给了律师之一。［……］

手稿　　　　　　　　　　　　　　　　　　　　　　　　　　　　节录

莫斯科苏共中央马列主义研究院中央

党务档案馆，f. 1, op. 1, d. 682（《马克思

恩格斯全集》德文版第 28 卷第 161、

162 页，参看《马克思恩格斯全集》

中文第 1 版第 28 卷第 161、162 页）

727

弗里德里希·恩格斯（曼彻斯特）给
卡尔·马克思（伦敦）的信

1852 年 10 月 27 日

　　　　　　　　　　　　　　　　　1852 年 10 月 27 日日于曼彻斯特

亲爱的马克思：

　　我昨天给你写信④的时候，只是很粗略地把施梯伯的证词看了一

---

①　亨利希·毕尔格尔斯。——编者注
②　指伦敦德意志工人教育协会。——原卷末注
③　"库伯密探"是菲·库伯德长篇小说《密探》中的主人公哈尔威·比尔奇，他出于思想上的爱国主义冲动而执行了密探的任务。——原卷末注
④　信没有找到。——原卷末注

遍，所以今天看到你的文件①使事情有了转机，十分高兴，**现在**我对**所有**的被告将被宣告无罪不再有任何怀疑了。施梯伯可真要大丢其脸。我在这里把这东西又复制了一份，并且通过两条不同的十分可靠的途径寄往科隆；我还将希尔施亲笔写的两张便条②粘在原稿上并盖上火漆印，——这本来应该在伦敦搞好，——而且签上我的名字以证明这一情况，因此，在最坏的情况下，这两张便条只有连同全部材料一起才能被扣押下来。我还找到几条与科隆联系的途径；尽管前两条途径（但这不能重复利用）有百分之九十九的把握，使材料能在当天准确送到施奈德处，但如果我从你那里收到**经你证实的**第三份附有希尔施新笔迹样本的材料，再通过另一条途径寄到那里，那毕竟还是好的。总之，普鲁士人**不可能**没收这个东西，否则参与者将负刑事责任。[……]

老法律顾问弥勒的声明将使施梯伯由于他的"原本记录"而胆战

---

① 见马克思1852年10月26日致恩格斯的信（《马克思恩格斯全集》中文第1版第28卷第163—164页）。——编者注

② 在1852年10月23日科隆陪审法庭开庭时，施梯伯提出了似乎在科隆的被告们被捕以后由马克思在伦敦建立的一个新中央委员会的会议的所谓"原本记录"，作为起诉材料。按施梯伯的假证词说，记录人是林格斯和李卜克内西。实际上，"原本记录"是警察当局伪造的，伪造者是密探希尔施，此人钻进了共产主义者同盟，但被同盟盟员揭发，并于1852年2月19日前后被开除出同盟。由于希尔施已被开除，决定改变共产主义者同盟伦敦区部成员们每周集会的地点和日期。希尔施不知道这个决定，在他捏造的记录上都标明为星期四，其实会议已改在每星期三举行了。把希尔施的笔迹取样寄到科隆的目的，是为了帮助被告们的辩护人证明"原本记录"是伪造的。后来为了同一个目的，还把林格斯和李卜克内西的笔迹也取样送到科隆（见马克思的著作《揭露科隆共产党人案件》）。由于马克思把必要的材料和指示寄给了辩护人，警察当局的伪造被揭穿了，作为起诉材料的"原本记录"实际上也被推翻了。——原卷末注

心惊。① 从这个声明中也可以看出，一般说来，那里的法学家们对于警察当局的卑鄙无耻是非常愤慨的，而施梯伯出于地道的老普鲁士人对莱茵法律、诉讼程序和莱茵舆论的无知，竟这样无耻地到处吹嘘这些卑鄙的行径，并像小孩一样因自己的狡猾而得意忘形。法学家的态度是一个很好的征候。

真妙！警察偷窃，伪造，揭开写字台，发假誓，作伪证，除此之外，还妄图享有对待那些与世隔绝的共产党人的特权！所有这一切，以及警察当局以最无耻的手法取代检察机关的全部职能，把泽特推到无足轻重的地位，把没有任何人作证的文件、未经证实的传闻、告密、小道新闻当成真正的法律证据，当成罪证，——这太过分了！这要发生作用的。

你的　弗·恩·

手稿　　　　　　　　　　　　　　　　　　　　　　　　　　　节录
莫斯科苏共中央马列主义研究院
中央党务档案馆，f. 1，op. 1，d. 684
（《马克思恩格斯全集》德文版第 28
卷第 165、166 页，参看《马克思
恩格斯全集》中文第 1 版第 28 卷第
164—166 页）

---

① 在施梯伯提交陪审法庭的"原本记录"中，伪造了被告之一的丹尼尔斯博士的妻子给马克思的信，在这些信中伪造她谈到了在科隆受侦讯的共产主义者同盟盟员的情况。在 1852 年 10 月 26 日《科隆日报》第 274 号上，刊载了丹尼尔斯夫人的父亲、法律顾问弥勒的声明，声明驳斥了丹尼尔斯夫人同马克思通过信的事实，并宣告施梯伯的"原本记录"是"欺骗"。这个事实给予企图把"原本记录"用作起诉材料的重要部分的原告以沉重的打击，马克思在自己的抨击性著作《揭露科隆共产党人案件》中引用了这个事实。——原卷末注

728

卡尔·马克思（伦敦）给弗里德里希·恩格斯（曼彻斯特）的信

1852 年 10 月 27 日

1852 年 10 月 27 日于伦敦

索霍区第恩街 28 号

亲爱的恩格斯：

我写信①告诉过你，我打算编一本关于"科隆案件"的"石印通告"。现在，"石印通告"成了一本近三印张的抨击性著作②。石印这个东西不值得，原因有二：第一，石印这样厚的著作太贵，而且不会有任何收入，因为这种石印通告不便于出售。第二，没有一个人会去读——甚至也不能要求人家读——有三印张厚的石印出版物。

所以这个东西除了铅印，没有别的办法。在德国不可能办到。伦敦是唯一可能的地方。只要我能预付一部分，我就可以**赊账**。请你同维尔特和施特龙商量一下这件事。但是一天也不能耽搁。如果现在出不来，

---

① 见《马克思恩格斯全集》中文第 1 版第 28 卷第 162—163 页。——编者注

② 《揭露科隆共产党人案件》是一部战斗性的抨击性著作，马克思在这部著作中痛斥了普鲁士警察国家用来对付共产主义运动的种种无耻手段。1852 年 10 月底，当迫害共产主义者同盟的审判还在科隆进行的时候，马克思就已经着手写这一著作；12 月初写完这一著作。12 月 6 日，手稿寄给了瑞士的出版商小沙贝利茨。另一份手稿在第二天寄给了在美国的克路斯。1853 年 1 月，抨击性著作在瑞士的巴塞尔出版，但是，3 月间在巴登边境的一个小村子威尔几乎全部（发行数是两千册）被警察没收。在美国，这一著作最初在波士顿的民主报纸《新英格兰报》上陆续发表，到 1853 年 4 月底，该报出版社出版了单行本。——原卷末注

以后它就引不起任何兴趣了。我的小册子，不是对原则进行辩护，而是根据事实和案件进程的叙述来抨击普鲁士政府。我自己当然无力为这个案件拿出哪怕是一分钱来。昨天我为了买书写纸，把从利物浦带来的一件上衣也当了。

帝国在迅速发展。为了使这一次商业危机在法国比在英国更加厉害，波拿巴比任何人都有办法。

你的　卡·马·

手稿

莫斯科苏共中央马列主义研究院中央

党务档案馆，f. 1, op. 1, d. 685（《马克思

恩格斯全集》德文版第 28 卷第 167 页，

参看《马克思恩格斯全集》中文第

1 版第 28 卷第 166—167 页）

729

恩斯特·德朗克（伦敦）给弗里德里希·恩格斯（曼彻斯特）的信

1852 年 10 月 27 日

1852 年 10 月 27 日于伦敦
索霍区旧康普顿街 30 号

亲爱的恩格斯：

你的信我立即交给 vénérable père① 了，虽然碰上英国的这种鬼天气

---

① 可敬的家长（即卡尔·马克思）。

医生禁止我外出；前天我曾猛烈咯血咯醒了，有一阵子甚至感觉出一场大咯血的一切前兆（我旁听过医学课所以还记得）。抽烟喝酒得停一段时间了，你可以想象，如此境遇，置身在头脑简单的小旅店客人和古老英国的塔式建筑物之间，我扮演着什么角色。

关于施梯伯抛出的所谓“记录”①以及其中记载的全部事实，你大概已从马克思的报告中看出，这桩把戏不外是密探希尔施制造的可怜的警察骗局，而且幸亏是十分**拙劣**、十分**愚笨**的骗术，以致警察当局将在可怜巴巴的德国庸人中间大丢其丑。昨天我收到一封信②，邮戳的地址是“康希尔”（缺德的是没贴邮票），这封信是施奈德第二通过一家银行转寄的。施奈德告诉我，他在头一天已经用马克思的地址给我寄来一封信，为保险起见他再次写信，要求得到李卜克内西和林格斯的经过公证的笔迹，因为几乎全部“记录”都由这两个人签字，而且在科隆没有人不怀疑它是伪造的。施奈德寄给马克思的信没有到，这件事证明，普鲁士警察当局正千方百计地阻止被告获得辩护材料。李卜克内西和林格斯的签名以及我们这里的酒店老板的证词，即自从希尔施离开以后集会都改在星期三举行而且从来没有使用过笔和墨水作“记录”，今天在市政厅通过公证。如果我们能筹措到一笔钱，我很赞成派一名真正的**信使**把证明材料带到科隆去。

我觉得，科特斯新近的被捕与通过信使递交给施梯伯先生的记录，情况有所不同。**474**这里是我的猜测。

在科特斯被捕前大约三星期、**至多**不过四星期，当贝尔姆巴赫又有很长时间没有写信的时候，家长马克思写了一封急切的短信给贝［尔姆巴赫］，希望得知有关审判的消息，他拿着这封信到**班迪亚先生**那里，

---

①　见注473。

②　文件725。

要他写个寄给科特斯的信封，"以便在地址上出现一个不被怀疑的笔迹"。这番话是马克思从班迪亚那儿来时亲自对我讲的，当我第二天去看班迪亚时，他也是这样对我讲。至少我现在还完全清楚地记得，班迪亚当时对我说："昨天马克思也来过；我为他写了一封**给科隆被捕者**的信的地址，以便和他平常的手迹不同。"当时的、由班迪亚书写地址的**那封信**，马克思本人拿到邮局发走了，所以，警察当局决不可能及时地从班迪亚那里得到报告来截获它。相反地，马克思从那以后，即从班迪亚知道地址以后寄往科隆的**第一封**信，却被警察在科隆截获了，而且如施梯伯所吹嘘的那样，是"通过信使的提示"。这封信导致了科特斯的被捕和 24 小时后贝尔姆巴赫的被捕。（班迪亚只知道"科特斯"这个信封外面的地址，据此看来，警察并没有拆开以往的信件，所以，当他们在信封里发现的是一封写给暗号 B 的信时，事情就复杂化了，因为这个 B 可能指毕尔格尔斯或贝克尔。逮捕科特斯和逮捕贝尔姆巴赫之间相差的 24 小时就是这样产生的）。

对班迪亚的怀疑当然不可能仅仅限于这些证据，这个家伙其他一些模棱两可的表现也值得怀疑。

小册子①的事被彻头彻尾的谎言搅乱了。开始时他说，柏林的书商是前《立宪主义者报》承印人，他每天都在等待着小册子。后来说，书商想到米迦勒节时才把东西寄出（尽管书商的节日大抵上与办理支付有关，而与寄送东西无关）；同时他把署名"F. W. 艾泽曼"的所谓书商的信件（没有邮戳）拿给马克思看，信中急切地请求"转来**克路斯**的信件"，可是马克思并没有把信交给班迪亚。最后，当米迦勒节过完了，他声称，"**那个人死了**"，而没有进一步说明，"**那个人**"是谁，当事人的死会在多大程度上使这部从那些所谓的来信看早已**印好**的作品化

---

① 卡·马克思和弗·恩格斯《流亡中的大人物》。

为泡影，或者手稿到底命运如何，我到一个德国书商那里了解到：1.《立宪主义者报》的承印人和后来的所有者是特罗维奇，这个人我很熟，2. 所谓的书商艾泽曼，我在书商名单上找了一遍，**根本就没有这么个人**。可见，马克思从班迪亚那里拿到的信，都是伪造的。

此外还有，在维利希—金克尔阵营里以及在德国天主教搞得乌七八糟的革命鼓动中，到处都在讲"班迪亚把小册子卖给警察了"；维利希已要求某些人在美国的报刊上利用这件事，泽尔菲从巴黎写给马克思本人的信报告说，席梅尔普芬尼希或其他人已就此事写信给巴黎（致赫尔弗—黑弗纳尔）。

据此看来，疑点越来越大，而对于我和鲁普斯①来说，如下几点几乎是确定无疑的了：

班迪亚打着骇人听闻的秘事的幌子把手稿卖给了警察局，从柏林专程赶来接收手稿同时付款的所谓代理人就是警官施梯伯或这里的大使馆；

书商那么急切要求看到的克路斯信件，是班迪亚确定给警察过目的，正如别人告诉他要他在报纸上传播的所有消息，他没有寄给报纸（因为在任何报纸上都找不到有关材料），而是作为流亡者的编年史寄给了警察；

施梯伯在证词中说，马克思曾向一个"**警探**"道出舍尔瓦尔那件伪造期票的机密，这个警探就是班迪亚先生；

最后一点——三星期前班迪亚写了科特斯的通讯地址，在此之后发给科特斯的**第一封**信被警察采取严密措施给截住了，这个事实可以归结为班迪亚的告密。

鲁普斯完全同意我的看法。相反，马克思对此充耳不闻，因为班迪亚跟瑟美列及科苏特搞了那么多阴谋诡计，因此不可能是间谍。当然

---

① 威廉·沃尔弗。

啰，即使我们掌握了班迪亚与警方有牵连的**书面**证明，他仍然可以靠谎言在瑟美列的圈子里继续鬼混，特别是，如果我们不亮出我们的证据的话！马克思最近由于我不相信班迪亚而对我大发脾气，甚至责备我把事情告诉了鲁普斯。似乎有人在他最要好的朋友中间讲述这些怀疑理由就是另有图谋，似乎在这些熟人中间有理由对班迪亚先生的任何怀疑守口如瓶，而不是把这个家伙的来历弄个水落石出！显然，受这个斯拉夫人的愚弄是异常尴尬的，但是，**我们两人之间说说**，我们至少要考虑采取措施使这个家伙无法再为非作歹，至少要提防发生一次公开的丑闻。

我已把事情详细地通告给你了，明天我还要对马克思说，我把一切情况都写给你了，来信谈谈，你有什么好主意。对班迪亚采取无动于衷的观望态度，在我看来是行不通了，因为：1. 由我和马克思夫人书写的手稿，有朝一日会给人提供机会，制造像布朗基遭遇过的那类事件[475]，特别是如果那群狗说，马克思的内兄①当时身为大臣，2. 那帮家伙现在就要在美国报纸上发出狂吠了，对此我们必须亮出小册子来，3. 我认为，我们无论如何必须知道，我们怎样对待班〔迪亚〕先生。我这方面打算在最近几天给班〔迪亚〕写信，告诉他：由于这样和那样的原因我把他看成是间谍；而且为了使这份已提供给警察的手稿日后不致成为比方说证明我共谋的材料，我将把我的申诉理由的声明寄给他所有的匈牙利朋友。

这就是我要对你说的，我非常高兴，现在都讲出来了！鲁普斯向你问候。我还有个请求：**如果你手头方便的话**，借给我 10 先令！一个月来，我一直等着从美国寄来那笔倒霉的钱，我住在客店里，眼下正赶上身体不适，拮据的处境使我倍感难熬。

你的　恩·德朗克

---

① 斐迪南·奥托·威廉·冯·威斯特华伦。

施特龙又去布拉德福德了吗·骑士格奥尔格①还没有从柏林的表弟或内弟那里收到有关班迪亚的那位"死者"的消息吗?

手稿　　　　　　　　　　　　　　　　　　　　　第一次发表
莫斯科苏共中央马列主义研究院
中央党务档案馆，f. 20. d. 63

730

卡尔·马克思（伦敦）给弗里德里希·恩格斯（曼彻斯特）的信

1852 年 10 月 28 日

1852 年 10 月 28 日于［伦敦］

索霍区第恩街 28 号

钱收到了，今天又收到带信的包裹②。在上一封给你和维尔特的信中③，我有意不写那些有关对付普鲁士政府的步骤的新消息，以免信被拆开时被它所截获。今天我详细地谈一下。我以为，我们设下了能使政府的整个骗局炸得粉碎的反布雷。普鲁士的先生们应该看到，他们与之

---

① 格奥尔格·维尔特。
② 见《马克思恩格斯全集》中文第 1 版第 28 卷第 164—166 页。——编者注
③ 见《马克思恩格斯全集》中文第 1 版第 28 卷第 163—164 页。——编者注

打交道的是一些强大得多的对手。

星期一施奈德第二收到我经杜塞尔多夫寄去的一封信（信寄给弗莱里格拉特认识的一个商人），信的内容简述如下：（1）舍尔瓦尔是1847年根据沙佩尔先生的建议并由沙佩尔在伦敦接受加入同盟①的，当时我在**布鲁塞尔**，而不是1848年由我在科隆接受加入的。（2）从1848年春末到1850年夏天，舍尔瓦尔一直住在伦敦，什么地方也没有去，这一点可以由他的房东们证明。因此，在这一段时间里，他不在巴黎当宣传员。（3）只是在1850年夏天他才迁居巴黎。从他那里搜查出的文件和他在巴黎陪审法庭上的供词都证明，他是沙佩尔—维利希的密探，是我们的敌人。说舍尔瓦尔是**警探**，证据如下：（1）判决以后，他（和吉佩里希一起）马上从巴黎监狱奇怪地逃出。（2）虽然他被认为是一个**刑事犯**，却毫无阻碍地呆在伦敦。（3）雷缪扎先生（我委托施奈德在必要的时候点他的名）曾告诉我：舍尔瓦尔曾提出愿以奥尔良亲王密探的身份为其效劳；他此后写信到巴黎，并且得到了（用几个小时复制的）文件（我看到了抄件），从这些文件中可以看出，舍尔瓦尔起先是普鲁士的警探，而现在是波拿巴的密探了。普鲁士警察当局拒绝给他钱，因为他为"两方面"服务并且法国人给他钱。② ——最后，我给施

---

① 共产主义者同盟。——编者注

② 揭露舍尔瓦尔是一个密探和奸细的这个材料，律师施奈德第二在1852年11月4日法庭开庭时的辩护词中利用过，稍后，马克思在抨击性著作《揭露科隆共产党人案件》中也曾经加以利用（见《马克思恩格斯全集》中文第2版第11卷第485—500）。由于揭露了舍尔瓦尔及其在所谓德法密谋案件中当奸细一事，马克思给科隆案件的辩护人提供了材料去驳斥原告提出的诽谤，即似乎科隆共产党人参与了维利希—沙佩尔集团的成员们在巴黎的冒险密谋活动。马克思寄来和辩护人在案件中加以利用的材料表明，反动派企图把共产主义者同盟说成是国际密谋的中心是毫无根据的，并且揭穿了警察当局为此而使用的种种手段的拙劣无耻。——原卷末注

奈德作了某些简单的理论说明，他根据这些说明可以把沙佩尔—维利希的文件同我们的区别开来，并且证明它们的差别。

在你转寄给施奈德第二的信①的同时，同一个文件经美因河畔法兰克福（老艾布纳尔在这里将文件投邮并拿了收据）送给了冯·洪特海姆律师；这是在星期二。这个包裹里有：（1）贝克尔给我的信，上面有伦敦和科隆的邮戳，从这封信里可以看出，我们的通信首先谈的是出版事宜；（2）丹尼尔斯的两封信，附在贝克尔给我的信里；在这两封信中，他只谈到自己的手稿②；（3）希尔施写的记录的两段摘录③；（4）《人民报》的一份剪报，恰好舍尔瓦尔本人在这里写明了自己的住址；（5）《新莱茵报》时期施梯伯先生给我的信（原件），现把它抄在我这封信的第三页。

星期二晚上偶然收到施奈德的信，从这封信中可以看出，他从邮局寄出的第一封信被扣下了。可是，他收到了这里的一封挂号信，这封信是我委托德朗克写的，在这封信中告诉他，**亨策**六至八星期以前在这里维利希处，维利希同他谈过话，并且自己在这里吹牛说他已指令亨策，叫**他**出来怎样反对我们。施奈德来信说，所有的律师都坚信文件是伪造的；他坚决要求给他寄去证据，特别是要证明，丹尼尔斯夫人从来没有写信给我。

假如不是你的两英镑恰好及时赶到，我星期三就会因无钱而不能干

---

① 见《马克思恩格斯全集》中文第 1 版第 28 卷第 164 页。——编者注
② 罗·丹尼尔斯的手稿《小宇宙。生理人类学概论》曾于 1851 年 2 月中由他从科隆寄给马克思审阅。马克思在 3 月 20 日给丹尼尔斯的信（这封信没有找到）中谈了自己对手稿的意见。丹尼尔斯也就这部手稿给马克思写过几封信。由于 1851 年 6 月接着而来的丹尼尔斯的被捕，并被交付科隆共产党人案件的法庭，手稿一直没有发表。——原卷末注
③ 马克思指希尔施在工人协会所作的记录。——原卷末注

任何事情了。于是，我到马尔波罗街治安法官那里（到首都区法官温甘先生那里，他详细询问了这个案件，并且热烈地表示**支持**我们，**反对普鲁士政府**）证实两件事：

（1）林格斯和李卜克内西的笔迹；据施奈德第二来信说，他们几乎在希尔施的全部记录上亲笔签字了。你知道，林格斯只勉强会写几个字，因此希尔施认为记录恰恰是他记的，这很好。

（2）根据我的请求，我们集会的地方的房东证明，从3月开始，"马克思博士的协会"（这个家伙只认识我）大约有十六至十八人定期集会，每星期只一次，就是每个星期三，他也好，他的仆人也好，一次也没有看见我们哪怕是写过一行字。每逢星期三举行集会的情况，他的一个邻居，德国面包铺老板兼房主也作了证明。

盖有治安法官的印章的两个文件，都是一式**两份**。我把第一份经……①寄给了格·荣克，恰好他三天以前写信给我，说他住在美因河畔法兰克福，并且给了我地址。荣克本人将把这些东西带到科隆，或者派信使到那里。他收到的那封信，是写给施奈德第二的，除了治安法官证明的上述文件以外，信里有：（a）给施奈德的第一封信的抄件，以及希尔施写的记录中的另外两段摘录；（b）贝克尔给我的一封信中的一段，恰好在它的背面有伦敦和科隆的邮戳。贝克尔的信，一字不差地照抄如下（除此以外，我寄到那里的摘录没有什么内容）：

"维利希给我写了几封非常有趣的信；我没有回信；但是他情不自禁地向我叙述了自己的新的革命计划。他指定我去使科隆的卫戍部队革命化!!! 不久前我们曾对此捧腹大笑。他的这种蠢举还会使许许多多的人倒霉，因为光是这样

————————

① 手稿此处缺损。——编者注

一封信就足以保证成百个审判蛊惑者案件①的法官能得到三年的薪俸。如果我在科隆发动了革命，他是不会拒绝领导下一步的行动的。真够朋友！兄弟般的敬礼。你的　　贝克尔"②；

（c）贝尔姆巴赫给我的三封信，表明了我们通信的性质，其中一封（3月的）同时也有对我那封谈到希尔施、谈到丹尼尔斯夫人被告发以及对她进行搜查的信的回答。这封信证明，她同我从来没有过通信联系；（d）施梯伯的信的抄件；（e）给施奈德的指示，我在里面特别告诉他，**证明文件**（或其**抄件**）将在星期四（10月28日）从伦敦用挂号信按他的地址直接寄给他，同时他将收到杜塞尔多夫的商人W.的挂号信**收据**。这样一来，如果政府这一次把信扣下，我们就可以证据确凿地当场抓住它，而它除了从辩护一方抢去一个抄件，得不到任何别的东西。

在本星期六（10月30日），你将看到《晨报》上关于《泰晤士报》和《每日新闻》的下流文章的简短声明。在上面签名的是：弗·恩格斯、斐·弗莱里格拉特、卡·马克思、威·沃尔弗。许多周刊也将刊载这个声明。③

---

① 指在德国摆脱了拿破仑的压迫以后，德国知识分子举行的反政府运动。还在解放战争时期就已产生的大学学生会的许多成员，在1815年维也纳会议之后便起来反对德意志各邦的反动制度，组织了政治性的示威游行，在游行时提出了统一德国的要求。1819年大学生桑得暗杀神圣同盟的拥护者和沙皇的代理人科采布一事成了镇压"蛊惑者"的借口。在1819年8月德意志各邦大臣的卡尔斯巴德代表会议上所通过的各项决议中，把这一反政府运动的参加者叫做"蛊惑者"。——原卷末注

② 马克思在他的抨击性著作《揭露科隆共产党人案件》中援引了贝克尔1851年1月27日给他的信的这段摘录，用来证明原告企图把维利希—沙佩尔集团的冒险举动说成是共产主义者同盟的策略是毫无根据的。——原卷末注

③ 马克思和恩格斯合写的《致英国各报编辑部的声明》除发表于《晨报》外，还发表于1852年10月28日的《旁观者》，10月30日的《人民报》、《先驱》和《观察家》。——原卷末注

　　我想，这一次普鲁士政府要大出其丑了，而且是空前的，它将确信，它不得不与之打交道的，并不是一些民主派傻瓜。它用施梯伯的干预救了我们的人。甚至贝尔姆巴赫被逮捕，也是好事。没有这一着，我们还不能把他的信送到那里。他为了不致遭到哪怕是临时性的拘留，本来是反对这样做的。现在，他坐牢了，一切都好了。［……］

　　我请你把下面这几行写给施奈德，并且**立即**用你在来信①中所说的第三条途径寄往科隆他那里。

　　"维利希—沙佩尔集团的十四至十六种文件，的确是被施梯伯**买去的**，但是同时也是被他**偷去的**。就是说，他用现钱暗中唆使一个叫**罗伊特**的完成了偷盗。罗伊特老早就根本不是‘警官’了，而是不时领取计件津贴的普鲁士公使馆的密探。他从**来不是**哪一个共产主义团体的，甚至**不是**公开的伦敦德意志工人协会的成员。**罗伊特**同维利希—沙佩尔中央委员会②的秘书兼档案管理员狄茨住在同一所房子里。罗伊特撬开了狄茨的写字台，并且把文件交给了一个人，不是施梯伯就是舒尔茨。这件事情早已在科隆陪审法庭上揭发过了。施泰翰在他被监禁在汉诺威的时候，侦查员曾把他写给流亡者委员会（主席是沙佩尔）③ 秘书狄茨的几封信出示给他看。大家知道，施泰翰越狱逃跑了。他在到达伦敦以

---

① 见《马克思恩格斯全集》中文第 1 版第 28 卷第 164 页。——编者注

② 指维利希—沙佩尔集团在 1850 年 9 月共产主义者同盟分裂以后建立的单独联盟的中央委员会。——原卷末注

③ 指伦敦德国流亡者救济委员会。该委员会附设于德意志工人教育协会。1849 年 9 月，马克思被选入该委员会。为了制止小资产阶级民主主义流亡者把伦敦流亡者中的无产阶级分子置于自己影响之下的活动，委员会根据马克思和共产主义者同盟的其他领导者的建议改组成了有马克思和恩格斯参加领导的社会民主主义流亡者委员会。1850 年 9 月中，马克思和恩格斯声明退出流亡者委员会，因为该委员会的大多数成员都受到了维利希—沙佩尔集团的影响。——原卷末注

后写信给汉诺威，要求把这些信寄来，以便他能够向英国法院控告罗伊特犯有：

（1）撬锁偷盗罪。

（2）**伪造**罪。就是说，他确信，在他的信（这封信现在也已经由施梯伯出示给科隆陪审员了）中，**有一处**由警察当局**改动了，加上了'五百三十塔勒，五百给领导人'这几个字**。当时他往伦敦只寄了三十塔勒，一个字也没有提到**领导人**。

汉诺威法院自然没有满足施泰翰的要求。同一个罗伊特撬开了狄茨的写字台，偷走了全部文件。狄茨和整个沙佩尔集团只是在施泰翰到这里以后才知道这件事的。"①

亲爱的恩格斯，我刚刚才收到你们的包裹。**因此，用不着你把上面的东西重抄一遍了**。我自己将用我收到的一个信封直接把它寄去。
［……］

手稿　　　　　　　　　　　　　　　　　　　　　　　　　节录

莫斯科苏共中央马列主义研究院
中央党务档案馆，f. 1，op. 1，d. 686
（《马克思恩格斯全集》德文版第28
卷第 168—174 页，参看《马克思
恩格斯全集》中文第 1 版第 28 卷第
167—174 页）

---

① 关于罗伊特偷走维利希—沙佩尔集团的文件，以及警察当局利用这些文件炮制迫害共产主义者同盟盟员的罪状，见《揭露科隆共产党人案件》。——原卷末注

731

弗里德里希·恩格斯（曼彻斯特）给
卡尔·马克思（伦敦）的信

1852 年 10 月 28 日

〔……〕科隆案件即使再延长一个月，我也毫不惊奇。星期一看来不曾开庭——可能是某一个被告或几个陪审员生病了，或者是所有的人都需要休息两天。特别是所有这些有名的见证人都在场，他们不知道要说些什么。亨策先生被弄得狼狈不堪。维尔特在汉堡遇到了这位高尚的人物，他在那里大骂你——这就解除了你对他所负的任何义务。他也公开承认他的愤怒带有庸人的动机。你要直接写信（挂号信）给律师中的一人，并提请他们注意，公诉已完全由泽特先生之手转入密探施梯伯之手，施梯伯在检察机关的默认之下，提出完全新的法律理论，这就是：

（1）凡在道义上与案件有关的人，为了被告的利益，从国外给律师们寄送文件和其他消息，并证明某个施梯伯的警察谎言毕竟是一种谎言，这是犯罪；收到这类信件，同样也是犯罪；

（2）相反，警察当局却有权干出种种罪行，甚至在法庭和公众面前公然吹嘘这些罪行，这就是：

（a）**撬锁偷盗**——撬开狄茨的写字台，并且从那里偷走文件；

（b）据他们亲自供认，用答应给钱来**唆使撬锁偷盗**，以及贿买；

（c）**偷盗文件**，即辩护所用的文件，把你给律师们的备忘录的一部分剪下来并藏起来；关于拆信，我已经不想提了，因为这些家伙竭力在以后至少用合法的形式掩饰这一点；

（d）**作伪证**和**发假誓**，施梯伯先生故意把科隆人说成舍尔瓦尔的同谋和同伙，他自己明明知道，而且他自己后来也承认，这是撒谎；其次，他特别发誓说，那封已经于15日就到了科隆的信，只是在10月19日才从邮局寄到科隆；他自己捏造出关于特别信使的全部谎言，等等；

（e）**伪造**，警察当局炮制了所谓的记录，并把它作为原本提出来，而我们则被剥夺了一切向辩护人递交反证的可能性。

等等。

如果律师们干得坚决和巧妙，那么，案件的结局可能不至于给科隆人判罪，而是施梯伯先生因伪誓和犯有违反无神论的法兰西刑法典的其他普鲁士罪行而被逮捕①。［……］

看来，可怜的贝尔姆巴赫也马上就被毫不客气地请上了被告席；他们想从这个无罪的可怜虫那里捞到什么呢！

你的 **弗·恩·**

1852年10月28日于曼彻斯特

交第二次邮班寄出

手稿   节录

莫斯科苏共中央马列主义研究院

中央党务档案馆，f.1，op.1，d.689

（《马克思恩格斯全集》德文版第28卷第 176—177 页，参看《马克思恩格斯全集》中文第1版第28卷第 177—178 页）

---

① 刑法典（Code pénal）对伪证、诽谤以及诸如此类的罪行规定了刑事处分。——原卷末注

732

弗里德里希·恩格斯、斐迪南·弗莱里格拉特、卡尔·马克思、威廉·沃尔弗就科隆共产党人案件致英国各报的声明

1852 年 10 月 28 日

致《人民报》编辑

阁下！

　　下列签名人请您注意普鲁士报界，甚至包括像《新普鲁士报》这样一些最反动的报纸对于正在审理中的科隆共产党人案件所持的立场，以及在目前，当1/3 的证词还没有审查完毕，对所提出的任何一个文件都还没有加以查对，辩护人还一言未发的时候，这些报纸所表现出的那种值得赞扬的审慎态度。这些报纸在最坏的情况下也不过是按照公诉人的说法把科隆的被告及其在伦敦的朋友——下列签名人——描写成"对近四年来欧洲的整个历史以及 1848 年和 1849 年所有革命动乱要负完全责任的危险的阴谋家"，而在伦敦却有两家知名的报纸《泰晤士报》和《每日新闻》，信口开河地把科隆的被告和下列签名人描写成"一帮游手好闲的无赖"、骗子等等。下列签名人也向英国公众提出被告辩护人曾向德国公众所提出的同样请求——在案件审理完毕以前，不要忙于作出自己的判断。如果他们现在就作进一步的说明，普鲁士政府就有可能阻碍揭发警察的诡计、提供伪证、伪造文件、篡改日期、进行盗窃等等，这些手段甚至在普鲁士政治司法史册上都是没有先例的。当所有这

一切在当前的审判过程中被揭露出来时，英国的社会舆论，对于扮演最下流最卑鄙的政府密探的辩护人和喉舌的《泰晤士报》和《每日新闻》的匿名作者，将作出公正的评价。

谨向阁下致以兄弟的敬礼

弗·恩格斯　斐·弗莱里格拉特

卡·马克思　威·沃尔弗

1852 年 10 月 28 日于伦敦

载于 1852 年 10 月 30 日《人民报》（伦敦）第 26 号（参看《马克思恩格斯全集》中文第 2 版第 11 卷第 548—549 页）

733

燕妮·马克思（伦敦）给阿道夫·克路斯
（华盛顿）的信

1852 年 10 月 28 日

[1852 年 10 月 28 日于伦敦]

亲爱的克路斯先生：

想必您会注意《科隆日报》登载的关于共产党人的巨大案件。10

月 23 日的开庭，使整个案件发生了惹人注目的、有利于被告的大转变，所以我们大家又都开始振奋起来。① 您可以想象到，"马克思派"在日以继夜地工作，脑袋和手脚一刻也闲不下来。这样的高度繁忙，也是我今天再一次以代理通讯员的身份给您写信的原因。维利希先生的密友狄茨先生（现在也在美国）**让人偷走**了维利希集团的全部文件——信件和记录等等。这些文件被原告一方提出来作为党的危险活动的证据。为了证明被告与此事有关，捏造谎言，说我的丈夫同尽人皆知的密探舍尔瓦尔有联系。这样一来，我的丈夫就被说成是科隆的理论家同伦敦的"实干家"、放火者和抢劫者之间的桥梁、中间环节。施梯伯和原告方面期望这一行动会产生巨大的效果。但是，这种谎言却像烟雾一样消散了。需要有新的效果，于是出现了 10 月 23 日法庭上的一派谎言。警察当局所说的一切都是谎话。它偷窃、伪造、撬开写字台、发假誓、作伪证，此外，它竟然认为它对处于社会之外的共产党人具有特权！所有这一切，以及警察当局以最无耻的形式取代检察机关的全部职能，把泽特推到无足轻重的地位，把未经证实的纸条、不折不扣的谎言、密告和传说当作真正经过法律手续证实的事实，当作证据。所有这一切简直令人毛发悚然。必须从这里提供揭穿这种伪造的全部证据。因此，我丈夫不得不日以继夜地工作。为了揭穿警察当局的伪造，必须提出官方确认的小酒店主的证词和经官方验证的所谓记录人李卜克内西和林格斯的笔迹。然后必须将全部文件转抄六至八份，通过各种途径，经由法兰克福、

---

① 在 1852 年 10 月 23 日科隆陪审法庭上，施梯伯向法庭递交了一本伪造的
　　"原本记录"。跟这次审讯的组织者的用意相反，把分明是伪造的文件作为
　　罪证提出来，只不过加强了辩护方面的地位，给辩护方面提供了揭露起诉
　　材料的伪造性质的更充分的理由。——原卷末注

巴黎等地寄往科隆，因为所有写给我丈夫的信和所有从这里寄往科隆的信总是被拆开和被截走。所有这一切，就是目前警察当局为一方和我丈夫为另一方之间所进行的斗争。他们把所有的一切，把整个革命，甚至把对诉讼的领导，统统归罪于他。不仅如此，施梯伯现在又宣布我丈夫是奥地利的奸细。为此我丈夫找出了《新莱茵报》时期施梯伯写给他的一封绝妙的信，这封信的确会使施梯伯大出其丑。① 我们还找出了一封贝克尔的信，他在这封信里嘲笑维利希的愚蠢和他的"军事密谋"②。维利希出于对贝克尔的仇恨，在伦敦这里给证人亨策尉官下了指示，他到目前为止一直从亨策那里得到施舍。总而言之，所发生的这些事情，如果不身临其境，是很难令人相信的。所有这些警察行径，都使公众以及陪审员的注意力离开了对共产党人的控诉本身，连资产者对这些可怕的杀人放火者的憎恨，也被对警察当局的卑鄙行为的反感冲淡了，因此，我们现在甚至可以期望我们的朋友被宣告无罪。同这种以金钱和一切斗争手段武装起来的官方势力作斗争，自然是很有意义的，如果斗争的结果是我们胜利了，那就更加光荣，因为对方拥有金钱、权力和其他一切，而我们却常常不知道怎样才能弄到一张写信的纸，等等。

　　附上弗莱里格拉特、马克思、恩格斯和沃尔弗今天发表的声明③。我们今天要把它寄给《论坛报》。您也可以发表它。

　　请原谅，这封信写得杂乱无章，而我也参与了这一事件，并且抄写东西把手指头都抄痛了，所以写得很乱。您在《体操报》上发表的那篇

---

①　见《马克思恩格斯全集》中文第 1 版第 28 卷第 172—173 页。——编者注
②　见《马克思恩格斯全集》中文第 1 版第 28 卷第 170 页。——编者注
③　卡·马克思和弗·恩格斯《致英国各报编辑部的声明》。——编者注

文章①，在这里很受欢迎。我丈夫认为这篇文章写得很出色，文笔也特别优美。其余的人宁肯您少谈些理论，而希望您永远是以前的那个幽默而愉快的克路斯。

　　刚才从维尔特和恩格斯那里寄来一批商业地址和假商业信件，以便转寄文件和信件等。［……］

　　刚才收到《科隆》②，满篇又都是极其恶劣的丑行。马上又要按照商业地址发出两封信件。我们这里现在有了整套办事机构。两三个人写东西，另一些人跑腿，还有一些人筹集便士，以便使写东西的人能够生活下去，并能把前所未闻的丑行的证据端到旧的官方世界的面前。再加上我的三个活泼的孩子③又唱又叫，他们常常被他们的严厉的爸爸赶走。真是热闹极了。亲爱的克路斯先生，祝一切都好，请尽快再给您的朋友们写信。

　　请鉴谅。

燕妮·马克思

手稿
莫斯科苏共中央马列主义研究院
中央党务档案馆，f. 1, op. 1, d. 687
（《马克思恩格斯全集》德文版第 28
卷第 640—642 页，参看《马克思
恩格斯全集》中文第 1 版第 28 卷第
648—651 页）

---

①　大概是指克路斯为驳斥卢格而写的一篇文章《物质的批判和道德化的观点》。——原卷末注
②　《科隆日报》——编者注
③　燕妮·马克思、劳拉·马克思和埃德加·马克思。——编者注

734

卡尔·马克思就他与《红色问答书》的
关系发表的声明

1852 年 10 月 30 日

致《晨报》编辑

阁下!

请接受我真诚的谢意,感谢您对我的朋友,科隆被告的案件所给予的慷慨援助①。尽管被告的辩护人将会揭露普鲁士警探②甚至在审讯过程中所干的一系列卑鄙行为,我还是想告诉您他们在最近为了证明我和科隆的被告之间存在着违法的通讯联系这一点而干出的骗人勾当。据10 月 29 日《科隆日报》报道,警务顾问施梯伯先生造出了他的一个新

---

① 在科隆共产党人案件审理期间,伦敦的日报《晨报》发表了一名科隆通讯员的报道,其中客观地报道了案件的审理过程,抨击了普鲁士政府的所作所为。这名通讯员大概是与马克思、恩格斯和一些被告人相识的记者吉恩。参看 1851 年 5 月 25 日罗·丹尼尔斯给马克思的信和 1851 年 6 月 21 日威·皮佩尔给恩格斯的信。(见《马克思恩格斯全集》1984 年历史考证版第 3 部分第 4 卷)。——原卷末注

② 指茹·舍尔瓦尔、查·弗略里、尤·亨策、威·希尔施和麦·罗伊特等人。——编者注

文件——一封似乎出于我的手笔的令人可笑的信，说什么我在信中委托我的一个虚构的代理人"把 50 份《红色问答书》① 从门缝里塞给克雷费尔德的某些公认的民主主义者，执行这一任务的时间选定在 1852 年 6 月 5 日午夜"。

为了我的被告朋友们，我特作如下声明：

（1）我未曾写过上述的信件；

（2）我只是从本月 29 日的《科隆日报》上才知道有这封信；

（3）我从未见过所谓的《红色问答书》；

（4）我从未以任何方式帮助散发过这种《红色问答书》。

这个声明我也向马尔伯勒街治安法官陈述过，因而它等于经过宣誓所作的证词，我已把它寄往科隆，如蒙贵报予以披露，我将非常感激，因为这是防止普鲁士警察当局截留这个文件的最有效的方法。

阁下，我始终是您的顺从的仆人

卡尔·马克思博士

1852 年 10 月 30 日于伦敦

索霍广场第恩街 28 号

载于 1852 年 11 月 2 日《晨报》（参
看《马克思恩格斯全集》中文第 2
版第 11 卷第 550—551 页）

---

① 《红色问答书》指莫·赫斯写的文章《德国人民的红色问答书》，可能于 1850 年在美因河畔法兰克匿名出版，既没有标明出版地也没有标明出版日期。1850 年 12 月 13 日《1841 年人民报》（巴黎）用法文摘要发表了这个问答书，并说明作者是赫斯。——原卷末注

735

弗里德里希·恩格斯（曼彻斯特）给
卡尔·马克思（伦敦）的信

1852 年 10 月 31 日

[1852 年 10 月 31 日于曼彻斯特]

亲爱的马克思：

案件像现在这样进行，结局不会不好。施梯伯的信①是比澳大利亚的所有金矿还值钱的发现。倒霉的诺特荣克保存了《新莱茵报》的这些旧文件，并且在那个时候把它们送到伦敦，这是多么幸运呵！我希望这东西能按地点送到，因为扣留这样的文件，检察长本人也不会认为是犯罪。本来你寄这封信最好是不用挂号而用别的方式。从法兰克福到科隆，还可能碰到什么倒霉的事，即使抄件是重要的证据，但原件毕竟重要得多。应该有一个人亲自把它带到科隆，或者通过信使送去。不过我希望，一切都会顺利。

其他文件也很好，我们现在要大喊大叫了。

为了保险，我昨天给冯·洪特海姆寄去一封信，这封信将在阿姆斯特丹付邮。我在信中把你给施奈德的信②的内容扼要地告诉了他，并且

---

① 见《马克思恩格斯全集》中文第 1 版第 28 卷第 172—173 页。——编者注
② 见《马克思恩格斯全集》中文第 1 版第 28 卷第 164 页。——编者注

通知他施奈德寄给德朗克的信没有收到。这样，就有了四份抄件和一份摘要。

我今天将经另一条途径再寄一份施梯伯的信的抄件到科隆去；并把星期五《晨报》所发表的一篇文章①的剪报、星期六的《晨报》上的声明②寄往莱茵省，总之使关于警察罪行的报道在资产者中间传播开来。现在，我建议：

1. 既然有利于原告的唯一的证人证词极其可疑，而其中有些东西我们现在就要证明无疑是捏造的，那么，你的，以及鲁普斯③、皮佩尔等人的**发誓**提出的并**得到证实**的证词，就是非常重要的了。检察机关爱怎么说就让它怎么说，这无所谓；陪审员们仍然认为我们和被告们是正派的。现在最容易不过的是，你们当中的两个人或三个人到温甘那里去，**发誓证明**你们所有的人都知道的有关伦敦的事情。例如：

（a）不存在 H. 李卜克内西这个人，而只有如你们所知道的 W. 李卜克内西，你们从来不认识 H. 李卜克内西；

（b）丹尼尔斯夫人从来没有给你写过信；

（c）你们除每星期三集会以外，从来没有在星期四和在任何别的地方集会过；

（d）你们宣布希尔施记录中的、似乎是你们的发言、报告等等，完全是谎言；

（e）检察机关认为是出自你的手笔的《红色问答书》的附函，不是你写的——

---

① 指 1852 年 10 月 29 日《晨报》上刊载的一篇科隆通讯员的报道，这篇报道相当客观地说明了科隆案件的进程。——原卷末注

② 卡·马克思和弗·恩格斯《致英国各报编辑部的声明》。——编者注

③ 威廉·沃尔弗。——编者注

　　还有，施梯伯在最近的庭审和最初的一些证词中所说的种种，都是谎言，你们必须加以驳斥。①

　　在温甘面前发誓说出的这一切，温甘会拟成一个通常的Affida-vit②，——你们可以干脆把英文草稿带着，——你请他把它交给一个警察，这个警察会同你一起到西蒂区普鲁士领事黑贝勒那里；后者必须证明温甘的签字无讹，**否则他会失去自己的领事许可书**。这样办妥手续的一式两份的证词，接着可以送到科隆，一定会在那里起作用的。我认为这是极其重要的，因为这合乎**全部**法律程式，从而它将成为司法文件。如果黑贝勒仍然拒绝签字，你就去找任何一个官方公证人，他将证明文件无讹（这种办法是在类似情况下由普鲁士当局告诉我的老头③的）。

　　2. 昨天收到了德朗克关于班迪亚的长篇报道。我必须告诉你，在听到关于我们手稿④的卑鄙的流言飞语以后，在读过维尔特星期二送给你的敦克尔的信以后，如果班迪亚真的在给科特斯的上上一封信上写了地址⑤，那么，对他是普鲁士的密探这一点，我几乎不再怀疑了。他和匈牙利人的联系并不证明他不是这样：在我们这里他抬出匈牙利人，在匈牙利人那里却抬出我们。这件事情无论如何必须马上仔细调查。如果

---

① 马克思根据恩格斯的建议就上述各点写成的、经英国法庭证明后寄到科隆的证词，由施奈德第二在案件中用来驳斥施梯伯的控告和证词中的说法，并用来证明"原本记录"是伪造的。——原卷末注
② 向法官作的声明，与宣过誓的证词有同等效力。——编者注
③ 恩格斯的父亲老弗里德里希·恩格斯。——编者注
④ 卡·马克思和弗·恩格斯《流亡中的大人物》。——编者注
⑤ 敦克尔1852年10月21日写信给维尔特，答复他打听的关于出版商艾森曼或艾泽曼的情况。敦克尔在信中说，没有这样一个姓氏的《立宪主义者报》出版商。
　　科特斯被捕的原因是，警察扣下了一封马克思寄给他转交贝尔姆巴赫的信。——原卷末注

班迪亚先生在二十四小时以内不对手稿的下落作出令人满意的说明，不把那个叫做艾泽曼的人以前的**地址**、街道和门牌号码告诉我们，不对其极为神秘的生活来源作出说明，那么，我就强烈主张科隆的律师们直接向施梯伯先生提出问题，问他对班迪亚上校这个人知道一些什么。施梯伯先生在经过揭露以后不敢再提出假证词，因为他无法知道这会产生什么后果。同时应该把关于手稿的事情告诉施奈德，好让他在庭审时讲一讲这一点；这样一来，就用不着任何补充说明了。

3. 施泰翰工人协会①的几个人，委员会的成员等等，也可以去找治安法官，——要带上希尔施亲笔写的整页整页的，或者尽可能是很长的文件，而不要带小纸条，——并**发誓证明**这是希尔施的笔迹。这将比简单的未经证明的片断好得多。

我们在星期一再寄点钱给你们，使你们不致因此发生困难。**你的**发过誓的证词可以到最后才送去——这有它好的一面；只是要注意，在传讯证人结束以前，一切都要送到那里。

不要忘了尽可能快地寄几个可靠的地址给我。

施泰翰关于伪造罪②的证词也应该在治安法官面前宣誓。这可以有出色的结果。[……]

施特龙又到了布拉德弗德，他有点小病，星期三、四将到这里来。我今天写信给他作了详尽的指示，你如果寄点东西给他，就可以期望巧

---

① 这个协会是在马克思的支持下于1852年1月在伦敦成立的，主席是汉诺威的流亡者施泰翰。加入该协会的是脱离了受维利希—沙佩尔集团影响的德意志工人教育协会的工人们。马克思和恩格斯的密友、共产主义者同盟盟员、工人罗赫纳也曾积极参加协会的筹建工作。后来，该协会的许多成员，包括施泰翰本人在内，都受了维利希—沙佩尔集团的影响，并归附于原先的组织了。——原卷末注

② 见《马克思恩格斯全集》中文第1版第28卷第174页。——编者注

妙地完成委托，而与**我的**行动不矛盾。主要的是一切商业地址都只能用**一次**。

我们应该使事情达到这种程度，以致**施梯伯行为**将来永远被用作**小偷行为**的同义语①。

在辩护人中间有许尔曼律师。他的地址也可以用来寄送邮件。施奈德的地址的确太危险了。

班迪亚的事情之所以重要，还有一个原因：假定"原本记录"**不是希尔施的手笔**，而是转抄的。那怎么办？要知道施梯伯本来就发誓声明他完全不认识希尔施。

如果科隆人仍然被判罪——不过我认为这几乎是不可能的，因为我们仍将竭尽一切努力，使全部消息和文件送到那里，——那么我们无疑应该写点东西。否则，我想这只会削弱政府失败的影响。然而，即使如此，这也将取决于一系列的情况。首先应该把一切文件和 Affidavits 之类的法律上按一切手续证明无讹等等的准确抄件保存下来，因为这样一来，这些东西将编成一套出色的证明文件。［……］

手稿　　　　　　　　　　　　　　　　　　　　　　　　　　　　　节录

莫斯科苏共中央马列主义研究院
中央党务档案馆，f. 1，op. 1，d. 690
（《马克思恩格斯全集》德文版第 28
卷第 178—181 页，参看《马克思
恩格斯全集》中文第 1 版第 28 卷第
178—183 页）

---

① "施梯伯行为"的原文"Stieberei"，是由施梯伯这个姓变来的，它同"小偷行为"这个词的原文"Dieberei"谐音。——编者注

736

卡尔·施奈德第二（科隆）给卡尔·马克思（伦敦）的信

1852 年 11 月 1 日

卡·马克思先生阁下：

不是害怕与您进一步通信，确实是没有时间，使我至今未能回答您的来信。此外，冯·洪特海姆答应我说，一收到寄往他那里的信件及附件马上告知。我现在有您 10 月 25 日的信三封。其次，我还收到您 10 月 28 日的来信及附件、29 日的来信（又是署名威·李卜克内西）和 30 日的来信及您的礼节上的声明。此外还有德朗克的信。① 我写给您的第一封信（关于这封信，您收到过一个简短的提要），并没有被没收，而是由于我的中间人胆怯没有从这里发出，科特斯的命运把他吓住了。您大概从报纸上看到，我已经掌握有李卜克内西和林格斯的笔迹，是通过林格斯青年时期的朋友、已接受过讯问的证人施米茨以及曾和李卜克内西一起在吉森上过大学的比恩包姆的协助得到的，我把林格斯的几封极其稳妥的信件呈交给法庭。这两个证人的证词使每个无偏见的人都不再怀疑，**威·李卜克内西**和林格斯直到现在仍然作为流亡者滞留在伦敦，是伪造记录的人让他们在记录里露面。此外，在文件中还有不容怀疑的李卜克内西带着名字"威·"的笔迹，可以用来比较他的笔迹。我对

---

① 这里提到的所有给施奈德的信件至今都没有找到。

于自己在林格斯问题上的发现秘而不宣，对李卜克内西给比恩包姆的信亦如此。可惜的是，我不得不通过秘书们去查找有李卜克内西名字的文件，以便在我要求比较笔迹之前，先亲自看一看笔迹。在我去秘书办公室之后，紧接着有一位同事去那里，他也要人把文件拿给他看，并看到文件上的署名与据称是李卜克内西书写的记录上的字体有出入（顺便说说，他对于林格斯和李卜克内西的信件一无所知），他过早地说出了这一点，有人把这件事在第二天早晨开庭前报告给施梯伯先生。一开庭我设法让施梯伯进一步说明记录的署名人，就所谓他在酒店里的讲话首先向他提出质问，并声明，林格斯和乌尔默是虚构的人物。然而，出于警察的本能，施梯伯不上钩，为了保持镇定，他反复唠叨什么他是怎样得到记录本的，并发明了 H. 李卜克内西这个遁词。对于我本来的问题，他避而不答，经我反复追问，他诡称不认识林格斯和乌尔默以图解脱，并推测说，这是盟内代号。这样一来，施梯伯就已丢尽了丑，在我通过施米茨和比恩包姆［……］① 把林格斯和李卜克内西两人的信件转交上去并暗示了我的目的之后，没等核对笔迹真正开始，恐怕再没有一个陪审员对记录本是伪造的持怀疑态度了。如果看一下记录本，确实感到难办，证明它是假的，有一百条、一千条理由，应作何种挑选呢，从《科隆日报》的摘录您只能看到其中极其微小的部分。您就希尔施的事写给贝尔姆巴赫的信，马上把我们引向伪造者本人。

据称，施梯伯又去过伦敦。

给贝尔姆巴赫的最后一封信，引起层层波澜。如果贝尔姆巴赫没记错的话，他在给您的上一封信里写过，您应再次用科特斯的地址写信。或者说这封信被人拆开了，或者这里还有个了解科特斯底细的人把他的地址泄露了（如很多猜测所表明），总而言之，警方知道这个地址，而

---

① 有一个字无法辨认。

且如您所读到的那样，警方事先把这封信抄录下来，就是说，知道了信的无害的内容，然后派一名陌生的警探拿着这封信去科特斯那里。科特斯立即把信带给贝尔姆巴赫，但是，盯梢的警探没有跟住科特斯。因为在信上有个字母 B.，而从记录本的内容看毕尔格尔斯被您视为告密者，所以，这里的警察狡诈地想到，B 是贝克尔，他能通过监狱铁窗通信。科特斯早 9 时左右收到信，晚 10 时，当警方认为信已到了贝克尔手里的时候，就搜查了他。我们这些人已渐渐地熟悉些警察逻辑，所以，当我得知贝克尔被搜查的消息时，这里面的前因后果我马上清楚了，还在贝尔姆巴赫被捕前我把这件事告诉了我的同事，我们觉得很有趣。24 小时后，科特斯终于想念起妻子和孩子们，供出了贝尔姆巴赫是收信人。不言而喻，这项战果也是可以预见到的，因此，在贝尔姆巴赫那里，不可能搜搜家就找到些什么，如果说在他家里真的有过什么可以用来查明一件罪行或过失的东西的话。贝尔姆巴赫一度被释放，后来又被关进去，大概是因为施梯伯还期望搞出进一步的揭露材料。

在案件中出场的鉴定人是头地地道道的蠢驴，我相信，亲自看过笔迹的陪审员大概都立即看出它是伪造的。可以作为依据的，除您所列举的、我们怀着感谢的心情接受了的理由外，还有很明显的情节。

《科隆日报》已报道了所提出的问题，这样一来，鉴于对密谋的概念已正确地下了定义，致使严肃的陪审员们不再可能赞成密谋的罪名，辩护的法律方面的主要工作实际上已告完结。

我至今没有答复您，除了时间紧以外，还因为我确信，从这里的邮件发出的时间看，您从《科隆日报》上得到消息要早于通过信件，尽管消息不完整，提供的审判过程支离破碎，特别是许多有利因素被略去不提，但是由于您熟知案情，仍然可以自动地作出解释。

　　　　　　　　　　　忠实于您的律师　施奈德第二

　　　　　　　　　　　1852 年 11 月 1 日于科隆

刚才我又收到您 10 月 27 日的来信及全部附件 ［……］①，林格斯和李卜克内西以及酒店老板声明的副本，等等。

手稿　　　　　　　　　　　　　　　　　　　　　第一次发表

莫斯科苏共中央马列主义研究院中央

党务档案馆，f. 20, op. 1, d. 64

737

卡尔·马克思（伦敦）给弗里德里希·恩格斯（曼彻斯特）的信

1852 年 11 月 2 日

［……］现在，对直接用我们的地址公开通信感到担心的时刻已经过去了。律师们星期六（10 月 30 日）收到了大批文件，星期天收到了法兰克福的第二封信，昨天收到了我最近的一封信和向治安法官作的声明。今天我把登在今天的《晨报》上的声明②用挂号信直接寄给了施奈德第二，与其说是为了现在辩护的需要，不如说是为了让普鲁士政府知道，我们有办法迫使它的邮局老实一点，否则，就要在伦敦公众面前揭露它。

律师们及时地，即恰恰是在公诉**结束以前**，收到了一切必要的东西。现在我认为，只要审判不致由于某种新的意外事件而拖延下来，不

---

① 信纸污损。

② 卡马克思《致〈晨报〉编辑的声明》。——编者注

需要我们进行新的干预，那就不再需要寄**任何东西**到**科隆**了。[……]

关于那封造谣说是我写的信①，我只缺少住在**柳提赫**②的**莫泽斯·赫斯**的地址。我一定要写信给他说："告诉我，你把几本《问答书》给了谁，是谁在德国推销，否则我将在《独立报》上宣布你是文件的伪造者。"莫泽斯将不得不说实话，而如果这一次证明，伪造我笔迹的不是警察，而是金克尔—维利希，那我就以伪造他人笔迹的罪名把他们告到本地法院。[……]

手稿　　　　　　　　　　　　　　　　　　　　　　　　节录

莫斯科苏共中央马列主义研究院中央
党务档案馆，f. 1, op. 1, d. 692（《马克思
恩格斯全集》德文版第 28 卷第 182、
183 页，参看《马克思恩格斯全集》中
文第 1 版第 28 卷第 183、184 页）

738

亨利希·毕尔格尔斯在科隆共产党人案件中发表的辩护词[476]

1852 年 11 月 4—5 日

先生们！我和与我一起被控告的难友，站在你们的面前，我们被指

---

① 指《红色问答书》的附函。——原卷末注
② 列日。——编者注

控制造了一场阴谋，企图推翻现存国家制度。这是一项严重的、置人于死地的控告，不过，如果我们考虑一下原则，讨论一下这个罪行的客观事实，那么，这项控告的分量也就微不足道了。然而，我在转到这个问题之前，先要谈谈这个起诉书是怎样拼凑起来的，它的体系是怎样设计的。如上所说，我们被控制造阴谋。阴谋是两个人或更多的人之间相约并采取的决定，而这个决定如要真正构成阴谋，必须具有法律所指明的目的。但是，这里我要着重提醒诸位，必须区分真正决定下来的目的和法律所界定的目的，因为仅仅指出这两种目的之间的关联是不够的，还必须指出所作出的决定之间的关联，只有这样才能推论出二者之间的关系。

起诉书的第一句话是："共产主义就是实现统一的、不可分割的、社会的或社会民主的、或民主的和社会的共和国。"

起诉书何以会想到把这个如此非凡的共和国说成是共产主义的目的，或者如它明确表示地那样，是"全部努力的最终目的"呢？为了对付我们，你们不得不经常求助的同盟的科隆章程①，在关于共产主义革命的解释中，没有一个字谈到这样的共和国。同样，1848年2月党的宣言②和1850年3月的告同盟书③也不包含这类内容，而这两个文件却被起诉书说成是对解释上述章程具有权威性。

《共产党宣言》在谈到运动的最终目的时说："代替那存在着阶级和阶级对立的资产阶级旧社会的，将是这样一个联合体，在那里，每个人的自由发展是一切人的自由发展的条件。"1847年12月的旧的同盟

---

① 文件554。
② 文件202。
③ 文件448。

章程①在这个问题上的提法，与《宣言》完全一致。章程的第 1 条写道："同盟的目的：推翻资产阶级政权，建立无产阶级统治，消灭旧的以阶级对立为基础的资产阶级社会和建立没有阶级、没有私有制的新社会。"根本没有社会共和国这一说。最后，起诉书为解释这个章程也曾援用过的 1850 年 3 月的通告信，同样没有提到"社会共和国"这个词作为全部努力的最终目的。通告信把法国和德国的共和派小资产者称作社会主义者或社会民主党人，把这些人所提出的在通过革命夺取政权时采取的措施称作社会主义的。它把建立一个统一的、不可分割的共和国的要求称作是应该向取得政权的民主派立即提出的要求，与此相反，它明确指出，在运动的初期，工人不可能提出共产主义的措施。可见，一个统一的、不可分割的、社会的或社会民主的共和国，不仅没有被《共产党宣言》、旧的章程、对于党的政策具有决定性影响的 1850 年 3 月的通告信以及科隆章程说成是共产主义努力的最终目的，而且正相反，3 月的通告信显然恰恰是为了说明共产主义以及工人政党的努力的直接对立物而使用社会的、社会主义的、社会主义者这些表达。这里我们不禁要问：是什么促使起诉书不仅全然不顾人所共知的普通历史事实，而且与同盟的所有权威性文件唱对台戏，硬把社会共和国说成是全部努力的最终目的呢？原因就是，起诉书不得不断言，同盟于 1850 年 9 月分裂成的两个完全对立的派别所作出的努力是完全一致的，断言这种对立仅仅是基于个人的关系而产生的，只有这样，起诉书才能够把蓄意从事直接颠覆活动的罪名强加给我们曾经属于过的同盟。

现在我们来谈起诉书的第二和第三句话："实现社会共和国的条件是暴力推翻到目前为止的社会制度。实现社会共和国被某个同盟宣布为自身的目的，也就是说，这个同盟致力于暴力推翻到目前为止的社会制

---

① 文件 183。

度。"我们看到，起诉书白白地花费了不少气力给社会共和国又加上一大串形容词，把它说成是全部努力的最终目的，那它的目的是什么。它的目的不仅是要把沙佩尔—维利希同盟的党纲编造成整个同盟的纲领，不，这只不过是主曲的前奏，主曲的调门是，让这个同盟具有的实际表现，让它所确定的立即付诸实施的任务，它所采取的明确的行动决定以及它曾试图加以使用的实施手段，看起来如同整个同盟，特别是也包括科隆同盟，所具有的表现、任务、决定和手段。为实现这一点，起诉书把最终目的假设了一番，使它很容易被人理解为立即加以实现的任务。在此之后，起诉书把党的一般原则提到显著地位，把全部注意力集中到消极的、包含着对立的方面，以便借此使实现原则表现为唯一的、重大的、全面的谋杀行为，就好像沙佩尔—维利希同盟曾经打算过的那样，虽然这只是白日做梦。

当然，如果起诉书把这一个重大的谋杀行为升华为唯一的、全面的、所有细节均已协商好了的大事（而且，只要一举事就按部就班地、不间断地、始终根据一开始就确定下来的唯一的计划和统一的、不可变更的意志去进行），那它必然陷入困境。工人党应该经历的不同发展阶段讲得实在太明确了，不仅在科隆章程中，而且在一切可能作为我们的罪证提出的文件中，都明确地指出过，而且非常尖锐地强调，同盟不能把规律和规则强加给它所坚信的那个社会所必须经历的历史过程，同盟不能幻想根据一项预先制定的计划给社会勾画出它的发展进程，相反地，同盟到处都要遵照这种发展，到处都要从实际情况出发，以现存的状况为依据（现存状况是由各国人民的政治和经济进步、各个阶级在不同时代和不同条件下作出的努力所造成的），简而言之，非常清楚，同盟并不想**通过密谋的途径捞一把**，它的想法是，借助政治斗争的手段提出一项原则，它认为这个原则是文明国家一切政治运动的根本问题。这个原则就是所有制问题，即社会的经济组织。这个问题的具体表现是由具体国家的生产关系决定的。一个国家的思想和政治发展，也是与生产关系的发展相联系的。因此，一个国家里制约着生产关系的阶级，也赋予整个社会特殊的形式、特殊的性质；是这个阶级建立了社会制度并维护它。当某一种社会制度从本质上说已完全在最先进的民族那里实现的时候，另外一些落后的民族才刚刚向着这个方向起步，取得或多或少的成绩。在先进民族那里，由于制度已实现，就形成一种局面，使现存制度与社会的进一步发展不相容了，如果说这种局面使大多数居民处于必然和现存制度对立和对抗的地位，那么，这并不是选择的问题，不是个人意愿的问题，或某个恶魔灵机一动要在地狱里制造阴谋，诱骗和迷惑可怜、软弱的人类去达到自私的目的，不，要求开展政治斗争，攻击现存制度，考察它的本质，把它的结果拿到光天化日之下，这是**由一切生活条件所决定的一种必然性**；如果事实表明，这个制度产生的结果是制度的本质造成的，而不是归因于或多或少偶发的表面现象，那就要求人们彻底废除这个制度并为此而努力。如果这一切在最先进的民族那里成了社会当前的直接任务，如果一切政治斗争都汇流到这个中心，那么，这项如此概括地提出的任务就是唯一的、确定的、事先协商好的、不可改变的大事，但是，在像德国这样一个在社会发展方面远远落后的民族中，也应该把这件大事立即付诸实施吗？

鉴于这项任务聚合着一个世纪的力量和努力，谁会把这种无聊（我要说，是近于荒唐的无聊）推到一个政党的身上呢？诚然，这个政党大体上讲出了这项任务，在一份宣言中论证了它，说明个别的努力服从于整体；难道因为这样，就能说这种纯粹倾向性的声明把规定实际行动性质的一切都商定好了、决定下来了？又怎能仅仅据此来判断实际行动与法律范畴的关系？

《宣言》说，共产党人的目的只有通过暴力推翻一切社会制度才能达到，这段声明对于共产党在一定国家、一定时期内和一定条件下提出的实际任务，不表明任何问题。这是一项纯理论性的声明，不包含任何可能据以作出行动决定的东西。起诉书大谬不然，它竟把这样的决定硬加给共产党人："鉴于我们的目的只有通过暴力推翻社会才能达到，我们——共产党人决定，暴力推翻社会。"不过，"推翻社会制度"或者如科隆章程所说的"无产阶级思想、政治、经济的解放"这类措辞表达的真正含义，并不难理解。如果想用决定的形式表达这段声明，大致的意思是："我们——同盟盟员决定，实行无产阶级思想、政治和经济的解放"，那么，人们一眼就会看出作出这类决定并把它确定为一个重大谋杀行为的客体是荒谬的，是不可能的，这会使人认识到，章程对于目的性的全部规定只是说出了新社会制度的原则，这个原则构成政治努力的基础。从本质上说，它与现代资产阶级社会是相对立的。使无产阶级处于目前状况的这个社会的体制，必须通过政治斗争的途径，根据不同情况采取不同手段来废除。

现在我来谈谈实现所谓的同盟目的应具备的先决条件。这些条件说到底就是：有组织的掠夺制度和血腥的内战。

前面我已经提到，起诉书想要把这个重大的谋杀行为升华为唯一的、形成决定的形式协商好了的大事，那它必然陷入窘境。事实上，它不得不放弃行动一致的提法，而搬出一连串个别行为来代替唯一的整体性。但是这样一来，它就自己提出了最好的证明，说明它对待这个重大的谋杀行为不可能是认真的，法律上甚至都没有这样一个名称。一个谋杀行为不会由当前的和未来的目的构成。但是，如果谋杀行为不存在了，密谋自然也不存在了。事实上，提出这个重大的谋杀行为，只不过为了吓唬一下胆小怕事的人，并激发一下高昂庄严的情感。

先生们，请你们读读通告信①的第二段和第三段，然后请你们裁决

---

①　文件448。

一下，其中是否有一个词支持起诉书的下述论断：武装的无产阶级大众革命后立即把手伸向看起来颇为可恶的私有制，狠狠地整它几下；手握武器，强行采取措施并建立机构以组织一个掠夺制度，而该制度必然导致血腥的内战。这两段所包含的全部内容可以概括为下面的几句话：

在被通告信视为即将发生的流血冲突中，工人们这一次也和在所有的时候一样，将要去夺取胜利，尽管如此，工人们能否直接享用胜利果实，这就由不得他们了。国家政权和政治统治将落入资产阶级民主派手中，这是一种社会的必然性，是由德意志民族的整个状况决定的，非武力所能改变。资产阶级政党在三月战斗之后立即向被打败的君主专制政府提出并实现了建立武装的和有组织的市民自卫团的要求，和资产阶级政党一样，工人党也必须把自己组织起来，建立无产阶级近卫军，从而可以迫使资产阶级民主派兑现它所许诺的全部让步。新政府接着组建起来，于是进入了和平辩论的时期，议会斗争的时期。

至于工人们通过自己的代表在议会斗争中有什么样的要求，预先无法确定，因此也无法作出决议。这纯属政治上的不测事件，不管在什么地方，人们都应按照对手作出的让步和采取的措施来确定自己的方针。

1850年3月的告同盟书教导我们，无产阶级政党不能指望在推翻现存政府之后分享胜利的果实；资产阶级民主派将取得统治并按照自己的原则组织国家和社会；无产阶级在资产阶级民主派面前只能采取反对党的立场。这和无产阶级上升为统治阶级完全是两回事，不过，这一点在《共产党宣言》里是作为**工人革命**中的**第一步**加以阐释的。起诉书引证了《宣言》中的这句话，然而仅仅是为了给另外一句表明共产党人最近目的的话加上一个错误的解释。这后一句话是："共产党人的最近目的是和其他一切无产阶级政党的最近目的一样的：**使无产阶级形成为阶级，推翻资产阶级的统治，由无产阶级夺取政权。**"起诉书把这两句话作为等同的放在一起，这样一来，按照起诉书，共产党人的**最近目**

的就该是在工人革命中实现第一步，从而当然也就是这场革命本身。但是，没有什么比这种等同更错误的了，更违背《宣言》的详细阐述了，因为它把无产阶级形成为阶级、组成为政党和无产阶级作为已组成的政党出现当成一回事，混合在同一发展时期。当然，起诉书很聪明，它没有考虑《宣言》关于无产阶级不同发展阶段的论述。如果起诉书肯于花费点力气，研究一下这个纯客观的、不过以历史事实为依据的论述，它就会看清，《共产党宣言》中的下述论断是多么正确："他们不提出任何特殊的原则，用以塑造无产阶级的运动。……共产党人的理论原理，决不是以这个或那个世界改革家所发明或发现的思想、原则为根据的。这些原理不过是现存的阶级斗争、**我们眼前的历史运动**的真实关系的一般表述。"

我问我自己，并且援用最近十年的历史事实：《共产党宣言》所指出的无产阶级第一个发展阶段不正是德国无产阶级的绝大部分目前还处于的阶段吗？这难道不正是过去的一段时间一切政治斗争的结果吗？而这个支离破碎、软弱无力的阶段除了通过下述途径，即资产阶级打破容克地主的反动性和顽固性，在统一起来的人民和真正的民族的基础上建立自由竞争的原则以取代封建欲望、同业公会的企图和伪宪法，还有别的什么办法消除吗？但是，在这样一个发展阶段上，甚至连联合为政党所需的各种客观条件都还缺少的时候，怎么会想到发动工人革命呢？

表明无产阶级发展过程**第二阶段**的段落，极其明确无误地说出了德国工人政党从下一次革命中能够期待些什么。

关于**第三阶段**，《共产党宣言》写道："**最后**，在阶级斗争接近决战的时期，统治阶级内部的、整个旧社会内部的瓦解过程，就达到非常强烈、非常尖锐的程度，甚至使得统治阶级中的一小部分人脱离统治阶级而归附于革命的阶级，即掌握着未来的阶级。所以，正像过去贵族中有一部分人转到资产阶级方面一样，现在资产阶级中也有一部分人，特别是已经提高到能从理论上认识整个历史运动的一部分资产阶级思想家，转到无产阶级方面来了。"

《宣言》接着指出了中间等级，即小工业家、手工业者和农民的灭亡，并一般地叙述了无产阶级革命的任务，最后用如下的话结束了这段论述：

> "在叙述无产阶级发展的最一般的阶段的时候，我们循序探讨了现存社会内部或多或少隐蔽着的国内战争，直到这个战争爆发为公开的革命，无产阶级用暴力推翻资产阶级而建立自己的统治。"

可见，从资产阶级取得胜利直到爆发无产阶级革命是一个很长的发展过程。这种理解方式不仅是《共产党宣言》所独有的；它在我们曾经所属的同盟的一切文件中反复出现，随着同盟内部有人提出反对意见并逐渐形成一个派别，这种理解方式变得越来越尖锐、越准确并在表述上越坚定。上述这个派别把审时度势说成是软弱，把革命力量用在蛮干上，它认为全部、干净、彻底地清除垃圾——它指的是资产阶级社会——的时刻已经到来。

所以，我们相信，同盟对革命的态度，或者准确地说，就像通告信所表述的那样，对待"流血冲突"的态度，是完全消极的，这种态度根本排除任何密谋暴力推翻现存社会的作法。在以后的年代，同盟也坚定地保持这种态度，当同盟内部的一个派别提出放弃这一态度的要求时，中央委员会的多数不仅坚决表示反对，而且不惜同盟发生破裂和分裂没有作出让步，他们认为让步对党的存在是毁灭性的。由此而想出了把中央委员会移到科隆这一解救办法，由此而促使科隆区部就这一问题作出一项明确的、坚定的决议。事实上，这是今天站在你们面前的同盟成员就三月通告信的建议不得不破例作出的**唯一**决议。这个被起诉书擅自定罪的唯一的决议是怎么说的呢？无条件拒绝少数派的建议，无条件坚持消极原则，这是由于认识到，要发动一场被我们的敌人说成是立即实施的任务的无产阶级革命，不仅从党的状况看还缺少一切手段，而且在社会发展的目前阶段，还缺少一切客观条件。

先生们，这里你们看清了，为什么起诉书费了九牛二虎之力来掩饰、抹煞这个对它来说是致命的事实真相，并妄图把这一事实淹没在浩如烟海的庞杂材料中。这就是为什么对我们所能提出的一切证明材料都已收集起来以后侦查无限期延长的原因。他们首先需要把沙佩尔—维利希同盟的文件搞来，以便弄成一个哪怕似是而非的客观犯罪构成。因此有必要靠牺牲我们的健康来收集同盟的历史，把这段历史一直追溯到我党的童年时代。他们说，共产主义者同盟1851年没有制造阴谋，那它的前身——流亡者同盟在1844年①却制造了。因此就从1845年的一张名片上搜罗出证据来。② 因此就千方百计把一切事情都混同起来，把同盟两派的原则分歧归结为纯粹的个人争端。因此就搬出警察当局的证明，如果说其中包含点实质性东西的话，那也只是涉及到沙佩尔—维利希同盟，这些证明是专门拿出来给你们看的，目的在于用警察的荣誉保证，凡是适用于沙佩尔—维利希同盟的东西，也必然无条件地为科隆同盟所接受。但是，事实真相白纸黑字写在这里，谁也无法歪曲它、曲解它。人们尽可以掩盖真相，把真相伪装起来，但是人们无法阻止这个伪装被揭穿。

让我们看一看，文件里关于导致同盟分裂成两派的原则性争吵都包括哪些内容，比较一下两派的言论，然后作出自己决定性的判断吧。

不过，首先我要作个一般性的说明。就基本原则而产生的意见分歧，在一切政党里面都是和个人的敌对纠缠在一起的。一个政党的原则

---

① 原件如此。

② 起诉书第39页写道：1846年在马格德堡的裁缝亚历山大·贝克处找到一份1845年的地址录，上面记有毕尔格尔斯当时在布鲁塞尔的地址。

发生了分裂，那里就必然出现相互指责对方背叛的局面。人们并不是及时地分道扬镳，而总是希望说服对方。人们争执不休，当人们找不到更多的理由时，就力图在心理动机、个人品质这些方面求得解释，从寻求相互谅解的企图中却直接迸发出敌对、仇视。在那些没有受到外部生活条件的影响而保持一定距离并且在私人交往中几乎相依为命的党内同志们中间，这种现象必然更为常见。因此，不足为奇的是，尤其在全部过着流亡生活的人们中间，一旦意见分歧不再仅仅局限于琐事，就会演变成个人之间的冲突，而这种冲突直到很久以后，就是说，经过争吵、气愤、恼怒，到了不可收拾的时候才爆发，又正因为如此，表现形式极端激烈。联系人们的友谊纽带越紧密——而不幸始终把人们最紧密地团结在一起，人们就越是难以下定破裂的决心；是啊，破裂每每都是在难以抑制的激奋状态中爆发，极少有另外的情形。

　　因此，科隆中央委员会在报告这一冲突的 1850 年 12 月通告信①里声明，科隆区部认为不宜对个人争端和敌对追根究底，因为争端和敌对已然达到极其激烈的程度。接受多数派的决议并据此组建新的中央委员会的唯一原因，是考虑到拯救同盟的原则、政策和存在。令人吃惊但又千真万确的是，起诉书把这个声明仅仅看成是科隆区部趁机攫取它垂涎已久的中央委员会的虚伪借口。为了证明科隆有这个贪欲，起诉书甚至断言，被告勒泽尔早在 1850 年 8 月就对汉堡的马尔滕斯说过：同盟的中央委员会已从伦敦迁移到科隆。[……]

　　起诉书特别针对我援引了我们通告信中的一段话，其中说，我们还需要和小资产阶级民主派**一道**去进行下一次革命，并从而夺取我们的政治阵地。不过，这句话的全文是这样的：“我们，同盟盟员们，难道不是负有使命作为一支坚不可摧的部队**参与到迟早必将爆发的运动中**去

---

　　①　文件 553。

吗？难道我们不知道，我们必须首先在这场需要和小资产阶级民主派一道进行的运动中，夺取我们的政治阵地？"在这里，运动的爆发被当成纯粹客观的、并非通过同盟的作用甚至无需它的专门部署和领导而发生的事实。同盟盟员们应该参与到运动中去，但是不应该（无论单独地还是与其他人联合起来）通过密谋准备或促成运动的爆发。工人们应该与小资产阶级民主派一道搞运动，这是自然的事，因为工人们一开始还不能期望运动给自己带来什么成果，他们在运动中并不是独立行动的政党；他们知道，民主派的胜利必须保持，斗争一旦爆发，他们自然而然地站在民主派一边。可见，他们同民主派一道行动，是因为他们不能反对民主派，但是，他们并没有因此而与民主派一道或者抛开民主派制造密谋以推翻现政府。至于说到他们希望在革命的过程中取得一块政治阵地，这显然是个不高的要求，如果当局肯于想一想这个很有分寸的要求，它就不该在起诉书上给同盟硬加上这样的罪名：其最近目的是"发动反对现存国家制度的革命，这场革命由同盟盟员领导，由……已被训练成心甘情愿的颠覆工具的工人队伍进行"。妙哉！当局竟把一场革命当成纯粹的可能发生的情况让偶然性或者与此直接有关的政党的主动性来决定，这就是同盟准备革命的方式，没有，丝毫也没有透露如何进行斗争，没有解释使用什么手段，绝对缺少任何部署、任何纪律、任何有战斗力的组织——这就是同盟领导革命的方式，证实同盟存在的1850年12月告同盟书毫不掩饰地承认了普遍存在的瓦解现象和事实上的彻底的软弱无力，其中写道：在南德，同盟所得到的支持还是微乎其微，在萨克森，一切都要重新建立，关于北德的消息决不是令人高兴的，在南方到处是恐惧和分裂，在北方则是恐惧和混乱，先生们，难道你们相信，这就是同盟用来进行革命颠覆的、作好战斗准备的、绝对服从的工具——工人队伍的样子！这就是以颠覆社会、到处造成废墟作为可怖背景的工人革命！

　　说到这里，我大概没有忽略掉起诉书中的任何词句，现在我要用一年前附加到我的审讯记录上的同一声明结束辩护，这项声明可以说是对起诉书的评论："组织或参加一个以传播原则——无论是理论性的或实践性的，它们的宗旨仅仅是为了启迪自己的成员或者无产阶级意识到本身的政治地位——为目的的社团这样一个事实，决不可以被称作运用暴力的阴谋，只能称它是和平的鼓动。"

　　我已把起诉书在你们面前剖析了一番，现在我再把它交付给你们来判决！请你们判决吧，我相信，你们的判决将会是平心静气的考虑、清晰透彻的观察和不偏不倚的法律观点综合而成的结果！

载于 1852 年 11 月 6 日《科隆日报》
第 285 号附刊 1852 年 11 月 9 日
《科隆通报》第 266 号

739

卡尔·马克思（伦敦）给弗里德里希·恩格斯（曼彻斯特）的信

1852 年 11 月 10 日

　　［……］现在来谈科隆案件。

　　我如果处于毕尔格尔斯的地位，决不会允许贝克尔先生这样无耻地靠牺牲别人来自诩为超人，并且这样贬低整个案件的意义而使民主主义者兴高采烈。为自己辩护是一回事，靠牺牲别人来自我吹嘘，却是另一回事。贝克尔是一个革命的模仿者，他很狡猾，但不够聪明，总想靠耍手腕而摇身一变成为伟人。他的全部才能，就是一个极其平庸的人的才能。

你已经知道，政府于绝望之余，抓住了戈尔德海姆的补充证词①中的英勇手段，但是又掉进了陷阱。

戈尔德海姆的证词提供了两件事："格赖夫"和"弗略里"。

因此我着手寻找格赖夫（**为此目的，甚至雇了一个普鲁士密探**）。我用这个办法找到了他的地址，并且知道他住在肯辛顿区维多利亚路17号。但是这是弗略里先生的房子，这样就弄清楚了，格赖夫是住在弗略里那里。接着发现，格赖夫在这里的正式身份不是"警监"，而是普鲁士大使馆随员。最后发现，在星期六即11月6日，他离开了这里，要过几个星期才回来，想必是到科隆去了。他自己声称，他是出于害怕"马克思一派的人"才离开的。据说弗略里欺骗了他，等等。

这样，现在就明白了，格赖夫是弗略里的上司，而弗略里是希尔施的上司。全部情况就这样弄清楚了。

另一方面，在星期五即11月5日，伊曼特和德朗克手持《科隆日报》去找弗略里。他自然故作惊讶，硬说他不认识任何一个格赖夫，表示准备在治安法官那里发表任何声明，但是希望先同自己的律师商量一下。他向他们约定了星期六即11月6日的两次会面时间：一次是两点，另一次是四点，但是他都没有赴约，就这样使警察当局又赢得了一天的

---

① 警监戈尔德海姆在1852年11月3日庭审时的证词。关于这个证词的报道刊载在11月4日的《科隆日报》上。关于他的证词见《马克思恩格斯全集》中文第2版第11卷第513—525页。——原卷末注

时间，而在这一天当中，我们除了初步写几封信寄给科隆以外，什么也不能做。最后，在星期日即11月7日，德朗克和伊曼特迫使他写了一个声明，这个声明你将在《科隆日报》上读到①。我将把声明的抄件寄给你，不过我此刻不能找到这个抄件。他们把他的声明装进口袋以后，就向他声明：他是密探，格赖夫是住在他那里，这一切我们全知道，我们是在玩弄警察当局，而警察当局却以为是在玩弄我们。他自然继续发誓保证自己清白无辜。

最后，我派了几个人（其中有嗜酒将军海尔韦格）去找希尔施的住处。结果发现他住得离弗略里不远，也是在肯辛顿。

在我继续往下讲以前，再说一点。**戈尔德海姆的整个证词**，你是会一清二楚的，只要注意到下述各点，即：（1）10月30日（星期六），戈尔德海姆是在这里，并且同普鲁士大使馆秘书阿尔伯茨一起拜访了格赖夫和弗略里；（2）**同一个10月30日的早晨**，五家英国报纸上刊载了我们关于即将揭露的声明②；（3）**同一个10月30日**，弗略里同伊曼特和德朗克见了面，因为德朗克将代替伊曼特给弗略里上法语课；（4）还在施梯伯提出他关于伦敦的发现的**第二次证词以前**，我在他关于舍尔瓦尔等等的**第一次**证词以后，**立即**向《科隆日报》、《法兰克福报》和《国民报》送去一个**声明**，在声明中已经威胁施梯伯要**公布他给我的信**③。这个声明固然一家报纸也没有刊登出来，但是毫无疑问，邮局和

---

① 弗略里被迫作出的揭露戈德海姆供词的声明，没有在《科隆日报》上发表。它到达科隆辩护人手中时已经在案件结束以后。马克思在《揭露科隆共产党人案件》中引用了这个声明（见《马克思恩格斯全集》中文第2版第11卷第526—527页）。——原卷末注

② 卡·马克思和弗·恩格斯《致英国各报编辑部的声明》——编者注。

③ 见《马克思恩格斯全集》中文第1版第28卷第172—173页。——编者注

警察当局是知道的。①

施梯伯的"慧眼"和他在伦敦的警探们的消息异常灵通，都不过如此而已。戈尔德海姆所说的其余的一切，都是无稽之谈。关于这一点的必要的说明，我通过**不同的**途径，已连同弗略里的声明寄往科隆。

但是，就在那个时候，却出现了最有趣的事情。

不言而喻，我的目的就是要得到逮捕希尔施的命令，为此我找到了他的住处。但是我只是在星期六才得到地址。我相信，如果我有了逮捕希尔施的命令，他就要把弗略里牵连进去，而弗略里就要把格赖夫牵连进去。

结果怎样呢？星期五，维利希背着其他人同希尔施一起，由谢特奈尔陪着，到了弯街治安法庭，迫使希尔施在一份看来是一式三份的文件上提出证词，承认**他和弗略里大约在半年以前编造了假记录**，维利希把这三份文件分送给：（1）陪审法庭庭长格伯尔，（2）施奈德，（3）《科隆日报》，并且给了希尔施一些钱，让他能够**溜掉**，甚至亲自送他上轮船，好像是为了让希尔施能够在科隆亲自提供证词。

我们之所以知道这一点，只是由于我们对希尔施进行了调查，部分地是从我们想弄到关于逮捕希尔施的命令的弯街知道的。沙佩尔亲自告诉过李卜克内西，说维利希关于所有这一切**一个字**也没有告诉他。这样维利希先生就把我们想在伦敦本地进行的诉讼案的基础从我们手里抢走了！为了什么目的呢？这很简单，只要想想就行了：一年来，他已经在商人弗略里那里当**食客，如果我们使这个弗略里被捕了，无论如何会暴**

---

① 马克思揭露施梯伯的声明，写于1852年10月21日，曾经寄给《科隆日报》、《法兰克福报》和柏林《国民报》，但这些报纸编辑部没有发表。声明的原件没有找到。后来马克思在《揭露科隆共产党人案件》一文中提到了这件事，并提到了德国报纸编辑部拒绝发表这个声明的原因（见《马克思恩格斯全集》中文第2版第11卷第520页。）——原卷末注

露出一些极其丢脸的事情。［……］

维利希给希尔施的旅途费用，**一定**是他自己为此目的从弗略里那里得到的。

希尔施承认，他曾竭力伪造李卜克内西的笔迹，并在商人弗略里（这个狗东西还很**有钱**，跟一个出身于很**体面的**英国战栗教徒家庭的女儿结了婚）的领导之下工作，而弗略里本人则在格赖夫手下工作。我先前根据《科隆日报》说的"原本记录"的内容和日期所推论出来而至今没有一个律师适当地加以利用的一切，就这样被完全证实了。

我看，科隆的被告们将**全部**毫无例外地被释放，这是没有任何疑问的。

请写信告诉**施特龙**，如果他**马上**寄给我几英镑，将使我非常感激。我从你那里收到的四英镑十先令，大约有三英镑花在奔走和密探等等身上了。当然，我们同盟①的穷朋友们利用所有这些无休止的奔走、会晤等等，把不少钱花在生产的非生产费用上了，即花在喝酒、抽烟、乘车等等上了，我自然必须偿付。［……］

手稿　　　　　　　　　　　　　　　　　　　　　　　　　节录

莫斯科苏共中央马列主义研究院
中央党务档案馆，f. 1，op. 1，d. 695
（《马克思恩格斯全集》德文版第28
卷第189—192页，参看《马克思
恩格斯全集》中文第1版第28卷第
192—195页）

---

① 共产主义者同盟。——编者注

740

卡尔·马克思（伦敦）给弗里德里希·恩格斯
（曼彻斯特）的信

1852 年 11 月 16 日

1852 年 11 月 16 于伦敦

索霍区第恩街 28 号

亲爱的恩格斯：

　　如果你有可能，就在星期五以前为《论坛报》写一篇关于科隆案件的文章①。现在，全部材料你知道得并不比我差，而四五个星期以来，我为大家的事情丢开了家里必须处理的全部臭事，以致这个星期我虽然很想工作，但还是不行。［……］

　　今天晚上我们将讨论一篇交给英国报界的关于科隆案件的声明②。不一定有时间事先寄给你看一下。［……］

---

①　恩格斯根据马克思的请求，于 1852 年 11 月 29 日写了《最近的科隆案件》一文，发表在 1852 年 12 月 22 日《纽约每日论坛报》上，署名马克思（见《马克思恩格斯全集》中文第 2 版 11 卷第 563—570 页）。后来，这篇文章被编入经爱琳娜·马克思-艾威林整理于 1896 年出版的恩格斯《德国的革命和反革命》一书，以代替马克思和恩格斯用来结束这组文章、而《纽约每日论坛报》没有登载的最后一篇，即第二十篇，以后该书的许多版里也载有这篇文章。——原卷末注

②　指《关于最近的科隆案件的最后声明》，声明送交《晨报》编辑，署名的是弗·恩格斯、斐·弗莱里格拉特、卡·马克思和威·沃尔弗（见《马克思恩格斯全集》中文第 2 版第 11 卷第 554—562 页）。——原卷末注

手稿　　　　　　　　　　　　　　　　　　　　　　　节录

莫斯科苏共中央马列主义研究院中央

党务档案馆，f. 1, op. 1, d. 696（《马克思

恩格斯全集》德文版第 28 卷第 194

页，参看《马克思恩格斯全集》中

文第 1 版第 28 卷第 196 页）

741

卡尔·马克思（伦敦）给弗里德里希·恩格斯（曼彻斯特）的信

1852 年 11 月 19 日

1852 年 11 月 19 日

于伦敦索霍区第恩街 28 号

亲爱的恩格斯：

　　星期三①这里的同盟根据我的建议**自动解散了**，并宣布同盟还在大陆上继续存在**是不合时宜**的。② 而且，自毕尔格尔斯和勒泽尔被捕以

---

①　1852 年 11 月 17 日。——编者注
②　共产主义者同盟伦敦区部。——编者注

来，它在大陆上实际上已经不存在了。附上给**英国各报用的声明**，作为对我们的第一个声明①补充；请你**从英语方面**把它修饰一下。我这里再没有德文原件了。此外，我还写了一篇石印通讯，详细地叙述**警察当局所干的卑鄙勾当**②；并且向美国发出关于救济被捕者及其家属的呼吁书③。收款人是弗莱里格拉特。我们所有的人都签名了。

不过，给《［纽约］论坛报》的文章④全由你负担了。你应该把寄给你的声明，或者更确切些说，把对声明的修改方案，**尽快地**寄回来，因为对于伦敦报界，一天也不能再耽误了。

向维尔特问好。

你的　**卡·马克思**

手稿

莫斯科苏共中央马列主义研究院
中央党务档案馆，f. 1, op. 1, d. 1102
（《马克思恩格斯全集》德文版第28
卷第195页，参看《马克思恩格斯
全集》中文第1版第28卷第197—
198页）

---

①　卡·马克思和弗·恩格斯《关于最近的科隆案件的最后声明》。——编者注
②　卡·马克思《揭露科隆共产党人案件》——编者注
③　致在美国的德国工人的呼吁书是由马克思以科隆共产党人被判罪者救济委员会的名义写的。马克思把呼吁书转寄给克路斯在美国的德文报纸上发表（见《马克思恩格斯全集》中文第1版第28卷第564页）。呼吁书发表在1853年1月份《加利福尼亚国家报》和《美文学杂志和纽约刑法报》上（见《马克思恩格斯全集》中文第2版第11卷第571—572页。）——原卷末注
④　见《马克思恩格斯全集》中文第1版第28卷第196页。——编者注

742

弗里德里希·恩格斯、斐迪南·弗莱里格拉特、卡尔·马克思、威廉·沃尔弗关于科隆共产党人案件的声明

1852 年 11 月 20 日

致《观察家》编辑

阁下！

为了对下列签名人自己和最近在科隆被判罪的他们的朋友们①负责，下列签名人认为有必要向英国公众介绍一下同最近发生在该城的这一大案有关的事实，因为这一案件在伦敦的报刊上没有得到足够的说明。

仅仅为了弄到这一案件所需要的证据，就花了 18 个月的时间。在整个这段时间里，我们的朋友们一直被单独监禁着，什么事情也不许他们干，甚至连书都不许他们看，患病得不到必要的治疗，就是得到了治疗，他们所处的条件也使这种治疗不起作用。甚至在已把"起诉书"转交他们之后，竟然直接违犯法律，不准他们同自己的辩护人交换意

---

① 1852 年 11 月 12 日的判决如下：勒泽尔、毕尔格尔斯和诺特荣克 6 年徒刑；海·贝克尔、奥托和赖夫 5 年徒刑；列斯纳 3 年徒刑。他们必须负担诉讼费用。其余被告丹尼尔斯、埃尔哈德、雅科比和克莱因无罪释放。——原卷末注

见。而这样长久、这样严酷的监禁的借口究竟是什么呢？当头9个月已
经过去的时候，"检察院"宣布：缺乏起诉的根据，因此必须重新开始
侦查。于是重新开始侦查。3个月之后，当陪审法庭开庭之时，公诉人
推托说，因证据堆积如山，他还未能把它们加以归纳整理。又过了3个
月，由于政府方面的一个主要证人①生病，于是审讯再次延期。

　　这样一再拖延的真实原因，是普鲁士政府害怕把贫乏的事实同它所
大肆渲染的"闻所未闻的揭发材料"相对照。最后，政府总算物色到
这样一个在莱茵省前所未有的陪审团，它由6个反动贵族、4个金融贵
族、两个官僚组成。

　　向这个陪审团提出的究竟是什么样的证据呢？不过是一伙无知无识
的幻想家、追求荣禄的阴谋家的一些荒唐的宣言和信件而已，这些人都
是一个名叫舍尔瓦尔的公认的警探的工具和同谋。在这以前，这些文件
中的绝大部分都在伦敦的一个叫做狄茨的人的手里。在国际博览会②期
间，普鲁士警察当局乘狄茨不在家，撬开了他的写字台的抽屉，这样，
就用通常的盗窃办法偷得了他们所需要的文件。这些文件首先被用来揭
发所谓巴黎的德法密谋③。现在科隆的法庭辩论已经证明，这些阴谋家
及其在巴黎的代理人舍尔瓦尔正好都是被告及其在伦敦的朋友即下列签

---

① 即警察局长舒尔茨。——编者注
② 伦敦工业博览会是1851年5—10月举行的第一届世界工商业博览会。——
　　原卷末注
③ 1851年9月法国当局逮捕了1850年9月从共产主义者同盟分裂出去的维利
　　希—沙佩尔集团所属巴黎地方支部的一些盟员。这个集团无视现实状况，
　　采取密谋策略，指望立即组织起义，致使法国和普鲁士警察当局能够依靠
　　领导巴黎一个地方支部的密探舍尔瓦尔捏造了所谓德法密谋的案件。1852
　　年2月，被捕者被判刑。舍尔瓦尔被安排越狱逃跑。马克思揭穿了施梯伯
　　在科隆案件中捏造的用以证明被告参加了德法密谋的伪证（见《马克思恩
　　格斯全集》中文第2版第11卷第485—500页）。——原卷末注

名人的政敌。但是公诉人硬说，只是某些纯私人的纠葛才使后者没有参加舍尔瓦尔及其同谋者的密谋。有人竟然想用这类论据来证明科隆的被告在道义上参与了巴黎的密谋！当人们要科隆的被告对他们的公开敌人的行动负责时，舍尔瓦尔的一些密友和同谋就被政府传到法庭，但他们并不是以被告的身份坐在被告席上——不，他们是坐在证人席上提供反对被告的证词。不过，这种做法显得太拙劣了。由于舆论的压力，政府不得不去寻找比较不令人怀疑的证据。在一个叫作施梯伯的人——政府在科隆的主要证人、王室警务顾问、柏林刑事警察局长的领导下，全部警察机器开动起来了。在 10 月 23 日的法庭上，施梯伯声称，有一个特别信使从伦敦给他带来了一批特别重要的文件，无可争辩地证明被告同下列签名人一起参与了他所控告的密谋。"除其他许多文件外，信使还给他送来了在被告与之保持通信关系的马克思博士主持下举行的秘密协会会议的原本记录。"可是施梯伯在他那矛盾百出的证词中竟把信使应当到达他那里的日期弄错了。而当被告的主要辩护人施奈德博士当面指责施梯伯的证词不真实的时候，施梯伯除了摆出一副他是负有国家最高当局所委托的最重要使命的国王代表的臭架子以外，不敢作任何别的回答。至于记录本，施梯伯曾两次发誓作证说，它是"伦敦共产主义者协会的原本记录"。可是后来，他被辩护人逼得无可奈何，终于不得不承认这可能只是他的一个密探所获得的一个笔记本。最后，从他本人的证词中也可以看出，记录本是蓄意伪造的，它出自施梯伯在伦敦的 3 个代理人——格赖夫、弗略里和希尔施之手。希尔施本人后来也承认，记录本是他在弗略里和格赖夫的指使下编造出来的。这一点在科隆已经十分清楚地得到了证明，甚至连公诉人也说施梯伯的"重要的文件"是一个十分倒霉的本子，纯粹是捏造的。这个人也不认为政府提出来作为一种证据的那封模仿马克思博士笔迹的信有什么值得注意的地方；原来这个文件也是一个明显而粗糙的赝品。同样，用来证明被告不是有革命意图、而是实际参与了某个重大阴谋的其他一切文件，原来都是警察当局伪造的。政府生怕被揭露，因而它不但迫使邮局把寄给辩护人的一切文件退还，而且还指使施梯伯用威胁手段去吓唬辩护人，说要控告他们同下列签名人有"犯法的通信关系"。

如果令人信服的证据一件也拿不出来，却又硬要作出裁决，那么，要做到这一点即使这样一个陪审团也只能通过下列办法，即把新刑法典①当作具有追溯效力的法律来应用；在这样应用法律时，就连《泰晤士报》与和平协会②也随时有可能被扣上叛国的可怕罪名而受审判。此外，科隆案件由于长期拖延，由于原告方面采取了种种不寻常的手段，已成了一起重大案件，因而宣判被告无罪就无异于宣判政府有罪；而莱茵省普遍认为，宣判无罪的直接后果将是陪审团这个制度本身被废除。

阁下，我们始终是您的顺从的仆人

弗·恩格斯

斐·弗莱里格拉特

卡·马克思

威·沃尔弗

1852 年 11 月 20 日于伦敦

---

① 新的普鲁士刑法典指 1851 年 4 月 14 日为普鲁士各邦制定的刑法典。原先，在普鲁士的莱茵省实施的是 1811 年在法国以及被法国人占领的德国西部和西南部地区实施的法兰西刑法典，莱茵省归并普鲁士以后，直到 1851 年春天，这个刑法典在莱茵省同民法典一起仍然有效。普鲁士刑法典于 1851 年 7 月 1 日起在普鲁士所有地区生效。它对作伪证、诽谤以及诸如此类的罪行规定了刑事处分。——原卷末注

② 和平协会是教友会派于 1816 年在伦敦建立的资产阶级和平主义组织。协会得到自由贸易派的支持。自由贸易派认为，在和平条件下，英国通过自由贸易可以更充分地利用自己的工业优势，进而取得经济上和政治上的统治。——原卷末注

载于 1852 年 11 月 27 日《观察家》第
2339 号（参看《马克思恩格斯全集》
中文第 2 版第 11 卷第 554—562 页）

743

卡尔·马克思和弗里德里希·恩格斯：
《最近的科隆案件》

1852 年 12 月 1 日

1852 年 12 月 1 日星期三于伦敦

　　你们也许已经通过欧洲报刊获得许多关于普鲁士的科隆共产党人大案及其结局的报道。但是，鉴于这些报道没有一个哪怕是比较真实地说明了事实，鉴于这些事实充分披露了使欧洲大陆受到束缚的种种政治手段，我认为有必要回头来谈谈这一案件。

　　由于结社权和集会权的废除，共产主义的或无产阶级的政党，同其他政党一样，都失去了在大陆上建立合法组织的可能性。此外，它的领袖们都已被逐出自己的国境。但是，任何政党没有组织都是无法存在的；自由资产阶级和民主派小商人阶级都可以用自己的社会地位、物质优势及其成员之间早已建立起来的日常联系，在某种程度上代替这类组织，而没有这种社会地位和资财的无产阶级则必然被迫求助于秘密的联合。因此，无论在法国或者在德国都出现了许多秘密团体，这些团体从1849年以来被警察当局一个个地破获，并且作为阴谋家组织加以指控。如果说其中有许多的确是阴谋家的组织，的确是为了推翻现存政府而建立起来的，——谁在一定的条件下不进行密谋，那他就是胆小鬼，同样，在另外的条件下他如果这样做，那他就是傻瓜——那么，另外还有一些团体，它们的建立则是为了更远大更崇高的目的，它们懂得：推翻现存政府只不过是即将来临的伟大斗争中的过渡阶段，它们竭力保持紧密的联系，并建立以它们为核心的党去进行最后的决战。这一决战或迟或早将必然在欧洲不仅永远消灭"暴君"、"专制君主"和"篡位者"的统治，而且永远消灭比他们的力量强大得多和可怕得多的力量即资本对劳动的统治。

　　德国先进的共产主义政党①的组织就是这样的组织。这个政党根据它的《宣言》（发表于1848年）的原则以及在《纽约每日论坛报》上连载的题为《**德国的革命和反革命**》②这组文章中所阐明的原则，从来不抱这样的幻想：似乎它无论在什么时候都能随心所欲地制造革命去实现自己的思想。它研究了1848年革命运动的起因及其失败的原因。它认为，社会的阶级对抗是一切政治斗争的基础，因此它致力于研究这样的一些条件：在这些条件下，一个社会阶级可能和必然要担负起代表民族的整体利益的使命，从而担负起在政治上统治该民族的使命。历史向共产主义政党表明：继中世纪的土地贵族之后，最早的资本家的金钱力量怎样成长起来并且夺取了政权；这个**金融**资本家集团的社会影响和政治统治怎样被工业资本家这一新兴力量（从使用蒸汽时起）所取代；

---

① 指共产主义者同盟。——原卷末注
② 见《马克思恩格斯文集》第2卷第349—459页。——编者注

而目前另外两个阶级即小生意人阶级和工业工人阶级又在怎样要求统治权。1848—1849 年的实际革命经验证实了一种理论推理，从这种推理得出的结论是：必须首先由小生意人民主派当政，然后共产主义的工人阶级才能指望确立自己的政权并消灭使它处于资产阶级压迫之下的雇佣奴隶制。由此可见，共产党人的秘密组织不能抱有推翻德国**现存**各邦政府的直接目的。建立秘密组织不是为了推翻这些政府，而是为了推翻迟早必将取它们而代之的那个叛乱政府，这种组织的成员可能而且无疑会在一定的时候个别地积极支持反对**现状**的革命运动；但是，除了在群众中秘密地传播共产主义思想之外，通过其他方式为这种运动作**准备**，这不可能是共产主义者同盟的任务。这个团体的大多数成员对它的这些基本原则都是十分明了的，因此，当它的某些成员①为追逐名位的野心所驱使，企图把同盟变成**即兴地**进行革命的阴谋家组织时，他们很快就被开除了。

现在，根据世界上任何法律都不可能把这样的同盟叫做密谋团体，叫做密谋叛国的阴谋家组织。如果这也算是阴谋家组织的话，那也不是反对现存政府的、而是反对它的可能的继承者的阴谋家组织。这一点普鲁士政府也是知道的。当局之所以把 11 名被告单独监禁了 18 个月，利用这段时间来施展最惊人司法伎俩，原因也就在这里。在被拘留 8 个月之后，被告又被押了好几个月，"因为没有证明他们犯罪的证据"，简直岂有此理！最后，当把被告带到陪审团面前的时候，竟拿不出一个说明他们犯有叛国罪的确凿事实。但是他们毕竟被判了罪，你们马上就会看到究竟是怎样被判罪的。

1851 年 5 月，同盟的一个特使②被捕，根据从他那里查获的文件，

---

① 指奥·维利希和卡·沙佩尔集团。——编者注
② 即诺特荣克。——编者注

接着逮捕了其他一些人。一个叫**施梯伯**的普鲁士警官很快就接到一项命令，要他寻找莫须有的密谋团体在伦敦的据点。他终于获得了一些与上述脱离同盟的人有关的文件，——这些人被开除出盟以后真的在巴黎和伦敦建立了一个密谋组织。这些文件是通过双重的罪行获得的。收买了一个叫罗伊特的人，撬开了该同盟秘书①的写字台，从抽屉里偷走了文件。但是这还算不了什么。这种盗窃行为的结果是揭发出所谓巴黎的德法密谋②，并给其参加者判了罪，但是仍然没有提供出共产主义者大同盟的线索。顺便提一下，巴黎的密谋的领导人是住在伦敦的几个爱虚荣的傻瓜和政治**骗子**以及一个过去曾经因伪造行为被判了罪但目前已在巴黎当上了警探的人③。受他们愚弄的一些糊涂虫则是用狂暴的豪言壮语和杀气腾腾的咆哮怒吼来弥补他们在政治上的极端微不足道。

因此，普鲁士警察当局不得不去寻求新的发现。它在普鲁士驻伦敦的使馆里建立了一个常设的秘密警察分署。一个叫格赖夫的警探以使馆**随员**的头衔为掩护进行他的卑鄙活动——这种做法足以把普鲁士的所有使馆都置于国际法的范围之外，而这是连奥地利人也还不敢这样做的。在格赖夫的领导下工作的，有一个叫弗略里的伦敦西蒂区的商人，这个人有一定的资产而且在上流社会中有某些联系，是一个天生下贱专干卑鄙勾当的下流坯。另一个警探是商店职员，名叫希尔施，不过，他一到

---

① 即奥·狄茨。——编者注

② 1851年9月法国当局逮捕了1850年9月从共产主义者同盟分裂出去的维利希—沙佩尔集团所属巴黎地方支部的一些盟员。这个集团无视现实状况，采取密谋策略，指望立即组织起义，致使法国和普鲁士警察当局能够依靠领导巴黎一个地方支部的密探舍尔瓦尔捏造了所谓德法密谋的案件。1852年2月，被捕者被判刑。舍尔瓦尔被安排越狱逃跑。马克思揭穿了施梯伯在科隆案件中捏造的用以证明被告参加了德法密谋的伪证（见《马克思恩格斯全集》中文第2版第11卷第485—500页）。——原卷末注

③ 即茹·舍尔瓦尔。——编者注

伦敦时就有人揭发他是一个密探。他曾经混入流亡伦敦的德国共产主义者的团体。他们为了查明他到底是个什么人，曾短时期地接纳他加入团体。他勾结警察当局的证据不久就被发现，这位希尔施先生从此也就隐藏起来了。这样一来，他虽然已经没有任何机会获得可供出卖的情报，但他并没有就此罢手。当他幽居在肯辛顿时，虽然从来没有碰见过一个上述的共产主义者，但是他每周都要编造一些关于普鲁士警察当局根本无法破获的那个阴谋家组织的虚构中央委员会的虚构会议的虚构报告。这些报告的内容荒唐透顶。没有一个名字是确实的，没有一个姓是拼写正确的，强加在这个或那个人身上的话，没有一句是多少有点像他们可能说出的话。希尔施在伪造这些假货时曾得到他的老师弗略里的帮助，而且尚不能证明那个"随员"格赖夫没有插手这一卑鄙勾当。尽管说来令人难以置信，但是普鲁士政府还是把这些胡说八道的东西当作神圣的真理，可以想象，把这类证言当作提交给陪审团的证据，造成了什么样的混乱。案件开始审理时，上述的警官施梯伯先生坐在证人席上，发誓作证说所有这些荒谬的捏造材料都是真实的，并洋洋自得地硬说什么他手下的一个密探和这些在伦敦的当事人建立了极密切的关系，这些人应当被看作这一可怕密谋的主要组织者。这个密探的确处于极端秘密的状态，因为8个月中他在肯辛顿一直没有露过面，生怕真的碰到那帮人中的某一个人，——可是他又每周都要捏造关于这些人的最秘密的思想、言论和活动的报告。

然而，希尔施和弗略里这两位先生还搞了另一部杰作备用。他们把他们所捏造的全部报告改编成秘密的最高委员会——普鲁士警察当局硬说有这么一个委员会——会议的"原本记录"。而施梯伯先生发现，这个本子与他过去从这两个人那里得到的报告惊人地相似，所以他立刻把它提交陪审团，并再一次发誓说，经过慎重的研究之后，他坚信这个本子是真的。就在那个时候，希尔施所报告的绝大部分荒谬的捏造材料公布了。当这个秘密委员会的虚构成员听到关于他们的、而他们自己在此之前却一无所知的种种事情时，他们何等吃惊是可想而知的。洗礼时本来命名为威廉的人①，在这里却被改名为路德维希或卡尔；一些人硬被说成在伦敦发表过演说，其实当时他们在英国的另一个地方；报告中说一些人读过某些信件，其实这些信件他们从来没有收到过；报告中还说什么他们每星期四都举行例会，其实他们只不过是在每星期三照例进行一次联欢；一个初学写字的工人②竟成了记录员之一，并且以记录员的身份签了名；他们所有的人发言时都一律用倒像是普鲁士警察局的语言，但决不是以在本国享有盛名的著作家为主的一个**联欢会**上使用的语言。更为恶劣的是，还捏造了一张伪造者为收买记录本而向臆造的中央委员会的虚构的秘书付款的收据。但是这个虚构的秘书的存在，其根据只不过是某个调皮的共产党人用来愚弄倒霉的希尔施的一个迷阵而已。

这种拙劣的捏造是太糟糕了，结果竟弄得事与愿违。虽然被告在伦敦的朋友们根本不可能向陪审团说明真实真相，虽然他们寄给辩护人的信件在邮局里被没收了，虽然终于送到了这些陪审员手中的种种文件和书面宣誓证词不被允许作为证据，但是激起的公愤如此之大，以致公诉人③，甚至曾发誓担保这个记录本的真实性的施梯伯先生本人，也不得不承认它是捏造的。

但是，这种伪造并不是警察当局违法干出来的唯一的伪造行为。在审理案件过程中，还发生了两三件这样的事情。警察当局在罗伊特偷来的文件上加油添醋，借以歪曲文件的原意。有一个满纸荒唐言的文件是模仿马克思博士的笔迹写成的，这个文件直到最后公诉人方面不得不承

---

①　即威·李卜克内西。——编者注
②　马·韦·林格斯。——编者注
③　即奥·泽特和奥·冯·泽肯多夫。——编者注

认是捏造的以前，有一个时候硬被说成是马克思写的。但是，在警察当局的每一种无耻勾当被揭穿之后，又干出五六种无法立刻揭穿的新的无耻勾当，辩护人被弄得措手不及，证据要从伦敦去搞，而辩护人同流亡在伦敦的共产主义者的每一次通信在法庭上都被说成是参与假定的密谋的一种行为！

上面所描述的格赖夫和弗略里其人的真实面目，已由施梯伯先生本人在他的证词中讲清楚了。至于说到希尔施，他在伦敦治安法官面前曾经供认，他在弗略里的指使和协助下伪造了"记录本"，后来他为了逃避刑事处分而逃离了英国。

在审判过程中所揭露出来的这类可耻行径，使政府狼狈不堪。它物色的陪审团是在莱茵省闻所未闻的。6 个贵族——十足的反动分子，4 个金融贵族，两个政府官员。这帮人根本没有心思去仔细分析在他们面前堆了 6 星期之久的一大批乱七八糟的证据；在此期间他们耳旁经常听到的是：被告是可怕的共产主义密谋的头子，这个密谋的目的是要消灭一切神圣的东西——财产、家庭、宗教、秩序、政府和法律！可是，如果政府在当时不向特权阶级暗示：在这个案件中宣判被告无罪，这将成为废除陪审团的信号，并将被人理解为直接的政治示威，理解为中间阶级自由主义反对派准备甚至同极端革命派结成同盟的证据，那么就会判决被告无罪。结果，把普鲁士的新刑法典①当做具有追溯效力的法律来应用，使政府得以给 7 名被捕者判了罪，而只有 4 人被宣判无罪。被

---

① 新的普鲁士刑法典指 1851 年 4 月 14 日为普鲁士各邦制定的刑法典。原先，在普鲁士的莱茵省实施的是 1811 年在法国以及被法国人占领的德国西部和西南部地区实施的法兰西刑法典，莱茵省归并普鲁士以后，直到 1851 年春天，这个刑法典在莱茵省同民法典一起仍然有效。普鲁士刑法典于 1851 年 7 月 1 日起在普鲁士所有地区生效。它对作伪证、诽谤以及诸如此类的罪行规定了刑事处分。——原卷末注

判罪者分别被判处 3 年到 6 年的监禁①。毫无疑问，你们在获得这个消息时，已经及时地报道出去了。

卡尔·马克思

载于 1852 年 12 月 22 日《纽约每日论坛报》第 3645 号（参看《马克思恩格斯全集》中文第 2 版第 11 卷第 563—570 页）

744

彼得·伊曼特[477]（伦敦）给约翰·菲力浦·贝克尔（日内瓦）的信

1852 年 12 月 6 日

亲爱的老伙计：

　　［……］我深信，维利希在那封把开除席利和我的事[478]向你们

---

①　1852 年 11 月 12 日的判决如下：勒泽尔、毕尔格尔斯和诺特荣克 6 年徒刑；海·贝克尔、奥托和赖夫 5 年徒刑；列斯纳 3 年徒刑。他们必须负担诉讼费用。其余被告丹尼尔斯、埃尔哈德、雅科比和克莱因无罪释放。——原卷末注

[……]① 的信里，认真地关照过你们，和我们这些异教徒的任何联系
都是不允许的，必须中止。看来好心的拉尼克尔很有责任心，而且对于
新近给席利写的信感到后悔莫及，以致他的不再犯罪的愿望磐石般的不
可动摇。否则的话，他怎能忍心不把"修道院院长和红色的黑种人"
那桩趣闻的结局告诉我们呢；附带说说，你本来也应该想到，在信中向
我讲讲这件事，是因为当前的政治干巴巴的，而这类丑闻对我们这些没
有丑闻就无法生活的人来说是莫大的快慰。不管怎么说，科隆案件在这
方面为我们伦敦人提供了丰富的材料，报纸上的报道使你们无法窥测到
内幕，所以我想给你讲讲比修道院院长更加饶有兴味的事。你大概记
得，有一个警察的喉舌在科隆作证说，德朗克和我时常与警探弗略里来
往，这个弗略里就是施梯伯赖以伪造那份神秘的记录本的柱石。诚然，
我曾有机会结识这个人，因为我教过他法文。他从前是流亡者，参加过
运动，在拉施塔特坐过牢，后来逃亡了，在这里忍饥挨饿，投机行骗，
最后娶了个极其正派的英国女人，一位极其值得尊敬而又诚实的战栗教
徒的女儿。这样一来，他作为其岳父的经纪人平步青云。这家伙在那些
艰难的日子里落入普鲁士警察手里，当了密探，为他们大卖力气。当维
利希在这里并执掌同盟的大权时，他始终是维利希的密友。直到新近维
利希的生活主要依靠他，制定任何重大的施特劳宾人计划时，他都被拉
来当参谋，成为知情人。去年弗略里到了巴黎，自称是维利希的代理
人，他在这里搞了很多很多名堂，使得施梯伯和卡尔利埃没费气力就制
造出巴黎密谋②。前些时候，据传狄茨家的信件被盗。按照维利希的说
法，失窃的仅仅是两封信，但是现在，当狄茨溜到美国以后，真相大白，

---

① 这里有一个词无法辨认。

② 见注 452。

原来同盟的全部通信都已落入警察手中。所以，我们的日内瓦信件也悉数在警察的掌握之中。我得知这件事之后，对于瑞士当局对同盟盟员所采取的态度就不再觉得奇怪了。昂·德律埃一定收到了从日内瓦和拉绍德封所写的同盟信件的抄件，因此，对梅尔希奥尔和卡斯帕尔①以及其他所有人知道得一清二楚。你大概记得，维利希有一次写信向我们谈到在斯特拉斯堡存放的500塔勒同盟资金的事，这500塔勒是弗略里为争取巴黎弟兄而筹划的事件的费用。在科隆案件中，弗略里也是唱主角的，只要他按照自己的朋友维利希的调门定音，后者就一定居于尊位。还在普鲁士警察不得已而揭下自己密探的伪装并当着陪审法庭宣布他是自己的代理人之前，我们就已探听到，在案件中也扮演个角色的警监格赖夫和弗略里是一丘之貉，这两个人伙同另一个名叫希尔施（汉堡人）的密探炮制了记录本。希尔施承认了这一点，我们本想把他抓到手，然后使他出头露面，起诉他伪造。这个行动如果成功，所有普鲁士歹徒——大使馆和警察当局都会在英国的舆论界大丢其丑。可惜行动失败了，而使它失败的正是维利希。维利希和谢特奈尔迫不及待地把希尔施带到治安法官那里，让他终于供认了伪造，然后又送他上了轮船，让他逃之夭夭。不难想象，维利希是伪造事件的同谋，他担心，如果对希尔施进行审判，这将大白于天下。弗略里总是否认，抓不到他的把柄，而对于维利希又缺少直接的证据，这样一来，我们不得不把这个大好的机会舍弃掉——我们本可以对普鲁士国家因其代理人搞伪造而向英国法庭提起诉讼。可见维利希是两个案件的制造者，他还阻挠我们对那些使我们的朋友被判处七年徒刑的恶棍进行报复。这个人的笨蠢和幼稚大概足以解释，他为什么竟会被一个警探愚弄长达两年之久，但是，他如此精

---

　　① 卡斯帕尔·伊曼特。

心周到地排除掉希尔施，那该怎样解释呢。还有他的朋友亨策！这个亨策在半年前同另一个柏林的间谍来到这里，所负的使命是，为柏林的民主派要求 4000 塔勒的金克尔公债①。亨策住在他的朋友维利希那里，维利希觉得这个计划不错，如果不是保证人加以反对，公债现在就会落在维利希的全部档案所在的地方。更有甚者，这同一个亨策竟然接受维利希的指示，维利希告诉他在科隆案件中应如何行事。于是我们看到一个引人注目的现象。共产党人首脑的密友，在审理共产党人的案件中，作为不利于被告的证人出庭。你还会记得，施奈德第二问证人亨策与维利希的关系，亨策供认，他资助过维利希。更有甚者！金克尔和维利希派一个工人作为特使去德国。② 还在这个可怜人从这里出发之前，警察就知道了，因为维利希把这件事告诉了他的朋友弗略里。难道还有这样愚蠢的人，他竟然这样长时间地、这样彻底地时而受到弗略里、时而受到亨策的欺骗，难道还有这样幼稚的人，他竟然把绝密的事情闲扯出去——维利希被收买了，他从弗略里那里收到钱，从亨策那里收到钱，他靠制刷匠帮大将军的地位养活自己。下一步我们将看到他漂洋过海西渡美国。可怜的大将军！他将是离开狼窝又入虎穴。马克思已把一本小册子③寄到美国，在那里印刷和销售，这本小册子以马克思强有力的辩证法揭露了所有这些事情。可怜的将军！［……］

阿姆斯特丹国际社会史研究所　　　　　　　　　　　　　　　　节录

约·菲·贝克尔遗著　　　　　　　　　　　　　　　　　　　第一次发表

---

① 见注 456。

② 奥古斯特·格贝尔特。

③ 见注 517。

745

卡尔·马克思：《揭露科隆共产党人案件》

1852 年 10 月 25 日—12 月 6 日

一

前　言

　　1851 年 5 月 10 日，诺特荣克在莱比锡被捕[①]；不久以后，毕尔格尔斯、勒泽尔、丹尼尔斯、贝克尔等人也被捕了。[②] 1852 年 10 月 4 日，科隆陪审法庭开始审讯被捕者，他们被指控犯了反对普鲁士国家的"密谋叛国"罪。这样，审前羁押——单独监禁——竟拖了将近一年半之久。

[①]　共产主义者同盟科隆中央委员会特使彼·诺特荣克 1850 年 11 月 5 日左右离开科隆，途经哈根、比雷菲尔德、汉诺威、基尔、罗斯托克和什韦林，1850 年 12 月中旬到达柏林。原计划继续前往莱比锡，但是，不知何故，却在柏林停留了几个月，而且参加了当地的政治活动。1851 年 5 月 8 日，他没有重新征得中央委员会的同意，就前往莱比锡，5 月 10 日，在抵达莱比锡火车站时被捕。诺特荣克违反秘密工作常规随身携带大批文件，导致当局对同盟盟员进行大规模搜捕。——原卷末注

[②]　彼·格·勒泽尔和海·贝克尔 1851 年 5 月 19 日在科隆被捕，亨·毕尔格尔斯 1851 年 5 月 23 日在德累斯顿被捕，阿·雅科比 1851 年 5 月 25 日在柏林被捕，罗·丹尼尔斯，可能还有卡·奥托，1851 年 6 月 12 日在科隆被捕，弗·列斯纳 1851 年 6 月 18 日在美因茨被捕，威·赖夫 1851 年 7 月 25 日在科隆被捕。约·雅·克莱因曾经逃离科隆，但返回后于 1851 年 9 月 26 日被捕。最后，阿·埃尔哈德 1852 年 7 月 17 日在科隆被捕。此案的同案人斐·弗莱里格拉特逃亡伦敦。——原卷末注

在诺特荣克和毕尔格尔斯被捕时，查获了《共产党宣言》、《共产主义者同盟章程》（一个共产主义宣传协会的章程）、同盟①中央委员会的两个告同盟书，以及一些地址和印刷品②。诺特荣克被捕的消息已经传出 8 天以后，科隆才开始搜查和逮捕③。可见，如果当时还能发现一些东西的话，那么现在，无疑一切都已经无影无踪了。实际上，查获到的只不过是一些无关紧要的信件。过了一年半之久，当陪审法庭终于审讯被捕者的时候，原告方面所掌握的真实材料一份也没有增加。可是，据检察机关（以冯·泽肯多夫和泽特为代表）断言：普鲁士的整个国家机构曾进行了极其紧张的多方面的活动。它们究竟干了些什么呢？让我们来看一看吧！

审前羁押异乎寻常地一再拖延，理由说得非常巧妙。最初，说什么萨克森政府不愿把毕尔格尔斯和诺特荣克引渡给普鲁士。科隆的司法机

---

① 指共产主义者同盟。——原卷末注

② 警察当局在诺特荣克那里没收了科隆中央委员会 1850 年 12 月 1 日提交讨论的共产主义者同盟的新章程草案，共产主义者同盟中央委员会 1850 年 3 月告同盟书和科隆中央委员会 1850 年 12 月 1 日告同盟书的抄件，毕尔格尔斯和海·贝克尔转交给诺特荣克的两张通讯处便条，贝克尔写给门辛格博士的介绍信，勒泽尔和毕尔格尔斯 1850 年 11 月 4 日给诺特荣克开具的同盟特使全权证书，海·贝克尔致诺特荣克的信（1850 年 12 月 23 日）和勒泽尔致诺特荣克的信（1850 年 12 月 27 日），以及亚·席梅尔普芬尼希的一封信（1851 年 4 月 13 日）。诺特荣克否认后一封信是写给他本人的。在毕尔格尔斯那里搜查到一些文件的草稿和雅科比给他的一封信（1851 年 5 月 14 日）。——原卷末注

③ 在科隆的同盟盟员最迟从 1851 年 5 月 12 日起陆续得知诺特荣克被捕的消息（见 1851 年 6 月 24 日阿·贝尔姆巴赫致马克思的信）。当 1851 年 5 月 19 日开始查抄勒泽尔、海·贝克尔和毕尔格尔斯的时候，大部分文件都已安全转移或销毁。警方在海·贝克尔等人那里查获了马克思 1851 年 1—5 月间写给贝克尔的五封信，起诉书摘录了其中四封信。这四封信的摘要就是这样保存下来的。——原卷末注

关曾向柏林的内阁要求引渡，但是没有结果；柏林的内阁也曾向萨克森当局要求引渡，但是也没有结果。其实，萨克森政府已经同意了。毕尔格尔斯和诺特荣克已经被引渡。最后，到了1851年10月，事情有了一些进展，材料终于交给科隆上诉法院的检察院。检察院作了决定，认为"缺乏起诉所必需的客观的犯罪构成，因此必须重新开始侦查"[1]。司法机关的这种敬业精神是由于前不久刚颁布的纪律法[2]所致，这一法律规定：普鲁士政府有权清除它不称心的任何一个司法官员。这一次，审判由于缺乏犯罪构成而宣告延期。而在下一个陪审法庭开庭季度，审判则不得不由于材料太多而延期。据说，文件太多了，起诉人来不及细心研究。起诉人慢吞吞地细心研究了材料，起诉书[3]交给了被告，规定在7月28日开庭审讯。这时，这个案件的政府主要台柱警察局长舒尔茨病倒了。由于舒尔茨的健康欠佳，被告们不得不再坐3个月的牢。好在舒

---

① 马克思从贝尔姆巴赫那里得知检察院的这项决定（见1852年1月26日马克思致弗莱里格拉特的信）。马克思最迟于1852年1月24日收到贝尔姆巴赫的信（此信下落不明）并当即转寄给恩格斯（见1852年1月24日马克思致恩格斯的信）。马克思和恩格斯在英国报纸上揭露了普鲁士司法当局继续关押被告人的行径（见《马克思恩格斯全集》中文第2版第11卷第559—562页）。马克思1852年2月13日把检察院的决定写信告诉了约·魏德迈，于是魏德迈本人在《纽约刑法报》上，查·德纳在《纽约每日论坛报》上，阿·克路斯在《高地哨兵》上谴责了普鲁士司法当局的阴谋。——原卷末注

② "纪律法"是1851年5月7日普鲁士当局颁布的、惩处法官渎职和将法官强行调离或解除职务的法律。——原卷末注

③ 起诉书是1852年6月12日在科隆印发的，长达67页，由莱茵省王室上诉法院总检察长尼科洛维乌斯签署。马克思未能看到起诉书的全文。贝尔姆巴赫把起诉书的主要内容通告了马克思，并告诉他，起诉书中把他致海·贝克尔的几封信作为贝克尔参加共产主义者同盟的证据。此外，贝尔姆巴赫还告诉了马克思陪审法庭开庭的日期。（1852年7月9日和7月中旬贝尔姆巴赫致马克思的信）——原卷末注

　　尔茨死了，公众也已经迫不及待，政府才不得不把幕布拉开。

　　在这整个时期里，科隆警察局、柏林警察总局、司法部和内务部经常对侦查的过程进行干涉，同样，后来它们的可尊敬的代表施梯伯也经常以证人身份对科隆举行的公开的法庭审讯进行干涉。政府成立了一个在莱茵省的编年史上空前未有的陪审团。其中除了上层资产阶级的成员（黑尔施塔特、莱顿、约斯特），还有城市贵族（冯·比安卡、冯·拉特），乡绅（黑布林·冯·兰岑瑙尔，菲尔斯滕贝格男爵等人），两个普鲁士参议：一个是王室侍卫官（冯·明希-贝林豪森），一个是普鲁士教授（克罗伊斯勒）。由此可见，在这个陪审团中，德国的各统治阶级都有代表，而且也只有它们才有代表。

　　有了这样一个陪审团，普鲁士政府似乎可以选择一条直路，可以组织一次完全有倾向的审判了。毕尔格尔斯和诺特荣克等人承认属实的文件和从他们那里查获的文件，的确丝毫不能证实有什么密谋；这些文件根本不能证实法兰西刑法典①所规定的任何行为的存在，而只是不容置辩地证实被告们对现存政府和现存社会的敌意。但是，立法者的智力所忽略的东西可以由陪审员的良心来加以弥补。被告们让他们对现存社会的敌意不违犯法典的任何一个条文，这难道不是他们的一种奸计吗？没有列入治安卫生条例的病名录的疾病难道就不传染了吗？如果普鲁士政府仅仅是根据实有的材料证明被告们是一些有害的人，而陪审团满足于通过判决被告"有罪"使他们不致为害，那么谁能攻击政府和陪审团？

---

　　① 1811 年 1 月 1 日起实施的法兰西刑法典（Code pénal）规定：陪审法庭是定期开庭的法庭。判罪由陪审员执行，量刑由法官负责。法兰西刑法典在被拿破仑第一占领的德国西部和西南部地区也通行。1815 年莱茵省归并普鲁士以后，这部刑法典依然有效。由于普鲁士各邦的刑法典于 1851 年 7 月 1 日生效，法国刑法典随之失效，陪审法庭在莱茵省逐渐被取消。——原卷末注

谁也不能，除非是那种呆头呆脑的幻想家。因为这种人认为，普鲁士政府和普鲁士的统治阶级非常强大，只要它们的敌人停留在辩论和宣传的范围内，也可以给他们以自由活动的余地。

然而，普鲁士政府自己把政治审判的康庄大道堵塞了。由于审判异乎寻常地一拖再拖，由于内阁对侦查的过程进行直接干涉，由于暗示将有出乎意料的骇人听闻的事件，由于大肆吹嘘什么全欧洲性的密谋已被揭穿，由于令人发指地虐待被捕者，这个案件便扩大成为一个大案，成为欧洲报刊注意的中心，公众的猜疑的好奇心达到了顶点。普鲁士政府已经使自己陷入了这样一种境地：原告方面为了顾全面子不得不提出证据，而陪审团为了顾全面子也不得不要求证据。陪审团本身已经站在另一个陪审团——社会舆论的陪审团面前。

政府为了补救第一次失策，必然又再一次失策。在侦查时执行检察官职务的警察，在审讯时不得不以证人的身份出面。除了平常的起诉人以外，政府还得再物色一个不平常的起诉人；除了检察机关以外，还得叫警察出面；除了泽特和泽肯多夫以外，还得派出施梯伯和他的维尔穆特、他的鸟儿格赖夫以及他的小家伙戈尔德海姆。为了用特效的警察手段不断向司法当局的起诉提供它白费力气、捕风捉影地寻找的事实，第三种国家力量对法庭的干涉就成为不可避免的了。法庭很了解这种情况，所以庭长、法官和检察官一个个都心甘情愿地把自己所扮演的角色让给警务顾问兼证人施梯伯，并经常躲在他的背后。在阐明检察院无法找到的"客观的犯罪构成"所依据的这些警察启示以前，我们还要再说几句开场白。

从人们在被告那里查获的文件以及他们本人的供词中发现：曾经有过一个德国共产主义协会，它的中央委员会最初设在伦敦。1850 年 9

月 15 日，这个中央委员会分裂了①。多数派——起诉书称它为"**马克思派**"——把中央委员会②迁往科隆。少数派——他们后来被科隆人开除出同盟——在伦敦组织了独立的中央委员会，并在伦敦和大陆上建立了宗得崩德③。起诉书把这个少数派及其追随者叫作"**维利希—沙佩尔派**"。

　　泽特和泽肯多夫硬说，伦敦中央委员会的分裂是由某些纯私人的纠葛引起的。早在泽特和泽肯多夫以前，"侠义的维利希"就已经在伦敦流亡者中间散布了关于分裂的原因的卑鄙无耻的流言飞语，而且利用阿

---

① 1848—1849 年革命失败之后，设在伦敦的共产主义者同盟中央委员会在马克思的领导下进行了改组。经过改组的中央委员会成员有：亨·鲍威尔、格·埃卡留斯、弗·恩格斯、萨·弗伦克尔、阿·列曼、卡·马克思、卡·普芬德、康·施拉姆和奥·维利希（施拉姆和维利希是中央委员会的新成员）。约·莫尔 1849 年 6 月在革命中战斗身亡。卡·沙佩尔从 1849 年 6 月起被拘留在威斯巴登待审，他于 1850 年 7 月初来到伦敦后成为中央委员会成员。

　　1850 年 9 月 15 日，马克思在共产主义者同盟中央委员会会议上尖锐地批评了维利希和沙佩尔的冒险主义策略。会上同盟与维利希-沙佩尔集团之间发生了分裂。后来，奥·迪茨、萨·弗伦克尔、奥·格贝尔特、阿·列曼、奥·谢特奈尔、卡·沙佩尔和奥·维利希等七人单独成立了自己的中央委员会。——原卷末注

② 指 1850 年 9 月 30 日成立的新中央委员会。在这个委员会中，勒泽尔当选为主席，毕尔格尔斯当选为秘书，奥托当选为出纳。从马克思的一些书信中可以看出，丹尼尔斯和弗莱里格拉特也曾是科隆中央委员会的成员。见 1851 年 5 月 3 日马克思致恩格斯的信和 1860 年 2 月 23 日马克思致弗莱里格拉特的信。——原卷末注

③ 宗得崩德原是瑞士七个经济落后的天主教州为对抗进步的资产阶级改革和维护教会的特权而于 19 世纪 40 年代建立的单独联盟。马克思和恩格斯用这个名称来讽刺 1850 年 9 月 15 日同盟分裂后另立自己的中央委员会的维利希-沙佩尔宗派集团。——原卷末注

尔诺德·卢格先生这个欧洲民主派中央①这辆马车的第五个轮子以及其他类似的人作为甘愿在德国和美国报刊上散播这类流言飞语的渠道②。民主派曾经认为，只要即席把"侠义的维利希"描绘成共产党人的代表人物，他们就能轻而易举地战胜共产党人。"侠义的维利希"方面也认为，"马克思派"不出卖德国的秘密协会，特别是不让科隆中央委员会去接受普鲁士警察当局的慈父般的监护，就不可能揭露分裂的原因。现在这些情况再也不存在了，因此，我们不妨从1850年9月15日举行的伦敦中央委员会最后一次会议的记录中引证几段话。〔……〕

---

① 民主派中央即欧洲民主派中央委员会，它是根据马志尼的倡议于1850年6月在伦敦成立的、欧洲各国资产阶级和小资产阶级流亡者的一个国际性的组织。马志尼的倡议曾得到司徒卢威和卢格的全力支持。卢格经司徒卢威的推荐，作为德国民主派的代表加入了委员会。加入委员会的还有赖德律·洛兰、达拉什和科苏特。这个无论成分和思想都极其复杂的组织存在的时间不长。由于意大利和法国民主派流亡者之间的关系恶化，该委员会于1852年3月实际上已经瓦解。马克思在《时评（三）》中批判了该委员会1850年7月3日的成立宣言。——原卷末注

② 阿·卢格在1851年1月17日《不来梅每日纪事报》第474号上发表了一篇伦敦通讯，对马克思和恩格斯退出伦敦工人教育协会进行诽谤和攻击。马克思和恩格斯为此撰写了《为驳斥阿尔诺德·卢格而发表的声明》并寄给了不来梅的《韦瑟尔报》，但该报未予刊登。威·魏特林出版的《工人共和国报》在维利希的唆使下于1851年2月发表了一篇攻击马克思和恩格斯的通讯。这家报纸还从1851年8月23日到9月6日刊登了维利希-沙佩尔宗派集团中央委员会1851年5月告同盟书中恶毒诽谤马克思和恩格斯的那一部分文字。1851年5月，正当在德国开始逮捕同盟盟员的时候，卡·海因岑在纽约主编的报纸《德意志快邮报》在1851年6月13日第129号刊登的科隆通讯中，污蔑马克思和恩格斯是没有影响的阴谋家。该报1851年6月28日第142号又在科隆通讯中把同盟盟员的被捕归罪于他们。——原卷末注

Enthüllungen

über den

Kommunisten-Prozeß

zu Köln.

Basel,
Buchdruckerei von Chr. Krüsi.
1853.

马克思《揭露科隆共产党人案件》第一版封面

Enthüllungen

über den

Kommunisten-Prozeß

zu

Köln.

1853.

马克思《揭露科隆共产党人案件》波士顿版封面

由此可见，中央委员会的分裂并不是由私人原因引起的。但是，如果说是原则性分歧，那也是不对的。沙佩尔—维利希派从来不以具有自己的思想为荣。他们只有别出心裁地曲解别人的思想的本领，他们把别人的思想奉为信条，并且认为已经把这些思想连同词句都掌握了。如果指责维利希—沙佩尔派是"实干派"也同样是错误的，除非把实干理解为在酒徒的叫嚣、臆想的密谋和毫无内容的表面的联系掩盖下的无所作为。

二
狄茨档案

在被告那里查获的《共产党宣言》是二月革命前出版的，几年来一直公开出售，无论从它的形式或者从它的使命来说，都不可能是"密谋"的纲领。被查获的中央委员会的两个告同盟书只谈到共产党人对未来的民主派政府的态度，因而根本没有涉及弗里德里希-威廉四世的政府。最后，章程是一个秘密的宣传协会的章程，但是，在法兰西刑法典里并没有规定要惩罚秘密的协会。这种宣传以破坏现存社会为最终目的，但是普鲁士国家已经灭亡过一次①，以后还可能灭亡十次，以至最终灭亡，而现存社会决不会因此掉一根毛。共产党人能够帮助加速资产阶级社会瓦解的过程，但是可以让资产阶级社会去瓦解普鲁士国家。如果有人把推翻普鲁士国家作为自己的直接目的，并且告诉人们达到这一目的的手段是破坏社会，那么，他岂不就是一个为了清除道路上的粪堆而打算炸毁地球的疯狂的工程师。

---

① 指 1807 年 7 月 7 日提尔西特和约后普鲁士降到拿破仑法国附属国地位。——编者注

　　但是，既然同盟的最终目的是**推翻社会**，那么它的手段必然是**政治革命**，而推翻社会包含有推翻普鲁士国家的意思，就像地震包含有破坏鸡窝的意思一样。然而被告们却抱有这样一种罪恶观点：没有他们，当前的普鲁士政府也会垮台。因此，他们并没有组织过目的在于推翻当前的普鲁士政府的同盟，也不曾犯过任何"密谋叛国"罪。

　　什么时候曾经有人控告过第一批基督徒图谋打倒任何一个罗马土地方官呢？普鲁士的国家哲学家们，从莱布尼茨到黑格尔，都致力于推翻神，可是，如果我要推翻神，那我也同样要推翻神所恩赐的国王。难道曾经有人以危害霍亨索伦王朝的罪名追究过他们吗？

　　这样看来，事情可以任意翻转和颠倒，已发现的犯罪构成在舆论的阳光之下像幽灵一样消失了。检察院依然在诉苦："缺乏客观的犯罪构成"，而**马克思派**也真够狡猾的，侦查了一年半还**没有给现有的犯罪构成提供任何一点东西**。

　　这样的苦楚是需要帮助解除的。维利希—沙佩尔派就和警察当局串通起来完成了这项工作。[……]

三

判　决

　　[……]如果有某种东西能像动摇过舆论那样在一瞬间动摇陪审员们的资产阶级良心，那就是暴露无遗的政府的阴谋、展现在他们眼前的普鲁士政府的腐败。陪审员们自言自语地说，如果普鲁士政府对被告采取如此无耻的、同时又是如此冒险的手段，如果它可以说把自己在欧洲的声誉孤注一掷，那么被告，无论他们的党怎样弱小，必定是非常危险的，他们的学说无论如何是一股力量。政府为了使我们免受这个罪恶的怪物之害，破坏了刑法典的一切法律。为了挽回政府的荣誉，我们也

来破坏我们仅有的一点点荣誉。让我们来感谢，让我们来判决。

　　莱茵的贵族和莱茵的资产阶级用自己的**有罪**判决来应和法国资产阶级在 12 月 2 日以后所发出的狂吠："只有盗贼还能拯救财产；只有假誓还能拯救宗教；只有私生子还能拯救家庭；只有无秩序还能拯救秩序！"〔……〕

《揭露科隆共产党人案》巴塞尔 1853 年版第 5—13、91 页（《马克思恩格斯全集》德文版第 8 卷第 409—415、469 页，参看《马克思恩格斯全集》中文第 2 版第 475—482、545 页）

摘要

第八章

同盟盟员在 1852 年以后的活动和
共产主义者同盟对 19 世纪
工人运动的影响

746

伦敦共产主义者同盟前盟员关于救济科隆
被判罪者的呼吁书

1852年12月7日

呼吁书

　　救济在科隆被判刑的工人政党的先锋战士，特别是关怀他们的无依无靠的家属，是工人政党的义务。我们希望，旅居美国的德国工人也不会把自己置于党的这项义务之外。

　　给被囚者及其家属的捐款，请寄**伦敦哈克尼区萨顿广场3号斐迪南·弗莱里格拉特**。

约翰·贝尔	厄内斯特·琼斯
恩·德朗克	格·罗赫纳
约·格·埃卡留斯	卡·马克思
约·弗·埃卡留斯	威·李卜克内西
弗·恩格斯	F·明克斯
斐·弗莱里格拉特	卡·普芬德
伊曼特	威·皮佩尔
马·韦·林格斯	斐·沃尔弗
E·伦普夫	威·沃尔弗
约·乌尔默	明克斯第二

1852年12月7日于伦敦

载于 1853 年 1 月 21 日《纽约刑法
报》第 45 号（《马克思恩格斯全
集》德文版第 8 卷第 602 页，参看
《马克思恩格斯全集》中文第 2 版
第 11 卷第 571—572 页。）

747

卡尔·马克思（伦敦）给阿道夫·克路斯 （华盛顿）的信

1852 年 12 月 7 日

　　[……] 你们将随此信收到：1. 我的手稿《**揭露科隆共产党人案件**》。这部手稿昨天寄到瑞士去了；在那里排印，并且将发送到德国，作为给普鲁士先生们的新年礼物。**如果你认为在美国市场上能收回生产费用**，那你就在美国出版吧。收回得多些，就更好了。在这种情况下，应该在报刊上预先登广告，以便引起读者的好奇心。如果小册子在美国印，就应像在瑞士一样，**匿名**出版。如果你们考虑到，小册子的作者因无裤子和鞋子而被囚禁在家里，**他的一家人**过去和现在每分钟都受到**确实极端贫困**的威胁，那么你们是能够赏识这本小册子的幽默的。案件使我的处境更加恶化了，因为五个星期以来，我不是为糊口而挣钱，而是

必须为党工作，揭露政府的阴谋诡计。此外，案件使德国出版商完全离开了我，我本来希望就出版我的《政治经济学》能同他们签订合同。最后，贝尔姆巴赫的被捕，使我失去了出售你寄来的那些《雾月》① 的希望，这本东西早在 5 月就通过他订购了三百本。总而言之，情况很糟。

在伦敦这里，我广泛地放出风声，说小册子将在北美印刷，以便从瑞士对普鲁士人来一个出其不意的伴动。他们怀疑正在准备什么东西，于是汉堡、不来梅和吕贝克的海关警卫和警探都要戒备起来。

2. 寄上关于给科隆被监禁的人及其家属以经济救济的呼吁书②。请你们把它登在各种报纸上。如果你们在那里也建立起委员会，那是很好的。这关系到党的示威。你看，厄内斯特·琼斯干脆以党员身份讲话。也许你们应该在你们署名的前言里专门强调一下，这里不是像金克尔之流那样用革命的名义进行乞讨，而是执行党的**一定的**任务，完成这项任务是每个工人政党应尽的光荣职责。

关于政府在科隆案中无耻行径的一篇较长的声明（由我、鲁普斯③、弗莱里格拉特和恩格斯署名）④ 已经发表在伦敦各报上。普鲁士大使馆特别恼火的是，这个对普鲁士政府的公开揭露，在**最高尚的、最有名望的**伦敦周刊——《旁观者》和《观察家》——上登了出来。
［……］

---

① 卡·马克思《路易·波拿巴的雾月十八日》。——编者注
② 致在美国的德国工人的呼吁书是由马克思以科隆共产党人被判罪者救济委员会的名义写的。马克思把呼吁书转寄给克路斯在美国的德文报纸上发表。呼吁书发表在 1853 年 1 月份《加利福尼亚国家报》和《美文学杂志和纽约刑法报》上。——原卷末注
③ 威·沃尔弗。——编者注
④ 卡·马克思和弗·恩格斯《致英国各报编辑部的声明》。——编者注

贝克尔在科隆陪审法庭审讯时损害了自己和党的荣誉。事先同他说定了，他不要以同盟①盟员的身份出现，以免他的民主主义的小资产阶级追随者离开他。但是他突然惊慌失措——他的理论水平非常低，但他卑劣的虚荣心却很强——，决定靠牺牲共产主义者而扮演民主派的伟人。他不仅想把自己洗刷得干干净净，而且想利用受审判的荣誉来达到个人的目的。他的行为不仅无耻，而且卑鄙。[……]

如果海因岑和其他人利用贝克尔在科隆的发言来自我吹嘘，从而损害我们大家的声誉，你就应该自己署名发表一个声明，指出，贝克尔曾经是共产主义者同盟的盟员，在被捕前不久曾请求我写一部著作来**反对**民主派，关于海因岑和卢格的攻击，他曾写信给我说，对于弥勒-泰勒林的这些小伙伴，连回答也不值得。当然，**非绝对必要**，你不要使用这个武器。那时你可以直截了当地说，贝克尔是按预先商量好的条件行事的，但是演得太过火了，而且**演技也不够高明**，只有在这一点上可以指责他。

卡·马克思

莫斯科苏共中央马列主义研究院　　　　　　　　　　　　　　节录
中央党务档案馆，f. 1, op. 1, d. 707
（副本）②　（《马克思恩格斯全集》
德文版第 28 卷第 560—561、563、
564 页，参看《马克思恩格斯全集》
中文第 1 版第 28 卷第 563—564 页、
567、568 页）

---

① 共产主义者同盟。——编者注
② 这封信在 1853 年 1 月 1 日阿道夫·克路斯致约瑟夫·魏德迈的信中作为抄件转给了他。

748

阿道夫·克路斯（华盛顿）给
卡尔·马克思（伦敦）的信

1853 年 1 月 6 日

1853 年 1 月 6 日于华盛顿
美国海军广场

亲爱的马克思：

刚刚收到你的来信以及附来的手稿，注明的日期是 12 月 7 日①，此外还收到一封 12 月 14 日写的信和两份《人民报》。［……］新近出现的令人毛骨悚然的海上风暴，把全部交通都搅乱了。五个星期来，杳无音信，这样一来就使我对你产生种种猜测，而这就说明了我在最近写的信中对你表现出冷漠的原因。［……］但是［……］，目前我想要关心的想要干的，就是应付如何对付救济这件事，弗莱里格拉特是一个非常出色的司库，但在目前我们还不要抱任何幻想，如果我们想专心致志地干点什么事，那么，使我们感到高兴的时候还是会有的。我想要选择的途径之一，就是把你的呼吁书②加上一个简短的前言，以传单的形式发表，并让《体操报》以附刊的形式发表，这样，也许就能节省费用，并把这件事也在《体操报》上公布出来，据说我本人给体操运动者留下了非常好的印象。

现在，就来谈谈《揭露》。③ 我还没有时间过问一下这件事，但我清醒地看到，究竟应当怎么办。只要我的经济状况许可，那我就马上冒

---

① 文件 747。
② 文件 746。
③ 指卡尔·马克思的《揭露科隆共产党人案件》。

一番风险，自费把它出版。如果不可能以小册子形式出版，那么，我也许就要找第二条出路，阿尔诺德竟认为，可以在费城创办一家今后可以完全由我们掌握的周刊，到那时，我可能让一个在美国没有流传的小册子在周刊上以再版的形式刊登出来，而且这样一来，如果阿尔诺德（就像我们所担心的）不善于在他的周刊上掌握正确的分寸，到那时，我们也不会负道义上的责任。顺便提一下，阿尔诺德愿意把周刊的全部领导权交给魏德迈和我。如果此事办得成，我准备把**美国**的事承担起来，而魏德迈只要能维持生计，就愿意接受旧世界。到那时，给阿尔诺德先生剩下的无害消遣就不过是：同这里的一帮无赖编辑——帕尔乌斯、克莱因、海因岑之流——去厮打。［……］

魏特林先生现在终于听到的魏德迈的"无产者同盟"①，很早就销声匿迹了。它企图把这里的"联合会"的大人物的精华荟萃一堂，这是一种倒霉的尝试，但因为**这帮汉子们的精英**早已一文不值，所以，它势必失败。［……］

科隆案件。在这里，许多人认为令人可疑的是，拉萨尔竟没有坐在被告席上，而关于他（或对他）的一篇通讯却落到了国家检察官的手里。同样，令人惊奇的是，你信任拉萨尔，有人却掌握了极其确凿可靠的证据，证明他是一个可疑的人物。此外，如果有人提出要求，维斯就愿意提供这种证据。当然，我说，实际情况也是这样，我只是从哈茨费尔特案件中认识拉萨尔的，我根本不知道，他是否同你有什么联系，我决不愿意以这样的方式介入，正如其他人认为同德国保持或务必保持联系是好事那样。我对贝克尔的愚蠢演说感到很恼火；但是，我非常喜欢毕尔格尔斯的演说②，《刑法报》**479**转述了它的主要部分，但我在《科隆日报》上也看过它。［……］

————————

① 见注 467。

② 文件 738。

今天就此搁笔，再见！

你的　阿道夫·克路斯

手稿　　　　　　　　　　　　　　　　　　　　　　　　节录
莫斯科苏共中央马列主义研究院中央　　　　　　　　　　第一次发表
党务档案馆，f. 1, op. 5, d. 604

749

华盛顿体操协会关于救济科隆被判罪者的呼吁书

1853 年 1 月 10 日

致《加利福尼亚国家报》
1853 年 1 月 14 日于华盛顿

告德国—美国公众书！

随着科隆巨大案件的发生，德国工人运动进入了一个新阶段。它摆脱了狭隘的、狂热的宗派运动对它的束缚，从而公开地登上了政治舞台。同官僚警察国家的检察官相对抗的是无产阶级的政治活动家。莱茵省的资产阶级成立了本等级的法庭作为陪审法庭，并且判决对他们的特权采取反对立场的劳动者是"有罪的"。在这种情况下，我们认为我们应尽的光荣义务是，提醒公众注意下面的呼吁书，这是呼吁书签名人为了在美国散发而寄给我们同盟的成员的；同时尽我们的力量把我们可能收到的那一小部捐款转寄伦敦，并提出这笔捐款的用途报告。

各联合会（不论你们是什么名称）！现在你们的成员正在举办许多热闹的联欢晚会。请支持我们祖国的这些坚强的朋友们并向他们伸出援助之手，将这些晚会中的一次收入捐给他们。捐款请寄到：华盛顿艾恩大厦亚当斯运输办事处"救济事务所"阿道夫·克路斯收。

主席　　　　秘书

约·格尔哈德　阿·克路斯

1853 年 1 月 10 日于华盛顿

载于 1853 年 1 月 16 日［?］《加利福尼亚国家报》（旧金山）（《马克思恩格斯全集》德文版第 8 卷第 601—602 页，参看《马克思恩格斯全集》中文第 1 版第 8 卷第 642—643 页）

750

约瑟夫·魏德迈（纽约）给弗里德里希·恩格斯（曼彻斯特）的信

1853 年 1 月 12 日

1853 年 1 月 12 日于布鲁克林

亲爱的恩格斯：

随信寄去圣路易斯交给我的一个小纸条，请转交给普鲁斯①。

---

① 威廉·沃尔弗。

　　你提出救济科隆人①的那个请求，克路斯已把它寄给我了，我已把这件事提交给体操协会，而该协会已委托理事会和主席团去办理这件事，这样一来，它也就成了体操联合会的事。我曾提议任命一个特别的委员会，但已被否决②。我希望，将会出现某种井然有序的情况。对此，克路斯将会写得更多一些，同样，我们准备在下周寄出的同盟报道③中将包括一些细节。同各协会的谈判还没有结束。

　　向你致意。

你的　约·魏德迈

手稿　　　　　　　　　　　　　　　　　　　　　　　第一次发表

莫斯科苏共中央马列主义研究院中央

党务档案馆，f. 1, op. 5, d. 607

751

纽约社会主义体操联合会关于救济科隆
被判罪者的呼吁书④

1853 年 1 月 16 日

　　救济那些由于坚持先进的立场并为之进行英勇顽强的斗争以致最后落于敌人手中的人们是各个政党及其成员的不可推卸的首要义务。对于无产阶级的工人的政党说来，德国科隆被判罪者的遭遇就是如此。他们

---

①　文件 746。

②　从文件 751 中可以看出，终究还是建立了一个"专门委员会"。

③　这个报道没有保存下来，另见文件 753。关于同盟在美国的活动，见注 464。

④　作者是约瑟夫·魏德迈。

所以被判罪并不是因为犯了强加于他们头上的罪名——令人可笑地制造革命，而是因为他们致力于组织工人的政党。审判他们的是属于金融贵族和封建贵族的法官，仅仅由于这一点，就足以肯定这些人的判决是不会公平的，至于普鲁士政府会利用最无耻的捏造来强使这些人昧着他们也许可能有的一点良心而保持缄默，那就更不用说了。

这些被判罪者都是每天靠自己的双手或笔墨来挣钱糊口的穷苦的工人和著作家，现在他们被囚在狱中，因此他们没有任何可能继续照顾自己的亲属。他们本人在监狱也遭受着各种苦难和折磨，如果不采取一切办法来救济他们和消除他们对自己家庭的深重忧虑，他们势必会有丧失他们今天在党内赖以取得杰出地位的那种智慧的鲜明性和灵活性的危险。

不久前在伦敦成立了委员会。委员会推选无产阶级诗人斐·弗莱里格拉特担任会计，委员会的成员包括英国宪章派的领袖厄内斯特·琼斯。委员会向旅居美国的德国工人发出了呼吁书，我们立即表示响应。[……]①

社会主义体操联合会②委托它的理事会组织被判罪者救济工作，并为此成立了由下面签署人组成的专门委员会。他们呼吁所有侨居纽约的那些珍惜自由事业和爱护祖国自由事业的保卫者的德国人把救济捐款寄给委员会。体操联合会将及时提出关于这些捐款的使用报告。我们相信，和我们属于同一党派的各团体一定会愿意积极参加这项救济工作。

主席团已经向美国各体操联合会发出了相应的建议。

最后，还要指出一点：在3月份的第一个星期一，社会主义体操联合会确定举办一次公众抽彩，我们相信这次抽彩会提供大量的捐款，因为在类似的情况下，德国的妇女和姑娘们不止一次地表现了慷慨解囊的精神，这种精神是她们同情自由及其先进战士的表现。

---

① 后面复述了文件746。
② 见注释459。

认捐现金和物品的募捐单盖有社会主义体操联合会的印章，认捐者可到下列地址索取：运河街 38 号本协会；北威廉街 12 号赖歇尔策和海恩处，以及寄居约·弥勒家的凯克——艾伦街 21 号。

代表社会主义体操联合会理事会

救济委员会

赖歇尔策　舒勒尔　贝克尔

凯克　赖斯特尔

1853 年 1 月 16 日于纽约

载于 1853 年 1 月 18 日《纽约刑法报》（《马克思恩格斯全集》德文版第 8 卷第 602—604 页，参看《马克思恩格斯全集》中文第 1 版第 8 卷第 644—646 页）

752

威廉·李卜克内西① （伦敦） 给弗里德里希·恩格斯 （曼彻斯特） 的信

1853 年 1 月 19 日

1853 年 1 月 19 日于伦敦

亲爱的恩格斯：

我务必请你帮个忙，你能不能**暂时**借给我 1 英镑？

---

①　关于李卜克内西在同盟中的活动，见文件 756。

　　下星期一，我将在一个德国商人（**舒特**，奥本海姆公司）家里担任教师，这是一个肥缺，为此，我务必从当铺里取出我的大衣。除此之外，我还要购置一些衣服。情况紧迫，而你是会帮我这个大忙的，况且我在伦敦就根本搞不到钱。

　　你已听到了乌尔默的事。我一得知谢特奈尔的闲言碎语，就去质问乌尔默。他当着皮佩尔的面声明说，他从来没有发表过上面提到的那种对我的意见。流言飞语来自一个名叫**德林**的人，他同乌尔默在一道住了很长一段时间；有一次，他在隔壁房间里听到，我怎样向乌尔默借了 1 先令。德林目前不在伦敦。

　　四年来，我同乌尔默一直过从甚密，我们相互帮忙，但如果我们对此作一番总结，那**他**是应对我感恩图报的。

　　请原谅，我对你说了这一大堆琐事。你已听到了流言飞语，也一定了解事情真相。

　　星期一两点钟，我开始上课。因此，劳驾，如有可能，请你**至迟**在星期一早晨把钱给我。也许两个星期内我就可以把钱还给你。到那时我将会从科塔那里弄到钱的。

你的

威·李卜克内西

索霍广场，教堂街 14 号

手稿

莫斯科苏共中央马列主义研究院中央

党务档案馆，f. 1, op. 5, d. 609

753

阿道夫·克路斯（华盛顿）给
卡尔·马克思（伦敦）的信

1853 年 1 月 20 日

1853 年 1 月 20 日于华盛顿

亲爱的马克思：

上星期魏德迈本想寄去一份同盟关于救济事务进展情况的报告，也许他已寄去了。

我不妨简单地重复一下。收到来信①后，我马上把呼吁书②的副本寄给体操运动者主席团了，以便促使体操协会以委员会的名义出面支持救济这件事。这件事得到了普遍的反响，不过开始时，鉴于像比德曼一类人的那种意图，即认为通过这种方式将会得到更多的钱，因而倡议就带有庸俗性质。更有甚者，他们愿意全力去募捐，但不愿发表你的呼吁书。我一听到这种情况，就亲自过问这件事，在这期间，我曾在这里的体操协会的一次全体会议上，请求授予我以全权，以协会的名义，公开出面过问。我们的决议摘要已送给《体操报》，我撰写了一篇前言③，我觉得该前言是非常实事求是的，并把它连同你的呼吁书一并寄给纽约、费城、巴尔的摩、辛辛那提、圣路易斯和新奥尔良等地的 16 家主

---

① 文件 747。
② 文件 746。
③ 文件 749。

要报纸了。最近我从纽约得到某些似是而非的消息（如上所述）以后，我简直生气了，我马上给头脑比较清醒的魏德迈发了一个电报，紧接着在我的文件寄往报社以后就得到了答复，说体操运动者已同意我们的一切要求。我回答说，我对他们初步采取的似是而非的行动不敢苟同，我从现在起就期望他们赞同我已采取的步骤和将要采取的步骤。因此，我希望这会变成现实，我想，我们应当办成一点事情。让下班轮船给**旧金山体操协会**捎去一项请求〔……〕。

华盛顿将举办一场节日球赛，我希望到时候能弄到 50—100 美元，这样，就先有了一点收入，因此在我的前言中就难免带点俗气地作了暗示。我将不遗余力地为我们弄到一笔可观的钱，然后可以好好地干一场。〔……〕

施瑙费嘱我衷心问候弗莱里格拉特，其次，他还在信中告诉我，他想让我请李卜克内西这个老朋友在有空时为他写一篇通讯，他会感激不尽的。

我在这里顺便提一下，如果李卜克内西愿意接受施瑙〔费〕的请求，那他就会帮我们的忙，他会让我把报道转交给施瑙费的。施瑙费提醒大家既要注意签名者中间那些不太知名的名字，也要注意那些"正直的人"①，简直太好了。

小册子的事②可能也有问题；我已打听过费用，《新莱茵报。〔政治经济评论〕》的印刷费用和开本，大约每 1000 份 40 美元。如果我们同意，《费城民主主义者报》准备把它当做小品文发表，并准备给我们留下版面；但是，我不应当这样干。务必对小册子加以某种抑制，以便使救济这件事得以顺利进行，不致受到干扰，关心要由救济事务本身来维

---

① 由亨利希·施瑙费出版的《巴尔的摩警钟日报》（社会主义体操联合会机关报）曾经发表了 746 和 749 这两个文件。

② 这里指的是马克思的《揭露科隆共产党人案件》。

持。这种事务片刻也没有中断过，这是肯定无疑的。我非常喜欢那个小册子，它唯一的不足之处可能是：你竟利用希尔施等人的口供去**反对维利希**，而你一开始就谴责他是一个肆无忌惮的骗子。庸人们会说，这类口供只不过是一种新的警察诡计，共产党人从党的激情出发是不愿意承认的。小册子是在那样的情况下写成的，我对它的幽默感确实十分钦佩。[……]

席克耳已主动寄给我 7 美元或 9 美元（在这里有一张 2 美元钞票值得怀疑），是救济科隆人的。他向你问候，并愿意继续捐款。[……]

手稿　　　　　　　　　　　　　　　　　　　　　　　　节录

莫斯科苏共中央马列主义研究院中央　　　　　　　　　第一次发表

党务档案馆，f. 1, op. 5, d. 610

754

斐迪南·弗莱里格拉特（伦敦）给
卡尔·马克思（伦敦）的信

1853 年 2 月 1 日

1853 年 2 月 1 日于哈克尼区赛顿广场 3 号

亲爱的马克思，恭贺新禧！

科隆的前尉官施特芬①[480]今天来到我这儿，他也希望找你谈谈，在他的要求下，我已把你的地址告诉他了。施特芬一度曾是同盟盟员，后来退出

———————————

①　在原件中是：施特芬斯。

了同盟（"真是幸福……!"①），可是，如果我没有记错的话，他出席陪审法庭作证时表现得**非常正直**。尽管如此，还是要多加小心为好。[……]

关于案件的小册子②还没有出版吧？

手稿　　　　　　　　　　　　　　　　　　　　　　　　　　　节录

莫斯科苏共中央马列主义研究院中央

党务档案馆，f. 1, op. 5, d. 602

755

雅科布·沙贝利茨（巴塞尔）给
卡尔·马克思（伦敦）的信

1853 年 3 月 7 日

1853 年 3 月 7 日晨 9 时于巴塞尔

亲爱的马克思：

我刚才获悉，为数两千册的一批《揭露》③ 在国境那边一个村子里搁了一个半月，昨天在试图继续运送时被扣。现在会发生什么事，我不知道。首先巴登政府要呈报联邦委员会，然后大概会把我逮捕，或者至少会对我起诉，等等。无论如何将大大出丑。这就是我所能简单告诉您的一切。以后的消息，如果我本人没有可能写信，您会通过第三者收到。如果写信给我，请在信封上写：

---

① "真是幸福……!"引自贺雷西《抒情诗集》第二首第一节。——译者注
② 卡尔·马克思的《揭露科隆共产党人案件》。
③ 卡尔·马克思的《揭露科隆共产党人案件》。

"巴塞尔时装商店布伦纳–盖尼亚尔小姐"

而在里面的给我的封口的信封上写'转雅克'就行了。

关于政变的手稿①，我藏在可靠的地方。再见。但愿很快能有比我现在所知道的更多的消息。请给我一个可靠的地址。您的地址和班贝格尔的地址，大概别人早就知道了。

您的　雅克

手稿

莫斯科苏共中央马列主义研究院中央党务档案馆，f. 1, op. 5, d. 623（《马克思恩格斯全集》德文版第 28 卷第 221 页，参看《马克思恩格斯全集》中文第 1 版第 28 卷第 224—225 页）

756

卡尔·马克思（伦敦）给弗里德里希·恩格斯（曼彻斯特）的信

1853 年 3 月 10 日

[……] 德朗克到这个时候——现在已经十一点半——还没有把另外半截②送来。

显然这个年轻人还躺在床上。这些家伙真是懦夫。他们懒惰，一受

---

① 卡尔·马克思：《路易·波拿巴的雾月十八日》。

② 五英镑银行券的另外半截，见《马克思恩格斯全集》中文第 1 版第 28 卷第 219—220 页。——编者注

到任何外界压力就无力抵抗，支持不住，指靠他们是毫无希望的。我们一定要更新我们党的成员。克路斯是好的。莱茵哈德在巴黎辛勤工作。拉萨尔虽然"但是"很多，却是坚强而精力充沛。皮佩尔如果幼稚的虚荣心少些，坚持不渝的精神多些，那他不会没有用处。伊曼特和李卜克内西顽强，他们各有各的用处。但是所有这些并不是党。前尉官施特芬——科隆案件的前见证人，现在是伦敦一个学校的教员，在我看来，是个能干的人。鲁普斯①一天天老了，而且越来越古怪。德朗克过去是现在仍然是一个"可爱的浪荡汉"。

手稿 摘要

莫斯科苏共中央马列主义研究院中央党务档案馆，f. 1, op. 5, d. 730（《马克思恩格斯全集》德文版第 28 卷第 224 页，参看《马克思恩格斯全集》中文第 1 版第 28 卷第 227—228 页）

757

燕妮·马克思（伦敦）给阿道夫·克路斯（华盛顿）的信

1853 年 3 月 10 日

［……］12 月 6 日，我丈夫把《揭露》②的手稿同时寄给您和巴

---

① 威廉·沃尔弗。——编者注
② 卡·马克思《揭露科隆共产党人案件》——编者注

塞尔的小沙贝利茨。沙贝利茨高高兴兴地接受了它，来信说，这是一部杰作，两个星期之后，它一定被运到边界那边去；又说，他想印二千册，每册卖十五个银格罗申，卖得的钱除去印刷费（在瑞士是微不足道的）之后与我丈夫平分。我们完全有理由可以毫无差错地指望至少得到三十英镑。此外，他想立即寄四十册到伦敦。过了一个月，我们没有得到任何消息。我丈夫写信去问。回答是：印刷延期了，因为排字工人在圣诞节不干活。至迟过两个星期，小册子就可运出，并且将给我们寄四十册。我们只是通过第三者得知，私运遇到了意外的障碍，出版商不得不把一千八百册分成小包在两个星期之内秘密运过边界，但是大致在 2 月初将全部运完，小册子的进一步运输和分寄给书商的事务，他将委托给自己的商业代办，但是样书他会立刻寄给我们。好极了。我们等了一个月。最后我丈夫写信去打听情况，以为小册子老早就已经送到德国最遥远的角落，他现在只要开出一张期票就行了。可是昨天我们收到了下面这样一封信：［……］

　　全部情况就是这样。您对此有什么看法！他把二千册，也就是全部印数，放在一个村子里搁了一个半月，然后给我们写信说，它们被没收了。只字不提给伦敦的书，只字不提预定给瑞士的书等等。这些东西是否印刷了，普鲁士警察当局是否出巨款把它们收购了，还是发生了别的事情，这只有天知道！够了，这已经是人家试图束之高阁的第二个小册子。[①] 当了柏林警察局长并宣告一部关于阴谋的绝妙作品问世等等的施

---

① 看来，燕妮·马克思是指，除马克思的著作《揭露科隆共产党人案件》全数被没收外，试图出版马克思和恩格斯的抨击性著作《流亡中的大人物》一事也未能成功。——原卷末注

梯伯先生，以及充当美国款项的所有者和管理者的维利希先生①，都没有因这事损伤一根毫毛，科隆案件完全被打败了，党还完全没有洗刷掉对它的各种污蔑，政府在扬扬得意！在这个时刻，这个小册子的影响会是很大的。它会像晴天霹雳一样击中德国警察的战栗发抖的灵魂。如果我们有经费，我们就会马上把它在阿尔托纳重新印刷出来，以便把政府刺激一下，但这是不可能的。现在没有别的办法，只有在您那里的任何一家报纸的小品文栏里把它刊载出来。不知那时能否利用排好的版印成小册子，然后把它转寄给我们？由于在欧洲把它印出来几乎是不可能了，而办这件事现在又成了党的荣誉问题，您应该无论如何把它印出来，至少在小品文栏里刊载出来。为了对付一切敌人，现在必须出小册子，这将有利于科隆人，这比其他任何办法都将对舆论产生更大的影响。必须重新激起对他们的关心。贝克尔逃跑的企图遭到失败，完全是因为缺乏外界的同情和援助。首先必须提出证据，证明这本小册子存在，而这只有在大洋彼岸哪怕是在小品文栏里把它刊载出来才能办到。
[……]

莫斯科苏共中央马列主义研究院中央　　　　　　　　　　　　　节录
党务档案馆，f. 1，op. 5，d. 729（抄
本②）（参看《马克思恩格斯全集》
中文第 1 版第 28 卷第 651—653 页）

---

① 马克思把靠推销所谓的"德美革命公债"募集的款项称做"美国款项"。——原卷末注
② 1853 年 3 月 28 日阿道夫·克路斯致约瑟夫·魏德迈的信中抄录了这封信，因此它得以保存下来。

758

弗里德里希·恩格斯（曼彻斯特）给
卡尔·马克思（伦敦）的信

1853 年 3 月 10 日或 11 日

[……] 听到我们的朋友们在走下坡路，使人不大愉快。"优秀分子"在决定性时刻将会再次醒悟过来，不过，如果这些公民经过以前的一些战斗没有学到什么，而且也没有变得聪明一些，就投身于未来的战斗，那是令人不愉快的。除克路斯以外，拉萨尔比他们所有的人都能干得多，这一点当哈茨费尔特伯爵的财产最终并入国家财产的时候，会特别明显地表现出来①。他有他的怪癖，可是也有党性和抱负，而他的那些卑下的、从属的情欲和私事（他将在为公的借口下永远醉心于这些东西），是众所周知的。至于吸收新人，我认为，当我们回到德国，我们会在那里找到相当多的有才能的年青人，他们在这期间已不无成效地尝到了禁果的滋味。如果我们在这两三年里能像 1848 年以前所作的那样，用各种书籍进行扎实的科学宣传，我们的事业会要好得多。但是这一点

---

① 暗指拉萨尔在 1846—1854 年办理的索菲娅·哈茨费尔特伯爵夫人的离婚案。1851 年 7 月法院判决离婚以后，拉萨尔把伯爵夫人的一份财产从过去夫妇共同的财产中分了出来。拉萨尔过分夸大了这件为一个古老贵族家庭成员作辩护的诉讼案的意义，把这件事同为被压迫者的事业而进行的斗争相提并论。拉萨尔为这一案件花费了很多时间和精力，而损害了实际的政治活动。——原卷末注

没有做到，而现在暴风雨即将来临。你应当结束你的《政治经济学》①
了，往后我们只要有了报纸，可以把它每星期刊登一篇，人民有不懂的
地方，拥护者们就可以作解释，虽然不那么理想，但总不是没有好处的。
那时这会给我们随后恢复起来的全部组织提供讨论的基础。［……］

手稿　　　　　　　　　　　　　　　　　　　　　　　　　　　　节录

莫斯科苏共中央马列主义研究院
中央党务档案馆，f. 1，op. 5，d. 732
（《马克思恩格斯全集》德文版第 28
卷第 226 页，参看《马克思恩格斯
全集》中文第 1 版第 28 卷第 229—
230 页）

759

弗里德里希·恩格斯（曼彻斯特）给
约瑟夫·魏德迈（纽约）的信

1853 年 4 月 12 日

［……］**我们的党**这次在完全不同的征兆下出场，这太好了。

---

　　①　指马克思写政治经济学的著作——原卷末注

1848 年为了反对纯粹民主派和南德共和派而不得不加以捍卫的一切社会主义蠢事，路易·勃朗的荒谬观念等等，甚至**我们**为了在混乱的德国局势中给我们的观点寻求支点而不得不提出的种种东西——所有这一切，现在我们的反对者先生们，卢格、海因岑、金克尔等人都要出来捍卫了。无产阶级革命的预备条件，为我们准备战场和扫清道路的种种措施，例如一个统一的、不可分割的共和国①等等，**我们**当时为了**反对**某些人而必须加以捍卫的东西（实现或至少要求这些东西，本来是这些人天然的正常的使命），——这一切现在都已经得到了承认，这些先生们已经学会了这一切。这一次我们可以直接从《宣言》②开始，这也多亏了科隆案件，在这个案件中德国的共产主义（特别是由于勒泽尔）通过了毕业考试。

当然，这一切只涉及理论；在实践中，我们将一如既往，不得不首先要求措施坚决和毫不容情。麻烦也就出在这里。我感到，由于其他政党都一筹莫展和委靡不振，我们的党有一天不得不出来执政，而终究要去实行那些并不直接符合我们的利益，而是符合一般革命的利益、特别是小资产阶级利益的东西；在这种情况下，由于受到无产阶级大众的推动，由于受到我们自己所发表的、或多或少已被曲解的、而且在党派斗争中多少带着激昂情绪提出来的声明和计划的约束，我们将不得不进行共产主义的实验，并实行跳跃，但这样做还不是时候，这一点我们自己知道得非常清楚。这样做，会掉脑袋——但愿只在肉体方面——，会出现反动，并且在全世界能够对这种事情作出**历史的**判断以前，我们不仅

---

① 指马克思和恩格斯 1848 年 3 月代表共产主义者同盟中央委员会起草的《共产党在德国的要求》第一条："全德国宣布为一个统一的、不可分割的共和国"（见《马克思恩格斯全集》中文第 1 版第 5 卷第 3 页。——原卷末注

② 马克思和恩格斯《共产党宣言》，见《马克思恩格斯文集》第 2 卷。——编者注

会被人视为怪物（这倒无所谓），而且会被人看成笨蛋（那就糟透了）。我看不出还能有别的什么结果。在德国这样一个落后的国家里，由于它有一个先进的政党并且同法国这样一个先进的国家一起被卷入先进的革命，所以只要一发生严重的冲突，只要一出现**真正的危险**，这个先进的政党就不得不采取行动，而这对它来说无论如何是**为时过早的**。然而这无关紧要，重要的是在我们党的**文献**中为我们党应对这样的局面预先作历史的辩护。

此外，我们这次登上历史舞台也将比上次体面得多。第一，在人员方面我们已经幸运地摆脱了昔日的所有废物——沙佩尔、维利希及其同伙；第二，我们在某种程度上终究是壮大了；第三，我们可以寄希望于德国的年轻一代（即使没有别的东西，仅科隆案件就足以为我们保证这一点）；最后，我们大家都从流亡生活中学到了不少东西。自然，我们中间也有一些人遵循这样的原则：我们干吗要刻苦学习呢，那是马克思老爹的事儿，他的职责就是什么都要懂。不过，一般说来，马克思派学习是相当刻苦的，当你看到流亡者中间还有些蠢驴到处搬用一些新词句并被弄得糊里糊涂的时候，你就会明白，无论绝对地说还是相对地说，我们党的优势都已经增大了。这也是必要的，因为艰巨的工作还在前头［……］

手稿　　　　　　　　　　　　　　　　　　　　　　　　　　　节录

莫斯科苏共中央马列主义研究院
中央党务档案馆，f. 1，op. 1，d. 741
（《马克思恩格斯全集》德文版第28
卷第579—581页，参看《马克思恩
格斯文集》第10卷第109—111页）

760
卡尔·马克思（伦敦）给阿道夫·克路斯
（华盛顿）的信

1853 年 4 月 17 日

[……] 今天收到从纽约寄来的最前面的五号①，不知道是魏德迈还是克耳纳寄的。由于你的帮助，其中大部分我已经知道了。这至少是一家**正派的**报纸，在美国很少有，况且还是工人的报纸。但是另一方面，主编装模作样地强调他不愿降格谈"个人问题"（同时也是党的问题），他那假装的天真无邪，他那圣经般的严肃，不能说都很合我的口味。不过必须实事求是地看待这家报纸。我最喜欢的是魏德迈给他的《经济学概论》写的引言②。这很好。我已向这里的朋友们打过招呼；德朗克和皮佩尔好像已经寄去一些东西了。琼斯我正要找他谈。但是总的说来，约人撰稿不那么简单。我自己工作太忙，而别人，可惜由于过去的经验而心有余悸。鲁普斯③的情况很糟糕。埃卡留斯不得不从早晨五点到晚上八点当裁缝，并且肺结核已经很危险。恩格斯把他不在办事处的全部时间完全用于搞研究，看来他由于在美国报刊上所发现的对他

---

① 指《改革报》。——编者注
② 指 1853 年 4 月至 8 月在《改革报》上发表的魏德迈的《政治经济学概论》这一组文章的头几篇。——原卷末注
③ 威廉·沃尔弗。——编者注

的挑剔还在生气。我们的党可惜很穷。我还要向过去在科隆案件中作过被告证人、现在在伦敦郊区当教员的前尉官施特芬提出要求。他的空闲时间最多，而且他很能干。［……］

手稿　　　　　　　　　　　　　　　　　　　　　　　　　　　　节录

莫斯科苏共中央马列主义研究院
中央党务档案馆，f. 1，op. 1，d. 743
（抄本①）　（《马克思恩格斯全集》
德文版第 28 卷第 583—584 页，参
看《马克思恩格斯全集》中文第 1
版第 28 卷第 591—592 页）

761

约瑟夫·魏德迈（纽约）给弗里德里希·恩格斯（曼彻斯特）的信

1853 年 5 月 2—6 日

　　［……］这里的工人运动还处于一种很低级的阶段，创建一个独立政党的必要性，正在为自己开辟道路，但进展非常缓慢。但是，下一次危机将在这里起巨大的促进作用，并要求采取共同的行动，而在目

---

① 1853 年 5 月 3 日阿道夫·克路斯致约瑟夫·魏德迈的信中的抄本。

前，几乎普遍要求提高工资的呼声都是同这种行动相抵触的。［……］遗憾的是，我的时间很有限，以致我很少能亲自去关心一下工人集会。我作为《刑法报》（对于这里的广大居民来说，它在代表着海外骑士小说和强盗小说的时期）的业务领导人，必须从早晨 9 时到晚上 6 时这段时间上班，而且路上往返几乎还要花去两个小时。因此，别的工作，我只有利用晚上时间、早上时间和星期天去干。我越是要在《改革报》编辑部里监督克耳纳，并且越要通过插入我们的文章的办法来限制他，别的工作也就越迫切需要。［……］

　　我对这里的工人运动越来越感兴趣了，以致在爆发新的革命时是否应当回到欧洲去，我本人还没有把握；由于在这段时间我没有钱，这个问题并不取决于我的考虑。在海外，像我这样一个微不足道的人是无关紧要的，而在这里，我们党的代表机构是举足轻重的，而这项任务在这里可惜只有我和克路斯才能胜任，因此，我也根本不想劝说，让克路斯再回去。克耳纳希望自己成为一个了不起的人物，足以在海外扮演重要角色，并给我们让位。

　　我已作了多次尝试，旨在使移居到这儿来的同盟盟员再次在这儿联合成一个支部[①]，但枉费心机。然而，这个支部的历史无非是一连串解体直至彻底崩溃的过程。在这里，诚然也像在海外一样，也存在紧密联合的必要性，但这种联合在这里是完全由这儿出现的各种因素新形成的，这些外来的因素至少适合于建立这样一种联合的最初核心。他们抱着欧洲的高傲态度，通常都瞧不起这里的工人运动和党派斗争，而不愿花什么力气去了解这些。不仅如此，这个同时有着非常紧密的社会交往的小圈子里的各个人，其恶劣的物质状况导致了令人厌恶的无休无止的人身摩擦，从而必然一会儿使这个退出，一会儿又使另一个退出。［……］

---

　　①　见注 464。

利埃夫尔给科隆人附来一张 125 美元的期票，这是在他家里举办的一次舞会的收入以及其他一些捐款。我把它寄给你，因为我们无法找到弗莱里格拉特的通讯地址①。［……］

又及，1853 年 5 月 6 日

利埃夫尔还没有把他的期票准备好，因此，我不得不把信搁下。在这期间，我从克路斯那里获悉：马克思曾为《改革报》撰文操劳。今天，我还从克耳纳那里得知，皮佩尔的一篇文章已经到了。［……］

手稿 节录

莫斯科苏共中央马列主义研究院中央 第一次发表

党务档案馆，f. 1, op. 5, d. 644

762

弗里德里希·列斯纳（格劳登茨）给

希拉里乌斯·费舍（科隆）的信[481]

1853 年 5 月 16 日

1853 年 5 月 16 日于格劳登茨要塞

亲爱的朋友费舍：

有人告诉我，要我写信给你谈谈一张床的事，在这里租一张床，每

---

① 1853 年 5 月 20 日，恩格斯把这笔捐款寄给马克思，然后转交救济科隆被判罪者委员会的司库斐迪南·弗莱里格拉特。

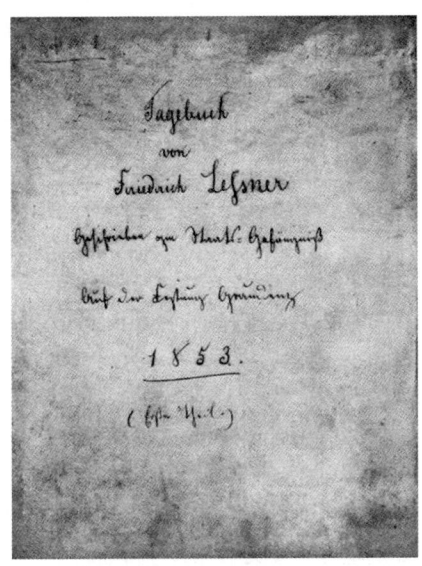

弗里德里希·列斯纳日记的封面和其中一页

月要花 1 塔勒 10 银格罗申，而这还没有什么了不起的，因此，如果按照我必须待在这里的时间计算，那就要花费很多很多的钱。

我尽力打听到了在这里一张床值多少钱。最大的床要花 18—20 塔勒，低于这一价钱是不可能弄到一张床的，因为这个价钱已经够低廉了。不错，如果这里也像别的地方一样，可能还应付得过去，但在这里是不可能的。目前要塞里还很冷，没有御寒衣服是呆不下去的。近来，我感到身体很不好，但只是得了感冒。诚然，在这个季节埋怨寒冷，听起来是可笑的，但事实上就是如此。复活节前在莱茵河畔，要比这里暖和得多，这是就我待在这里的整个时间而言的。我深感欣慰的是，你在这种时刻仍然想到我，因为一个人在患难中，是不会有什么朋友的。我的未婚妻①在这种时刻根本帮不了我什么忙，原因是她在无可奈何地离开科隆以后深感忧伤，现在，她也许在利物浦。她为我受了不少苦，本月 11 日，我为了一张床的事以及我需要的其他东西写信给科隆的勒泽尔夫人。[482]你到她那里去一下，让她把信交给你，或者，她会告诉你的，我在信中写了所要的东西，她住在艾格尔施泰因 15 号。

现在，我还要请求你办下面这件事，请把陪审法庭有关我们案件的审理材料都寄给我。如果没有把案件材料专门付印，那就请注意一下，可以设法把刊登审理案件的《科隆日报》弄到手。同时，我的未婚妻已把我的书交给萨尔盖特[483]去保管了。我希望有机会也把这些书一道送来，因为我直到现在还根本没有什么东西可看的。

但愿我的信能立竿见影，取得很好的成效，祝愿你和你的家人健康幸福。

你的朋友弗里德里希·列斯纳衷心问候你。

———————

① 玛格达琳娜·弗莱肯施坦。

手稿　　　　　　　　　　　　　　　　　　第一次发表

弗里德里希·列斯纳日记 1853 年写
于格劳登茨要塞的国家监狱①。莫
斯科苏共中央马列主义研究院中央
党务档案馆，f. 178, d. 1/5

763

阿道夫·贝尔姆巴赫（科隆）给
卡尔·马克思（伦敦）的信

1853 年 5 月 31 日至大约 6 月 21 日之间[484]

两次汇款都及时地收到了，我们由衷地感激您以及所有曾为此操劳的人们。没有什么东西能比这笔钱更受人欢迎和更为适时了，因为使少数固定的行善者负担过重，一次又一次向他们的钱袋提出要求，让人担心储金告罄。债务本来就够多了，而要发行新的强制公债，时机又很不合适。我们希望，新的财源将不会很快枯竭。可是，每次在这里出现的使用卡，您得允许我们根据需要加以改变。

从关于被捕者的最近消息中，可以推断出他们的健康状况和精神状态是令人满意的。[……]

其他一切消息，您务必自己去打听。向大家问好。

你的朋友阿·

———————

①　见注 444。

手稿　　　　　　　　　　　　　　　　　　节录
莫斯科苏共中央马列主义研究院中央　　　第一次发表
党务档案馆，f. 1, op. 5, d. 707

764

弗里德里希·列斯纳的狱中日记摘要①

1853 年 7 月 18 日

　　[……] 今天，1853 年 7 月 18 日，对我来说，是一个特别艰难的日子。如果我想死，我就去死了。我的心情还从来没有这样沉重过，孑然一身，我只能自己安排自己。我的未婚妻②仍杳无音信。天哪，竟有这样的事！她可能已把我忘了，或者把我甩了？我简直不能相信，我也不愿相信，我看这是不可能的。[485]我真想一头撞在这堵该死的监狱墙壁上。我竟被迫住在这样一个囚室里，脏水沿着墙壁向下淌，汇成小河，室内的一切都脏得要命，简直令人作呕，大倒胃口。而在我的囚室里，整天根本见不到一线阳光。在外面热得要命，简直令人难以忍受，而在我的囚室里却整天冻得发抖。在这样一种条件下，我的健康状况势必每况愈下。可是，我仍然抱着这样的希望：我至少要活下去。而今后，是

---

　　①　见注 444。
　　②　玛格达琳娜·弗莱肯施坦。

的，今后，我决不会忘怀，一定牢记不忘！将会出现**另一个**时代，但有一些人会以为将来永远会这样。可是，不会，完全不会。不会总是这样，因为过去也并不总是这样——，将来决不会总是这样，也不可能总是这样：不错，今天身居高位的人，明天很可能就湮没无闻了。

　　"因为不可能有人在他的末日前拍手称庆的！"是的，尽管末日来临，我将要坚持下去，**我必须**坚持下去。只有向前，不能停步，光阴荏苒，岁月蹉跎，未来是属于我们的！〔……〕

手稿　　　　　　　　　　　　　　　　　　　　　　　摘要

弗里德里希·列斯纳的日记写于格劳　　　　　　　　　第一次发表

登茨要塞国家监狱。莫斯科苏共中央

马列主义研究院中央党务档案馆，

f. 178, d. 1/6

765

卡尔·威廉·克莱因[486]（费城）给

斐迪南·弗莱里格拉特（伦敦）的信[487]

1853 年 7 月 31 日

1853 年 7 月 31 日于费城

亲爱的弗莱里格拉特：

　　尽管您不认识我，但您的朋友恩格斯、马克思、沃尔弗还是认识我的。现在，在我言归正传以前，即在说明写这封信的真正目的以前，我先要说几句开场白：从伦敦起程来到德国以后我的情况究竟如何，我又怎样想到住在现在这个地方的。

1850年6月，我又重返索林根，当时我的首要任务是摸清情况，以便卓有成效地为同盟工作。我的活动范围包括索林根和埃尔伯费尔德—巴门。弗里德里希·恩格斯把巴门的许纳拜恩推荐给我，但我根本没有同此人打过交道，因为他本人充其量是一个革命的资产者。这个人对布朗基祝酒词的按语①极为恼火，但最为恼火的还是对祝酒词的传播②，他也许认为，因为他本人是一个**大人物**（?），其他所有人可能也总是这样的人。过了三个月，我的工作终于有了这样的进展，我在索林根建立了一个支部，1851年春天又在埃尔伯费尔德—巴门建立了一个支部。[488]在这里，我还要提一下，各支部多半是由思想坚定的工人组成的，因为资产阶级的力量以及小资产阶级的力量，几乎都是不能利用的，但也是由于他们在1849年5月里摇摆不定，已完全失去了工人们的支持。

像这样一种秘密活动不会不引起某种风波。于是1851年5月初，警察到我家搜查传单，但一无所获。在8月15日以前，我一直未受骚扰，但在这一天，仲裁法庭法官马蒂厄从索林根一清早就带着有关的警察出现在我的面前，要抄我的家，而且是按照科隆预审推事③普费弗尔的要求抄我家的，但又是一无所得。家被搜查以后，我不得不跟着到了一个邻居家，在这之前，这家也遭到搜查。我被控的理由是：存放在赖夫家里的一个笔记本中，竟有如下的字样：1850年6月，我把共产主

---

① 文件594。
② 见注580。
③ 预审法官。

义者同盟中央委员会告同盟书①从伦敦带到了德国，并加以传播，我的
名字虽然没有写全，但人们一眼便看出是我。因为我知道赖夫对待同
盟②的态度，所以，据我猜测，此人正准备扮演一个叛徒的角色。诚
然，我不能太看重这个笔记本，但由于发出去的若干告同盟书的抄本是
我抄写的，所以，我假定有这样的可能性：其中有几个抄本可能已落到
了警察之手，特别是因为寄往莱比锡去的那几个抄本，是由我本人抄写
的。我同律师施奈德进行了磋商，我暂且到列日去，以等待案件的进
展。我刚刚离开了几个星期，就在《科隆日报》上看到了通缉令，强
加给我的莫须有罪名是参与叛国阴谋；冯·泽肯多夫先生在通缉令中想
把我交给科隆的拘留所。**489**由于搞到了一个假护照，我在深感前途渺茫
的痛苦中在比利时逗留了半年，而且侦查还要拖延下去，在这以后，我
于 1852 年 4 月 1 日从安特卫普乘船前往美国，这是 1849 年的流亡者在
这里给我搞到的一个住处。几个星期前，我的妻子也从德国来到了这
里，而且是在索林根同盟支部的一个朋友的陪同下来到这里的。遗憾的
是，这些来自科隆的流亡者在谈到科隆同盟的现状时，并没有给我带来
什么令人欣慰的消息。在费城这里，我从一个同魏德迈和克路斯有交
往、尤其**自诩是**所谓的马克思派（但是顺便提一下，他还是一个异乎寻
常的夸夸其谈者）的熟人那里得知，马克思夫人在信中曾这样说过：在
科隆，简直惶惶不可终日；那儿有人说，科隆人至今还没有能在德国重
建任何联系。即使上面所说的前一半是真实的，但后一半也是错的，它
是以前一半为根据的。索林根、埃尔伯费尔德和杜塞尔多夫的各支部，
曾在科隆一次又一次地作出努力以促进重组组织，但人们都用毫无意义
的借口回避了，而上述各支部曾经要求我充当直接同伦敦中央委员会进

---

①　文件 473。

②　见注 436。

行联系的中介，我也完成了这一委托。上述各支部愿意按要求派遣一名代表前往伦敦。附带捎去一张卡片中的一块，其目的是：前往伦敦去的代表，务必出示一张卡片以证明其身份，附上的一块同上述卡片是配套的，而如果某人有机会从伦敦到埃尔伯费尔德来，那么，他务必携带附上的一块卡片以证明自己的身份。有人打算把联系由近而远地逐步从邻近地区扩展到远方去。[490]我们伦敦的党会认识到，在下次革命后，**至少**莱茵省-威斯特伐利亚工业区的工人为了同盟的利益组织起来，并根据具体情况采取相应措施，从而使我们的党重新掌握主动权[①]，这是何等重要。我请求我们的朋友们，只要有可能就略写数行，按下列地址寄到埃尔伯费尔德去，并把有关情况告诉我，因为我认为也有必要同这些人保持联系。

　　至于我在**费城**这里的政治活动，是以观察员的身份出现的。在维利希举行的宴会上，我首先公开出现，而且惹得维利希非常恼火。我同他之间曾有过一些争论，而当我向他说明索林根支部已传播布朗基祝酒词的时候，我们就无话可说了。他通过我的熟人要求我参加常设委员会，他设置该委员会是为了也在这里继续发行所谓德国国民公债[②]。他向我的朋友们说，虽然他确认我属于马克思派，**即使**他不想向我提出建议，但如果我参加该委员会，他会很高兴的。虽然我不可能想到要参加维利希的委员会，但我还是要设法知道在这方面所发生的一切。担任委员会书记的是卡·舒尔茨，他是在下列条件下接受这一职务的：不把他的名字公布于众。迄今为止，该委员会先后举行了两次会议，即在复活节后那个星期和在复活节后两个星期举行的。在第一个星期，组成了委员会，

---

①　见注443。
②　见注456。

卡尔·威廉·克莱因 1853 年 7 月 31 日给斐迪南·弗莱里格拉特的信

但什么事也没有干，而第二次会议上，舒尔茨讲述了他越狱的经过①，在这件事情上，他特别强调说：他曾经是革命军官，曾经有过一个所谓的勤务兵，因为他确实滥用了"我的勤务兵"这个字眼。在第二次会议以后，这个委员会就寿终正寝了。为了给你提供有关维利希企图继续发行德国国民公债的真实情况的证据，我将在最下端附上纽约委员会的决议。在我的朋友们的帮助下，我已把这里的德美工人联合会改造成一个具有共产主义倾向的联合会，这儿有一家每周出版两期的报纸《坦率报》⁴⁹¹，它的编辑和出版者已把它交给我们掌管。现在，我希望，我们在伦敦的友人以及在曼彻斯特的恩格斯尽快给这家报纸寄一些稿件来。我已同我的朋友们取得了一致的意见，只要出版者本人无力付给稿酬，我们就自己掏钱付稿酬，因为我们不能要求我们党内的同志在这方面无偿地劳动。我们的问题就在于在任何条件下都得消灭莽撞的小资产阶级，正像我们在联合会里所做的那样。无论如何，我在等待你马上提笔略写数行，给以答复。

向你致意并紧紧握手

卡尔·威廉·克莱因

于索林根

[……]②

今附上我的通讯地址以及与埃尔伯费尔德联系的通讯地址，还有一个与林兹联系的极其可靠的通讯处，施米茨是在科隆工人中间唯一还没有被怀疑的人，其他通讯处以及其他情况，以后再谈。不过，我还要警告你提防前少尉施特芬③，据说他目前在伦敦。

---

① 1849年夏天，他从被围困的拉施塔特要塞逃走。

② 这里是纽约委员会1853年3月就所谓德国国民公债所作决议的副本。

③ 在原件中是施特芬斯。

我希望，伦敦方面写信给魏德迈，告诉他关于费城的事可向我求助，因为他至今还**不认识我**。

手稿　　　　　　　　　　　　　　　　　　　　　　　　　　节录

莫斯科苏共中央马列主义研究院中央

党务档案馆，f. 20, op. 1, d. 174

766

阿伯拉罕·雅科比（曼彻斯特）给
卡尔·马克思（伦敦）的信[492]

1853 年 8 月 23 日

1853 年 8 月 23 日于曼彻斯特

我准备下星期作一次纽约之行。此刻，我已写信到利物浦去了，设法使我免费横渡。显然，我靠身边寥寥无几的钱，在曼彻斯特是一事无成的，我相信一个我当时还不认识的资产者的话，他答应我，在我身无分文以前，可望在格拉斯哥给我找到出路，我对此表示感谢，因此，我将设法到那边去。您也许能帮我一点忙，您不妨请求克路斯或别的人，根据具体情况帮我的忙。如果您愿意写一封信或类似东西让我随身带走，我将对您表示由衷感谢。如果我能留在某个较大的城市里，那我将非常高兴，要不然，我只有决定去当乡邮员。

皮佩尔对我谈到这样一种可能性：在我移居美国时，他准备陪同我前往。请您把我的决心转告他，向他致以由衷的问候。

并请代我向交往不深的其他人致意。也许我同他们是后会有期的。

祝您和您的家人安康。

永远忠实于您的

阿·雅科比

您给我写信时请用恩格斯的通讯地址。

手稿 第一次发表

莫斯科苏共中央马列主义研究院中央

党务档案馆，f. 1, op. 5, d. 683

767

约瑟夫·魏德迈（纽约）给卡尔·马克思（伦敦）的信

1853 年 9 月 2—6 日

［……］我受费城之托，转告你那里已建立了一个同盟支部，我并没有得知更详细的情况，此外，我也不认为这是一件很重要的事情，在这方面，克路斯同我的看法完全一致。在这里存在人们必须寻求的新

的力量，而旧的力量只有在最初几年偶尔可以用一用。埃尔伯费尔德的克莱因①（他同某个名叫埃尔曼的人一道通知我），此人肯定认识你，我并不认识他。同第三者的无聊透顶的个人摩擦，其结果使他们都退出工人协会；我首先要等待在那里逗留两天的克路斯的信，以便了解那里的情况。近日来，为我们党争取到了一家庸俗小报（《坦率报》），我曾从这里寄去关于工人运动的若干篇通讯，今天早晨，我收到一份电报，不让我再寄通讯了。［……］

在工人们中间，看来又完全恢复了平静。工人同盟纯属纸面上的东西。中央委员会正忙于讨论一个宪法②，而到目前为止什么东西也没有制定出来。为了能参加讨论会，我千方百计钻进委员会，并在通过修正案时尽可能把过于温情的草案加以修改，以期最后拿出来的成品不至于太糟糕。现在，我已被提名为执行委员会的候选人，如果通过个别人的努力能对那些相当麻木不仁的群众起作用，那我将在那里尽力而为。也许，油漆工的罢工也会在这里产生一种新的推动力。［……］

好久以前，我寄给恩格斯两张期票，是给科隆人的，一张期票约为20 镑，另一张则为 2 镑。③ 第一张是夹在恩格斯要我提供的一份科隆防御工事草图中寄出的。尽管我特地索取收条，但至今还没有得到回复。你至少写封短信问一问克路斯，钱是否已经收到了，这对你来说，是很容易做到的，如果没有收到，我将采取必要的步骤。

你的　约·魏德迈

1853 年 9 月 6 日。星期六，信退回来了，因为它应当付加倍的邮资——再一次把它发出去就太迟了。我把附件⁴⁹³删掉了一些，但愿这次

---

① 指索林根的卡尔·威廉·克莱茵。

② 这里指的是讨论美国工人同盟的新章程和纲领草案。

③ 见注 459。

能寄到。工人们还举行了一次集会，但还没有作出决定性的决议，还需要各个行业①的代表在一起共同解决这个问题。但是，建立政党组织遭到强烈的反对，会议的书记给那些建议建立政党组织的人取了犹大这样一个绰号。13 日又举行了一次会议。我准备结识装订工人多尔，他无疑是至今露过面的所有人中间的佼佼者。这里也谈到了建立一个机构的事，但因这种机构的建立取决于工人，所以，我对此并不寄予厚望。还没有收到费城和华盛顿的来信。

你的　约·魏·

手稿　　　　　　　　　　　　　　　　　　　　　节录

莫斯科苏共中央马列主义研究院中央　　　　　第一次发表

党务档案馆，f. 1, op. 5, d. 687

768

卡尔·马克思（伦敦）给弗里德里希·恩格斯（曼彻斯特）的信

1853 年 9 月 7 日

[……]附上克莱因的一封信，请妥为保存，我已用外交方式予

———————

① 手工业部门。

以答复①。从伦敦和外面通信是完全不可能的。工厂工人必须**绝对**保持自己的队伍，不要同科隆、杜塞尔多夫等地的小市民和手工业者联合在一起。如果他们愿意一年一度派人来这里同我们商讨问题，我们决不会反对。

手稿　　　　　　　　　　　　　　　　　　　　　　　　　　摘要

莫斯科苏共中央马列主义研究院
中央党务档案馆，f. 1，op. 1，d. 781
（《马克思恩格斯全集》德文版第 28
卷第 288 页，参看《马克思恩格斯
全集》中文第 1 版第 28 卷第 290
页）中文第 1 版第 28 卷第 600 页）

769

卡尔·马克思（伦敦）给阿道夫·克路斯
（华盛顿）的信

1853 年 9 月 15 日

［……］**卡尔·威廉·克莱因**（索林根人，工人）请求我替他同

---

① 马克思给共产主义者同盟盟员卡·威·克莱因的回信，没有找到。克莱因在 1853 年 7 月 31 日写了一封信给斐·弗莱里格拉特，由后者在 8 月 18 日转交给了马克思，克莱因在信中报道了他当时流亡所在地费城组织了共产主义者同盟新支部的情况。他请求伦敦的共产主义者同盟盟员帮助他与德国的各支部建立联系，并请他们给当时接近费拉得尔菲亚工人同盟的德国流亡者的报纸《坦率报》寄文章。当时马克思写信给克路斯和魏德迈询问情况，得到的回答是克莱因本人在费城行为不良。考虑到克莱因在索林根工人中的影响，马克思劝克路斯仍然与他保持联系（见《马克思恩格斯全集》中文第 1 版第 28 卷第 600、603—604、606 页）。——原卷末注

你们取得联系。他的地址是……他是个能干的家伙。创建了工人同盟，据他写信给我说，《坦率报》受到这个同盟的影响。皮佩尔从这里和他通信；如果你有可能为此花点时间，你应该从华盛顿支持他们。［……］

摘要

莫斯科苏共中央马列主义研究院
中央党务档案馆，f. 1，op. 1，d. 783
（抄本①）（《马克思恩格斯全集》
德文版第 28 卷第 592 页，参看《马
克思恩格斯全集》中文第 1 版第 28
卷第 600 页）

770
卡尔·马克思（伦敦）给阿道夫·克路斯（华盛顿）的信

1853 年 10 月 18 日

［……］克莱因老爷子给我来了信，但是，自然只字不提自己的不同意见和争吵，仅仅请求把他介绍给魏德迈和你。我在回信中（关于你们的情况，皮佩尔没有给他写过**一句话**），自然没有一句话能使人认为魏德迈不是我们的朋友，或者至少认为是一个可疑的朋友。难道我能

---

① 阿道夫·克路斯 1853 年 10 月 3 日致约瑟夫·魏德迈的信中抄录。

干出这种卑鄙行为吗？——不管是喝醉酒，还是头脑清醒，任何时候我同样没有说过，工人只配当炮灰，虽然我认为这些家伙（克莱因逐渐堕落到这些家伙的水平）连当炮灰都不配。你对小克莱因要留神；他在莱茵省最优秀的索林根工人中的确享有威望，因而一旦行动的时刻到来是会有用处的。《坦率报》完蛋了，因为该报不付报酬，而皮佩尔生活十分贫困，他不能为该报白写稿。

关于《**改革报**》，我考虑一下能托别人做些什么。唯一能指望得到实际帮助的人，就是恩格斯。红色沃尔弗①结婚了，他正在零售从普鲁茨、谷兹科和科塔那里贩来的空话，对我们来说，他现在一文不值。鲁普斯②不愿写；他非常固执，不可能使他忘掉魏德迈的《革命》造成的挫折。德朗克现在当店员，懒得像巴黎浪漫女郎。维尔特为了经商，在北美和南美旅行已经几乎有一整年了。恩格斯工作实在繁重，不过他是一部真正的百科全书，不管在白天还是黑夜，不管是头脑清醒还是喝醉酒，在任何时候他的工作能力都很强，写作和思索都极快，因此在这件事上从他那里还是能指望得到一些东西的……［……］

节录
莫斯科苏共中央马列主义研究院
中央党务档案馆，f. 1，op. 1，d. 791
（抄本③）（《马克思恩格斯全集》
德文版第 28 卷第 596 页，参看《马
克思恩格斯全集》中文第 1 版第 28
卷第 603—604 页）

---

① 斐迪南·沃尔弗。——编者注
② 威廉·沃尔弗。——编者注
③ 阿道夫·克路斯 1853 年 11 月 2 日致约瑟夫·魏德迈的信中抄录。

771

约瑟夫·魏德迈、阿道夫·克路斯和
阿伯拉罕·雅科比针对奥古斯特·维利希的声明[494]

1853 年 11 月 7 日

致《纽约刑法报》编辑部

　　贵报第 33、34 号刊登了维利希先生的一份文件[495]，这是由《揭露科隆共产党人案件》一文引起的，该文是我们的朋友马克思先生在瑞士发表的，后经《新英格兰报》在美国得到一定的传播。维利希还根据魏德迈的要求，在该文件中以奇特的、真正"独创的"手法，向读者澄清他同希尔施之间的关系。这个希尔施在 1850—1851 年作为"**民主派**密探"被清洗，如今又陷入困境，有人再次告发他是普鲁士的"**警探**"。请贵报允许我们进行反驳。因为许多朋友在该文件中都遭到这样或那样的怀疑，他们中间一部分人由于希尔施等人**诚实的意图带来的恶果**而被投进了监狱，另一部分人虽然自由，但已远离美国了。

　　维利希先生现在企图驳倒对他的种种指控。要驳倒指控，就得有证据，有事实，何况这个辩护人是在装模作样，好像他掌握了大量证据和事实。

　　维利希说，马克思及其党内同志散布了许多关于他的"极其卑鄙"、"无耻透顶的"流言飞语，而并没有说明，"居住在美国的人"中都有谁是被争取过来，"提供反对他这个维利希的证词或旁证，并把他搞臭的"，也没有说明这些人都是什么样的人，又有什么样的证词，他从马克思的《揭露》中断章取义地挑出两三句话，吹毛求疵，他对原"路特希尔德家里的家庭教师"① 大做文章，而在谈到资产阶级的态度时却轻描淡写，马克思在《揭露》中为了不提维利希的特派员② 的名字，只把该特派员说成是"裁缝帮工"，他趁此机会在长篇的激情独白中标榜自己是个实干家，是个深受人民信任的人，并"对马克思先生和许多号称大人物"的人进行攻击，最后他借敌人之口进行谴责，把他即维利希"说成是党内唯一正派的人，是出类拔萃的"等等，上述这一切是根本**说明**不了什么问题的。从传奇式的啤酒大王脑袋里冒出来的这类肥皂泡，究竟是什么货色，读者自有公断。但我们如实地介绍若干事实，以便弄清所说的流言飞语的真谛，**判明事实真相**，这一切维利希先生这个"心地正直、政治品质和个人品质都完美无缺"的人将会满怀感激之情加以肯定。虽然由于篇幅关系不能一一论述，但仅仅这一点，也就足见其整体了。

阿·雅科比医生曾在科隆一道遭到控告，不久前才来到此地，他将澄清这样一种卑鄙的诋毁：有人竟说什么科隆人**为了能减刑几个月，竟同法庭"讨价还价"**，而不愿庄严地代表他们的党。这样诋毁的目的完全是为了破坏大洋彼岸的人对他们的一切同情。按实际情况来说，这正是**他的**事情。

维利希先生说，魏德迈和施拉姆是"受人指使登场的"。他好像把下面这一点忘得一干二净了：正是他发表了希尔施的回忆录，才有他们二人的登场。毫无疑问，他并**没有指使**他们的伦敦朋友去发表。我们不妨帮助读者回忆一下这样一句话：指望被遗忘就等于承认犯错误。

科隆案件是于 1852 年 11 月 12 日结束的。12 月初，把《**揭露**》一

---

① 指威廉·皮佩尔。
② 指奥古斯特·格贝尔特。

文的誊清稿交给了瑞士的沙贝利茨去付印，而把初稿送往美国，交给几位知心朋友用以澄清问题。因为我们对丑闻深恶痛绝，本来并不打算付印的。《刑法报》把记录全文刊登出来，这对美国已经足够了。要通过付印公诸于世，在欧洲，尤其在德国，会受到种种限制，在那儿，有"一系列事实"需要澄清，"根据德国报刊的不完整报道，揭露事实真相的文章几乎难越科隆城池半步"①。把揭露的文章偷运回德国的事遇到了意想不到的重重困难。今年2月，该版本印数的大部分，约2000册，在继续运往巴登途中，被警察当局截获。巴登政府在联邦参议会遭到指责，出版商和书商受到法院通缉。看来，势必要掀起一场轩然大波。在这期间，施梯伯先生简直踌躇满志，当上了柏林警察局长，他刚刚宣布了关于1848年革命的密谋和线索的杰作。② 普鲁士国家以及发誓效忠于它的施梯伯连同帮凶和骗子们，扬扬得意地看到，科隆案件已被消灭了一半，党还没有把全部污点洗刷掉。政府也庆贺自己消灭了一件拙劣不堪的、简直要命的事，它就像霹雳一般，直叫警察心惊肉跳。当时，在伦敦的手稿已不复存在了，原打算在阿尔托纳筹备出新版，结果也耽误了。恰恰又碰上贝克尔越狱失败。为了维护党的尊严，面对所有敌人，出版小册子是非常必要的。小册子还存在，而且到处都存在，必须立即提出这样的证据。只有到了**4月份，才**筹备在鲜为人知的《新英格兰报》上以小品文的形式发表，而且只能按该报当时的发行数少量发行。该版后来被送往德国。这家美国报纸虽然发行量不大，但很正派，它足以使我们达到这样一个目的：用一家美国报纸来堵住施梯伯先生及

---

① 引自《1852年11月20日的声明》（文件742），载于1852年12月10日《纽约刑法报》第39号，后来被译成德文发表。

② 维尔穆特和施梯伯合编《19世纪共产主义者的阴谋》，第1部分1853年柏林版，第2部分1854年柏林版。

其一伙歹徒的嘴。我们果真要捞什么政治资本，那我们早就物色同我们有协作关系而且发行量也大的几家报纸帮忙了。尽管如此，维利希仍然说什么"马克思先生**迫不及待**地发表揭露文章，以怀疑我"他说这番话的时候，是在今年 3 月底，当时他是为了发行国民公债①到美国来的，"好的名声"对他的交易是大有好处的。

　　在这两年中，**形形色色的报纸**对马克思及其朋友们所散布的闲言碎语真可以说太多了，但他们一直保持沉默，这绝非自命不凡。可是，为了科隆人和所有朋友的利益，撰写这个小册子必然要承受个人和物质的牺牲。如果维利希终于在小册子里遭到了攻击，那也因为这是无法回避的，他已成了这个链条中的一个必要环节，有些问题不涉及他就根本无法说明。闲谈政治，不论过去还是现在本来都是无人正视的，而在对共产党人审判的时候，就超越这种界限了。党的尊严**公开地**同那些廉价流行的货色当面对证。难道这是要阴谋吗？

　　维利希连《揭露》都没有看过，却通过第三者发表希尔施的《辩护书》，而且也不作**任何评论**。在该文中，马克思的公开立场被歪曲成模棱两可的东西，而且他还通过急件给读者寄去一份说明。面对这种情况，魏德迈和哈罗·哈林也立即撰文告诫读者，千万不要为希尔施这号人的品质开脱。**在文章中最后提到的三个附注**，使希尔施在编辑部和读者面前丢尽了丑。在魏德迈的附注中，引用了《揭露》中批驳希尔施的证据，凡影射维利希的地方，他都小心翼翼地加以避免。**只有一处**，实在迫不得已才提到他与此有关。魏德迈直接提出另一份文件，与希尔施提供给维利希的那一份文件相对照，后一份文件（不管是真是假），作者的间谍本质便可一目了然。维利希先生曾通过《新英格兰报》和《刑法报》回答过我们。他在报上指名道姓，把我们当作"马克思的代

———————————

①　见注 456。

理人"。在报上，我竟直截了当、卑鄙下流地诬蔑这些"代理人"。我们发现，有人把希尔施的即间谍的《辩护书》不加任何评论地寄往世界各地，而不像我们称之为"暗探"那样。我们要求拿出证据来。维利希一声不吭，在回答我们的质问时，才在他对《揭露》的"立即答复"中，对我们的其他朋友提出新的莫名其妙的怀疑，这是**在四个半月之后的事**。为什么拖延到这么晚呢？"原来，他还没有弄到攻击材料的完整复制件。"他不是共同管理"国民公债"的人吗？果然如此，那么，这些流亡的德意志民族中"最出类拔萃的"人物不仅是丧尽天良的暗探，而且是漫不经心的朋友。

　　在科隆的检察官泽特的监视下，《共产党宣言》的四个章节硬是被揉成了三个章节。维利希先生的独创性的归纳本领更是有过之而无不及，竟把《揭露》的七个章节调节为三"部分"：第一部分包括酒店里的闲言碎语，第二部分是阿塔·特洛尔的外衣，第三部分扬言要摆出"事实"。维利希先生却忘记了请施梯伯先生为他的**事实**作证，这位先生在一年前，即在维利希先生还没有把事实写出来以前，他就对这些事实深信不疑了。这类陈词滥调早已被《揭露》驳得体无完肤，这位正直的维利希摆出一副似乎是在答复《揭露》的架势。

　　接下来便是出自第一部分的小小"花絮"。谁都知道，要让贝克尔从监狱里出来去戳穿谎言，那是办不到的。贝克尔有一封信，在信中嘲弄了维利希先生的革命即兴大作，如今，维利希怀疑该信的真实性。[①]科隆的前尉官施特芬当时作为辩护证人，在审理案件时在法庭上曾有过如下一段证词（同各家报纸上发表的内容是一致的）；贝克尔把维利希的一些信交给了他，并作了下列说明：他要以此寻开心，并且把这些信告诉他的朋友们。雅科比于1851年初从贝克尔那里拿到了维利希的信，

---

　　① 见注385。

当着也许是当八位知交的面念了一遍，他们所听到的，同他的信里所写的都是一个腔调。对荒唐的华丽辞藻的嘲笑，"同舆论公认的贝克尔的风格和笔触"根本没有"明显矛盾"。恰恰相反。这样来写这几点，仅仅是因为有人相信，**说得越多**，而且越是深信"总有一些弦外之音"（拿维利希的话来说），那就越容易达到目的。

据维利希先生说，关于维利希同施拉姆的决斗问题，"后来有人在德国散布了许多无耻透顶的流言飞语"，对此，他要以"在场人所公认的人格"予以反驳。当时，魏德迈在法兰克福参加《新德意志报》的编辑工作，也正是那个时候，维利希向该报提供了若干封信（有一部分是指定要发表的），信中把决斗描绘成"**企图**"对他进行"**谋杀**"。无独有偶，现在报纸上也发表了类似的消息，革命者开会了，同谋杀企图有关，当时这类会议在反动报纸上常有报道。大家几乎都相信：马克思和他的朋友们还安排"普鲁士亲王"到奥斯坦德去，把"普鲁士军官们"安排到维利希先生为亲王预订的下榻饭店。

维利希先生把共产主义者同盟中央委员会中出现的分裂描绘成纯属个人之间的争吵，而"这种思想的独创性"则属于科隆的检察官。他声称，仅仅因为个人敌对情绪才阻碍了科隆人同维利希在巴黎的英雄舍尔瓦尔和吉佩里希从事共同的事业。这两个人善于吹牛，扬言要进行屠杀和谋杀，他们被当作吓唬陪审员差役的稻草人。对于德国的所有协会①，本声明签署人中间的两个根据亲身的观察对它们（即莱茵省和德国南部的各协会）已有所了解，已看清了这次分裂是原则问题。科隆新中央委员会作出的把沙佩尔—维利希集团开除出同盟的决议②，也得到它们的一致同意。有关这方面的证人，在纽约是大有人在的。沙佩尔—

---

① 指共产主义者同盟的各个支部。
② 见文件 529。

维利希集团肆意对抗中央委员会。

"马克思先生的代理人们同警方的暗探们一比高低，看谁对我（维利希）和沙佩尔散布的无耻谎言最多。"我们深感遗憾的是，这一次也不能把维利希的"马克思的代理人们"这种说法当作"独创性思想"去申请专利，倒是必须把它当作对施梯伯的抄袭而加以摈弃。口口声声说什么间谍，这类陈词滥调，这种手法，只能说明他同希尔施一伙打得火热。从施梯伯发现了"马克思的代理人们"以来，一些家伙从四面八方蜂拥而至，他们露出一副笑脸，要给他们的敌人赦免无法抵赖的卑鄙罪责，常常把这些敌人说成是任人摆布的盲目工具，是随大流的人，是追随者，轻佻者，又是贪官污吏的从犯等等。读者深知，正是他们这些人颇有主见，每个人都按自己的一技之长、文化水平、天赋从事富有特色的、独立自主的工作。"代理人们"知道：统一行动、思想的保证和思想的一致，这三者永远是他们的特点，任何时候都是紧密相连的。对此，他们的敌人是无法理解的，因为他们根本没有**完美无缺**的原则。这就是为什么每天都有人说他们的行动带有极其卑鄙的动机的原因。还是让我们往下看吧。

魏德迈同维利希从来没有书信往来，就在那个时候他突然从那里收到一封私人信件。① 在该信件中，维利希同样以一个"老战友"的资格求助他，企图唆使他反对马克思和恩格斯，说什么他总会看透这两个人的恶劣品质的，并要求他同他即维利希联合起来。当时，如果这个"战友"去投靠那个"品德高尚"的人，并咒骂这两位"阴险毒辣的笔杆子"，那么，后来人们就不会说他犯了那么重的罪，说他没有一起去贝桑松了。

沙佩尔—维利希集团派出的"代理人们"全都是只身回到德国的，

---

① 见文件533。

其中有那么一个①取道南下，一直到了法兰克福，但终因一无所获，不得不从原路折回。因此，这份文件⁴⁹⁶并不是由维利希，而是由**他的**中央委员会寄到这里来的，刊登在《工人共和国报》上的虽然只是其中的一部分，但在其内容选择上则颇为高明，恰巧只刊登了包含有诬蔑马克思的内容和可用作反对科隆人的证据的那一部分。在这样严肃的事情上，竟这样"疏忽大意"，那是要出丑的。只因为这家报纸微不足道，人们没有注意到它发表了这篇东西，这就切断了施梯伯之流所期待的材料来源。至于李卜克内西的那些可疑信件，维利希是可以让其付印的。如果这些信件系出自施梯伯的那位 H. 李卜克内西之手，而并非出自我们的威廉·李卜克内西之手，那我们至少把它们当作拾遗，归入同一个作者的"红皮的原本记录里"去。李卜克内西注定要遭厄运，这一点大家务必承认！**克路斯的可疑信件一事败露后，那位可怜的李卜克内西就被加上杀人凶手的罪名！**

"在伦敦，工人们一致谴责了马克思先生。"——实际上，从伦敦那次分裂以来，已经建立了一个全新的工人协会②，马克思和他的朋友们也成了该协会的会员。相反，维利希的协会却处于土崩瓦解状态，现在已经到了连沙佩尔也认为该退出协会的时候了。当然，有一个工人只要支持"马克思派"，那他马上就会变成"马克思的代理人"，例如 Fr. 罗赫纳③便是如此。凡同他在法兰克福有过交往的人，都公认他是一个地地道道的无党派人士。

维利希在美国逗留时间短，对这里工人运动的情况不甚了解，我们要原谅他。顺便提一下，这里的工人知道有两种意见是值得赞赏的，他

---

① 指豪德。
② 见文件 684。
③ 据估计，这里指的是格奥尔格·罗赫纳。

们对"维利希派"的代表是在什么情况下脱离执行委员会①一事也是记忆犹新的。

在普鲁士的起诉书卷宗②里，把在伦敦已经分裂的共产党的两个派别（纯粹无产阶级的一派和企图建立独特联盟的那一派），称之为"马克思派"或《新莱茵报》派和"沙佩尔—维利希派"。维利希先生硬说这种派别称呼是马克思的发明，借以证明马克思野心勃勃，沽名钓誉。大家都记得这个普鲁士后备军战士的这种狡猾奸诈。"马克思的朋友们"曾经替匈牙利激进党领袖瑟美列进行辩护，驳斥了科苏特的追随者到处散布的一种反动派的意见，说他把象征匈牙利帝国皇权的物品出卖给奥地利。因此，维利希马上抓住这一**无耻谰言**并加以利用，以此作为"马克思搞派别活动的铁证"。

让我们再往下看。希尔施被维利希封为"马克思的代理人"，维利希甚至带着这个警探的《辩护书》漂洋过海，而就在这个时候，希尔施以赎罪忏悔的心情求助于"马克思派"的敌人。维利希赶快放风，企图使人相信：希尔施曾经同马克思的追随者过从甚密，进而又当着我们的面说：希尔施竟想通过敌视这些科隆人的这个维利希来为他们效劳！同这个未被揭露的流亡者希尔施结识了六个星期，简直罪大恶极；把间谍希尔施提交法院的事挂了起来，而罗赫纳的一封严重的警告信却成了不可饶恕的联系！一方面是一封警告信的联系，另一方面是《辩护书》的联系。

在维利希文件的政治"部分"中，据称提供了下列证据：不仅"沙佩尔—维利希派"有"自己的思想"，而且还能更正"马克思派的思想"。长期以来，希尔施先生总是不露锋芒，这一回天下有幸，他终

---

① 指美国工人执行委员会。

② 见注469。

于锋芒毕露了。但可惜的是，在这种情况下，只能让我们感到担心和忧虑。人们对待这种有幸产生的"思想"，正像过去海因岑及其同伙对待维利希先生的纲领一样，他们试图"怀疑"我们这些可怜的罪人是荒谬可笑的。他们把这两者当作自己的产品强加于我们，他们企图利用我们缺乏一般历史知识，特别是不了解各党派的发展过程，轻易地达到他们自己的目的。鉴于《刑法报》篇幅有限，恕不赘述，我们只想专门谈谈维利希先生在**重大**政治问题上最有独创性的思想，并打算在哪里和怎样进行一场原则性的大战。

"在美国发行德国国民公债，旨在创造出一种建立在对未来充满信心的基础上的国家纸币，它可以使奥地利和普鲁士的国家纸币贬值。"——沙佩尔—维利希派对这种思想的垄断权，肯定无人质疑。奥地利和普鲁士的信贷同整个上层金融权贵的信贷之间关系极其密切，它曾经受了历次革命，而现在竟突然要被由乞讨拼凑起来的几千革命经费推翻。不错，这实在是一种伟大的思想，一种独创性的思想！以巴登为例，致力于革命的，有几百万人，而且有一支纪律严明的大军。这些人还不能解决的事，现在难道光凭和平进军，诚心乞讨所得的区区"收入"便可一举成功吗？

看来，发行德国国民公债的计划给沙佩尔—维利希派留下了深刻印象，因为还在该计划发明前不久，它的中央委员会就像在《工人共和国报》1851 年卷第 155 页上所写的那样，对它的成员这样写道①：

"可惜还有许多工人受了小资产阶级代表的言论的蒙骗，被他们拉了过去。因此，我们同盟的任务是：只要有机会，就一定要公开地、有力地反对这种联合，或者更确切地说，反对这种堕落。只要我们党齐心协力，和衷共济，在下一场革命中，即使小资产阶级（试问，什么样的

———————————

① 见注 496。

小资产阶级，维利希大师不是断言，它早已瓦解、不复存在了吗?）取得对这场运动的领导权，仍然能在短时间内取得胜利。如果它由于联合而让人钻了空子，出现了分裂，那它就会不可救药，为反动派大开方便之门。到那时，我们的工作就不得不又从头开始。"同时，还提到了下列三种敌人，即"马克思的代理人"、鼓动协会和流亡者协会。这么做也许"为了不致使流亡者内部反目的丑闻也张扬出去"，而且"由于通过同情的纽带把我同**所有**革命战友联结在一起了"。这一切，就足以判断我们的敌人的政治品质。请看，这种正直的人是怎样对待品行端正的人的个人品质的。

"国民公债"是由金克尔先生和维利希先生双方决定的。金克尔四处奔波——"马克思先生的特别代理人故而必须加入这个组织"等等。"瓦解军心得逞"。不可避免的"代理人"！

那个被称之为鼓动协会所进行的名噪一时的活动，是由卢格先生、隆格先生等等策划的，海因岑帮着鼓吹，但一事无成。"代理人"倒是美元魔术师。这些代理人究竟是谁呢? 在《刑法报》上，有人说阿·克路斯是代理人，在《新英格兰报》上有人认定他是"愚昧无知的"。除了他，偌大一个美国，便没有别的人了。可是，当初有人要说他当个"保证人"，他不敢掠取这种荣誉，只是在金克尔几个特殊朋友的盛情请求下，才勉强接受上述荣誉。有一次，金克尔寄给克路斯一封红皮信，落款是 1851 年 11 月 14 日于克利夫兰，信中写道："我亲爱的、可尊敬的朋友：我满怀特别喜悦的心情获悉，您已经加入巴尔的摩保证人行列。您的高尚品德，使我可望而不可及，您以您的高尚品德来加强未来共和国的信誉……"这种甘草汁和冲淡了的玫瑰油还没有招徕那并无苛求、但独立自主的人充当美元的"代理人"。克路斯经过一番琢磨，便看穿了这种公债经济的内情。为了筹集到辛辛那提参加"保证人代表大会"的路费，他得到了一个给公债财政委员会的指示，他没有立即执行，他为这种无理要求而感到脸红，并用白纸黑字通知各"临时股票"的董事以及"确定银行券"的未来持有者照此办理。① 他不像蜘蛛那样搞阴谋诡计，在蛛网上坐等捕捉苍蝇，而有人却打算在这里捕捉德国资产阶级。这一切就成了可以在今天把他谴责为"马克思的代理人"的充分理由。啊，这真是"诚实态度和宽宏大度"的结合！

现在，再来谈谈对德朗克先生和伊曼特先生的怀疑。**497**对此，警监戈尔德海姆曾在科隆发誓说怀疑是有事实根据的。这样，《揭露》一文就作为他们的辩护证人出现了。他们没有什么可补充了，但我们不得不谴责维利希先生的剽窃行径，也不得不把"独创性"奉献给这位警监。

莫泽斯·赫斯是沙佩尔—维利希派的权威，"自从他去继承父亲遗产以来"，就再也没有听到他的消息了。这是很能说明这一"派"的特点的！

至于弗略里先生，维利希先生只是在无法拒绝的情况下，才从他那儿接受了一点点"盛情"。我们暂且把这种澄清记录下来。

谢天谢地，我终于可以来谈谈维利希关于我们朋友们的荣誉的最后的"奇特思想"。"除此之外，他（亨策②）曾借给马克思 300 塔勒，后来他把这笔钱转给了我（维利希），我当然从来没有提出过要求这笔钱。"

尽人皆知，马克思从未向读者提过半句关于他为革命所作的牺牲，致使他们感到无聊。相反，最使他恼火的莫过于庸人们温顺的同情。我们认为，对这个恶棍、庸人、腐化堕落的游手好闲者采取容忍态度，是会危害事业的，因此，**我们**不能保持沉默。马克思作为工人的朋友，如果他的"盛誉"靠这种廉价文章来维护，靠成天去对付那些卑鄙小人的心血来潮来维护，那么，这一派至少会明白，对他的人身攻击是值得的。

从 1843 年至今，马克思和恩格斯**无偿地**为欧文的《新道德世界》、

---

① 见注 456。
② 在原件中是：赫斯。

为奥康瑙尔的《北极星报》，为哈尼的《民主评论》、《红色共和党人》和《人民之友》，为琼斯的《寄语人民》和《人民报》、为巴黎的《改革报》（在革命前）以及为比利时和巴黎的众多报章杂志（如伯恩施太德的《德意志—布鲁塞尔报》、《工场》，等等）撰稿。他们总是心甘情愿地对各国真正的革命政党发生作用，而不愿留下真名实姓，他们注重实际的影响，而不图名义上的影响，更不愿干乞求贷款之类的事情。有一次，临时政府成员弗洛孔考虑到了这件事，要给他们俩提供资金，数目悉听其便，但被他们拒绝了。与此相反，据我们所知，在二月革命爆发时，马克思自己曾拿出几千塔勒①，其中一笔用于武装面临革命的布鲁塞尔工人，为此他和他的夫人后来曾遭到比利时当局的监禁。第二笔用作一些朋友回德国的路费，以便让他们开展革命活动。最后第三笔则用在发行《新莱茵报》最初几号上。1848—1849 年，为了这家报纸和革命鼓动，马克思大约花费了 7000 塔勒，其中有的是动用他和他夫人财产中的现金支付的，有的则是根据"法院档案"，从他继承的遗产中提取的。为什么这家报纸吞掉了马克思的这笔捐款中的大部分呢？起初，该报股东甚多，可是，当六月革命爆发，《新莱茵报》在德国率先表示支持的时候②，资产者自然而然就少了。在科隆实行戒严之后，小资产阶级也就减少了。因此，马克思只好从各个股东手里把这家报纸接收过来，把它当作"个人"财产，也就是说，把"它的所有债务和欠款"接收过来。当报纸遭到暴力镇压时，它又要为受害者付款。1848年 5 月，当马克思从汉堡之行归来时，他的夫人已经收到了驱逐他出境的命令。在途经威斯特伐利亚时，他认识了不少人，其中有一个"优秀

---

① 这一数字有误；见贝尔特·安德烈亚斯《马克思 1848 年 2—3 月在布鲁塞尔被逮捕和被驱逐的经过》，1978 年特里尔版。

② 见文件 270 和 271。

的民主主义者"亨策。此人借给马克思 300 塔勒以支持刚被镇压的报纸，这笔钱维利希慷慨地没有索回作为自己的生活费。而亨策从充满忧虑的马克思手里拿到钱后，送给了维利希。他在伦敦同维利希厮混，经常同他会晤，而从来没有同马克思走到一起。他回到了科隆，为了作为公证人去告发那些科隆人。他说："在宾根，马克思出于对他的信任，告诉他说贝克尔是同盟成员"。他说的这番话，是冲着那个使维利希大动肝火的贝克尔的。因为此人对他的计划竟不闻不问。他这样说，像往常一样，当然是违背热心的维利希的意愿的！后来，这家报纸关闭了，在财产清单上列有：（1）一台蒸汽印刷机；（2）一个新建的排字车间；（3）邮局里存有订报费 1000 塔勒。这一切，马克思全部用于偿还报社欠下的债务。但向亨策借的钱，他用来支付排字工人、印刷工人的工钱，马马虎虎地给各位编辑付了工资。分文也没有落入他的私囊。维利希自以为无比高尚，一身清白，竟利用"革命战友"的厄运来谋私利，而且还像一只公鸡那样站在粪堆上自鸣得意。为了凑足旅费，维持家庭其他开支，马克思在法兰克福变卖了他的全部银器（银壶、银灯架等等），这全是他那出身于苏格兰的一个老辉格党人家庭的夫人继承所得的遗产。没有谁比亨策本人更清楚地知道这件事。**他**的钱分文也没有落入马克思的腰包，因为正是他的妻子把马克思在宾根的"最后一批财物"都装了箱，让它们踏上"最后旅程"的。

可见，马克思是在"处境悲惨的情况下"到达伦敦的，这又要费很大力气摆脱这种窘境。如果说他是破了产到伦敦去的，那是革命使他破产的。他未能早日"恢复元气"，那是因为他给工人讲课时宁愿分文不取，也不愿为了几个钱而向资产者折腰，那是因为他不愿为科塔准备温情的肉汤，宁愿在伦敦撰写他的论著，而为了得到这些论著，普鲁士政府不得不使用贿赂和背叛等手段。他的一个孩子在伦敦夭折了，虽然经过很大的努力，但仍无钱安葬，他所以落到这个地步，那是因为他没有把革命当作摇钱树，也不像舍尔瓦尔那样专靠搞**假**密谋发财，以便能够作为"革命者"体面地过日子。

科隆人所以被捕，主要是由于我们的敌人写信告密，是由于同他们有密切关系的舍尔瓦尔案件等等，科隆人被捕，对于马克思这位"恶毒笔杆子"来说，面对"有良好意愿"的那些人，大致产生如下影响：

他的文集的出版事宜，是由贝克尔承担的。① 如科隆案件所证实的那样，第一册已经出版，订户15000个。另外，马克思在列日出版每月评论的事宜②，也是由他承担的。由于贝克尔被捕，这两项出版事宜就完全落空了，也就是说，"至少是马克思一年的写作收入"化为乌有了。后来，法兰克福有一位书商愿意承担马克思的《经济学》（90个印张）的出版任务。但共产党人案件吓破了他的胆，马克思遭到的损失相当于一部**资本论**。

结果，马克思（他和他的家属习惯于过去的环境，总是能够并必须进行公开而实在的活动）只得勉强应付，虽然如此，当时他还老是受到那些专门靠所谓秘密活动过日子的人的欺诈，受到"资产阶级手段"的暗害。

如果德国的工人党能容忍对马克思这样一些人——他们出身于资产者家庭，资产阶级（在"旧"《莱茵报》时期）把他们作为著作家而给以热烈欢迎，他们为了党不仅牺牲自己的工作和地位，而且还牺牲自己的财产和家庭的安宁，——进行卑鄙无耻的诬陷，那么，每个人对它终究会作出判断的！

上面提到的那种思想都是新的，是非常新的。然而，先按适当的形式把"敌人的思想"制造出来，为的是能不费吹灰之力战而胜之，其实这种思想并不新鲜。仅从现在已经弄清的情况来看，维利希先生已经

① 见注393。

② 指《新杂志》，见注410。

最为充分地利用了这种思想。不过，维利希先生虚怀若谷，对他的种种
思想没有引以自豪，只是提到一个思想是自己的，即"个人品质和政治
品质都完美无缺"，而且我们已经看到，他能容忍什么样的无理要求。

　　布鲁土斯也曾经是，而且仍然是一个可亲可敬的人！

约·魏德迈　阿道夫·克路斯

阿·雅科比医生

1853 年 11 月 7 日于纽约

1853 年 11 月 25 日《美文学杂志和
纽约刑法报》

772

卡尔·马克思（伦敦）给阿道夫·克路斯
（华盛顿）的信

1853 年 11 月中

　　[……] 上星期二在收到你的信的同时，收到了**克莱因**的信，应
该说，信写得很出色，很机智，是经过周密考虑的。他写道，他将从他
那方面搞一个反对维利希的声明，因为他可以揭穿这个家伙在伦敦的整
个时期的谎言。克莱因有一个固执的想法，仿佛你对他很傲慢。我将设
法调解一下。[……]

摘要

莫斯科苏共中央马列主义研究院

中央党务档案馆，f. 1，op. 1，d. 796

（抄本①）（《马克思恩格斯全集》

德文版第 28 卷第 599 页，参看《马

克思恩格斯全集》中文第 1 版第 28

卷第 606 页）

773

卡尔·马克思谈古斯达夫·莱维第一次到伦敦的访问

（摘自：马克思 1860 年 2 月 29 日致斐·弗莱里格拉特的信）

1853 年 12 月底

［……］当莱维（第一次）从杜塞尔多夫到这里来的时候（那时他也常去拜访你），他甚至想以在伊瑟隆、索林根等地发动工厂工人起义的诺言来引诱我。我坚决地反对了这种无益而又危险的愚蠢想法。另外，我还向他声明，我再也不属于任何"同盟"，而且无论如何我不能加入这类组织，至少因为这类联系会给我们在德国的人带来危险。莱维回到杜塞尔多夫，正如不久以后有人写信告诉我的，他对你赞扬备至，

---

①　阿道夫·克路斯 1853 年 12 月 7 日致约瑟夫·魏德迈的信中抄录。

而对我的"空谈主义的"冷漠态度则尽量揭露。① ［……］

手稿　　　　　　　　　　　　　　　　　　　　　　摘要

莫斯科苏共中央马列主义研究院中央
党务档案馆，f. 1, op. 1, d. 1360（《马克
思恩格斯全集》德文版第 28 卷第
489—490 页，参看《马克思恩格斯全
集》中文第 1 版第 30 卷第 481 页）

774

卡尔·马克思（伦敦）给弗里德里希·恩格斯（曼彻斯特）的信

1854 年 9 月 2 日

　　［……］德朗克，——**我们私下这样说**——由于没有其他"精神上的"刺激，正热衷于对"施特芬"的探讨，他在给伊曼特的信里把各种罪过都加到施特芬的身上，企图把他说成是政治上的"可疑分

---

① 马克思指的是莱茵省的德国社会主义者、后来的全德工人联合会的积极活动者古斯达夫·莱维于 1853 年 12 月下半月第一次来伦敦。莱维是受杜塞尔多夫工人的委托来见马克思的。莱维在拜访马克思时，曾试图说服马克思，要他相信在德国必须举行起义，并且莱茵省的工厂工人对此已有准备。但是马克思向莱维证明，起义以及莱维所建议的恢复共产主义者同盟在德国的活动都还不是时候。马克思之所以持这种立场，是因为当时残酷的反动的政治势力统治着德国，在法国和英国还没有革命的高潮，经济情况对资产阶级是有利的，因此根本谈不上在德国举行成功的起义。——原卷末注

子"。我轻而易举地向伊曼特证明了德朗克的各种无端寻衅是荒谬的。简直是荒谬绝伦。我认为施特芬是我们党的一个非常难得的人。他有性格，有学识。他在自己视为专长的比较地理学方面，发表了完全独特的观点。可惜，他关于这个问题所写的手稿留在科隆。

　　鲁普斯①最近在干什么？米凯尔未能如愿以偿地从巴黎来这里，因为他得了霍乱，后来又咯血，最后医生嘱咐他尽快由陆路回德国。

　　祝你健康，请勿相忘。

卡·马·

手稿

莫斯科苏共中央马列主义研究院
中央党务档案馆，f. 1，op. 1，d. 864
（《马克思恩格斯全集》德文版第28
卷第390页，参看《马克思恩格斯
全集》中文第1版第28卷第388页）

775

罗兰特·丹尼尔斯（科隆）给
卡尔·马克思（伦敦）的信

1855 年 1 月 16 日

亲爱的马克思：

　　请我的朋友施特芬给你捎去这寥寥数行，并向你转致我的问候。当

---

　　① 威廉·沃尔弗。——编者注

你的夫人被恩准在这儿逗留时①，我失之交臂，没有见到她，深感遗憾。要不然，我就会更热烈地向她推荐你的书。书已包装好，它们势必遭到损坏。据悉，你的夫人当时正怀孕，你马上又要享受到做父亲的乐趣了。如果我没有弄错的话，现在已经到日子了。② 我同我的妻子③都向你表示由衷的祝贺。

　　难道英国中等阶级（资产阶级）还没有很快对东方战争的无稽之谈感到厌恶吗？据报载，英国"人民"对战争是非常"热情的"。英国人民有一半是奴仆，而英国的每个奴仆都知道自己的"**处境**"。因此，不论是出版自由还是集会权利在任何时候都不会使这样的人民有所长进。饥饿能否做到这一点，我也表示怀疑，最好的办法是，赶快缔结一项和约。就是对法国内部状况来说，这种办法也是最明智不过的。你瞧，我的眼光简直同布莱特④一样短浅。可能，布吕格曼⑤的**社论**已使我对此事深感**扫兴**。当我给你草此数行的时候，在我身边放着一大罐利胸茶。这种茶就是专治粘膜炎的，使我烦恼的并不是粘膜炎，而是害了一年多的风湿病，我只有忍受疼痛才能保持直立姿势。⑥ 这种情况不会使人感到愉快的，这一点你是可以想象到的。我在急切地期待着夏日的来临。

我和我的妻子衷心问候你

你的　丹尼尔斯

1855 年 1 月 16 日于科隆

---

① 燕妮·马克思于 1854 年 7 月初至 8 月底回特里尔探望她的母亲，途中曾在科隆逗留。

② 1855 年 1 月 16 日，爱琳娜·马克思诞生。

③ 阿马利亚·丹尼尔斯，父姓弥勒。

④ 约翰·布莱特由于他对英国参加克里木战争采取反对的立场，而成了不受欢迎的人，因而于 1854 退出了公开活动。

⑤ 《科隆日报》的主编。

⑥ 丹尼尔斯在这里给马克思写的是最后一封信，他竭力低估他在科隆共产党人案件的预审羁押期间所患疾病的严重性；他于 1855 年 8 月 29 日去世。

手稿　　　　　　　　　　　　　　　　　　　　第一次发表
莫斯科苏共中央马列主义研究院中央
党务档案馆，f. 1, op. 5, d. 756

776

卡尔·马克思（伦敦）给弗里德里希·恩格斯（曼彻斯特）的信

1855 年 2 月 2 日

[……] 附上：（1）拉萨尔的信；（2）丹尼尔斯的信；（3）拉萨尔所引用的那份剪报。戈尔德海姆用"拉萨尔"的名义在索林根和其他地方的工人中间到处活动；（4）施特芬的信。顺便提一句，他忘记注明他在布赖顿的地址，如果我**因此**没有回信给他，他又要抱怨了。

由于巴尔贝斯的蠢事，**琼斯**自然已经同癫蛤蟆们[①]而且同他们中的**败类**搞在一起了。[②] 结果又要在二月纪念日举行世界各族人民的大规模

---

① 癫蛤蟆（Crapauds，原意是"池塘里的癫蛤蟆"）是坐在国民公会会议大厅的最低的地方并经常投票拥护政府的一些法国国民公会成员的讽刺性绰号。马克思和恩格斯在他们的信件中常常把这个用语作为"庸人"的意思来称呼法国的小市民和市侩，以及 1848 年革命失败和法国 1851 年政变后居住在英国泽西岛和伦敦的法国小资产阶级流亡者。——原卷末注
② 见《马克思恩格斯全集》中文第 1 版第 28 卷第 413 页。——编者注

宴会。他也到我这里来过，我嘲笑了他一顿。但是他那伙法国人（完全是一帮不知名的家伙）却钻进了前沙佩尔协会①，协会当然没有拒绝这样诱人的建议。波兰和意大利流亡者当中的不属于"流亡者上层"的不满分子，**似乎也已经组织起来**，以便派自己的代表去参加委员会②。昨天我同格茨为了寻开心，让琼斯带我们去参加他们的会议，权充"旁听者"。他介绍说，我们是"宪章派的老朋友"，当然有权满足自己的好奇心。参加会议的是些什么人呢？有各式各样的最次的癞蛤蟆。一个**西班牙**裁缝或者烟草厂厂主，他是"自行与会"的，还有**施泰翰**（一个疯疯癫癫的人），接着还有三个坏透了的德国混蛋。在沙佩尔本人离开以后，施泰翰就竭力模仿他的面部表情，他的忧郁而严肃的神情和姿态，正像肉铺老板勒让德尔模仿丹东一样。但这还不是全部。俄国人赫尔岑没有得到邀请就自行出席了上一次会议，并且（自行）提议把自己选为委员会成员。在我们出席的那次会议上，宣读了他的一封谄媚的信，因为法国政治贤人们发现他是一个"出色的人"，所以当即接纳了他。整个这次会议，法国人的饶舌，德国人的死板面孔，西班牙裁缝的手势，这些简直都是使人受不了的，以致琼斯（主席）提议：（1）每人只能发言一次，并且不得超过十分钟；（2）有人指出西班牙人不是流亡者，因为在那里民主派已经得胜，他对这个意见说了一句模棱两可的恭维话："希望在伦敦的所有流亡者都能有这样的命运"，那时在伦敦"各种国际委员会就都成为多余的了"。格茨和我作为静观者，免费地欣赏了这一场喜剧，我们拼命地抽烟。在那里可以亲眼看到，"真正

---

① 指伦敦德意志工人教育协会。——原卷末注

② 指由伦敦宪章派组织委员会（从 1855 年 2 月起开始称为"欢迎和抗议委员会"）的代表以及法国、德国和其他国家小资产阶级流亡者所组成的国际委员会。这个委员会的主席是琼斯。1855 年底这个委员会成为独立的组织；1856 年改名为国际协会；这个组织一直存在到 1859 年。——原卷末注

的民主派"成了什么样子。

你的　卡·马·

手稿　　　　　　　　　　　　　　　　　　　　　　　　　　节录

莫斯科苏共中央马列主义研究院
中央党务档案馆，f. 1, op. 1, d. 909
（《马克思恩格斯全集》德文版第 28
卷第 432—433 页，参看《马克思恩
格斯全集》中文第 1 版第 28 卷第
430—431 页）

777

卡尔·马克思（坎伯韦尔）给弗里德里希·恩格斯
（曼彻斯特）的信

1855 年 9 月 6 日

1855 年 9 月 6 日于坎伯韦尔区丹麦街
（不是丹麦山，丹麦山是对整个
街区的通称）约克街 3 号

亲爱的恩格斯：

　　你从《科隆日报》上大概已经知道了，我们的朋友丹尼尔斯已经去世。他完全是普鲁士警察卑鄙行径的牺牲品。你应当像我这样①写几句话给他的妻子。地址是：科隆施尔德尔巷阿马利亚·丹尼尔斯博士夫

---

　　①　见《马克思恩格斯全集》中文第 1 版第 28 卷第 626—627 页。——编者注

人。最好让鲁普斯①也这样做。我根据经验知道，在这种情况下朋友的
信是多么珍贵。我要在《论坛报》上登一篇悼念我们的可怜朋友的短
文。至于美国的德文报刊，我认为最好是在纽约《新时代》（名义上编
辑是伯恩哈特，实际上负责编辑的是卡尔贝的勒韦）上登一则简短的讣
告，由你、弗莱里格拉特、鲁普斯和我署名。这样做之所以必要，还因
为要揭露对毕尔格尔斯所采取的行动。[……]

手稿　　　　　　　　　　　　　　　　　　　　　　　　　　　　节录
莫斯科苏共中央马列主义研究院
中央党务档案馆，f. 1，op. 1，d. 934
（《马克思恩格斯全集》德文版第 28
卷第 458 页，参看《马克思恩格斯
全集》中文第 1 版第 28 卷第 456 页）

778

卡尔·马克思（伦敦）给阿马利亚·丹尼尔斯（科隆）的信

1855 年 9 月 6 日

1855 年 9 月 6 日于伦敦第恩街 28 号

亲爱的丹尼尔斯夫人：

惊悉亲爱的、永不能忘却的罗兰特②逝世的噩耗，简直无法向您描

---

① 威廉·沃尔弗。——编者注
② 罗兰特·丹尼尔斯。——编者注

述我的悲痛。虽然施特芬告诉我的最后消息是不能令人放心的，但我对您出色的丈夫恢复健康一分钟也没有失去过希望。他是一个温和、精细、高尚的人，坚定、才干和外表的美异常和谐地在他身上融为一体。当我在科隆人中间看见丹尼尔斯的时候，他总是使我感到他是一尊被任意丢在一群霍屯督人中间的希腊神像。他的早逝，不仅对他的家庭和朋友来说是不可挽回的损失，而且对科学界以及受苦受难的广大群众来说也是一个不可挽回的损失。在科学界，人们对他抱有无限的希望，而受苦受难的群众则把他看成可靠的先进战士。

我深知您的英雄性格，因而我确信，无法安慰的悲伤不会妨碍您忠诚地关注罗兰特遗留给您的珍贵保证。您会让自己的孩子们加倍地补偿世界因失去他们的父亲而遭到的损失。

关于这个新的损失的消息，使我的妻子痛切地回忆起我们唯一的一个小儿子①的死，她的心情使她现在不能写信给您。她像孩子一样地哭泣、伤心。

我不想安慰您，因为我自己也很伤心——我失去了一个朋友，我喜爱他，甚于喜爱其他任何人。这样的悲痛是无法减轻的，只能分担。我只要稍微忍住了初时的痛苦，就为死者在美国的许多朋友在《纽约论坛报》上登一则讣告。希望有一天会出现一种情况，使那些缩短了他的寿命的人受到比这个讣告所给予他们的更为严重的惩罚。

无须向您保证，我永远是您的可靠而忠诚的朋友。

向您表示真挚的同情。

您的　卡·马克思

---

① 埃德加·马克思。——编者注

手稿

莫斯科苏共中央马列主义研究院

中央党务档案馆，f. 1，op. 1，d. 933

（《马克思恩格斯全集》德文版第 28

卷第 618—619 页，参看《马克思

恩格斯全集》中文第 1 版第 28 卷第

626—627 页）

779

威廉·施特芬（布赖顿）给卡尔·马克思
（曼彻斯特）的信

1855 年 10 月 15 日

10 月 15 日于布赖顿公爵街 13 号

亲爱的马克思：

我写此信的内容，是由下列三方面原因决定的：一方面是由于我惊悉丹尼尔斯去世的噩耗而产生的心情，另一方面是由于这种噩耗本身在我内心引起的波动，最后还由于我对你的目的①来说是至关重要的那些

---

① 马克思本来打算为丹尼尔斯写的一个讣告；见文件 777 和 778。

事实确实一无所知。这种一无所知是不难说明的。你也许已注意到我有
这样一个特点：避免让我觉得我企求博得别人的信任。这种情况特别是
在科隆形成的，在那里，有形形色色渺小的大人物，他们彼此处于富有
魅力的联系中，他们只是偶尔才从其秘密库存中给一般人提供某些情
报。于是，自从**科隆**中央对我作出英明裁决以来①，我就根本不想同上
述的和后来涌现出来的大人物更多地接近，而仅仅保持在我对党的不以
科隆的人物为转移的信念所允许的程度。因此，我所知道的，实际上比
不可思议的师傅们的任何一个学徒都要少。

　　我通过我的姐妹已写信到科隆去了，以期了解你所需要的详细情
况——至少我不想放弃这种尝试。我记得，在这期间，这里有几个笔记本。

　　1849 年，丹尼尔斯认识了一个警官（新马尔克所属的那个区的警
官）。究竟是怎样开始认识的，我不清楚，不过，认识的基础是丹尼尔
斯先前的那种制作鸟儿标本的嗜好，从艺术的角度来说，警官充其量是
一个业余爱好者。这样一来，这个官员就不可避免地了解到一些人的一
些访问。我认为，他后来是利用了这种情况的。**498**

　　当霍乱在科隆流行的时候，丹尼尔斯担任他所在地区的施诊医生的
职务。他牺牲了全部时间，悉心照料**可怜的病人**，千方百计把他们送进
医院，或者通过其他办法照料他们，以致作为辩护证人的费舍博士在陪
审法庭上直截了当地强调丹尼尔斯的这种努力是极其重要的，并且提
到：丹尼尔斯由于这种过分的努力而遭到了深重的灾难，致使他不得不
放弃施诊医生的活动。**499**关于由此造成的经济损失，他本人从来没有谈
起过，但我经常看到，他在进行帮助和怎样进行帮助。

　　被宣告无罪释放后，他成天郁郁寡欢。我知道，特别是由于**毕尔格**

---

　　① 暗示共产主义者同盟科隆区部或科隆中央委员会的一个没有保存下来的决
　　　议，并见注331。

尔斯被判刑也使他遭了大难，原来他同毕尔格尔斯是以极其真挚的友谊之带紧紧连结在一起的。我在他被宣告无罪释放后见到他的那天，他对我说的第一句话就是：他是从陪审员的判决中知道毕尔格尔斯被判处死刑的，无论如何，毕尔格尔斯的身体在审前羁押中已遭到了摧残，要塞监禁势必置他于死地。

在被捕前后进行抄家时，有人竟干了卑鄙下流的勾当，甚至搜遍了呱呱坠地才几个星期的小孩①的摇篮和摇篮里的被褥。

在陪审法庭进行诉讼程序期间，所有被拘禁者，包括丹尼尔斯在内，在被送回监狱后，被三番五次剥光他们身上的衣服，看看身边有没有什么违禁品。

这几本笔记，都是味同嚼蜡和残缺不全的——你务必原原本本地弄到它们。我的眼睛痛得厉害，以致我有时不得不搁下手中的笔。我希望，科隆人**有足够的**勇气，像我所要求的那样写信给我。

你告诉我关于你自身的事，使我感到惊讶，无限悲伤。落到一个英国化的德国人②之手，确实比落到一个英国的骗子之手更糟糕。我曾经有这样一种想法：你呆在坎伯韦尔要比碰到这种情况好一些。

代我向恩格斯和沃尔弗致意。

完全忠实于你的
威·施特芬

手稿　　　　　　　　　　　　　　　　　　第一次发表
莫斯科苏共中央马列主义研究院中央
党务档案馆，f. 1, op. 5, d. 790

---

① 罗兰特。
② 弗罗恩德医生，马克思曾经责怪过他。

780

弗里德里希·列斯纳关于他从监狱获释和
重新开始政治工作的回忆

（摘自：《1848 年前后》，1898 年）

1856 年 1 月 27 日至 1864 年

[……] 出狱的时刻终于来到了。在这个值得纪念的时刻，我百感交集，现在无法把我当时的一切感受全部用文字描绘出来。四年半的监狱生活，就像做了一场杂乱无章的噩梦。总的说来，那是一段令人悲伤的时期，只有同志们对我表示的同情，是我感到的唯一安慰。我收到科隆战友给我寄来的信件或款项的那些日子，是我一生中感到最幸福的时光。

我在美因茨被捕时被搜去的东西，全都充公了。最使我痛心的是我的藏书，其中有 30 年代和 40 年代的小册子和报纸。我曾几次要求科隆当局归还这些书，但毫无结果。

九

1856 年 1 月 27 日，我获得了自由。"自由了！"好像德国当时不是一座大监狱似的！可是我在布雷斯劳、爱尔福特、弗赖堡①探望了狱友的亲属之后，一来到魏玛头脑就清醒了。在这里，我曾试图进行宣传，而人们却十分淡漠，他们一听到"共产主义"这个词就退缩了。他们

————————

① 指温施特鲁特河畔的弗赖堡；原稿中是弗赖堡。

全都像挨了拳头的小孩子，处处感到受老师的威胁。

我自己已经没有国籍了。我向当局申请出国护照，可是当局不再愿意承认我这个坏了名声的共产主义者是国民。只是经过了许多周折，我才得到了几份证件。然后我就经过汉堡去了伦敦。我获释后在德国短暂的逗留期间唯一友好接待我的是魏玛的弗莱里格拉特的岳母①和汉堡的马尔滕斯。

1856 年 5 月我来到伦敦。不久我拜访了弗莱里格拉特，他对我表示了最热烈的欢迎，接着我去见了卡尔·马克思，作为对我的被没收的藏书的补偿，他把他在这之前出版的著作赠送给我。我还访问了我 1848 年时的老朋友，如卡尔·普芬德、格奥尔格·埃卡留斯等人。在这里，我还结识了当时来到伦敦的人数众多的德国流亡者，其中包括威廉·李卜克内西。我找到工作之后，又参加了共产主义工人教育协会，这个协会当时的状况糟透了。原因如下：1848 年革命运动失败后，协会分成了两派：一派是马克思和恩格斯领导的，它要求对无产阶级进行系统的教育和组织，另一派是维利希和沙佩尔领导的，它认为靠暴动和骚乱就可以拯救德国人民。这场争论使协会的力量大大削弱了。许多会员退出了协会，留下的也逐渐资产阶级化了，他们竟无动于衷地听任哥特弗里德·金克尔在协会作报告辱骂和诽谤共和主义，他们甚至为他鼓掌，每次报告付给他 10—12 马克。不给报酬，金克尔是请不来的。而这位教授先生很善于向工人们灌输个人迷信。在协会中，已经不再能看到共产主义观点的任何痕迹。整个协会都变蠢了，这完全符合我们那些自由派的心意，他们相信靠作一些关于簿记和自然科学等等的报告就能使工人解脱困境。

共产主义工人教育协会的这种状况使我很痛心。我开始对会员进行

---

① 梅洛斯夫人。

考察，在他们中间物色朋友。在我做到了这一点之后，我们就开始对金克尔的阵地挖掘坑道。我们的反击大有成效，于是金克尔不得不滚开。只是在推翻金克尔之后，协会才渐渐恢复了原状。李卜克内西又重新开始参加协会的活动，马克思也是这样，他作了一系列有关国民经济学的报告，可是不要任何报酬，他一生中从来未向工人索取分文。李卜克内西的参与，同样大大促进了协会新生活的开始。会员的人数增加了，素质提高了。参加共产主义工人教育协会的活动又成了一件愉快的事情。共产主义工人教育协会也是加入 1864 年建立的国际工人协会的第一个组织，它为国际工人协会的建立作出了很大的贡献。[……]

弗里德里希·列斯纳《1848 年前后。   摘要
一个老共产党员的回忆》，载于《德
意志言论》（维也纳）1898 年第 4 期
第 153—154 页

781

卡尔·马克思（伦敦）给弗里德里希·恩格斯（曼彻斯特）的信

1856 年 3 月 5 日

[……]**莱维**。① 是由杜塞尔多夫工人派来的，有**两重**使命：

---

① 马克思在下面详细地告诉恩格斯关于古斯达夫·莱维（莱茵省的德国社会

　　（1）**揭发拉萨尔**。经过一番非常细致的**了解，我认为他们说得对**。自从伯爵夫人①得到她的三十万塔勒②，拉萨尔完全变了样：故意疏远工人；奢侈享乐；向"贵族血统"的代表人物献媚。工人们甚至指责他经常利用党去干**私人的肮脏勾当**，甚至为了有利于诉讼想利用工人去**从事个人犯罪行为**。诉讼案是这样结束的：哈茨费尔特伯爵的代理人施托库姆（后来被陪审法庭判处五年徒刑，这你是知道的）跟伯爵吵翻了。他透露给拉萨尔说，他手中有一批文件，这批文件可以使伯爵因违誓和伪造等行为而带上镣铐。拉萨尔答应给他一万塔勒。另一方面，拉萨尔劝说检察长克斯特里茨（由于这个勾当曾被迫辞职）通知哈茨费尔特伯爵，有告发他的起诉书。哈茨费尔特本来已准备好逃往巴黎，这时拉萨尔把有损名誉的文件交给了他以换取他在跟伯爵夫人的**和睦协议上签字**，并撤回了起诉书。（当然，克斯特里茨只不过是他手中的工具。）

（续前注）　主义者、后为全德工人联合会的积极活动家之一）1856 年 2 月底来伦敦访问他的情况。这是 1848—1849 年革命后莱维受杜塞尔多夫工人的委托第二次访问马克思。第一次访问是在 1853 年 12 月下半月。莱维的这两次访问充分证明，1852 年共产主义者同盟解散以后，莱茵省的德国工人仍然把马克思和恩格斯看成是自己的领袖并设法同他们取得联系。在第一次访问时，莱维就企图说服马克思必须在德国举行起义和在莱茵省工厂工人中准备举行起义。马克思当时向莱维证明，起义同莱维提出的在德国恢复共产主义者同盟的活动的建议一样，是不合时宜的。

　　马克思所以采取这种立场，是因为当时残酷的政治反动势力统治着德国，英法两国还没有革命高潮，经济形势对资产阶级有利，在这种情况下，谈不上什么在德国举行胜利的起义和恢复共产主义者同盟。——原卷末注

①　哈茨费尔特。——编者注

②　指索菲娅·哈茨费尔特伯爵夫人的离婚诉讼，拉萨尔自 1846 至 1854 年为她进行了这项诉讼。1851 年 7 月宣判离婚。根据以后达成的对财产的调解，伯爵夫人取得三十万塔勒。——原卷末注

这样一来，不是他的**法律上**的洞察力，而是最平庸的阴谋使这一诉讼得到意外的结局。拉萨尔没有把这一万塔勒付给施托库姆。工人们说得对，如果他把这笔钱交给党，而不是保存着给伯爵夫人，这种背信行为才能原谅。他们还讲了他私生活中许多见不得人的行为，我无法转述给你，因为都记不清了。其中有这么一件事：拉萨尔同杜塞尔多夫人绍伊尔合伙搞买卖外国国家有价证券的投机，绍伊尔为此借钱给他。他们失败了。同时绍伊尔破了产。拉萨尔打赢了官司。绍伊尔索取他借给拉萨尔的钱。拉萨尔嘲弄他，把法典第六条禁止搞外国证券投机指给他看。工人们说，他们原谅拉萨尔的这一切，只是因为他把这次诉讼看成是荣誉的事情，才牵涉进去。他们说，现在官司打赢了，他不是要伯爵夫人给他劳动报酬，做一个独立自主的人，而是毫无理由地、恬不知耻地靠伯爵夫人供养并听命于她。他经常把官司打赢后将要做的事情加以吹嘘。而现在他以特别引人注目的挑衅态度把工人当作无用的工具丢开。在元旦，拉萨尔还参加了某一次（私人）集会，因为那里有某位法国上校出席。但是使大家惊异的是，他向六十名工人只谈"文明对野蛮斗争"、西方列强对俄国斗争，而不谈其他问题。他计划去柏林，在那里装作大人物，展开社交活动。他当莱维的面答应伯爵夫人在他从柏林一回来就给她张罗"内侍官著作家"。他也正是当莱维的面不断表现出自己的"独裁欲"（看来，拉萨尔对自己的看法和我们对他的看法完全不同；他自认为是世界的征服者，因为他在搞私人阴谋方面是毫无顾忌的。好似一个真正重要的人物竟在这样一些小事上牺牲了十年的工夫）等等。此外，他是一个十分危险的人物：为了让工人政党中的一个人打入警察局去当暗探，他把**我的**一封**信交给**那个人，那个人必须说这封信是从拉萨尔那里偷的，以此来骗取信任。工人们还说：如果他肯定不打算投靠资产阶级政党，他这样有外交手腕的人是不会这样激烈地反对他们的。同时，他认为他有足够的影响，使他在起义的时候，只要登上讲台向群众发表庄严演说，就能够迷惑住群众等等。莱维说，工人们非常恨他，以致如果他在运动时出现在杜塞尔多夫，不论我们的决定如何，工人们就会杀掉他。但是他们确信，一旦他知道了这些怀疑，他就会立刻投到另一方面去。

这一切不过是从听到的情况中记得的一些细节。虽然我从前对拉萨尔抱有好感，不大相信工人们的流言飞语，但是**所有情况总和起来**给了我和弗莱里格拉特一种**完全肯定**的印象。我告诉莱维：只根据一方的证词，自然不能作出结论，但是怀疑无论如何是有益的；让他们继续监视这个人，但是暂时不要宣扬出去；也许，我们会找到机会迫使拉萨尔明确地表示自己的立场等等。

你以为怎样？我也很想知道鲁普斯[①]的意见。

（2）派莱维来的第二个目的是向我介绍莱茵省工人状况。杜塞尔多夫的工人同科隆的工人还保持着联系，同时不再看得到"任何老爷"了。可是，目前宣传工作主要是在**索林根、伊瑟隆及其近郊、埃尔伯费尔德**和威斯特伐里亚公国的**工厂工人**中间进行。在铁业区，这些小伙子们打算发动起义，只是由于对法国革命抱有希望，以及由于"伦敦人认为时机还没有到"才停下来。如果事情拖得更久，莱维认为发动未必防止得了。但是无论如何，巴黎起义会是一个信号。看来这些人坚定地相信：**我们和我们的朋友一开始就会马上奔向他们那里**。他们当然感到需要政治领袖和军事领袖。在这一点上决不能指责这些人。但是我担心，如果按照他们极端简单化的计划去做，甚至在我们还没有来得及离开英

---

① 威廉·沃尔弗。——编者注

国，他们就已经四次被消灭了。无论如何应当从军事观点出发，准确地向他们解释清楚什么是可以做的，什么是不可以做的。当然，我已经说过：**如果情况许可**，我们一定会到莱茵工人那里去；如果没有巴黎或维也纳或柏林的首先发动，他们的任何独自发动都是荒谬的；如果巴黎发出了信号，就可以在任何情况下去冒一切危险，因为那时，即使遭到暂时的失败，也只能产生暂时的不良后果；关于莱茵省的工人居民可以直接采取什么步骤的问题，我一定会跟我的朋友们认真商量；过一些时候，他们应当再派人到伦敦来，但是，如果事先没有商量好，那么**什么事情**也不要干。

埃尔伯费尔德（或者是巴门？）的制革工人在 1848 年和 1849 年的情绪是非常反动的，现在却显得特别革命了。莱维使我相信，你个人在乌培河谷的工人中间被看做"自己"人。此外，在莱茵河畔，对法国革命的信心似乎是传播得相当广的，甚至庸人们都说：这一次同 1848 年不一样。这一次出场的将不是 1848 年的空谈家而是像罗伯斯比尔等等的人物。民主派的威信至少在莱茵河畔已经十分低落了。

祝好。

你的　**卡·马·**

手稿　　　　　　　　　　　　　　　　　　　　　　　节录

莫斯科苏共中央马列主义研究院
中央党务档案馆，f. 1，op. 1，d. 956
（《马克思恩格斯全集》德文版第 29
卷第 27—29 页，参看《马克思恩格
斯全集》中文第 1 版第 29 卷第
27—31 页）

782

弗里德里希·恩格斯（曼彻斯特）给
卡尔·马克思（伦敦）的信

1856 年 3 月 7 日

　　[……] 拉萨尔。这个家伙由于很有才华而倒霉，但是这些行为①也太不像话了。他始终是一个需要提防的人；这个斯拉夫边境上的道地的犹太人，他总打算以党作幌子利用一切人以达到自己的私人目的。其次，力图挤入上流社会，得到显赫的地位，哪怕用各种化妆品来修饰龌龊的布雷斯劳的犹太人的外表，——这始终是令人生厌的。不过所有这一切都只能使人们必须对他进行严密的监视。但是，如果他干出直接引起脱离党的这类事情来，那么我决不责怪杜塞尔多夫工人这样恨他。今晚我将去鲁普斯那里，把这个情况告诉他。我们中间没有一个人曾经相信过拉萨尔，自然，我们也防止他干出像亨·毕尔格尔斯干过的那种蠢事。我以为，一切都应当像你向杜塞尔多夫人指出的那样处理。如果他将来走到公开反党的地步，那他逃不出我们的手心。不过，看来还没有到这种地步，而出丑总归是极不妥当的。[……]

---

　　① 见《马克思恩格斯全集》中文第 1 版第 29 卷第 27—29 页。——编者注

手稿　　　　　　　　　　　　　　　　　　　　节录

莫斯科苏共中央马列主义研究院
中央党务档案馆，f.1，op.1，d.957
（《马克思恩格斯全集》德文版第29
卷第31页，参看《马克思恩格斯全
集》中文第1版第29卷第32—33页）

783

约翰奈斯·米凯尔（格丁根）给
卡尔·马克思（伦敦）的信[500]

1856年4月6日

亲爱的朋友：

经您介绍最近有个人来看我①，这才使我终于得到了一个可用的地址。因此，我赶快来弥补我长期所犯的罪过。说实话，我最不善于写信，但是我可以向您证实，我给您写过三四封信，都因为没有合适的地址而搁在那里，直到过时。

使我高兴的是，尽管这个年轻的德国人讲的情况不多，但我从中得知现在您的身体、精神，看来还有经济状况都还可以。当霍乱猖獗，后

---

① 拜访者是古斯达夫·莱维。

来又辗转得知您可爱的儿子①去世时，我时常为您和您的家庭忧虑和担心。许多人和我一样，都是这样！您生活在远离祖国的地方，人们由于恐惧和迟疑而［没有］向您表示爱戴和尊敬，您不可能知道，许多德国工人和"学者"即使不是对您衷心地爱戴，也是怀着美好的、"充满敬意的"感情想到您的。您的敌人越是丢丑，形形色色的中间派越是遭到失败，我们的党的地位，从而它的天然领袖，您的地位就越加提高。现在成功的机会显然稍有增加，爆发的可能性一天比一天大，正是在人们必须开始逐步做好准备的现在，我和我的朋友越来越感到有必要同您进行联系和保持一致。从我这方面来说，我当然不认为革命已经非常临近（群众对艰苦积极地进行工作仍然缺乏兴趣，小资产阶级和农民阶级——我确信，在法国没有他们工人将一事无成——还非常兴旺，最后，一直集中在发展上的注意力还必须经过一段时间致力于内部状况，才能发现的确不能长期这样下去），但是，这一切不会妨碍我们认识到，人们必须逐渐相互取得谅解。我们党包括公开斗争在内的政策显然是很简单的。参与当前政治的人必须是最"先进的人"，其余的每个人要为宣传思想而埋头工作，并澄清头脑中的矛盾。总的说来，根据斗争的需要也会制定出一般性的政策。照我看来，**独立地**同小资产阶级结成联盟，直到分裂的时刻，就是一个一般性的原则。人们当然不能现在就确定，随着时间的推移，这种共同的立场将采取什么形式和表现，但是，对于一开始就十分重要的几点，今天就必须并且能够取得一致意见。因此，我请求您告诉我您对这方面的建议和意见。像我们这样一个在德国力量还很薄弱的党，目前的处境是不利的、艰难的，这就要求严格遵守明智的策略。我们所仅有的不多的成功机会只能是一种明确的、坚定的政策的结果，在这种情况下，一些小小的失误给我们带来的危害，一定

---

①　埃德加·马克思。

会比［任何］外部敌人带来的危害更大。我认为，我们**暂时**必须同民主派一起把废除今天的国家组织和对整个德国的国家机构进行政治改革，即建立一个大的单一制的**民族**国家（中央共和国）作为我们唯一的目标。我还认为，实现和完成这一任务可能是历来一个民族所遇到的最艰巨的任务之一，由此可以得出结论，需要**所有**政党共同努力来完成这项任务，因此，我们在较长的时间内必须避免一切使我们的同盟者产生疑虑的做法。如果工人想在反对旧世界的斗争中立即提出他们自己的计划，那么小资产阶级、农民、激进资产阶级统统都会发生动摇。他们将会解散联盟，第二次投入反动派的怀抱。因此，照我的理解，在斗争的日子里（将会有许多这样的日子），必须不惜一切代价阻止工人采取反对资产阶级的措施，我们必须在一段时间内，**直到新的**政治组织**开始**在旧的废墟上巩固下来，还要容忍（即使不是促进）一个民族政治革命的骗局。只有**到那时**，才能发动群众，提出彻底的要求，在占有优势的国内各个地方实行恐怖，紧握武器，充分利用我们的人所占据的阵地，等等，只有**到那时**，我们才能把小资产阶级集中起来，并在上帝和俄国人的帮助下强迫他们为自己挖掘坟墓。我恰恰是在今天提出这些问题，是因为那个对其他问题也不太清楚的很不成熟的年轻人向我肯定说，您认为莱茵地区的工人**从一开始**就必须实行共产主义的恐怖，如果这是您的意见，如果您不怕因而会把没有无产者的整个伟大祖国吓得停止不前的话，那您就要抱有一种截然相反的观点了。人们习惯于把您看作权威，因此，我迫切地要求您为我澄清这些问题。

今天我的问题就到此为止（我还有许多问题），因为如果我冒昧地一下子向您提出许多问题，您会一个问题也不回答。因此，我们再随便聊聊。已经过了四个月，今天我才又听到迈尔的消息。他住在什未林（M. 亚历山德林奈博士街 1032 号），他感到奇怪，为什么没有听到关于他的亲爱的朋友们的任何消息。如果这是由于他没有"听到和看到"

我（我给他写过三封信，他都没有回信）的同一种原因，那就没有什么奇怪的了。

我在某种意义上说情况还好，因为我生活还过得去，终于有了支付能力，但是在另一种意义上说情况很糟糕，那就是我感到极端无聊。每天有 8—10 小时处理律师业务，周围的人是有学问的和目空一切的，朋友们是不错的，但是没有天分，没有很多受教育的机会，环境是狭隘的、愚昧的，这里很少保留着过去那种活泼、愉快、热情的气氛。如果把您在伦〔敦〕的状况同我的状况加以比较，那您对我来说就像是站在高塔上向原野远眺的雄鹰，而我在沟底一个劲地伸长脖子，但也不可能看到最近处的〔……〕矮小灌木之外的东西。前不久，某个贝尔塔·莱维（夫姓某某①）写道："从我不再到您那里去的时候起，我一天天地变得愚蠢。"我的情况有什么不同呢？我用一声叹息作为回答。自从我离开巴黎之后，我的精神日益淡漠和迟钝，我的文笔仅仅还适合于案卷，我的理解力仅仅还适合于铁窗，我几乎已经成了国家高等法院的登记在册的常备品。的确，我已经堕落了，为了"休息"我相当愉快地阅读那些我过去公开称之为肮脏的苍蝇的德国现代"诗人"、政论家和其他无赖的作品。啊，但愿我很快得到解脱！我非常渴望行动和格斗、渴望战死和杀戮，等等。我对德国目前流行的思想运动很少有兴趣。唯物主义是一件美好的事情，但是，太多了就有损声誉。所有旧政党都已说完了最后一句话，它们的才智已经枯竭，自己模仿自己〔……〕我们必须沉默。政治和〔……〕经济领域的枯燥无味丝毫不比自然科学和哲学领域的单调划一逊色。正像神甫顽强地让"语言"生存一样，年轻的自然科学家也同样顽强地让"肉体"生存，诗人仍然是"宫廷诗人"，哥达人仍然是哥达人，或者重新钻进对旧德国自由的研究之中，国民经济学家或者更确切说财政学家叫喊"巴师夏万岁，打

---

① 马尔克海姆。

倒社会主义者”，或者“李嘉图万岁，打倒社会主义者”，但也只此而已，“商业界”深受为真正德国人所厌恶的法国动产信用公司的动产欺诈之苦，简单地说，这是难以忍受的。

关于巴黎，我得到的消息很少，而且空洞无物。我在那里的年轻朋友几乎都在各省——在实践之中，而年龄较大的朋友采取明智的观望态度。大部分人多半是说“我们在目前没有机会”，另一些人说“缺少偶然事件”。只有如下一点是肯定的，即这一次农村无产阶级，甚至［……］小土地所有者比巴黎人表现更热烈。这在许多方面都是很说明问题的。而皇帝①比起小农来更像流氓无产者。费利克斯·皮阿先生看来对此也有所了解。巴尔贝斯在伦［敦］干什么？他同谁交往？他仍然是危险的，因为他是非常受爱戴的，是我们的巴亚尔。而布朗基在工人当中是一个最进步的人，其他人也开始在一定程度上把他奉若神明，是我们勇敢的囚犯。蒲鲁东据说已堕落。但我不相信他被**收买**。堕落对他来说是合乎自然的发展。您会在咖啡馆［……］在德国的“人道主义者”那里看到这个无赖，您会听到谩骂声。我在一段时间很不光彩地成为他的知己。但是当我后来在他的人中间讲了一些蠢话时，他认为我也成为不可救药的人，我作为一神论者是根本不能想象的。此外，他同工人没有任何联系；他以及他的旧文人和无所事事的大学生朋党据说痛恨和蔑视野蛮和破坏行为。大学生也摆脱了对蒲［鲁东］的狂热，而信奉起“预言家”的新福音。在整个“拉丁区”充满了健康、勇敢的小伙子，但他们几乎全都是昏昏沉沉的。我很想知道，这些法国人还能干些什么。我不相信，除了一种有力的冲击，以及接着而来的反对专制君主的战争，其他还会有什么更大的作为。

由于伦敦的报纸公开告诉我们的是英国没有发生的事情，所以我对那里的事态完全不清楚。我只是模模糊糊地感觉到，可能 J. 布尔在最

_____

① 指拿破仑三世。

近也吞下了一些变革的毒药。

其次，看来我可以说，这个暑假我肯定可以有几天时间到那里去。

如果您能给我答复（我衷心地这样期望），那么请寄给阿姆斯特丹植物学教授（同样的名字），"犹太先生运河街 25 号欧弗格雷特公园"，信封里写上我的真正地址。

就此搁笔，我对我上面写的这封冗长、潦草而又肤浅的信感到吃惊。

您的最忠实的　米·

1856 年 4 月 6 日于格丁根

手稿　　　　　　　　　　　　　　　　　　　　　　第一次发表

莫斯科苏共中央马列主义研究院中央

党务档案馆，f. 1, op. 5, d. 811

784

古斯塔夫·莱维（杜塞尔多夫）给
卡尔·马克思（伦敦）的信

1856 年 4 月 9 日前

今托图鲁特公民捎去一个便函，望查收。此人是世界共和国的一名勇敢而诚实的士兵，他渴望面见您。

在这里，目前实在没有什么新闻可以奉告，倒是由于臭名昭著的和约①推波助澜，人们简直心急火燎地等待在法国立即出现惊人事件，也许由此而来的昌盛时期也就不会遥遥无期了。

---

① 1856 年 3 月 30 日在巴黎签订的和约，结束了克里木战争。

我们的朋友米［凯尔］，由于您给我写的明信片中提醒了我，因此，在一个星期前我趁出差的机会去看望了他，还同他深谈了我们的事情。① 对于我们的计划，他表示愿意大力支持。不过，对于我们想给这场运动赋予什么样的性质，他却有不同的看法。我们为了马上使我们无产阶级的阶级利益受到重视，想在莱茵普鲁士利用我们对资产阶级的优势，米［凯尔］认为，这将危及德国其他地区就要进行的革命，因为在他看来，如果德国资产阶级从一开始就看到，随着王朝被推翻，他们自身的利益也同时受到威胁，那么，他们就要反对这种运动，死命地依附王朝，以致不惜任何代价去遏止这一运动向四处蔓延。要是他们的行动得逞了，那我们无疑就会陷入孤立无援的境地，在整个德国还没有爆发二月革命以前，我们就先立即遭受小型的六月失败。在这方面，您对整个事态的看法，望能尽早告知。在这期间，如果施特芬要再次来到这里，请把我的详细地址告诉他，并让他来找我，以便我们可以同他谈谈他十分熟悉的情况以及供我们使用的资金。

您的《雾月十八日》，最近我已把它寄往莱比锡的赫比希了，我每天都在等待这一尝试有什么结果②。这件事，如果我办得顺利，您是否把第二部分也一并付印出版？因为尤其是拿破仑新近才获得成功，光出版第一部分很难引起人们的兴趣。您对此有何看法，亦请速告，还有，对这里揭发出来的那位要文明不要野蛮的骑士③，您是否已采取步骤？是否已给他写了信，有意识地点他一下？对此，我也希望从您那里得知，以便能对他的所作所为以及您在这方面的影响作出更好的判断。

----

① 见注490。

② 莱维力求在德国出版马克思的著作《路易·波拿巴的雾月十八日》，但是毫无成效。

③ 斐迪南·拉萨尔。

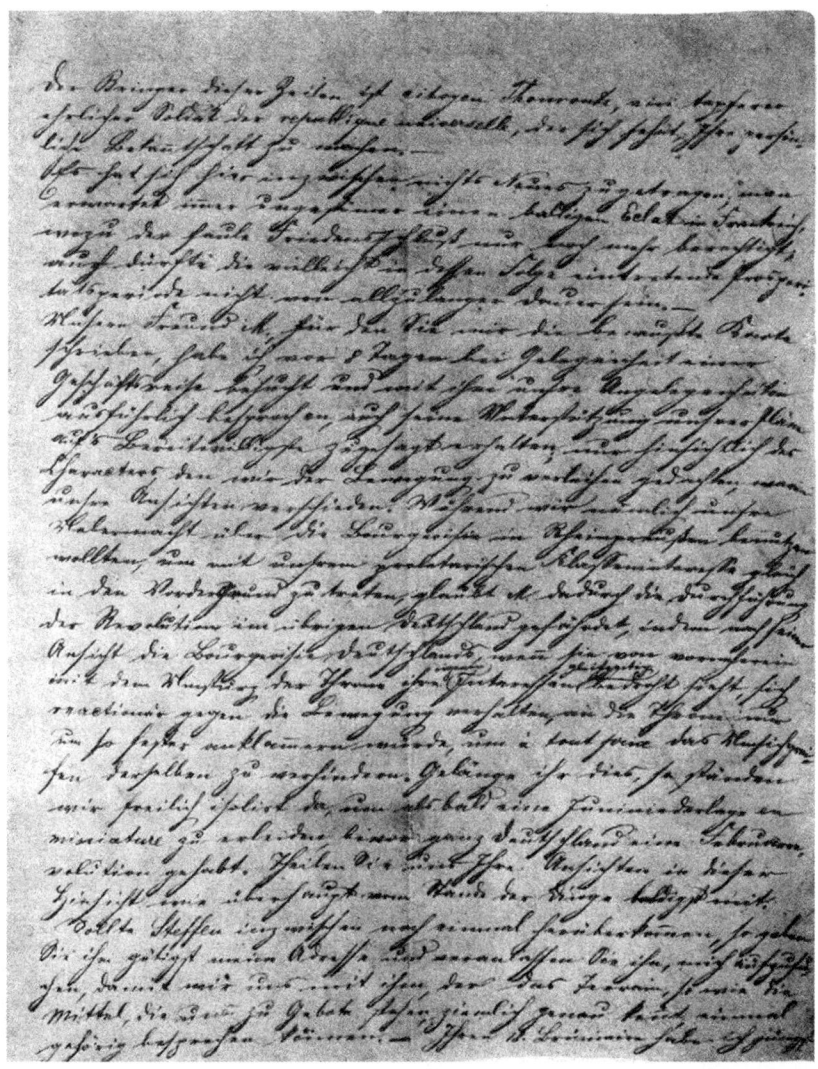

古斯塔夫·莱维 1856 年 4 月 9 日前给卡尔·马克思的信（片段）

为了能亲自结识我们这里的朋友，这几个月内，米凯尔将要来我们这里一趟。据他自己说，虽然他的面部特征极为明显，他的那副丑模样容易使警方认为形迹可疑，但我还是有办法做到使他和我们都不致暴露。他曾经津津乐道地对我谈起了有关法国的现状，他有好些朋友在通信中至今一直给他介绍这方面的情况。

他在最近给您的信中①，想必已无保留地给您介绍了有关法国现状的趣闻，在此恕不赘述了。

最后，谨向您、您可尊敬的一家、我们的朋友们致以最良好的祝愿。我恭候您尽速回信。

莱·

手稿　　　　　　　　　　　　　　　　　　第一次发表

莫斯科苏共中央马列主义研究院中央

党务档案馆，f. 1, op. 5. d. 821

785

卡尔·马克思（伦敦）给弗里德里希·恩格斯（曼彻斯特）的信

1856 年 4 月 10 日

1856 年 4 月 10 日 ［于伦敦］

亲爱的弗雷德里克：

早就应该再给你写信了。由于各种家务事缠身，无法动笔。

———————

①　文件 783。

　　附上一、莱维从杜塞尔多夫寄给我的一封信；信上提到的图鲁特是法国的前上校。他昨天来我家，但我不在；几天之内我将见不到他，因为他已经去利物浦。他同我的妻子进行过长时间的谈话，其要点写进由夫人①亲自整理的**附件二**②。莱维的信中提到的米是米凯尔。［……］

手稿　　　　　　　　　　　　　　　　　　　　　　　　　　　　　　　　　摘要

莫斯科苏共中央马列主义研究院
中央党务档案馆，f. 1，op. 1，d. 960
（《马克思恩格斯全集》德文版第 29
卷第 37 页，参看《马克思恩格斯全
集》中文第 1 版第 29 卷第 37 页）

786

卡尔·马克思（伦敦）给弗里德里希·恩格斯（曼彻斯特）的信

1856 年 4 月 16 日

　　［……］前天为纪念《人民报》的创刊举行了一个小型宴会。这

---

① 燕妮·马克思。——编者注
② 马克思在这里提到的“附件二”的手稿保存下来了。这是马克思的夫人燕妮·马克思对她同图鲁特上校谈话的记录。图鲁特曾把拉萨尔的活动和私生活中的许多丢人的事实告诉了她。图鲁特指出，拉萨尔在哈茨费尔特伯爵夫人家中过阔绰的生活、用她的钱在交易所搞投机、傲视工人、极端自信和独断独行，引起了杜塞尔多夫工人的极大的气愤。图鲁特所说的事实证实了杜塞尔多夫工人的使者古斯达夫·莱维告诉马克思的关于拉萨尔的消息（见《马克思恩格斯全集》中文第 1 版第 29 卷第 27—29 页）。——原卷末注

次我接受了邀请，因为目前的形势似乎要求我这样做，尤其是因为在所有的流亡者中只有我**一个人**（像《人民报》所披露的那样）受到邀请，而且还让我第一个举杯祝酒，即由我提议为无产阶级在各国取得统治权而干杯。因此我用英语发表了一个简短的演说①，但是我不让它刊登出来。我想达到的目的已经达到了。塔朗迪埃先生（他不得不花两个半先令买了一张入场券）以及其余一切法国的和其他的流亡者团伙都确信：我们是宪章派的唯一"亲密的"盟友；虽然我们不作公开的表示并且听凭法国人公开向宪章派献媚，我们仍然有能力随时重新占据历史上已经属于我们的地位。使这点变得更加必要的是，在前面已经提到的2月25日由皮阿主持的群众大会上，德国大老粗**谢尔策尔**（老滑头）发表了演说，并且以实在骇人听闻的施特劳宾人②的方式指责德国的"学者"即"脑力劳动者"抛弃了他们（大老粗），从而使得他们在其他民族面前丢丑。你在巴黎的时候就已知道这个谢尔策尔。我又和朋友**沙佩尔**见了几次面，我发现他是一个正在痛心忏悔的罪人。他近两年来所过的闭门幽居生活，看来对他的智力有相当大的磨炼。你知道，把这个人争取过来，尤其是把他从维利希手里争取过来，无论如何是好事情。沙佩尔现在对磨坊街③的大老粗非常恼怒。

　　你给施特芬的信我一定转交给他。莱维的信你本来应当留下。凡是我不请求退还的信件，你全都这样处理吧。信件越少通过邮局越好。我完全同意你对莱茵省的看法。对我们说来糟糕的是，遥望未来，我看到

---

① 马克思《在〈人民报〉创刊纪念会上的演说》，见《马克思恩格斯文集》第2卷。——编者注

② 施特劳宾人是德国的流动手工业帮工。马克思和恩格斯这样称呼那些还受落后的行会意识和成见支配的德国手工业者，这些人抱着反动的小资产阶级幻想，认为可以从资本主义的大工业退回到小手工业去。——原卷末注

③ 伦敦德意志工人教育协会所在地。——编者注

某种带有"背叛祖国"味道的东西。我们是否会被迫处于美因茨俱乐部派①在旧革命中所处的境遇，这在很大程度上要看柏林情况的转变如何。这将不是轻而易举的。我们是多么了解莱茵河彼岸我们那些英勇的兄弟啊！德国的全部问题将取决于是否有可能由某种再版的农民战争来支持无产阶级革命。如果那样就太好了〔……〕

手稿　　　　　　　　　　　　　　　　　　　　　　　　　　　　节录

莫斯科苏共中央马列主义研究院
中央党务档案馆，f. 1，op. 1，d. 963
（《马克思恩格斯全集》德文版第 29
卷第 44—47 页，参看《马克思恩格
斯文集》第 10 卷第 130—131 页）

787

阿道夫·哈马赫尔（科隆）给卡尔·马克思（伦敦）的信[501]

1856 年 4 月 25 日

最尊贵的朋友卡尔·马克思：

　　大约在半年前，索林根给美国的克莱因写去一封信，但是时至今日仍没有得到回音。

---

① 指 1792 年 10 月法国军队占领美因茨以后，在当地按照法国雅各宾俱乐部的方式成立的自由平等协会，即美因茨俱乐部。——原卷末注

　　既然我们现在有了您的地址，鉴于这里形势的紧迫，就决定直接同您联系。又因为不能把一切都写清楚，所以我们的愿望是，能够接待一次伦敦方面的来访，条件是避开杜塞尔多夫，因为问题恰恰涉及杜塞尔多夫。我们渴望得到回答，渴望得知信件是否安全到达。

　　信封上我写的收信人是蒂尔默先生，此人大约一年前从这里迁移伦敦并和他仍然居住在这里的妻子经常有书信来往。这两个人是可以信赖的。因此，如果您写回信的话，烦请以同样方式把信寄给他的妻子，地址：普兰克巷1号蒂尔默夫人收，这样我会完整无损地收到信件。

　　埃尔伯费尔德、索林根和科隆的工人向您问候。

阿道夫·哈马赫尔

科隆格雷奥瓦尔街33号

1856年4月25日于科隆

手稿　　　　　　　　　　　　　　　　　　　　　　第一次发表

莫斯科苏共中央马列主义研究院中央

党务档案馆，f. 1, op. 5, d. 813

788

卡尔·马克思（伦敦）给弗里德里希·恩格斯（曼彻斯特）的信

1856年5月8日

　　［……］我很高兴你和鲁普斯完全同意我对米①的信的看法，——

---

　　① 米凯尔。——编者注

我对需要忍受这种"明智"心里感到"很难受"。［……］

　　附上：

　　两封信：（1）伊曼特的一封，（2）科隆来的一封。如果我通过我的妻子给科隆人复信，也许最为妥当，不是吗？在无产阶级运动的领导权方面，科隆和杜塞尔多夫之间发生了某种程度的角逐。此外，我不知道，科隆人是否知道杜塞尔多夫人同拉萨尔完全决裂了。拉萨尔在他们所有的人中间名声极坏。［……］

　　图鲁特上校在去德国以前再没有见到过。

　　附上的信**不要**寄回。问候鲁普斯。

手稿　　　　　　　　　　　　　　　　　　　　　　　　　　　　　摘要

莫斯科苏共中央马列主义研究院
中央党务档案馆，f. 1, op. 1, d. 967
（《马克思恩格斯全集》德文版第29
卷第52—53页，参看《马克思恩格
斯全集》中文第1版第29卷第
51—53页）

789

约翰奈斯·米凯尔（诺因豪斯）给
卡尔·马克思（伦敦）的信

1856年8月15日

亲爱的朋友：

　　恶魔好像永远不答应我去您那里。只要我一确定下日子，我敢担保到时候一定生病。这一次我确实拖着病体 8 月 9 日就从这里出发了，打算把病压下去，但是在莱尔，大概由于炎热的缘故，我得了非常严重的胃热，我冒着生命的危险才重又返回这里。此后我卧床在这里，咬紧牙关、辗转反侧，直到昨天才能起身下床，疲惫无力、心灰意懒、烦躁不安。因为我本月 22 日必须返回格丁根，所以今年我又不能见到您了，而我曾多少次给您写了些多余的话。人们应该"〔……〕"①

　　8 月 6 日我在阿姆斯特丹。我在那里见到一些流亡者，他们都充满了希望。他们断言，外省走在巴黎的前面，革命已深入到农民中，农村无产阶级这一次和城市无产阶级完全打成一片，小资产阶级目前同样很渴求革命，秘密社团分布得异常广泛，几乎在每个小村庄都有玛丽安娜②、军方等等的人在活动。这些消息我从许多方面，特别是从蒙彼利埃的勒费弗尔教授（附带说说，他是白色的③）那里，得到了证实，所以，我很想听听您对此有什么看法。如果城市无产阶级终于真正地在农民身上找到适当的依靠，那它至少有时间在进行政治统治期间就取得一些有益的经济方面的经验。

　　经您事先允许，我把您寄到格丁根的上一封信④在几个朋友中间传阅一遍，以便激起这些人重新对您产生应有的敬意。至于说到这封信，我当然很乐意赞同如下的提法，即一场强有力的、集中的革命，没有无产阶级自身力量最大限度的发挥是不可能的。只是在下面一点上**看起来**我们有分歧：我不得不仍然认为，直到铲除王朝之后，我们还必须同激进的资产阶级民主派、农民、小资产者一道走，因为否则的话，他们会

---

① 字迹无法准确辨认；显然是个口头用语。
② 法国共和党人的秘密团体。
③ 即保皇党人。
④ 马克思的信没有保存下来。

由于害怕我们而立即攀附那些王朝，变成反动的。我当然知道，人们无法预见到未来的一切错综复杂的局面，我想说的和强调的只是，很可能会出现种种特殊情况（也许当我们发动第一次冲击时立即会遇到一种），届时我们不得不尽力用"政治激进主义"作为权宜之计来掩饰社会问题。如果我们不能独自推翻旧的、半封建的历史状态，如果我们为此需要同盟者，那我们也必须稍微"顺应一下这些人"。不言而喻，在这个过程中，决不应该像维利希先生及其同伙所干的那样，由于自身的愚蠢或轻率而把无产阶级政党和小资产者完全搅和在一起，相反地，我们必须时刻准备着，掉转枪口对准旧日的盟友。

您对目前股票的和投机的风潮怎么看？德国的情形简直骇人听闻。每天都冒出新的银行、铁路、铁厂、煤矿，每天都冒出五花八门的新公司，工程项目一天比一天多，投机性越来越厉害。每个人都在投机、在规划，都想在一夜之间发家致富，每个人——从显赫的贵族到微不足道的佃农，都搞起实业来了。我们正处于这样一个时代。大资本家向小资本家借贷，以便更有把握地毁掉他。这个繁荣期还会延续多久呢？它正在开始还是接近尾声？由于缺乏准确的消息，我没有把握回答所有这些问题。不过，有一点我确信不疑，即货币的贬值在任何时候都不像今天这样使小占有者乐意拿出自己最后的一点钱来投机，因此这个事情的反冲力也必然比任何时候都更为强烈。

朋友皮佩尔可好？请向弗莱里格拉特问候，请速回音。

您的　不值得羡慕的

米·

1856 年 8 月 15 日于诺因豪斯

下次来信请寄：格丁根，莱奥波德律师

手稿　　　　　　　　　　　　　　　　　　　　　第一次发表

莫斯科苏共中央马列主义研究院中央

党务档案馆，f. 1, op. 5, d. 845

790

约翰奈斯·米凯尔（格丁根）给
卡尔·马克思（伦敦）的信

1856 年秋[502]

亲爱的朋友！

　　您有理由对我很不满意——可惜，我的几乎所有信件都是这样开头的。不过，我认为并希望，您怀有的那颗善良的心会原谅我的，如果您知道了我可怜的处境。生病，病得很厉害，忧郁，心灰意懒——像我现在这个样子，我几乎认不出我自己了。我利用一个好时机把德国这副可怜巴巴的样子写给您。为了休养，我按照医生的劝告去了瑞士，登上里吉山，但是收效甚微，借这个机会我到过南德很多地方，观察到一些东西，那里的情绪和北德一样，非常好——大有箭在弦上之势，到处是极度的不满，反动思潮没有在任何地方取得真正的成果，人们清楚地意识到，目前这种状况是维持不住的。但是，任何地方都没有一种干劲，没

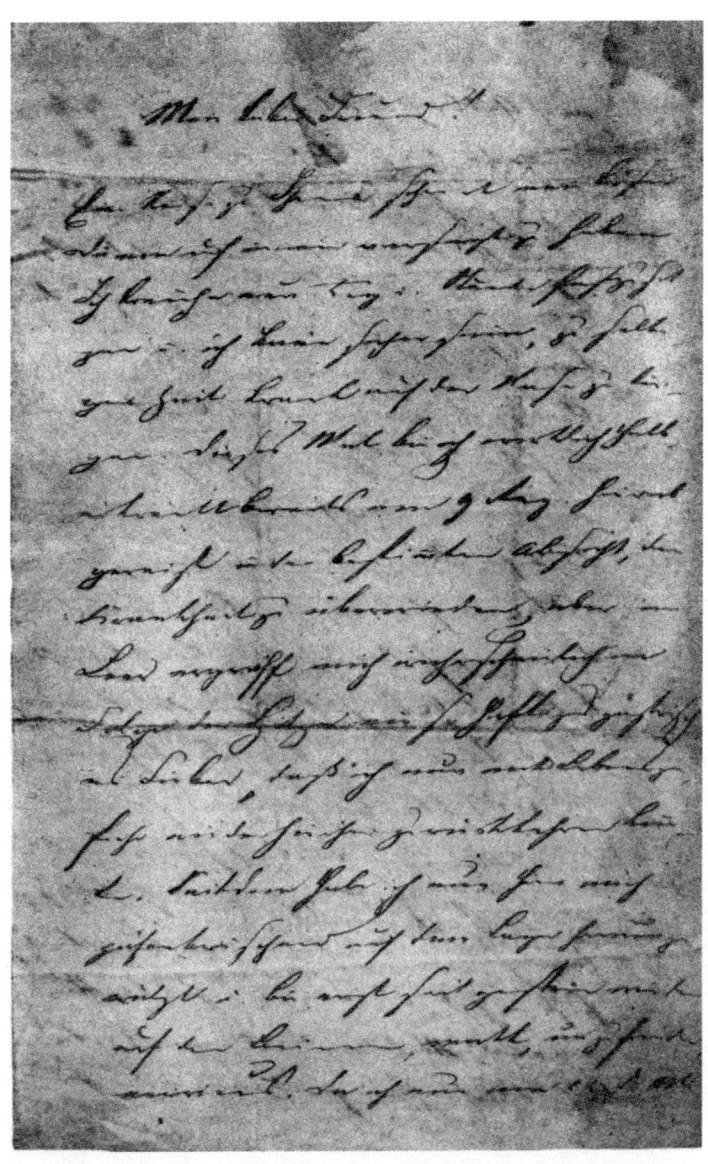

约翰奈斯·米凯尔 1856 年秋给卡尔·马克思的信

有着手准备、动手干起来的意愿，人们吐出来的一句话就是："要等等巴黎再说。"与此同时，对法国的一种反感又冒头了，这是害怕路·拿破仑这个沉默寡言的人抱有的所谓庞大计划的结果。这个正在**所有**政党中产生的民族倾向，照我看来，包含两个方面：一方面，它是一种手段，可以加强对于建立**德意志**组织的渴望，另一方面，它可能从反动的意义上被用来反对革命的法国，而现在已经被利用了。长期以来，我一直确信，不经过一次民族的飞［跃］①，德国就无法崛起，所以，我只希望把反感引向现政府，并说明法国人民是无辜的。我已经多次这样做了，颇有成效，我还将照此办理。我现在不能多工作，所以老实说，**经济**形势我不理解。投机停下来了，行情下跌，资本坚挺。原产品的价格上涨，工厂主只按订货生产，产品一天比一天贵——这一切真叫人捉摸不透。我似乎觉得，资产阶级这一次格外慎重，不让危机爆发。您认为，货币过剩——价格上涨与货币紧缺——与消费提高是不相容的，这显然是正确的；您用商业危机爆发前存在的固定资本和流动资本的比例失调来解释目前的现象。这一点我理解，但我无法以此解释市场上的所有现象，请赐教。我特别迫切地希望得到您的指教，因为通过对1825年和1837年危机的研究以及通过对现状的认识，我对于您从伦敦就危机问题在《新莱茵报。［政治经济评论]》上所作的解释产生了疑问。

您打听迈尔。他住在什未林，是个保养得很好的教员，有两个孩子，思想嘛，仍然是老式的。［……］

手稿   节录
莫斯科苏共中央马列主义研究院中央   第一次发表
党务档案馆，f. 1, op. 5, d. 863

---

① 原稿字迹不清。

791

约翰奈斯·米凯尔（格丁根）给卡尔·马克思（伦敦）的信[503]

1857 年约 1 月底

非常尊敬的朋友！

已经六个月没有听到您一点消息了。我已写了两封信，但没有收到回音。是警察在作祟还是您对我始终没有露面不高兴？我尽量再一次彻底谈谈这个问题。自从在莱尔那次灾难性的大出血以来，我再没有真正健康过，因此我担心，这场病或许闹个悲惨的结局。我所牵挂的是，如果发生这种情况，我的许多朋友会与您保持联系，请您在这种情况下与格［丁根］的莱奥波德律师、汉堡柯尼希大街 3 号的宰弗特教师联络。您对这两个人可以无条件地信任，遇有紧急情况时，可以通过他们无条件地调遣我们的熟人。我的遗嘱就这样立下了，现在让我返回到生活和行动中来。

大约两星期前，上面说到的宰弗特要我请您为汉堡出版的一家刊物《世纪》提供几篇稿件。人家告诉我，那些诚然不完全属于我党的编辑们，对您的文章很感兴趣，他们会按 30 塔勒一印张付酬。详情日内将由汉堡方面通知您。如果您本人不愿涉足其间，您的某位朋友，例如皮佩尔，或许可以接过来，借以取得些资助。

　　由于感受到需要在政治上活跃一下，同时也希望借此在小市民那里树立点名气，我多少投入到我们汉诺威地方的斗争中。您知道，我的治理良好、幅员有限的祖国目前已成为厚颜无耻的恐怖主义的猎物。我诚然已取得成功，可以说是引人注目的人物，如果"合格"，会成为邦议会议员！一方面，北德农民持续的、坚韧的反抗驱使政府接二连三地"违反法律"；另一方面，我们的居民一天比一天革命，形形色色的狭隘爱国主义祖国观已销声匿迹，对小邦分裂状态的厌恶逐渐转化为革命的德意志意识。几乎在德国所有各邦形势都已如此，现在，所有各邦中最保守的邦——汉诺威，也在朝这个方面转变。无疑可以说，在德国，无论什么地方材料都是好的，所缺少的只是用好的工具去加工它。大概法国人不久会开工锻造吧？我真想还能活着看到这出戏。

　　您和您的家眷都好吗？命运似乎不愿意我去晤识您本人，因此我就特别希望至少从书面上得到您和您的家庭的消息。

　　我新近得到迈尔的消息。他是什未林的教员，有妻子，看来还是忠实的老彼得。［……］

　　您对于您在莱茵河畔的朋友们什么都不知道？贝克尔还没有获释？多年来我什么都没有听到。

　　如果您给我回信，请用上面提到的地址。您的地址仍然照旧吧？

　　　　　　　　　　　　　　　　　　　　您的　约·米·

手稿　　　　　　　　　　　　　　　　　　　　　　　　　　　节录

莫斯科苏共中央马列主义研究院中央

党务档案馆，f. 1, op. 5, d. 868

792

弗里德里希·恩格斯（曼彻斯特）给
卡尔·马克思（伦敦）的信

1857 年 5 月 11 日

1857 年 5 月 11 日星期一　[于曼彻斯特]

最亲爱的摩尔:

这里附还拉萨尔的信。[……]

对这个家伙没有什么可指望的，这我们当然知道，不过难于找出充分的理由来直接同他决裂，尤其是因为再也没有听到关于杜塞尔多夫工人的消息。根据这封信来判断，他似乎已经完全离开了他们，或者更确切地说，他们已经离开了他，因为他一点也说不出德国工人的确切情况。可是他是否拿你的信在他们中间去吹嘘，这是另一个问题。我要是处在你的地位，就给他写信——这显然是避免不了的，——不过要直截了当地问他，莱茵，特别是杜塞尔多夫工人运动的情况究竟怎样；而信要写得使他不能拿出去宣扬，并迫使他不得不要么多少坦率地说明自己的看法，要么同你断绝通信关系。这封信把鲁普斯乐坏了，但是我们讨论这个问题的"会议"中断了。不过，我还要问他，他怎么会把你的信交到警察手里。[……]

手稿　　　　　　　　　　　　　　　　　　　　　　　　节录

莫斯科苏共中央马列主义研究院中央党务档案馆，f. 1, op. 1, d. 1021（《马克思恩格斯全集》德文版第 29 卷第 134 页，参看《马克思恩格斯全集》中文第 1 版第 29 卷第 129—130 页）

793

约翰·施塔克[504]（科隆）给尤利乌斯·梅尔希奥尔 （索林根附近的菲尔德）的信[505]

1857 年 6 月 17 日

1857 年 6 月 17 日于科隆

亲爱的朋友：

我闹不清楚，那件事[506]怎么要到本月 21 日才进行，从上一封信看，本应在圣灵降临节或此后两星期举行。

因此我请你立即写信来，说明是否已确定为 21 日，即这个星期日，我好有所安排。因此请告知韦伯：我在星期六就会到达那里，坐末班车。

祝好

约·施塔克

韦耶尔街 30 号

梅泽堡德国中央档案馆，Rep. 6,
Gen. , Nr. 54, Bd. 2

第一次发表

794

纽约共产主义者俱乐部⁵⁰⁷会议记录选

1857 年 10 月 25 日—1859 年 3 月 6 日

第一份记录

1857 年 10 月 25 日星期日于纽约

富尔顿街 148 号芬策耳酒店

出席人：会员芬策耳、施托佩尔拜恩、朗格、迈尔、左尔格、利文斯顿、康姆⁵⁰⁸、康普⁵⁰⁹、勒德、雅科比。

在康普（霍博肯）公民家里举行了几次私下会晤商讨建立共产主义者俱乐部之后，今天的会议一致通过所附章程⁵¹⁰，并通过多数票表决的方式选举下列人员进入理事会，直至 1858 年 1 月 1 日：

主席——康姆

副主席兼司库——康普

秘书兼图书管理员——雅科比〔……〕。

1857 年 11 月 8 日　星期日

〔……〕由康姆提出讨论的问题"我们共产主义者在当前的危机中应采取什么立场"，引起一场非常热烈而又广泛的辩论。

下次会议定于星期日 3 时在芬策耳处举行，讨论下列题目：

1. 根据**霍尔茨海姆**的提议：当今时代是怎样从过去产生和发展起来的，这一过程的后果和教训是什么，怎样运用于共产主义，如有可能，我们能够为共产主义做些什么。

　　2. 根据**施托佩尔拜恩**的提议：妇女在共产主义中的地位。

弗里茨·雅科比

1857 年 11 月 27 日星期五在芬策耳处，主席：弗·康姆

　　上次会议的记录获得通过。新会员中出席会议的有：泽耳公民。蒂尔巴赫公民引荐客人。

　　讨论的问题是由康普公民提出的："我们认为什么样的手段是实现我们努力的最合适的手段"，参加讨论的主要有：蒂尔巴赫、罗萨、左尔格、康普、雅科比和康姆等公民。发言人从不同的角度对如下几点进行了阐述：所谓和平的或者主要是暴力的或革命的宣传能否实现我们的目的；在未来的革命中共产主义者是否应该支持社会主义者，在社会主义者取得胜利后是否应该承认他们的社会机构是必要的过渡性的临时设施，共产主义者在革命前、革命中和革命后是否应该把社会党看成是自己最危险的敌人并加以反对。

　　定于 12 月 4 日星期五晚 7 时在芬策耳处举行下次会议，继续进行上述辩论并研讨另一个专门问题："**在下一次革命中我们采取什么手段**"。

弗·雅科比

1857 年 12 月 4 日星期五

　　[……]康普、康姆、雅科比、罗萨和施托佩尔拜恩等公民从不同的方面阐述了"在下一次革命中我们采取什么手段"这个问题，这场讨论推迟到星期五晚下次会议再作结束。根据罗萨的建议，通过主席决定性的一票作出裁决，不再讨论在署名人与施托佩尔拜恩先生之间就奥·维利希先生开展的争论，而回到议事日程上来。

弗·雅科比

1857 年 12 月 11 日

[……] 关于"在下一次革命中我们采取什么手段"问题的辩论继续进行，发言人有：康姆、芬策耳、A. 阿尔姆布吕斯特、阿普菲尔鲍姆、朗格、康普和雅科比等公民。有几位发言人承认无政府状态作为未来革命的过渡点是必要的，全部发言人都承认有责任无情地揭发过去或现在的共产主义领导人所犯的过失和错误。康姆和雅科比两位公民阐释了由塞巴斯蒂安·载勒尔领导的现今工人同盟的基础，并予以反对。[……]

1857 年 12 月 18 日星期五

[……] 在通过上一次的记录之后，署名的秘书以理事会的名义作了简短的报告，介绍理事会的活动。接着谈到和**卡尔·马克思**（伦敦）、**约瑟夫**①**·魏德迈**（密尔沃基）、[**约·**] **菲·贝克尔及拉尼克尔**（日内瓦）、**奥托·雷文特洛**（辛辛那提）等公民的通信，但是至今只有魏德迈作了答复，他的信的主要部分已传达，此外，还向前卡贝的**诺伍**（伊利诺斯）**共产主义移民**区提出请求，要他们提供自己或卡贝的著作的详情。

1858 年 1 月 8 日

[……] 在宣读并通过了上次会议的记录之后，**雅科比**秘书公民开始念雅各·摩莱肖特所写的格奥尔格·福斯特的传记。② 接着**康普**建议，再用点时间念念和讨论一下《共产党宣言》。这个建议获多数票通

---

① 原稿为卡尔。
② 雅各·摩莱肖特《格奥尔格·福斯特——人民的自然科学家》1854 年美因河畔法兰克福版。

过，由康普执行。随后雅科比表示，他希望在听了《共产党宣言》中的几个段落之后不会再有人对如下的事实表示怀疑，即在我们的社会里存在着两个根本不同的阶级，其中的一个在桌子上面，另一个在桌子下面；也可以把前者称作有产的、统治的阶级，称后者是无产的、被压迫的和被剥削的阶级。〔……〕

1858 年 1 月 10 日

〔……〕接着决定，由**康普**念几段《共产党宣言》。

在朗读过程中，朗格怀疑无产阶级是唯一革命的阶级，因为它几乎没有意识到自身的努力！

左尔格提议，把关于阶级斗争的辩论移到下次会议进行。〔……〕

1858 年 1 月 17 日

〔……〕接着就《共产党宣言》中宣布的阶级斗争是否必要展开热烈的讨论，参加讨论的有左尔格、康普、罗萨、雅科比、蒂尔巴赫、迈尔、康姆、马克斯、朗格、A. 阿普菲尔鲍姆等公民。〔……〕

1858 年 1 月 24 日

〔……〕参加讨论第一次法国革命以及四八年革命的原因的有康普、雅科比、左尔格、康姆、马克斯、蒂尔巴赫等公民。根据**雅科比**的建议，下一次的议程定为：无产者在现今社会状况下是否能够把自己培养为革命的或共产主义的；同时根据**迈尔**的建议，应该把《共产党宣言》的结尾部分读一读。① 〔……〕

---

① 在 1858 年 1 月 29 日的会议上这样做了。

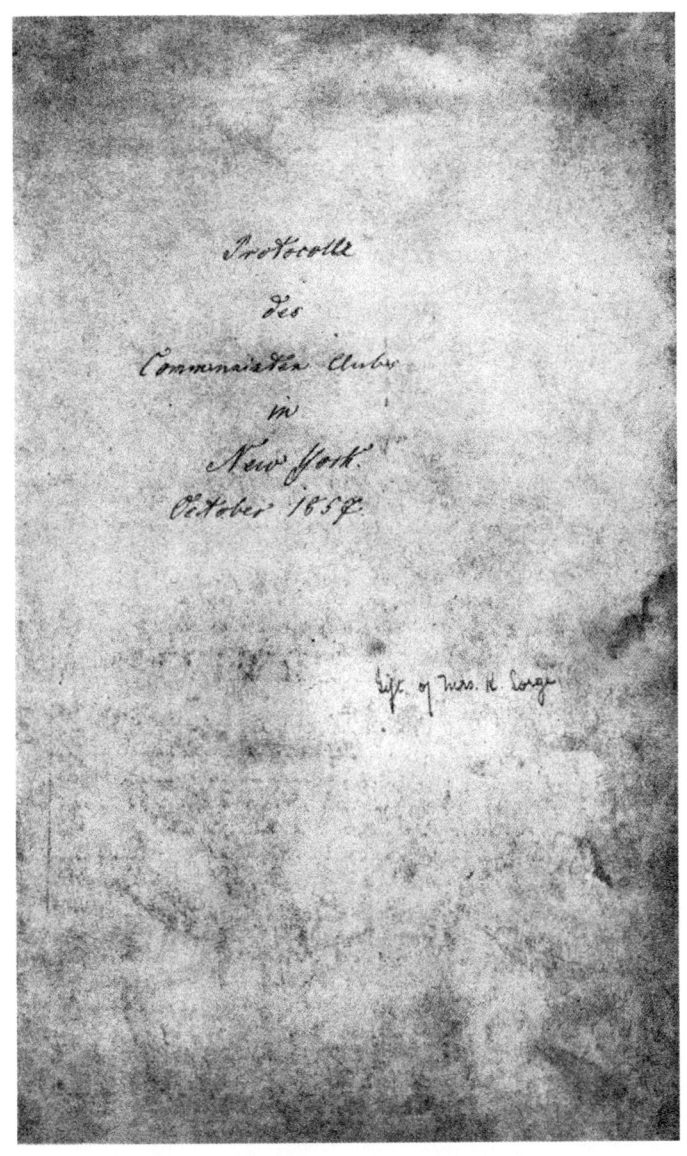

纽约共产主义者俱乐部会议记录封面

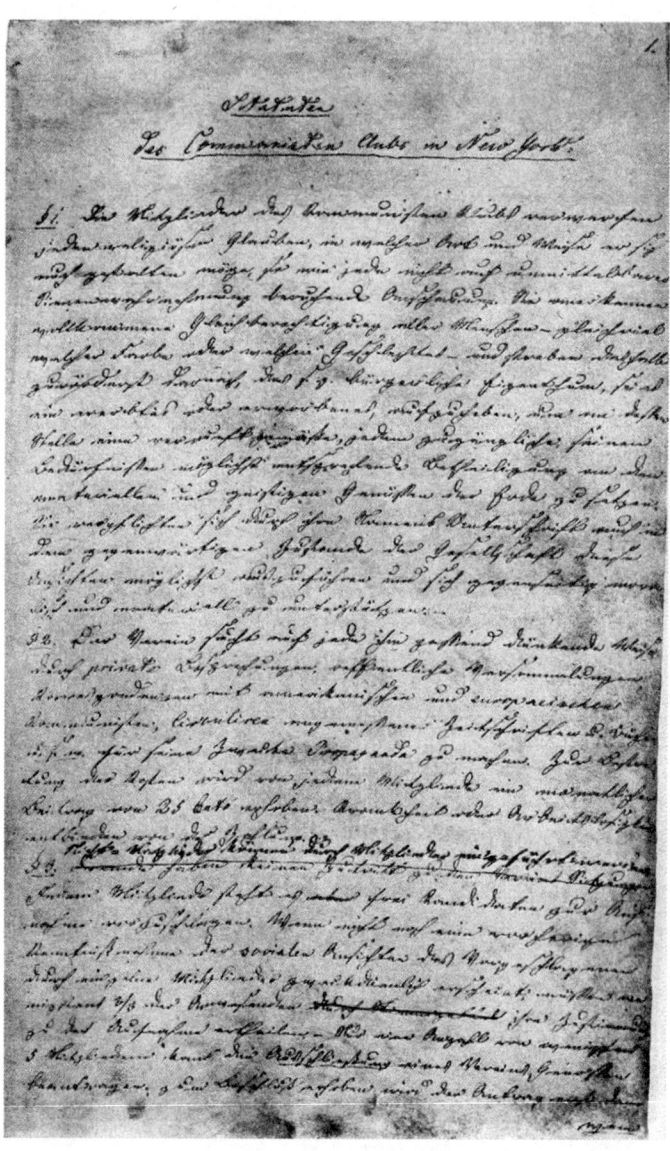

《纽约共产主义者俱乐部章程》首页

1858 年 2 月 14 日

[……] 国际协会⁵¹¹的一大批法国会员作为客人出席会议，他们受到**康普**公民的欢迎，**拉康布尔**公民致答词，赞许了各国革命人民的团结。[……]

1858 年 3 月 21 日

[……] 康普公民作报告，介绍国际协会，他还提出了法国协会全体成员向他所作的情况通报和表达的心愿，根据法国人的建议派出五名代表出席他们的会议。

根据雅科比的提议，作出如下决定：在听取了情况说明之后，通过派遣五名代表仅仅**暂时地**与国际协会保持联系，直到伦敦的中央委员会就它对共产主义的态度作出我们所希望的答复，而且协会对我们的章程要给予我们书面的承认。

被选出作为临时代表的有：雅科比、迈尔、康姆、康普和施伦德等公民。[……]

1858 年 5 月 16 日

[……] 朗格公民提议：对于海因岑先生攻击和谈论共产主义的言论，**公开地、以共产主义者俱乐部本身**的名义予以反击，不过，这个提议被否决。[……]

1858 年 10 月 3 日，第 32 次会议

[……] 接着雅科比公民向会议简单介绍了美国各政党的立场，并提出如下问题：在美国建立一个德国自由党是否合适，还是说加入最进步的美国政党更为适宜。康姆和康普两位公民就此发言，鉴于根本谈不上什么"进步"的美国政党，他们赞同雅科比的第一条，他们说，这

里一切政党的目的不外乎用人民的金钱中饱私囊，进步和到处宣扬的思想都是为新近待建的公司打出的幌子，为了拉选票，除此之外都无关紧要。[……]

1858年10月24日，第33次会议

[……] 在宣读上次会议的记录并对康普公民提出的问题"共产主义者俱乐部对于实现共产主义的手段有什么看法"稍加修改之后，康姆、康普、雅科比和左尔格等公民就这个问题发了言。[……]

1859年1月30日，第39次会议

[……] 雅科比、康姆、康普和蒂尔巴赫等公民希望，共产主义者俱乐部的会议以后能开得更严肃些，俱乐部对这个意见当然表示赞同。[……]

雅科比公民注意到在工人代表大会上有人攻击共产主义以及工人同盟的产生本身，特别是某些所谓共产主义者的表现，其中有一部分人甚至是俱乐部的前成员。

比尔明格尔公民作了一些较为详细的解释，并认为，在纽约工人同盟中共产主义的原则占上风。

康姆公民也参加了这场讨论。接着与会者讨论了意大利革命成功的可能性、德国的革命活动，最后还谈到革命时期士兵与人民的关系。[……]

1859年3月6日，第41次会议

[……] 康普公民宣读卡尔·马克思（伦敦）一封信中的若干段

落，从中看出，马克思打算以月刊的形式出版一本科学的政治经济学批判①，对此俱乐部方面理所当然地将竭尽全力予以支持。［……］

记录本　　　　　　　　　　　　　　　　　　　　　摘要
纽约塔米门特学院图书馆　　　　　　　　　　　　　第一次用原文发表

795
弗里德里希·康姆（纽约）给卡尔·马克思（伦敦）的信

1857 年 12 月 19 日

　　　　　　　　　　　　　　　　　　　1857 年 12 月 19 日于纽约

公民马克思：

　　毋庸置疑，正如您为了共产主义理想一如既往地并将始终不渝地进行科学的和批判的斗争一样，您还作为旧大陆共产主义者的领袖和党的首脑挺立着，正因为如此，各种组织的线索都汇流到您这个中心点。

　　是的，我甚至希望，旧组织依然存在，您领导着这个组织，这在目

---

① 指《政治经济学批判》（《马克思恩格斯全集》德文版第 13 卷第 3—160 页，参看《马克思恩格斯全集》中文第 2 版第 31 卷第 5—182 页）。

前尤为重要，因为大多数乃至所有旧日的所谓领袖在彻底暴露了自己的空虚无能、卑鄙可耻之后都已销声匿迹，他们不可能在党内再度制造破坏和混乱了。唯有您将站在德国共产主义者的前列，作为唯一可尊敬的、坚定不移的思想家和领袖。

以这一点为前提，我写信给您是理所当然的，我想，可以期望我的信会带给您几分快意和欣喜。

现在谈正题。

只要美国这里由魏特林、克耳纳这伙骗子通过空洞的言词或不切实际的、甚至有害的行动来体现共产主义，只要这帮人身居领导高位，那就不可能为纯粹的共产主义原则争得某些影响。我们不得不让那帮先生们逐渐暴露原形，而在此期间静静地等待，在小范围内谈论和交换看法及希望。魏特林的和克耳纳的共产主义的解体过程比人们开初时希望的要快，现在战场已清扫一净。在这种情况和条件下，我的朋友们和我认为，现在仍然无所事事是不对的；我们觉得有义务把志同道合的人集合起来，并且宣传共产主义的真正原则。诚然，我们并未忽略到，这项任务即使在今天也是很艰巨的，因为在这个国家，衡量一切事物的价值多半是按照它眼前的成果和能否很快地带来效益。

尽管如此，我们决心尽职尽责。只要共产主义代替个人主义在这个国家立足，世界上没有任何国家能够为共产主义的实际贯彻提供这么多依据和设施。

兹附上几份章程①，它是我们奋斗的基础，按照章程我们在几个月前建立了一个支部。② 支部至今有30个成员，从一切迹象来看，可以预计，它会相当快地壮大起来。但是，我们的事业如要健康、迅速地发

---

① 见注510。
② 指共产主义者俱乐部。

展，则需要**您的**和我们在欧洲的志同道合的朋友们的帮助。

离开欧洲五年多了，在此期间那里共产主义的传播情况以及在文字领域里的斗争，我们都知道得很少，往往一无所知。我们只有努力地去回忆，除了自己的思想我们得不到其他的推动力。思想的交流也总是在同一些人中进行，而这很容易造成失误，特别是在这个富有实际思想而缺乏观念的国家。光和热对于我们来说只能来自故土。

现在，我以我的朋友们及我个人的名义，同时为了党的利益，向您提出如下友好请求：

1. 请用您的建议支援我们，请告诉我们，共产党在欧洲，特别是在德国，存在的规模和形式如何。

2. 请把五年来出版的探讨共产主义问题的所有著作开个书目来，并告知在什么地方可以找到这些著作。

3. 您的《共产主义原理》① 一书（巴塞尔，沙贝利茨出版）发行了吗？

4. 请寄给我们几份您所撰写的共产主义者同盟的旧章程。

5. 请介绍我们和此地的干练人物结识，我们认为，毫无疑问，您比我们更多更清楚地了解这些人。我们特别希望把相当多的知识分子吸收到我们的行列。

衷心盼望您关注这些请求，而且相信，您会很快地给我们一个友好答复。

恭候回音，顺致友好的问候。

您的　弗里德里希·康姆

前街 214 号 Chs. F. Tag 转

我们的朋友德朗克、伊曼特、席利、恩格斯都好吗？他们都还在英

---

① 　与《揭露科隆共产党人案件》（1853 年巴塞尔版）弄混了。

国吗？我和雅科比衷心地问候他们。

手稿

莫斯科苏共中央马列主义研究院中央

党务档案馆，f. 1, op. 5, d. 945

796

卡尔·马克思谈康拉德·施拉姆之死

（摘自：《福格特先生》）

1858 年 1 月 16 日

　　[……] 1857 年 7 月中，当康拉德·施拉姆从美国回到伦敦再来看我时，他那英俊而高大的年轻人形体，已经被不治的肺结核病拖垮了，不过，这种病却使他意志坚强的漂亮的头脑熠熠生辉。他以他固有的、从未失去的幽默，笑嘻嘻地告诉我的第一件事就是他自己的讣告，这是他的一个冒冒失失的朋友听信了谣言而在纽约的一家德文报纸上①发表的。经医生的劝告，施拉姆到泽西岛的圣赫利尔去了，恩格斯和我是在那里最后一次看见他的。施拉姆死于 1858 年 1 月 16 日。在安葬他的时候，圣赫利尔的整个自由资产阶级和居住在那里的全体流亡者都到

---

　　① 《新时代》。——编者注

齐了。致悼词的是乔·朱利安·哈尼，他是英国最优秀的人民演说家之
一，以前是知名的宪章派领袖，在施拉姆逗留伦敦期间，他们俩很要
好。施拉姆不但生性热情，敢想敢干，有如一团烈火，从不为日常琐事
分心，而且明辨是非，见解独到，机灵诙谐，天真善良。他是我们党的
泼息·霍士泼。〔……〕

卡尔·马克思：《福格特先生》1860　　　　　　　　　　　　　　摘要
年伦敦版第39—40页（《马克思
恩格斯全集》德文版第14卷第445
页，参看《马克思恩格斯全集》中
文第2版第19卷第143—144页）

797

约瑟夫·魏德迈（密尔沃基）给
卡尔·马克思（伦敦）的信[512]

1858年2月28日

1858年2月28日于威斯〔康星〕州密尔沃基

亲爱的马克思：

我写这几行字的目的是要把我的朋友康普介绍给你，而且如果你有
意和大洋的这一侧取得联系的话，我向你推荐他的地址，这是最合适的

地址。康普成立了一个俱乐部①，该俱乐部希望和你们的组织建立联系，而你一定会帮忙的。就我所熟悉的成员来看，虽然革命的成分不多——康［普］本人是唯一在经济学方面有教养的，但是他写信告诉我，这些人都表达出良好的愿望，所以，也许能有所造就。总的说来，在美国这里，极其不利于开展无产阶级宣传，工人们都是未来的资产者，他们也这样自我感觉，直到爆发一场危机把他们抛回到"真正的立场"上，即便在那时，在困苦之中，他们同样束手无策，低首下心地听着那些坏透了的饶舌家和发起人的说教。我在纽约期间曾费尽气力想建立一个经常性组织，结果没有成功，我把最后的希望放在危机上，但是1854年的冬天使我确信，对于实现我们的目的来说，繁荣时期至少并不比困难时期不利。小丑魏特林声嘶力竭地叫嚷着街垒战，理性的牧师称颂宅地法案是对付"弊病"复发的唯一万应灵药，而整个运动则分成几股平平和和地在纽约街头漫步的人群。在英国人的集会上，从工人中间涌现出干练的演说家，他们受到热烈欢迎，但总的结果依然如故。今年，带领德国工人的，除了小丑魏特林，又冒出个寄生虫载勒尔。人们又去散步了，结果被市议会赶走。要在这里开辟一块有利的宣传活动阵地，还得过一些年，特别是因为缺少首要条件——一份公开的刊物，而且眼下也没有希望争取到这样的刊物。

雷文特洛在辛辛那提编辑一张小报，起名叫《高地哨兵》；那上面登的东西，除了牧师的口角全是些啤酒店的空谈。

我本人去年春天来到西部，作为测量员在这里安家立业，可是，还没扎稳营盘，危机就袭来了，使我在这块地方的努力一度告终。尽管如此，这个冬天我还算勉强度过来，春天一到重整旗鼓。

希望你过得还好。我们在这里怀着极大的兴趣读着你在《纽约论坛

---

① 见文件794。

报》上发表的文章，不管编辑部怎样做手脚，你的文章总是容易认出来。

　　我的妻子①和我向你和你的家眷以及所有的朋友们致最衷心的问候。

你的　约·魏德迈

手稿　　　　　　　　　　　　　　　　　　　　　　第一次全文发表

莫斯科苏共中央马列主义研究院中央

党务档案馆，f. 1, op. 5, d. 960

798

阿尔布雷希特·康普（纽约）给
卡尔·马克思（伦敦）的信

1858 年 6 月 15 日

伦敦

卡尔·马克思先生：

　　附上我的朋友约·魏德迈的信件，以此为依据，我希望，通过这封信看到我早已怀有的与您书面交往的愿望得以实现，如果不是由于突发的剧烈胸痛，我早就把附件寄给您了。疾病还促使我接受了魏德迈的建议，和他一道在密尔沃基托庇于矜持的幸福女神。

---

　　①　路易莎·魏德迈，父姓吕宁。

　　从去年 8 月起，我在这里尝试着把革命的战斗力量联合起来，从而为他们参加即将来临的革命党的斗争做了一些准备。这种努力是微不足道的，这一点您必定非常清楚，所以在向您报告结果时我完全可以说得简短些。直接的成果是建立了一个目前大约有 50 个会员的所谓共产主义者俱乐部。在这个团体中，绝大部分人对于讨论原则问题的兴趣远远超出考察当前的、对革命来说业已成熟的形势；不过，这种偏爱我完全理解，它之所以产生，是由于俱乐部的绝大多数成员或多或少地属于新宣传的产物，作为新宣传的追随者他们更喜欢在令人振奋的高谈阔论中自娱，而不愿尝试着探讨一下经济事实。不管怎么说，令人高兴的是，在共产主义俱乐部，灰色的理论永远不会再失去信徒，特别是在国民经济学领域，有几个成员已取得显著的进步。我必须请您来衡量一下，看看使我们的俱乐部与那边毫无疑问仍然存在着的旧同盟建立联系是否合适。我相信，此举将会给一个人数不多的有用力量的组织提供特别的推动。您看，我禁不住甚至在您面前试用我的说服本领，因此现在我想转个话题。也许您并不反对我给您讲一些有关我自己的事。

　　锡格河畔艾托夫的乡村教师对我的父亲说，他应该让我多学习，我的头脑不那么灵活，父亲同意我去一位安详的牧师那里一两年，以便接受所谓高级课程。神甫灌输给学生大量知识，使他们能够在修完三年的功课之后直接进入一所文科中学的二年级。我请求家父让我也学学拉丁文，以后当医生；但是他说，可惜没有钱，于是把我送到索林根的一家工厂。在那里，除了年轻人五花八门的胡闹，当个"工厂主"成了我的理想。在那里，很多人都戴着饰有国家标志的帽徽，我也喜欢这些东西，在布罗克豪斯字典中，我查明白民主这个全新词汇的意义。"运动"我当然不可能理解，直到后来，当我身为制作帽上饰毛的"工厂主"在艾托夫定居下来的时候，我才通过您的著作对"运动"有了初步理解。接着不久我青年时代的理想就化为泡影，我的心上人不得和我这个亵渎神明的人结婚，与此同时我的财务状况遭到毁坏，这驱使我来到美国。在这里，我几经努力跻身于商界，最后在［……］① 达姆施塔特银行的一家分行，谋得一个文书的位置。

破产造就革命者。在这个意义上我怎能不理解您呢，因为您对社会的批判在我的身上得到充分证实。

现在我不揣冒昧地向您提出几个请求：您可否告诉我，怎样才能搞到四本您论述蒲鲁东的著作《贫困》② 和几册《新莱茵报》的续刊③？可否请您标出这些书的价格？图克的《价格史》售价几何？我从美国的书商那里得知，绝大部分版本都已脱销，在这里连迄今已出版的七卷本的任何一卷都搞不到。我渴求得到材料，以扩充我在经济史方面的浅薄知识，而您也会给我出个好主意，帮我个大忙的。

如果您感兴趣，想看一看由司徒卢威编辑的、这里的工人同盟的新机关报《社会共和国》，我愿意寄给您。司徒卢威在这张报纸上重弹他的唯心主义老调。

这里有个法国人的俱乐部，是你们那里的国际协会④的分会，佩勒廷和瓦利埃（他们说认识您）都秘密地从属这个俱乐部。佩勒廷很喜欢您论述蒲鲁东的书，他在积累经济学方面的知识。他的情况和另外一些人差不多，他们是在事后学习认识一切进步的基础。瓦利埃委托我向您转致友好的问候。

我们俱乐部的一个成员老弗·康姆，几个月前给您写了封信。⑤ 开

---

① 商号的名称在原稿中无法确切地辨认出来。
② 卡尔·马克思《哲学的贫困。答蒲鲁东先生的〈贫困的哲学〉》，1847 年巴黎和布鲁塞尔版。
③ 指《新莱茵报。政治经济评论》。
④ 见注 511。
⑤ 文件 795。

初我把信的地址写到奥·冯·文克施特恩处，可是在《泰晤士报》上再也找不到文克施特恩了，后来我把信寄给瑞士银行斐·弗莱里格拉特，这封信或许根本没有转到您手里。

谨向您致友好的问候！

您的　阿·康普
1858 年 6 月 15 日于纽约

手稿   第一次发表

莫斯科苏共中央马列主义研究院中央
党务档案馆，f. 1, op. 1, d. 5575

799

卡尔·马克思（伦敦）给约瑟夫·魏德迈
（密尔沃基）的信

1859 年 2 月 1 日

1859 年 2 月 1 日于伦敦哈佛斯托克小山
梅特兰公园格拉弗顿坊 9 号

亲爱的魏维：

你 1858 年 2 月 28 日的来信寄到这里（至少寄到我手里）是 5 月底，而我回信是在 1859 年 2 月。原因很简单。春夏两季我一直害肝病，只是经过极大的努力才能抽出时间做些必要的工作。因此谈不上写信，除非绝对必需。而最近几个月，工作又忙得不可开交。

首先，让我代表我的全家以及恩格斯、鲁普斯和弗莱里格拉特向你和你的家眷致以衷心的问候。特别向你可爱的夫人致意。恩格斯一直住在曼彻斯特。鲁普斯也在那里，他在教书，生活还过得去。弗莱里格拉特在伦敦，当瑞士动产信用公司分公司的经理。德朗克在格拉斯哥当经纪人。伊曼特（不知你是否认识他）在丹第当教员。我们亲爱的朋友维尔特不幸在海地去世——这是一个**不可弥补**的损失。[……]

克路斯先生去年 5 月曾经来过这里。当时我正好在曼彻斯特恩格斯那里。克路斯拜访了我的妻子并答应改天再来，但是并没有来。他［不声不响地离开了］① 伦敦，再也没有露面。不仅如此，"由于感到狼狈"，他还给我的妻子写了一封相当"不礼貌的"信。他也没有去曼彻斯特。后来我们听说，他同维利希先生订立了同盟。这就是为什么他莫名其妙地中断通信的原因。如果我们是有虚荣心的人，一听说维利希这样的傻瓜甚至在克路斯这样聪明的人的心目中也战胜了我们，一定会感到自己受到了相当大的惩罚。但是，这整个插曲是如此滑稽，以致消除了一切的不快。

我已经同厄内斯特·琼斯决裂了。尽管我一再提出警告，并对他准确地预先谈到过现在所发生的事情，就是说，他将毁灭自己并搞垮宪章派，他仍然走上了试图同激进资产者达成协议的道路。现在他已经是一个堕落的人，但是他给英国无产阶级带来的危害却非常大。[……]

欧洲大陆上刮起的革命之风自然把所有的"大人物"② 从冬眠中唤

---

① 手稿此处缺损。——编者注

② "大人物"是马克思和恩格斯对资产阶级和小资产阶级流亡者的首领们的讽刺性称呼。这些人把政治活动变成升官发财、制造纠纷和策划阴谋的场所，并从事玩弄革命阴谋的有害活动。卡·马克思和弗·恩格斯的抨击性著作《流亡中的大人物》（《马克思恩格斯全集》中文第 2 版第 11 卷）对这些人作了最透彻的分析。——原卷末注

醒了。

　　与此信同时，还寄出了另一封信——给康普的第一封信。我拒绝（**有组织的**）联系。我认为，他们会败坏德国朋友的声誉。**而在这里**——自从那些让金克尔、维利希和其他骗子手利用自己作为反对我的工具的木偶们对我搞了一些卑鄙活动之后，——我自科隆案件以来完全钻进了我的工作室。我的时间对我来说是太宝贵了，不能把它浪费在徒劳的努力和无谓的吵架上面。

　　现在来谈谈主要的事情。我的《政治经济学批判》将由弗兰茨·敦克尔（贝塞尔出版社）在柏林分册出版（第一分册过八至十天即可出版）。[……]

　　我希望为我们的党取得科学上的胜利。但是党本身现在应当表明，它是否有那么多的成员来购买足够数量的书以安慰出版商的"良心的不安"。第一分册的销路决定着整个事情的以后的命运。只要我签订了最后的合同，一切就没有问题了。

　　祝好。

你的　**卡·马克思**

手稿　　　　　　　　　　　　　　　　　　　　　　节录

莫斯科苏共中央马列主义研究院
中央党务档案馆，f. 1, op. 1, d. 1205
（《马克思恩格斯全集》德文版第29
卷第570—571、572、573页，参看
《马克思恩格斯全集》中文第1版
第29卷第550—554页）

800

阿尔布雷希特·康普（纽约）给
卡尔·马克思（伦敦）的信

1859 年 4 月 24 日

1859 年 4 月 24 日于纽约

亲爱的朋友：

您 2 月 1 日的来信使我喜出望外。我无须尝试着进一步谈论您新作的意义，我只想向您保证，我将竭尽全力促进这部著作的传播，我认为，这在目前是我所能提供的重视它的最好证明。因此，我很高兴已经为您的《政治经济学批判》一书征集到近 85 个订户。如果我最终能详细说明该书的价格和篇幅，订户数或许会超过 200。但愿可恶的书商不要背弃我们。不管怎样，朋友魏德迈在密尔沃基作出了巨大的努力，但是，他所在的地区很不利——密尔沃基又被称作德国人的雅典，一般说来，仅仅以啤酒店出名，那里当然也会住有一些有识之士，但是顶多就那么十几个吧。据我所知，向敦克尔发去的订数已达 100 册左右，安内克将提供给您数量可观的份额，他这样做，如果不是出于真正的利益考虑，那一定是出于**联合**。［……］

在此期间我继续为共产主义者俱乐部工作，俱乐部仍然由一小批正派人组成，人数大约 20！会员名单上还更多些！［……］

康姆、雅科比、瓦利埃向您问好，A. 亨·雷德向伊曼特问好。

致衷心问候。

您的　阿·康普

手稿　　　　　　　　　　　　　　　　　　　　　　节录
莫斯科苏共中央马列主义研究院中央　　　　　　　第一次发表
党务档案馆，f. 1, op. 5, d. 1014

801

弗里德里希·恩格斯谈马克思《政治经济学批判》
一书的出版

1859 年 8 月 6 日

　　[……] 1848—1849 年革命失败之后，这样一个时期到来了，在这个时期，从国外来影响德国越来越不可能了，我们党把流亡者之间争吵——因为这成了唯一可能的行动——的场所让给了庸俗民主派。他们心满意足地热衷于争吵，今天大吵大闹，明天握手言欢，后天又公开自己的丑事，他们在美洲到处行乞，接着立刻在瓜分几文讨来的银钱上重新出丑。在这个时候，我们党却因为重新得到了几分宁静从事研究工作而高兴。我们党有个很大的优点，就是有一个新的科学的世界观作为理论的基础，制定这个世界观就已经够忙了；单是这一点，我们党就决不

可能堕落到像流亡中的"大人物"① 那样深的程度。

　　这些研究的最初成果就是我们面前的这本书。［……］

1859 年 8 月 6 日《人民》（伦敦）第　　　　　　　　　　　　　　　摘要
14 号（《马克思恩格斯全集》德文
版第 13 卷第 471 页，参看《马克思
恩格斯文集》第 2 卷第 598—599 页）

802

卡尔·马克思（曼彻斯特）给斐迪南·弗莱里格拉特（伦敦）的信

1860 年 2 月 23 日

　　［……］我写这封信给你，是因为你作为一个诗人，而且还是个大忙人，看来对于我在伦敦和柏林提起的诉讼②的意义理解错了。这些诉讼对于党**在历史上的声誉**和它在德国的未来地位具有决定性意义。柏

---

① 参看马克思和恩格斯《流亡中的大人物》（《马克思恩格斯全集》中文第 2
　 版第 11 卷）。——编者注
② 指马克思对柏林报纸《国民报》和伦敦报纸《每日电讯》的诉讼，因为这
　 两家报纸转载了福格特对马克思及其战友的诽谤性捏造。——原卷末注

林诉讼的意义之所以更加重大，还由于将同时审理以科隆共产党人案件为注意中心的艾希霍夫—施梯伯案件［……］

从你自己方面来说，你将不能不同意，完全把你撇在这一案件之外是**不可能的**。

首先，因为福格特借用你的名义捞取政治资本，而且还装出一副样子，似乎他玷污整个党是得到你的赞同的，而这个党却以你是它的成员而感到自豪。

况且，你是从 1849 年底到 1851 年春住在科隆、而从那以后一直住在伦敦的前科隆中央委员会的**唯一的委员**。

如果我们两个人都认识到，我们都按各自的方式抛开一切个人利益，并且从最纯正的动机出发，在许多年中间打起"最勤劳和最不幸的阶级"①的旗帜，把它举到庸夫俗子所不可企及的高度，那么我认为，我们若是由于归根到底不过是出于误会的小事情而分手，就是对历史犯下了不应犯的罪过。

怀着最诚挚的友谊。

你的　卡尔·马克思

手稿　　　　　　　　　　　　　　　　　　　　　　　　节录
莫斯科苏共中央马列主义研究院
中央党务档案馆，f. 1, op. 1, d. 476
（《马克思恩格斯全集》德文版第 30
卷第 459、第 461—462 页，参看
《马克思恩格斯全集》中文第 1 版
第 30 卷 448—449、451—452 页）

---

①　马克思套用圣西门常用的"人数最多和最贫穷的阶级"这一用语。——编者注

803

卡尔·马克思（曼彻斯特）给斐迪南·弗莱里格拉特（伦敦）的信

1860 年 2 月 29 日

1860 年 2 月 29 日于曼彻斯特

牛津路特隆克利夫小林坊 6 号

亲爱的弗莱里格拉特：

你的来信使我感到很高兴，因为我只和很少数的人交朋友，然而我却很珍视友谊。1844 年成为我的朋友的人直到现在仍然是我的朋友。至于你信中正式谈到的事情本身，那是出于严重的误会。因此我要作如下的说明：

1. **艾希霍夫—施梯伯案件。**①

我给了尤赫一份"材料"（同时我还向他声明，由于下面两个原

---

① 1859 年底德国社会党人艾希霍夫，由于在《海尔曼》周报刊登了反对普鲁士警察制度的文章，被普鲁士当局交法庭审讯。这些文章揭露了普鲁士政治警察局局长施梯伯在普鲁士政府于 1852 年策划反对共产主义者同盟盟员的挑衅性科隆案件当中所起的作用，施梯伯在策划这个案件时利用了普鲁士警探希尔施所伪造的共产主义者同盟中央委员会的假"记录本"。1860 年 5 月艾希霍夫被柏林法院判处十四个月的徒刑。1859 年 12 月马克思会见了尤赫，因为他为了替艾希霍夫辩护需要了解科隆共产党人案件的情况，希望马克思协助。关于这一点，见马克思 1859 年 12 月 13 日给恩格斯的信（《马克思恩格斯全集》中文第 1 版第 29 卷第 504 页，以及第 30 卷第 479、480 页）。——原卷末注

因，他和艾希霍夫都不能得到我的支持：**第一**，由于他们在《海尔曼》上谈论科隆案件的那种方式；**第二**，因为我确信，艾希霍夫不过是前任警务顾问敦克尔手中的工具，后者企图对施梯伯进行报复，完全像以前维多克在巴黎对吉斯凯进行报复一样；但是，仅仅为了替我死去的朋友丹尼尔斯医生报仇，我也要尽一切可能来协助打垮和惩罚施梯伯）。这份"材料"的内容如下：

我给了尤赫一本《揭露科隆共产党人案件》，请注意，这是我先在瑞士，后来又在波士顿出版的著作，并且被福格特当作众所周知的书籍引用过，所以绝对不是"秘密材料"。

我向尤赫说，我所知道的一切都包括在这本书里了。

最后，我向他指出，莱瓦尔德（艾希霍夫的辩护人）应当要求被拘禁在汉堡的希尔施出庭作证。这一点做到了。希尔施现在已经宣誓供认，"记录本"是**普鲁士伪造的**，其他一切**从法律上看**都是违法的。

这样，在这一案件中根据我的"材料"所要作的"揭露"，会给过去的"同盟"盟员连**犯罪**的迹象都**洗刷掉**，并且还会**"揭露"普鲁士的警察制度**，这种制度由于"科隆案件"和科隆陪审员的可耻怯懦而确立下来之后，现在在普鲁士已经发展成为连资产者本身和奥尔斯瓦尔德内阁都终于感到难以忍受的一种统治力量了。事情就是这样。

此外，我非常**惊异**你竟会产生这样的想法，即认为我在某些方面能替警察效劳。请你回想一下你所知道的科隆来信（1849—1850 年），这些信**直接**责备我不该使同盟的宣传活动停顿下来（我当时这样做，是有非常正当的理由的，绝不是出于个人考虑）。

2. **我对《国民报》的诉讼。**

我首先要指出，在"同盟"根据**我的**提议于 1852 年 11 月解散以后，我就**从来没有**再加入任何**秘密的**或**公开的**团体；因而这个寿命短促的**党**对我来说，不存在已经有八年了。在我的著作①出版以后（从 1859 年秋天起）我曾向某些先进工人，其中也包括**以前**的同盟盟员，讲授政治经济学，但这种讲演与不公开的团体毫无共同之处，它与这种团体的关系，比方说，甚至比盖尔斯滕贝格先生在席勒委员会所作的报告还要更少。

你会记得，我曾经从设有许多支部的纽约共产主义者协会②的领导者（其中有住在纽约交易所广场 44 号通用银行的经理阿尔布雷希特·康普）那里接到了一封经你手转交的信，这封信实质上是请求我改组旧的同盟。过了整整一年我才写了回信，当时我说，从 1852 年起我和**任何**组织都再也**没有**联系，而且我深信，我的理论工作比参加大陆上已经过了时的组织对工人阶级更有好处。此后，伦敦谢尔策尔先生的《新时代》曾不止一次地激烈攻击我的这种"无所作为"，虽然没有指名道姓，但攻击什么人是显而易见的。［……］

可见，从 1852 年以来，关于你信中所说的那种意义上的"党"，我是一无所知的。如果你是一个**诗人**，那么我就是一个**批评家**，的确，对我来说，1849—1852 年的经验已经够了。"同盟"跟巴黎的四季社③和成百个其他的团体一样，不过是在现代社会的土壤上到处自然成长起来的政党的历史中的一段插曲而已。

在柏林我需要证明两件事情（有关这个旧的并且已经过了时的同盟的历史）：**第一件**是从 1852 年起就不存在以我为成员的这类团体；

---

① 卡·马克思《政治经济学批判》。——编者注

② 指纽约共产主义者俱乐部，该组织是根据德国革命流亡者弗·康姆和阿·康普的倡议于 1857 年成立的。马克思的战友约·魏德迈、弗·阿·左尔格、海·迈耶尔、奥·福格特在它的活动中起过一定的作用。——原卷末注

③ 四季社是在布朗基和巴尔贝斯领导下于 1837—1839 年在巴黎进行活动的共和派社会主义性质的密谋性组织。——原卷末注

　　另一件是福格特先生是一个**最无耻的诽谤者**，因为他对存在到
1852 年 11 月的共产主义者协会进行的诽谤超过了泰勒林。

　　就后者而言，**你**当然是一个见证人，而且**你给卢格的信**（1851 年
夏天写的）还可以证明：**在这里所谈的那个时期里，你把这类攻击也看
作是对你个人的攻击。**

　　发表在《晨报》、《旁观者》、《观察家》、《先驱》、《人民报》上的
那个声明①，你也签了名。**科隆案件的卷宗**里有这个声明的一个副本。

　　此外，当我在我的《揭露》（波士顿版第 47 页）中重新提到这一
点②的时候，你也丝毫没有表示反对。

　　你的名字还作为收款人出现在我们印发的为被判罪者募捐的呼吁书
中。③〔……〕

　　从上面所说的可以看出：

　　"党的会议、决议和行动"在 1852 **年以后已属于幻想世界**，这不用
我证实你也会知道，而且根据你给我的许多信件来判断，看来你是知
道的。

　　我和大洋彼岸几个**意气相投**的同志在 1852 年以后还继续了一段必
要的时间即继续到 1853 年年底的**唯一**的活动，就是对**民主派流亡者**的

---

　①　卡·马克思和弗·恩格斯《致英国各报编辑部的声明》。——编者注

　②　马克思指他的抨击性著作《揭露科隆共产党人案件》，该著作于 1853 年 1
　　　月在巴塞尔出版（3 月间几乎全部被警察没收），后来，同年在波士顿出
　　　版。此处见《马克思恩格斯全集》中文第 2 版第 11 卷第 516—517
　　　页。——原卷末注

　③　指马克思以科隆共产党人被判罪者救济委员会的名义写的致在美国的德国
　　　工人关于救济科隆被判罪者的呼吁书。马克思把呼吁书寄给克路斯，让他
　　　在美国的德文报纸上发表。1853 年 1 月呼吁书发表在《加利福尼亚国家
　　　报》和《美文学杂志和纽约刑法报》上。——原卷末注

骗局和革命儿戏进行了正如 1851 年路德维希·西蒙先生在《论坛报》上所说的那种"轻蔑嘲笑的做法"①。你抨击金克尔的诗②以及你在这一期间同我的通信都证明你和我在这一点上是完全一致的。

不过这与当前的案件毫无关系。

泰勒林、**班迪亚**、弗略里等人**从来没有**加入过"同盟"。在风暴中扬起一些尘土，在革命时代闻不到玫瑰油的香气，时而有人甚至被溅一身脏东西，这是肯定无疑的。不是这样，就是那样。但是，如果我们考虑到整个官方世界如何拼命地反对我们：为了要毁灭我们，他们对刑法典不是稍稍触犯一下，而是通通彻底违犯了；如果我们考虑到那些"愚蠢的民主派"不会原谅我们的党比他们自己具有更高的才智和风格而进行恶毒的诽谤；如果我们熟悉**同一时期的**其他一切政党的历史；最后，如果我们问一下自己，究竟能够提出什么**事实**（不是福格特或泰勒林这样的人所提出的**在法庭上可以驳倒的**无耻诬蔑）来反对整个党，那么我们就可以得出结论说，我们的党在这个十九世纪由于它的纯洁无瑕而出类拔萃。[……]

我已公开向你陈述了自己的观点，希望你基本上同意这个观点。此外，我还曾尽力消除这样一种误会，以为我所说的"党"就是指八年前便已解散的"同盟"，或是十二年前便已不复存在的报纸③编辑部。

---

① 魏德迈在 1852 年 2 月 6 日写信告诉马克思，说德纳打算在《纽约论坛报》上发表德国小资产阶级民主主义者、前法兰克福国民议会议员路·西蒙的一篇攻击马克思和恩格斯的文章；从魏德迈 1852 年 3 月 10 日给马克思的信判断，该文在《纽约论坛报》上发表了。马克思显然是指这篇文章。——原卷末注

② 斐·弗莱里格拉特《致约瑟夫·魏德迈（诗笺一）》。——编者注

③ 《新莱茵报》。——编者注

我所理解的党，是指按伟大历史意义上来讲的党。

你的忠实的朋友　**卡·马克思**

　　［……］

手稿　　　　　　　　　　　　　　　　　　　　　节录

莫斯科苏共中央马列主义研究院
中央党务档案馆，f. 1, op. 1, d. 1360
（《马克思恩格斯全集》德文版第30
卷 第 488—489、490、491—492、
495 页，参看《马克思恩格斯全集》
中文第 1 版第 30 卷第 479—482、
483—484、488 页）

804

卡尔·马克思谈彼得·诺特荣克

1860 年 5 月 1 日

　　［……］让我只举一个例子来说明普鲁士臣民现在所享有的公民

自由吧。在最反动的时期，有一个莱茵普鲁士人①以所谓政治罪被不公
正组成的陪审法庭判处 7 年徒刑，监禁在普鲁士的一个要塞里。自由主
义的政府并没有给他减刑。他刑满后就去科隆，但科隆警察局立即把他
驱逐。于是他就回到他出生的那个城市。但莫名其妙的是，当局却通知
他说：由于他 7 年不在，所以他丧失了公民权，得寻找新的住所。他提
出反驳说，他的不在并非出于自愿，可是这种反驳毫无结果。后来他到
了柏林，但又被赶走，借口是他除了个人能够工作和运用自己的知识外
没有别的生活来源，因为他的全部财产已在被监禁期间用光。最后他到
了布雷斯劳，在这里，他的一个老朋友把他安置在自己那里做帮手；但
是有一天早上他被警察局传去，警察局对他说，如果他不能取得布雷斯
劳市的公民权，顶多只能允许他在这个城市里再住几个星期。他去找布
雷斯劳市政当局，但却遭到百般刁难；后来由于热心的朋友们为他奔走
设法，这些阻难才得以克服，他关于公民权的申请终于得到批准，但
是，与公民权一起，他却收到一张很大的收费单，上面列有许多项凡有
幸被接受为布雷斯劳公民的平民所应缴纳的费用。假如不是他的朋友们
共同筹集这笔款项的话，这个普鲁士小民就会像一个永世流浪的犹太人
那样，在他光荣的祖国找不到安睡的地方。

1860 年 5 月 19 日《纽约每日论坛　　　　　　　　　　　　　　　　摘要
报》第 5950 号（《马克思恩格斯全
集》德文版第 15 卷第 49—50 页，
《马克思恩格斯全集》中文第 1 版
第 15 卷第 56—57 页）

---

① 诺特莱克。——编者注

805

卡尔·马克思（伦敦）给弗里德里希·恩格斯（曼彻斯特）的信

1860 年 5 月 8 日

1860 年 5 月 8 日 [于伦敦]

亲爱的弗雷德里克：

　　这个赖夫是个无赖。谁也没有派他到曼彻斯特去。他被揭露以后，就从这里消失了。早在 1850 年他就被逐出了同盟①。在侦讯科隆案件时，他就作了直接背叛的供词。我正好找出了贝尔姆巴赫那封说明这种情况的信②。让他见鬼去吧。[……]

手稿　　　　　　　　　　　　　　　　　　　　　　　　　　　　节录

莫斯科苏共中央马列主义研究院

中央党务档案馆，f. 1, op. 1, d. 1391

（《马克思恩格斯全集》德文版第 30

卷第 54 页，参看《马克思恩格斯全

集》中文第 1 版第 30 卷第 56 页）

---

①　共产主义者同盟。——编者注

②　马克思 1852 年 7 月 20 日给恩格斯的信中曾引用了贝尔姆巴赫的这封信（见《马克思恩格斯全集》中文第 1 版第 28 卷第 88—89 页）。——原卷末注

806

卡尔·沙佩尔（伦敦）给卡尔·马克思（伦敦）的信[513]

1860 年 5 月 11 日

1860 年 5 月 11 日于

贝德福德广场佩

西街 5 号

亲爱的马克思：

近来又有人写作和发表了很多关于我们过去的分裂的诽言谤语，所以我认为有必要为了党的利益作如下的简短声明，你是否利用它由你酌情处理。

至于福格特之流妄图对党和你本人散布的诽谤和攻击，那么，至少在我看来，这些东西几乎不值一驳。①

人们清楚地知道，这些先生从那里得到了灵感。

"仆人的厚颜无耻

---

① 波拿巴法国利用一些它所收买的庸俗民主主义者为波拿巴主义的政策作宣传广告。其中卡尔·福格特扮演了一个重要的角色。他发表了《我对〈总汇报〉的诉讼》（1859 年 12 月日内瓦版）的小册子，诽谤马克思和共产主义者同盟，柏林《国民报》和伦敦《每日电讯》在 1860 年 1 月大段摘引了这些诽谤文字。马克思为此对这两家报纸提起诉讼，马克思把福格特的行为看成是"资产庸俗民主派"对无产阶级革命政党的"坚决打击"（《马克思恩格斯全集》德文版第 30 卷第 22 页，参看《马克思恩格斯全集》中文第 1 版第 30 卷第 23 页）；全面地予以回击，对于"党的历史权利"和确保党在德国的本来地位是很必要的。马克思的上述起诉被法院驳回后，写了论战性著作《福格特先生》（参见文件 803 和 807）。

来自主人（们）的厚颜无耻，

不管主人腰缠万贯

还是身无分文，

从来的奴仆

既是猴子又是应声虫。"①

（庇隆）

祝好。

卡尔·沙佩尔

声　明

当我在1850年7月来到伦敦的时候，发现马克思和维利希之间的关系已有些紧张。不久我就看到，紧张是由于观点的不同引起的，而不是出于私人原因。问题在于，维利希同伦敦的各个流亡团体有联系，他打算把这些团体统统联合到一起，马克思和恩格斯则坚决表示，在当前情况下，这样的联合不会导致任何结果，而只会有害于完全组织起来并唯一有自己宗旨的共产党，因此，维利希必须断绝与上述团体的联系或者离开党。维利希把这一要求看成是侵犯他个人的自由，因而提出抗议。在中［央］委［员会］内部，关于这一问题的意见是分歧的，然而多数人赞同马克思。

由于当时我还很不了解流亡者的情况和纠纷，便认为大联合可以实现并且对德国的运动是重要的，因此我赞同维利希。

这种观点上的分歧，**而且只有这种分歧**，才是造成我们当时关系紧张和后来分道扬镳的原因。

---

① 原文是法文，根据原著德文译文翻译。

双方都力图在工人协会中推行自己的观点，这是非常自然的事，但在这中间展开的辩论往往是令人生厌的而且意气用事，对此主要由上述协会当时的组成分子负责，特别是那些警探，他们受命尽一切可能瓦解共产党，某些警探，例如臭名昭著的信件窃贼、萨克森的罗伊特①等人，都曾经是协会成员。

如果没有这些害人虫从中作梗，公开的破裂很可能不会发生。

破裂之后进行的一切协调都遭到可怜的失败，这一点充分证明，马克思和恩格斯宣称宁肯破裂不愿协调是完全正确的。

卡尔·沙佩尔

手稿　　　　　　　　　　　　　　　　　　第一次全文发表②

莫斯科苏共中央马列主义研究院中央

党务档案馆，f. 1, op. 1, d. 1440

807

卡尔·马克思谈撰写《福格特先生》一书的原因

1860 年 11 月 17 日

［……］福格特在他那本内容拙劣的书里，——《国民报》用它

---

① 安娜贝格的麦克斯·罗伊特是个破产商人。1851 年夏天，他在伦敦按照普鲁士警察当局的部署，在奥斯瓦尔德·狄茨家里偷走宗德崩得的档案。

② 在《马克思恩格斯和第一批无产阶级革命家》（三联书店 1963 年版第 115—116 页）中，详细地摘登了这个文件。

所特有的手法叙述了该书的内容，——指责我干了许多丑事，现在，当
我已经完全没有可能在法庭上公开地驳斥这类货色的时候，就只有用文
字予以驳斥了。但是，既然我要这么做，那么，除了上述别无选择的考
虑之外，我还有要更详尽地揭露福格特对我和我党同志所发表的奇谈怪
论的其他理由：一方面是德国的所谓"自由派"报刊对福格特捏造的
揭露发出了几乎异口同声的胜利叫嚣和欢呼；另一方面是通过对福格特
的内容拙劣的书的分析，可以对这位代表了整个流派的人物作一论定。

　　对福格特的答复，使我不得不在某些地方对流亡者历史中不光彩的
一面有所揭露。我在这里只不过是行使"正当防卫"的权利。可是，
对流亡者（少数几个人除外）所能责难的，只不过是他们曾经抱过种
种幻想，而这些幻想的产生多多少少是当时各种情况所使然；此外，他
们还干了一些蠢事，这些蠢事也是他们所面临的意想不到的特殊环境所
必然引起的。当然，我这里所谈的不过是流亡者最初几年的情况。如果
把大约从 1849 年至 1859 年这一时期各国政府的历史和资产阶级社会的
历史跟同一时期流亡者的历史加以比较，那就会是给流亡者所能写出的
一部最出色的辩护书。[……]

　　在我撰写这一著作的过程中，给我以热情帮助的，不仅有党内的一
些老朋友，而且还有许多过去与我疏远的、一部分素昧平生的栖身在瑞
士、法国和英国的流亡者，在此谨向所有这些人表示衷心的感谢。

卡尔·马克思

1860 年 11 月 17 日于**伦敦**

（《马克思恩格斯全集》德文版第 14　　　　　　　　　　　　　摘要
卷第 385—386、387 页，参看《马
克思恩格斯全集》中文第 2 版第 19
卷第 74、75 页。）

808
威廉·李卜克内西（柏林）给
卡尔·马克思（伦敦）的信

1862 年 10 月 12 日前

［……］我们①的几个排字工曾经在《**新莱茵报**》工作过。他们向你问好。我把你的剪影（还记得么？）拿给他们看，他们都欣喜若狂。如果我有一万份红色号②，可以在一天之内把它们卖掉。幸而被我挽救了的我那一份——可惜，《共产党宣言》在汉堡不翼而飞了——已经在 100 个人中传阅过。它将很快地在整个柏林不胫而走。［……］

手稿 摘录

莫斯科苏共中央马列主义研究院中央

党务档案馆，f. 1, op. 5, d. 1362

---

① 指《北德总汇报》。
② 见注 203。

809
威廉·李卜克内西（柏林）给
卡尔·马克思（伦敦）的信

1863 年 11 月 13 日

1863 年 11 月 13 日于

诺因堡街 13 号

亲爱的摩尔：

　　你就你与拉萨尔的关系向我所谈到的①，无论从哪个方面来说，我都十分欢迎。我已猜测出八九分，但是，鉴于你们旧日的友情，我并没有十分把握。

　　我从来没有想过和拉［萨尔］深交，除非伦敦方面有明确的愿望［……］。我是加入了拉萨尔的联合会，但这是必要的，我得办个会员证，否则就无法出出入入。此外，我还一次也没有参加过活动，而上星期日我被特邀出席了一次"秘密会议"。［……］

　　综观拉萨尔在莱茵省和威斯特伐利亚的追随者，其中很多是旧日的同盟盟员；这是我从星期日集会上看到的一个人那里听说的，他向我，就是说向我们，表示了坚定不移的忠诚。［……］

手稿　　　　　　　　　　　　　　　　　　　　　　　　　节录

莫斯科苏共中央马列主义研究院中央　　　　　　　　　　第一次发表

党务档案馆，f. 1, op. 5, d. 1418

---

　　①　马克思的信没有保留下来。

810
威廉·李卜克内西回忆柏林全德工人联合会中
反对派的活动

（摘自：《两位先驱者》①，1900 年）

1864—1866 年

　　[……] 当翻阅我们美国党的同志们出版的今年的先驱者历书②的时候，我忽然看到一张画像，而且立刻认出来，于是旧日的回忆顿时涌现到眼前。画像上方的标题是：

国际工人协会在美国的

两位先驱者

这张神采奕奕的半身像下边写着：

齐格弗里特·P. 迈耶尔

　　这是一个曾经在德国本土，而且是在当时最困难、最具有决定意义的战场——**柏林**，不声不响地埋头苦干，仅仅和少数几个人单枪匹马地做了许多艰巨的开拓工作的**真正先驱者**。在这少数几个人当中，今天仅剩下两三个了。

　　不过，在我继续谈论他之前，我还得讲一讲**另一位**。标题不是"两

---

① 参看《一个革命士兵的回忆》，人民出版社 1980 年版第 284—295 页。——译者注
② 《先驱者。人民历书画刊》——美国的一种年鉴，由社会主义工人党自 1883 年至 1904 年在纽约出版。

位先驱者"么。这**另一位**先驱者比他**年长**，是他的**老师**，原是个鞋匠[514]，来自莱茵河畔的科隆。科隆这块殖民区在 2000 年前曾是移植罗马文化的先驱者们的基地，后来，在 19 世纪（这个世纪现在已进入尾声）中叶成了社会主义先驱者们的基地。在那里，在那个出版《新莱茵报》的城市里，鞋匠福格特受到**马克思、恩格斯、弗莱里格拉特**的思想影响，决心为社会主义而奋斗，并且参加了**共产主义者同盟**。在这个同盟中，除了**毕尔格尔斯**和**"红色"贝克尔**①（他后来作为众议院的人②而去世）之外，还与**米凯尔先生**一起属于最激进的成员。今天，就是说在我写这篇文章的时候，米凯尔正在反动派的政治舞台上走钢丝，大显其身手。如果他不自动地从钢丝上跳下来或者及时死去（这也是一门技艺），那么，明天他也许、到了后天则肯定成为一个摔落下来的大人物。——福格特出生于一个信奉天主教的家庭，但是很早就和宗教断绝了关系，《共产党宣言》就是他的圣经。他能背诵《宣言》，《宣言》已溶化在他的血肉之中，融合在他的思想、感情和行动之中。他太年轻——他是七月革命之后出生的（哪一年我不清楚），不适于在任何场合扮演一个引人注目的角色，但是在那疯狂的两年他跟着干了，当时他17 岁或者 18 岁。福格特是在参加了共产主义者同盟之后才受到政治教育的。即使在科隆案件之后，还保留有共产主义者同盟的分支和残余组织，特别是在莱茵河畔。他和几个朋友一起组织一个小团体，悄悄地活动，直到 1863 年**拉萨尔的答复信**③发表，**全德工人联合会**成立为止。福

---

① 海尔曼·贝克尔。
② 即普鲁士众议院议员。
③ 斐迪南·拉萨尔《给筹备莱比锡全德工人代表大会的中央委员会的公开答复》1863 年苏黎世版。

格特当时正在柏林谋事，他是属于最早参加这个年轻的联合会的那批人。我们就是在那时认识的，但关系并不密切。几个月之后关系就不同了，因为在拉萨尔方面出现了各式各样的倾向，而我们这些"马克思派"的社会主义者对这些倾向是不满意的。［……］必须看到，答复信只是对《共产党宣言》所作的机会主义的缓和的修订，还必须看到，我们这些"老共产主义者"对这位前共产主义者和共产主义者同盟盟员①的种种摇摆不定、退缩不前的举止很不以为然。但是，总算有了一个**运动**和一个**组织**，尽管这两者都还处于萌芽状态。这时的问题是，必须脚踏实地干起来。基于这个认识，我和福格特在一次告别宴会上讲了几句话。那次宴会是拉萨尔 1864 年在他那幢陈设讲究的寓所里举行的。拉萨尔要离开柏林，而且不打算再回来。这是一次来客相当复杂的社交——在拉萨尔家里经常这样。例如，在我对面就坐着**科尔夫**男爵。在他的旁边，我的斜对面，坐着个瘦长的男子，神色严峻，几乎显得有点冷酷，嘴紧闭着。他以半似拘束，半似嘲讽，但无论如何不是赞赏的态度，望着这豪华的客厅和十分铺张的宴席。拉萨尔把他介绍给我，说这是奥古斯特·福格特，当年共产主义者同盟的兄弟。我们只交谈很少几句。他一贯沉默寡言，从来没有说过很多话。那天晚上，发生一段小小的插曲。在丰盛的酒宴将近结束的时候，拉萨尔突然站起来，站到科尔夫的后边，正对着我，发表祝酒词，向大家辞行。他在祝酒词中提醒在座的全德工人联合会的会员要忠实地坚持斗争，在提到普鲁士的宪法危机时，却又说，在国王和邦议会之间不可避免的冲突中，每个真正的社会主义者的责任是，无论如何都不能站在进步党一边。他当时说话的语

---

　　①　李卜克内西错误地假定，拉萨尔曾是共产主义者同盟的盟员。

气还要尖锐得多。我顿时十分气恼。拉萨尔一讲完，我就说了几句。我强调指出，我们当然永远不可能站在**俾斯麦**一边反对资产阶级。拉萨尔岔开话题，于是避免了一场争论。但和谐的气氛被破坏了。在回家的路上，福格特走近我身旁，他非常激动，说话结结巴巴（每当他心里有许多话要说时，总是这样），他对刚才发生的事愤懑不已，接着又用激烈的言辞告诉我他对拉萨尔及其策略的看法。我们的意见基本一致，就在这个夜晚，我们结成亲密的朋友。我们商量好，把志同道合的人找到一起，并这样做了。我们很快集结了一小伙人，朋友**梅茨纳**也参加进来——据我所知，他是今天唯一还健在的人。也许还会冒出一个来。

当**拉萨尔**死后**施韦泽**搞的阴谋活动导致分裂的时候，福格特、梅茨纳、**赖曼**（已去世多年）以及其他十几个同志是站在我这一边的。

有一天晚上，在我们支部开会之前，福格特来看我，给我介绍一个年轻人，一个工科大学的大学生。这个人体形细瘦，中等身材，留着剪得短短的乌黑卷发，高高的额角，一双闪烁有神的眼睛。他就是**齐格弗里特·迈耶尔**。[……]我们非常热心地散发**国际工人协会成立宣言**和马克思的《福格特先生》。至于《共产党宣言》，当时在德国差不多只剩下我的唯一的一册孤本，多亏迈耶尔自己出资印行了新版，才使德国工人有机会看到这本书，并得以把拉萨尔的答复信和原著加以对照。[……]

1900年《新世界》（汉堡）第17期　　　　　　　　　　　　　　　　摘要
第131—134页

811

格奥尔格·埃卡留斯谈第一国际的前史

（摘自：《国际工人协会》，1871 年版）[515]

1864 年 9 月

国际工人协会

　　当 40 多年前大陆上成功的起义把神圣同盟缔结的条约一扫而光的时候，欧洲民主派作了建立国际联合尝试，结果表明为时过早。工人阶级在斗争中还没有作为坚定的政治力量出现。他们所追随的领袖们只知道缓解民族的弊端，而不知道反抗共同的国际压迫。第一次卓有成效的国际团结的尝试，发自一群在伦敦的德国工人，他们由于参加了一次巴黎的起义而在 1839 年被逐出法国来到这里。当时在法国和瑞士有一批德国工人联合会，它们彼此保持经常的联系，联系的主要目的是传播共产主义理论，它们当然都是世界主义者。汇集在伦敦的那一群人在 1840 年 2 月成立了分支协会——德意志工人教育协会。协会的章程用德文、英文、法文和瑞典文印行。① 协会的成员主要是德国人，但也有一批数目可观的匈牙利人、波兰人、丹麦人和瑞典人。英国的会员不多，厄内斯特·琼斯是其中之一。协会的发言人与英国的社会主义者——宪章派和伦敦法国民主派协会保持友好的联系。以这一友谊为基础，产生了民主派兄弟协会，协会的通讯书记是朱利安·哈尼，他在 1847 年的选

---

　　①　见影印版本，载于《伦敦"工人共产主义教育协会"章程（1840—1914）》1979 年特里尔版第 27—39 页。

举中曾在蒂弗顿与帕麦斯顿子爵竞选。民主派兄弟协会与在比利时的一些民主派联合会进行通信，其中包括布鲁塞尔的德国工人协会。

1847 年 11 月，在伦敦举行了德国共产主义者会议，当时住在布鲁塞尔的卡尔·马克思博士出席了会议。会上旧的共产主义理论被摈弃，代之以由卡尔·马克思和弗里德里希·恩格斯撰写的《共产党宣言》。《宣言》中写道：

> "共产党人不是同其他工人政党相对立的特殊政党。
> 他们没有任何同整个无产阶级的利益不同的利益。
> 他们不提出任何特殊的原则，用以塑造无产阶级的运动。
> 共产党人同其他无产阶级政党不同的地方只是：一方面，在无产者不同的民族的斗争中，共产党人强调和坚持整个无产阶级共同的不分民族的利益；另一方面，在无产阶级和资产阶级的斗争所经历的各个发展阶段上，共产党人始终代表整个运动的利益。[……]
> 共产党人的最近目的是和其他一切无产阶级政党的最近目的一样的：[……]推翻资产阶级的统治，由无产阶级夺取政权。"

最先进的国家可以采取的实际措施有：废除土地私有制，通过国家银行把信贷集中在国家手里，把全部运输业集中在国家手里，增加国营工厂，按照总的计划开垦荒地和改良土壤，对一切儿童实行免费教育。整部《宣言》打算对于当时一直盛行的一种观念予以驳斥，按照这种观念，社会可以通过某个聪明的思想家的狂热计划加以改良；《宣言》表明，改良社会必须是受苦受难的人民自己的事。《宣言》预计用不同的文字出版。同时民主派兄弟协会作了准备，以便下一年在布鲁塞尔召开一次公开的国际会议，邀请了欧洲的民主派前来参加，但是二月革命阻碍了这两项计划。革命失败以后，人们曾试图在被驱逐的革命者之间建立国际联合，这项努力也未奏效。某些人准备投身到艰苦的宣传斗争中，但是带着失败者的印记，他们找不到追随者，而且没有希望取得立竿见影的效果。需要有新的一代工人来承接这个任务，当他们承接这个任务时，是没有准备的。[……]

1871 年 10 月 27 日《泰晤士报》

（伦敦）第 27205 号

812

弗里德里希·列斯纳论从共产主义者同盟到 1864 年第一国际的连续性

[……] 1864 年，久已消失的共产主义者同盟以另一种形式复活了。国际工人协会建立了。工人们开始重新关心社会主义了，而且兴趣比过去任何时候都大。我们以往活动的果实现在成熟了。[……]

弗里德里希·列斯纳《1848 年前后。　　　　　　　　　　　　　　　　　摘要
一个老共产主义者的回忆》载于
1898 年《德意志言论》（维也纳）
第 4 期第 156 页

813
弗里德里希·恩格斯论共产主义者同盟的历史地位

（摘自：《普鲁士军事问题和德国工人政党》，1865 年）

1865 年 1—2 月

[……] 现在让我们把 1848 年德国工人政党的状况同目前的状况比较一下。在德国还有不少老战士，在 1848 年的前夜，当德国工人政党刚开始筹建时，他们就参加了这一工作，革命后，趁当时条件许可的时候，他们又帮助把它建立起来。他们都知道，即使在暴风雨时代，为了发动工人运动，支持这一运动的发展，排除反动的行会分子，不知花费了多大力气，而在过了几年以后，这一切又都沉寂下来。如果说现在工人运动可以说又自然而然地产生了，那么这是由于什么产生的呢？这是由于从 1848 年以来资本主义大工业在德国获得了空前的成就，由于它消灭了大量的小工匠和其他处于工人和资本家之间的中间分子，直接把工人群众和资本家对立起来，简单地说是由于它在以前没有无产阶级或者无产阶级人数极少的地方造成了一个相当可观的无产阶级。由于这种工业的发展，工人政党和工人运动就变成了一种必然性。[……]

弗里德里希·恩格斯：《普鲁士军事问题和德国工人政党》1865 年汉堡版第 44 页（《马克思恩格斯全集》德文版第 16 卷第 70 页，参看《马克思恩格斯全集》中文第 1 版第 78—79 页）

摘要

814

关于伦敦工人教育协会纪念六月起义
18 周年的报道

1866 年 8 月

[……] 德国工人教育协会——伦敦国际工人协会的分支，今年也举行①会议，纪念巴黎六月革命这个现代无产阶级阶级觉悟唤醒后的第一次行动，参加会议的有各民族的代表。主席列斯纳和协会（1840 年）的创始人沙佩尔在讲话中谈了这次起义的历史意义，尽管起义被军队和国民自卫军的联合力量在秩序、财产、宗教、家庭和社会危险的号叫声中打败了。普林茨、拉法格、贝松、韦伯、博勒特和谢尔策尔②也在讲话中讲了类似的意思，并谈到了战争③。[……]

1806 年 8 月《先驱》（日内瓦）　　　　　　　　　　　　　　摘要
第 8 期第 120 页

---

① 在原件中是开始。
② 在原件中是谢勒尔。
③ 指 1866 年普奥战争。

815
关于彼得·诺特荣克逝世的讣告

1866 年 10 月 4 日

布雷斯劳 10 月 5 日讯。（全德工人联合会讣告）社会民主主义事业的忠诚战士、前共产主义者同盟盟员、后来的全德工人联合会特派员**彼得·诺特荣克**于昨天在此间逝世。由于科隆共产党人案件，诺特荣克曾在格拉茨堡被监禁六年；从 1858 年起在布雷斯劳以照相为职业（他从前曾当过裁缝）。多年来患有肺部和喉头疾病，现因这些疾病而去世。

1866 年 10 月 10 日《社会民主党人
报》（柏林）

816
纽约共产主义者俱乐部①记录摘要

1867 年 7 月 2 日—8 月 23 日

1867 年 7 月 2 日会议

　　左尔格提醒注意第一项议程：加入国际工人协会问题。**福格特**宣读 1865 年 2 月 5 日从日内瓦发出的号召一切工人和工人协会加入国际工人协会的呼吁书以及临时章程。

---

　　①　见注 507。

　　科赫表示赞成加入，赞成这方面的活动，但是俱乐部不能合并到里面去，因为它有更高的目标。**福格特**宣称共产主义者是一个独立的政党。我们知道我们想做什么，我们必须引导群众，正像现在那些王侯们所做的那样。两年以来，工人运动变得十分强大，如果我们不想退到无足轻重的地步，我们就**必须**加入进去。［……］共产主义者必须教会工人进行革命，因此，工人也必须经历八小时运动，才能懂得这是毫无益处的，他们必须走得更远。［……］

　　左尔格提请注意：卡尔·马克思的伟大经济学著作①不久即将出版。［……］

1867 年 8 月 28 日会议

　　［……］**勒德尔**认为，我们还可以提出 1848 年的原则：我们加入最先进的党。在 1852 年由共产主义者发起成立的工人组织中，各个成员按照他们对待美国各政党的态度来说，当时就是各不相同的，而且从那时起一直如此。德国人因为大部分不懂英文，受到手工业政治家们的操纵，因此需要有一个靠自己的经费进行活动的德国人组织。

　　福格特认为，维护曼彻斯特原则的党同那种把共产主义作为最终目的的党是不同的，这两种政党在全世界都是一样的，这里又可以从共和派中分出激进派。我们必须支持那些争取集中的人。［……］

记录	摘要
纽约塔米门特学院图书馆	第一次用原文发表

----

　　① 卡尔·马克思《资本论。政治经济学批判》第 1 卷 1867 年汉堡版。在第 1 版的扉页上（见《马克思恩格斯全集》德文版第 23 卷 13 页，参看《马克思恩格斯文集》第 5 卷第 11 页），在"奥托·迈斯纳出版社"下面注有"纽约巴克莱大街 24 号 L，W. 施米特"。

817

弗里德里希·恩格斯（曼彻斯特）给
卡尔·马克思（伦敦）的信

1869 年 1 月 29 日

　　［……］明天将要在鲁普斯①长眠的那个墓地上为琼斯举行隆重的葬礼。这个人死得真可惜。他的资产阶级词句毕竟只是一种伪装，而在曼彻斯特这里，没有一个人能够在工人当中代替他。这里的组织又要重新陷入完全解体的状态，而现在资产阶级恰恰要使工人真的跟它走了。此外，他是政治家中实际上完全站在我们方面的唯一**有教养的**英国人。［……］

手稿　　　　　　　　　　　　　　　　　　　　　　　　　　　节录

莫斯科苏共中央马列主义研究院
中央党务档案馆，f. 1, op. 1, d. 2386
（《马克思恩格斯全集》德文版第32
卷第252—253页，参看《马克思恩
格斯全集》中文第 1 版第 32 卷第
237 页）

---

　　①　威廉·沃尔弗。——编者注

818
威廉·李卜克内西论共产主义者同盟

（1869年爱森纳赫代表大会记录摘要）

1869年8月9日

李卜克内西：诸位先生！昨天在谈到对倍倍尔的诽谤时我提议转入议程，以表示对特耳克的蔑视。今天我对来自同一方面的对我进行的卑鄙诽谤不能只是为了表示蔑视而去讨论议程中的问题，这是因为这种诽谤给了我机会，去说明统治着普鲁士的政治制度，去揭露那个在"负有德意志使命的国家"里至少同俾斯麦伯爵有同样大的影响的人物，我指的是**施梯伯**先生，关于他自己，他可以有充分的权利说：我是普鲁士！

我这样做还有另外的原因，这在下面就会提到。

现在讲正题：

在《社会民主党人报》最近一号（第91号）上，有一篇简讯，原文如下：

> "召开爱森纳赫代表大会的'**诚实的人**'，是一个可爱的混合体。**李卜克内西和胡果·希尔曼**两人的名字和谐一致地排在一起，在这里很引人注目。可是李卜克内西和他的同志们当时曾经（见1865年3月26日《社会民主党人报》）声称'**希尔曼是警察局的密探**'，而对方则说：'**在科隆共产党人案件的文件中有一封李卜克内西写的告密信！**'——现在这两位先生亲如兄弟！真是可爱的一伙！"

是的，先生们！这真是一段和我们有关的"可爱的故事"！我听说，昨天在分离主义者的所谓"代表大会"上也提出了这个问题，要求成员们提供证据，证明我有罪，于是由某一个人讲述，由另一个人证实；我写的那封"告密信"使一个叫做"律斯勒"的人坐了六年牢。

这件丑闻有它的历史背景，我现在就来简单地谈谈事情的经过。

50 年代初，反动派到处肆虐，新闻自由和集会权到处受到压制，就在这时，在德国，特别是在德国西部，出现了一个秘密团体来传播社会民主主义思想，这就是"共产主义者同盟"。它是秘密的，因为不可能进行公开活动。它的中央机关先是在伦敦，后来在科隆，它的成员包括《新莱茵报》的人：**马克思、恩格斯等等**，总之，包括原来的共产党，——我当时属于这个党，今天仍然属于这个党。[516] 由于疏忽大意，1851 年 5 月**诺特荣克**（这个团体的一名成员）被捕，不久又有**勒泽尔**（这大概就是特耳克故事中的"律斯勒"）、**贝克尔、毕尔格尔斯**等人被捕。因为共产主义者同盟所追求的只是宣传的目的，所以不可能找到有人想要查出的所谓叛国阴谋的任何证据；尽管如此，被捕的人仍被审前羁押了达一年①半之久，然后被送交到科隆的陪审法庭，罪名是进行反普鲁士国家的密谋，虽然连一点点证据也没有。我不可能在这里讲述这个案件的细节。这个案件在充满了警察的卑鄙勾当的普鲁士历史上是最肮脏的一页。请大家看看马克思 1853 年发表的小册子《揭露科隆共产党人案件》。② 只指出一点就够了：为了弥补缺少客观犯罪构成的缺陷，检察官向陪审法庭提出了一份所谓**原本记录**③，记录被说成是由我和其他人署名的，内容包括共产主义者同盟"中央委员会"的讨论情况。当然，这是一种卑鄙无耻的伪造！但是这种伪造却使一封由某个威廉·李卜克内西写的"告密信"得以发表出来，而这封"告密信"不

---

①　在原件中是一天。

②　见文件 745。

③　见注 473。

是有利于而是**有害于施梯伯**的。原来，在我们还没有在伦敦（当时我作为流亡者住在那里）采取行动来揭露这种伪造之前，科隆的某个**比恩包姆**先生（他在瑞士就认识我而且列席参加过陪审法庭的审理）提供了一封由我写的信，这封信的笔迹立刻证明了"原本记录"上的我的署名是**伪造**的。

施梯伯先生本人被迫在陪审法庭面前承认这一点，声明自己在原本记录上"受了骗"。总之，这封由我提出的唯一的信件，证明普鲁士政府的代理人们进行了卑鄙无耻的伪造！

不言而喻，尽管如此，被告们还是被陪审法庭判决有罪。［……］

我再一次向大家保证。我提到这件事**不是**为了替自己**辩护**，而只是因为这件事向我提供了**进攻的武器**。［……］

但是我还有另一个原因：人们援引埃尔伯费尔德的**希尔曼**先生，把他当作反对我的证人。希尔曼先生就在这里，我要求他为了他的荣誉向这次代表大会说明，他是否曾经说过，我在我的一生中告发过勒泽尔或者其他某一个人？

希尔曼：我很高兴就这件事对您作出公开的声明。［……］

昨天晚上我已经向李卜克内西说过，这种说法是彻头彻尾的谎言，我不知道我说过类似的话。关于共产党人案件，我只知道李卜克内西被牵连进去了。关于施韦泽一伙的可耻的谎言，**在这里我发誓**：我从来没有说过类似的话，我从来没有说过李卜克内西在共产党人案件中告发了勒泽尔，使他坐了牢！［……］

《爱森纳赫全德社会民主主义工人　　　　　　　　　　　　　　　　　　摘要
代表大会讨论记录（1869 年 8 月 7
日、8 日、9 日）》1869 年莱比锡版
第 43—45 页

819

弗里德里希·恩格斯论共产主义者同盟与
全德工人联合会的关系

（摘自：《卡尔·马克思》，1869 年）
1869 年 8 月 11 日

　　［……］在德国，人们曾经习惯于把斐迪南·拉萨尔看做是德国工人运动的创始人。可是，再没有比这种看法更错误的了。如果说六七年前，在所有工厂区，在所有大城市和工人居民中心，无产阶级成群结队地围聚在他的身边，如果说他的旅行往往成为连君主们也会羡慕不已的凯旋游行，——那么，这难道不是由于早先已经不声不响地准备好了使果实能够如此迅速地成熟的土壤吗？如果说工人们兴高采烈地欢迎他所讲的话，那么，这是因为他的话是他们闻所未闻的呢，还是因为这些话是觉悟的工人们早已多少听到过的呢？

　　现在的这一代人，生活忙碌而且健忘。在 1848 年革命中达到顶点、又随着 1849—1852 年的反动而宣告结束的四十年代的运动，已经连同它的政治的和社会主义的文献一起被遗忘了。因此就有必要提醒一下：在 1848 年革命之前以及在革命期间，在工人当中，特别是在德国西部，曾经有过一个组织得很好的社会主义政党①，它虽然在科隆共产党人案件之后已经瓦解，可是它的各个单独的成员仍然继续不声不响地准备着那后来为拉萨尔所利用的土壤。此外，还有必要提醒一下：曾经有过这样一个人，他除了把组织这个政党作为自己的终生事业，还把对所谓社会问题的科学研究，即对政治经济学的批判作为自己的终生事业；他还在 1860 年

----

　　① 指共产主义者同盟。——原卷末注

以前就已经发表了自己重要的研究成果①。拉萨尔［……］可以说生来就是为了在一切场合扮演政治角色。但是，他既不是德国工人运动的第一个倡导者，也不是有独创见解的思想家。［……］他有一个先驱者，一个在智力上远远超过他的人，他一面把这个人的著作庸俗化，同时却对这个人的存在只字不提；这个人的名字就是卡尔·马克思。［……］

1869 年 8 月 11 日《未来报》（柏林）　　　　　　　　　　　　摘要
第 185 号（《马克思恩格斯全集》德
文版第 16 卷第 361—362 页，参看
《马克思恩格斯全集》中文第 1 版第
16 卷第 407—408 页）

820

关于弗里德里希·列斯纳在伦敦工人教育协会
成立 30 周年纪念会上的讲话的报道

1870 年 2 月

　　［……］歌咏队作了雄壮有力的演唱后，列斯纳公民讲话。他为这次纪念会引用了歌词的头两句话：“你整整 30 岁，屡经风暴。”这用在协会身上十分贴切。协会经历了多次风暴，也在各地引起了多次风暴。这个协会的第一个重大事件是 1847 年的代表大会。② 从前的、初建

---

* ① 指卡·马克思的著作《政治经济学批判》。——原卷末注
　② 大概因为转述讲话不准确，这里把共产主义者同盟的第一次和第二次代表大会当作一次代表大会了。

时的口号"人人皆兄弟"已证明是空洞的幻想，因为在今天的社会里，人们被培养成互相残杀的猛兽。这个口号在那时被取消了，而代之以现在的口号："全世界无产者，联合起来！"

　　1847 年的代表大会邀请了各民族的代表参加，这次大会当时不仅为本国的工人运动奠定了基础，也为国际工人运动奠定了基础。这次代表大会的原则和要求，通过马克思和恩格斯的《共产党宣言》置于全世界面前。这篇《宣言》当时给人留下了深刻印象。那时许多党员同志由于传播《宣言》而被关进监狱和受到迫害。这就可靠地证明，对这篇《宣言》，敌人比朋友了解得更好。到现在为止，还没有任何人能驳倒或修正《共产党宣言》，甚至过了 20 多年后的今天，各地的报刊还在发表它的内容，在最近的运动中，人们一定会把《宣言》中指出的手段和途径当作自己行动的准则。［……］

《伦敦德国工人教育协会》载于　　　　　　　　　　　　　摘要
1870 年 3 月《先驱》（日内瓦）第
3 期第 38 页

821
卡尔·马克思（伦敦）给弗里德里希·恩格斯（曼彻斯特）的信

1870 年 4 月 28 日

1870 年 4 月 28 日［于伦敦］

亲爱的弗雷德：

　　我昨天又去看了沙佩尔。我担心他要完了。他自己说他肯定要死，他甚至对我说已经要他的夫人下星期日给他办丧事。他患的是肺结核。沙佩尔的谈吐举止确实非常好。[……]"请告诉我们所有的人，我是忠于我们的原则的。我不是理论家。在反动年代里，为了养家糊口，我不得不拼命干。我生是一个普通劳动者，死是一个无产者"。我代你问候他，并说要是你认为他的情况危急，一定会来看望他。这话显然使他很高兴。沙佩尔五十七岁。他性格里的那种真正刚毅勇敢的气概，现在又清楚而鲜明地表露出来。[……]

手稿　　　　　　　　　　　　　　　　　　　　　　　　　　　　　　节录

莫斯科苏共中央马列主义研究院中央

党务档案馆，f. 1, op. 1, d. 2641（《马克

思恩格斯全集》德文版第 32 卷第 485

页，参看《马克思恩格斯全集》中文

第 1 版第 32 卷第 471—472 页）

822

弗里德里希·恩格斯（曼彻斯特）给
卡尔·马克思（伦敦）的信

1870 年 5 月 1 日

1870 年 5 月 1 日［于曼彻斯特］

亲爱的摩尔：

　　可怜的沙佩尔！我们老同志的队伍愈来愈减员了。维尔特、魏德

迈、鲁普斯①、沙佩尔，可是毫无办法，打仗就应当像个打仗的样子。你能不能替我找到一张沙佩尔的照片？如果有可能，要两张；你知道，索林根人也想要一张。［……］

有人关心为报纸写一篇恰如其分的悼念沙佩尔的文章吗？为了对这位老秘密活动家们的优秀代表作出应有的评价，不知道埃卡留斯是否合适。

手稿　　　　　　　　　　　　　　　　　　　　　　　　节录

莫斯科苏共中央马列主义研究院
中央党务档案馆，f. 1, op. 1, d. 2647
（《马克思恩格斯全集》德文版第32
卷第493—494页，参看《马克思恩
格斯全集》中文第1版第32卷第
478—479页）

823

约翰·雅各·布吕宁[517]（海德）给 弗里德里希·马尔滕斯（汉堡）的信

1872年2月21日

　　　　　　　　　　　　　　　　　　1872年2月21日于海德

亲爱的马尔滕斯：

　　自从我们在工人教育协会②认识以来，已经过去了四分之一世纪还

---

①　威廉·沃尔弗。——编者注
②　指1848年革命之前的汉堡工人教育协会。

多。我十分清楚地记得，当时协会的生活、协会中激动人心的思想给我留下的印象。当时在我面前展现了一种新的思想境界，这种思想在这以前就已经征服了你和协会的其他创始人，并激励着你们去进行斗争。这些使我们受到鼓舞的思想主要是些什么思想，这不必我去多说，这是共产主义的思想。例如，我们当时是多么如饥似渴地阅读魏特林的《和谐与自由的保证》！我们是多么专心致志地研究我们的秘密图书馆的著作！我认为，你是一位最坚定、最热心、最刚强的同志。这是 25 年以前的事了。

今天我看到了盖布的《汉堡—阿尔托纳人民之友报》，上面有一篇短文讲你们上星期日举行的纪念会。文中写道，你警告人们提防那些可以把他们称为红色耶稣会士的社会主义者，因为这些人厌恶任何教育。

老朋友，实际上有这种厌恶任何教育的社会主义者吗？如果有，你当然有权把他们称作红色耶稣会士并警告人们提防这些人。可是这些魔鬼藏到哪里去了呢？我从来没有遇见过一个这样的人。我想，既然你谈到他们，而且是在一个十分严肃的会上谈到他们，那我几乎可以相信，一定有许多这样的蔑视教育者，也许这些怪物是一个有组织的帮派。可是在哪里呢？在大家知道的比较大的组织中他们是不能藏身的，因为所有派别的纲领都强调必须利用一切教育机关。那么，谁是红色耶稣会士呢？他们在哪里呢？

有人向要求政治自由和经济自由的工人们喊道，只有教育能够使你们自由并改变你们的状况。可惜有些工人不假思索地人云亦云，相信这种空话。但是，如果承认这种空话有效，那么用这种空话只能使问题的解决遥遥无期地拖延下去，因为社会状况无疑是这样的：群众的贫困越来越严重，因而受教育所要求的物质基础一天不如一天。不言而喻，每个人都有义务尽可能多地受到教育，并且尽力帮助自己的同胞受到教育。但是，要使教育成为人类的共同财富，人类就必须在政治上、精神上、经济上是自由的。这就是我的观点，我相信，这也是所有社会主义者的观点，你从这种观点中不可能得出蔑视教育的结论，而且你在提出这种警告时是根本没有想到这一点的。但是我必须再一次问你：这些红色耶稣会士在哪里呢？

请给予答复。

你的朋友　雅·布吕宁

手稿　　　　　　　　　　　　　　　　　　　　　　第一次发表
汉堡国家和大学图书馆，马尔滕斯
遗著

824
威廉·李卜克内西在莱比锡国事犯审判案中
关于共产主义者同盟的发言
1872年3月11日

［……］在伦敦，我成了共产主义者同盟的盟员。吉森的文件①中

---

① 指吉森警察局的一封信，关于这封信，李卜克内西曾指出，它主要是以维尔穆特和施梯伯的《19世纪共产主义者的阴谋》（1853—1854年柏林版）为依据的。

说，我在这以前就已经参加了这个组织。这种说法是错误的。在这以前我所认识的唯一盟员是**恩格斯**，我是在日内瓦遇见他的。到伦敦以后，我才认识了**马克思**。此外，共产主义者同盟不是一个密谋团体，而是一个**宣传**团体。它必须是秘密的，因为在德国结社和集会的权利受到了压制。最早的基督教徒也是秘密集会的——在地下墓穴中集会。我从官方开列的证明材料中看到，《共产党宣言》① 将在这里得到宣读，它被看做是共产主义者同盟的纲领。从《共产党宣言》中可以十分清楚地看到，这个屡遭诽谤的团体固然是一个革命组织，它谋求对社会和政治关系进行彻底的改造，但是，正因为它把革命理解为一个有机的过程，所以它对任何机械地制造革命的做法都是不能容忍的，甚至是敌对的。要知道，对于人类社会的发展起作用的是不能改变的规律，我们必须研究这些规律，只有傻瓜才会想到置身于这些规律之外。我要说，这是科学的观点。这种观点受到少数派的反对，结果发生了吉森文件中所说的分裂。我没有料到我今天就不得不谈论这些材料，否则我会把当时我们多数派所发出的声明作一介绍，在这篇声明中，非常尖锐地强调了我们反对那种机械地制造革命的做法的观点。一个坚持这种原则的组织同职业密谋者的团体（吉森的文件想把共产主义者同盟贬低为这样的团体）毫无共同之处，就像真理和谎言毫无共同之处一样。在这里我还必须指出吉森文件中的两点谬误；第一，我从来不是中央委员会的成员，第二，不是中央委员会的多数派退出中央委员会，这是违背情理的，而是在科隆建立了一个与多数派协调一致的新的中央委员会之后，他们解散了伦敦的中央委员会。关于共产党人案件和施梯伯先生在这个案件中表现出来的充当社会救星的天才，我已经谈过了。同盟在完成了自己的使命之后就解散了。[……]

---

①　文件202。

《莱比锡陪审法庭审理的李卜克内　　　　　　　　　　摘要
西、倍倍尔、赫鲁纳国事犯审判案
（1872 年 3 月 11—26 日）》1894 年
柏林版第 71—72 页

825

卡尔·希尔施论第一国际的理论基础

（摘自：《巴枯宁先生的所谓社会理论和实际政治目标》1872 年版）

1872 年 8 月 7 日

　　［……］无产阶级的国际组织，最初（早在 1848 年以前）是由共产主义的科学创始人、蒲鲁东主义的科学批判者所要求、筹备和预告成立的。国际工人协会的原则基础，几乎是逐字逐句从著名的《共产党宣言》①中抄来的；国际工人协会的一切实际意图，同共产党人作为自己最近的要求所提出的主张完全一致，《共产党宣言》的作者哺育了国际工人协会，特别是马克思在他的成立演说中阐明了协会的历史必然性和

————————

　　①　文件 202。

协会发展的条件。① **如果说**有什么理论可以称作国际的理论，那么这只能是**共产主义的理论**。[……]

1872 年 8 月 7 日《人民国家报》　　　　　　　　　　　　　摘要
（莱比锡）第 63 号

826
关于伦敦工人教育协会成立 36 周年纪念大会的报道摘要

1876 年 2 月 7 日

[……] 然后，**卡尔·马克思**同志叙述了协会成立以来的活动。协会是 1840 年由**卡尔·沙佩尔**同其他六位同志一起建立的。协会中有一个组织叫"正义者同盟"，这个同盟在各个国家都有它的盟员并进行了反对压迫人民的斗争。有四五个民族参加了这个协会的筹建工作。

---

① 也许对巴枯宁先生及其朋友们来说有必要在这里说明，作者并不认识马克思和恩格斯本人。

1847 年①在伦敦召开了一次代表大会，会上起草了《共产党宣言》②，宣言的口号是："全世界无产者，联合起来！"接着马克思还对当时的联系作了十分有趣的描述，他说，当时的会员达到四五百人之多。1848年3月，协会被英国政府封闭。英国政府本来是不会如此轻易地采用警察措施的。受到协会大力支持的宪章运动可能是导致封闭的原因。正义者同盟于 1849 年解散③，后来许多成员迁居美国。50 年代协会的工作主要限于内部，然而它始终是受迫害者和被压迫者的避难所。马克思还谈了当代的运动，他强调指出，协会为当代运动的高涨作出了自己的贡献，希望它今后永远这样做。

接着是**弗里德里希·恩格斯**同志讲话，他首先追忆了为正义和真理而斗争的一位忠诚的先驱者**威廉·魏特林**。他实际上是试图在德国传播共产主义思想的第一个人。他被瑞士引渡给普鲁士政府。普鲁士政府毫无理由地把他长期关在监狱里。④ 魏特林在美国去世。他的《和谐与自由的保证》一书是由他的朋友们的推荐而出版的。然后，恩格斯追忆了**莫尔**同志，他是第一批成员之一，在南德意志为自由而进行的斗争中牺牲。恩格斯接着谈到德国的运动，他认为，现在德国的运动比以前任何一个国家的运动都强大。[……]

1876 年 2 月 27 日《人民国家报》　　　　　　　　　　　　　　　　节录

（莱比锡）第 24 号

---

① 在原件中是 1845 年。

② 文件 202。

③ 记者卡尔·沙尔混淆和误解了 1850 年到 1852 年的各个事件。

④ 魏特林曾受到警察的严密监视，但他没有被捕。

827

卡尔·普芬德讣告

1876 年 3 月 11 日

卡尔·普芬德

德国共产主义的一位老战士**卡尔·普芬德**（原籍海尔布隆）：于 3 月 11 日在伦敦逝世，终年近 58 岁。他在卡尔斯鲁厄和慕尼黑成为画匠，于 1845 年迁居伦敦。在那里，他立即参加了现在还存在着的德意志工人教育协会，不久又参加了共产主义者同盟。1848 年以前和以后，在共产主义者同盟中央委员会设在伦敦的时期，他是中央委员会的委员，从国际工人协会成立时起，他又是国际工人协会总委员会的委员。

普芬德是一位非常谦虚的人。这种人在运动中从来不突出自己，引人注意，但是在关键时刻，由于他们的敏锐的判断力和基于明确认识的坚强性格，总是能给运动以决定性的影响。例如，他对 1847 年在伦敦举行的两次国际性代表大会上所实现的共产主义者同盟的改组起了重大的作用。这次改组使同盟由一个目标不太明确的密谋组织变成了一个宣传组织，用《共产党宣言》① 代替了它原来的那种模糊的、感伤的革命社会主义的纲领。

---

① 文件 202。

　　普芬德晚年主要从事室内装潢画工作。他多半是在门窗敞开、穿堂风很厉害的房子里工作，很快得了一种喉头病，由于患病，最后一段时间他很少能够出席国际总委员会的会议，经过长期病痛的折磨终于去世。

　　普芬德是无产阶级运动的一名"董事"。这种"董事"与资产阶级的董事不同，他们的全部红利就是那种在他们看来是理所当然的事情：把自己的全部工作时间（他们或他们全家的唯一生活来源）和自己的健康奉献给无产阶级的事业。

1876 年 4 月 12 日《人民国家报》

（莱比锡）第 43 号

828

弗里德里希·恩格斯论共产主义者同盟

（摘自：《卡尔·马克思》，1878 年）

1878 年

　　［……］马克思移居布鲁塞尔，并于 1847 年和 1848 年在那里用法文先后发表了《哲学的贫困》，即对蒲鲁东的《贫困的哲学》一书的批判和《关于自由贸易问题的演说》。同时，他在布鲁塞尔抓住时机创立

了德意志工人协会①，从而开始了实际的鼓动工作。自从 1847 年他和他的政治上的朋友加入已存在多年的秘密的"共产主义者同盟"后，实际的鼓动工作对于他就具有更重要的意义了。同盟的全部组织这时已得到根本的改造；这个先前多少是密谋性的团体，现在变成了一个平常的、只是不得已才是秘密的共产主义宣传组织，变成了德国社会民主党的**第一个**组织。凡是有德意志工人协会的地方，就有同盟；英国、比利时、法国、瑞士的几乎所有工人协会的领导成员，以及德国很多工人协会的领导成员，都加入了同盟，同盟在初生的德国工人运动中力量很大。同时我们的同盟第一个强调指出了整个工人运动的国际性质，并且在实践中实现了这点；它的成员中有英国人、比利时人、匈牙利人、波兰人和其他国籍的人，并且还举行了（特别是在伦敦）多次国际工人会议。

在 1847 年召开的两次代表大会上，同盟进行了改组。第二次大会决定委托马克思和恩格斯两人起草一篇宣言，把党的基本原则规定下来并公布于世。《共产党宣言》就是这样产生的，它在 1848 年二月革命前不久第一次发表，后来被译成欧洲几乎所有的文字。[……]

---

① 德意志工人协会全称是布鲁塞尔德意志工人教育协会，该协会是马克思和恩格斯于 1847 年 8 月底在布鲁塞尔建立的德国工人团体，旨在对侨居比利时的德国工人进行政治教育并向他们宣传科学共产主义思想。在马克思和恩格斯及其战友们的领导下，协会成了团结侨居比利时的德国革命无产者的合法中心，并同佛兰德和瓦隆工人俱乐部保持着直接的联系。协会中的优秀分子加入了共产主义者同盟的布鲁塞尔支部。协会在布鲁塞尔民主协会成立过程中发挥了出色的作用。1848 年法国资产阶级二月革命之后不久，由于协会成员被比利时警察当局逮捕或驱逐出境，协会在布鲁塞尔的活动即告停止。——原卷末注

载于 1878 年在不伦瑞克发行的《人
民历书》(《马克思恩格斯全集》德
文版第 19 卷第 97—98 页，参看
《马克思恩格斯文集》第 3 卷第
452—453 页)

摘要

829

卡尔·马克思谈他和恩格斯在 1847 年的活动

（摘自:《社会主义从空想到科学的发展》法文版前言）

1880 年 5 月初

　　[……] 在他旅居布鲁塞尔时，他和马克思建立了德意志共产主
义工人协会，这个协会同佛兰德和瓦隆的工人俱乐部保持了联系。他们
两人和伯恩施太德一起创办了《德意志—布鲁塞尔报》。应**正义者同盟**
设在伦敦的德国委员会的邀请，他们参加了这个最初由卡尔·沙佩尔在
1839 年因参加布朗基的密谋而从法国逃亡以后所创立的团体。从那时
起，同盟就放弃了秘密团体惯用的形式，变成国际性的**共产主义者同盟**
了。但是在当时的情况下，该团体还必须对各国政府保持秘密。1847
年，在同盟在伦敦召开的国际代表大会上，马克思和恩格斯被委托起草

《共产党宣言》，《宣言》在二月革命①前不久出版，并且几乎立即被翻译成欧洲的各种语言②。［……］

（《马克思恩格斯全集》德文版第 19　　　　　　　　　　　　　　摘要
卷第 181—182 页，参看《马克思恩
格斯文集》第 3 卷第 491—492 页）

830
保尔·拉法格论共产主义者同盟——第一国际的先驱

1886 年 3 月

　　［……］1848 年以前，存在着一个国际性的共产主义者团体。

---

①　二月革命指 1848 年 2 月爆发的法国资产阶级民主革命。代表金融资产阶级利益的"七月王朝"推行极端反动的政策，反对任何政治改革和经济改革，阻碍资本主义发展，加剧对无产阶级和农民的剥削，引起全国人民的不满；农业歉收和经济危机进一步加深了国内矛盾。1848 年 2 月 22—24 日巴黎爆发革命，推翻了"七月王朝"，建立了资产阶级共和派的临时政府，宣布成立法兰西第二共和国。二月革命为欧洲 1848—1849 年革命拉开了序幕。无产阶级和小资产阶级积极参加了这次革命，但革命果实却落到了资产阶级手里。——原卷末注

②　在保·拉法格出版的小册子原文中还作了如下的补充："《共产党宣言》是现代社会主义最有价值的文件之一；它现在仍然是描述资产阶级社会的发展和必将结束资本主义社会的无产阶级的形成的最有力和最鲜明的著作之一；在这一著作中，正像在早一年出版的马克思的《哲学的贫困》中一样，第一次清楚地表述了阶级斗争的理论。"——编者注

1847 年，它在伦敦举行了最后一次代表大会，由此产生了著名的《**共产党宣言**》①，这无疑是现代社会主义的最重要的文件之一。我们的读者们都知道，这个文件（不久以前我们把它发表了）是马克思和恩格斯写的。共产主义者国际的许多成员（多半是 1848 年风暴之后的流亡者）当时住在伦敦，他们寻找机会，想把被 1848 年之后出现的反动势力摧毁的自己的国际团体恢复起来。就是这些 1848 年的老共产党人，在欧洲各国自发出现的年轻的后来人的支持下，使工人国际具有了它原来的那种性质。[……]

保尔·拉法格《国际》，载于 1886 年　　　　　　　　　　　　　　摘要
3 月 6 日《社会主义者报》（巴黎）
第 28 号

831
奥古斯特·倍倍尔向德国社会民主党
科隆代表大会的祝词摘要

1893 年 10 月 22 日

[……]如果说在德国还可能有哪个城市有幸被看作社会主义的诞生地，那就是科隆。正好是 51 年前，科学社会主义的主要创始人

---

① 文件 202。

卡尔·马克思在科隆担任了编辑①工作。〔……〕也是在这里，在科隆，马克思认识了他的朋友**弗里德里希·恩格斯**。恩格斯在炮兵服满一年兵役从柏林回来之后，同马克思建立了联系。从 1843 年春天起，亲密的友谊把这两人终生联系在一起，他们彼此互相影响，这种影响在整个运动和运动的发展中产生了丰硕的成果。我相信，可以这样说：如果没有认识弗里德里希·恩格斯，马克思就不会成其为马克思，反过来对恩格斯来说也是一样。如果说有过哪两个人之间的友谊堪称楷模，并对人类产生过极大的作用，那就是马克思和恩格斯的友谊。马克思被迫离开德国，前往巴黎，以便在那里同阿尔诺德·卢格一起出版《德法年鉴》，恩格斯常常到巴黎来。有几年，两人你来我往，时而在巴黎，时而在布鲁塞尔会面，继续他们在社会领域中的研究。就恩格斯来说，这种研究的成果首先表现在 1844 年他的著名著作《英国工人阶级状况》中。后来发生了 1848 年革命，这时产生了他们合作的作品《共产党宣言》，并且公之于众。这部著作直到今天仍被公认为堪称典范的宣传作品。但是他们两个人也认识到，现在必须在德国土地上参与革命的进程，以便大力促进革命活动。于是他们便同一批同志一起于 1848 年 6 月 1 日创办了《新莱茵报》，一种纯粹社会主义的，或者像当时人们所说的，一种共产主义的机关报，它在每一个方面都胜任自己的任务，可是不久之后也引起了敌人最疯狂的仇视，招致了国家机关最残暴的迫害。这时革命还没有完全被打败，因此他们还不能立刻把它置于死地。可是这一天终于来到了，得胜的反动派开始对这家报纸下毒手了，1849 年 5 月 19 日，这家重新在科隆出版的报纸被查封了。大家知道，当时弗莱里格拉特在《新莱茵报》用红色油墨印刷的最后一号的报头上发表了一首直到今天我们大家读起来还津津有味的诗《新莱茵报告别词》，这首诗的开头几句是：

---

① 《莱茵报》编辑。

"不是公开战场上的公开较量——

而是翻云覆雨、反复无常，

那些下流的西卡尔梅克人

在暗中对我施用卑鄙的伎俩。"

[……] 但是，反动派并不仅仅满足于查封报纸。1847 年以前几年，在伦敦成立了直到今天还存在着的共产主义工人教育协会。1847 年，当马克思在伦敦的时候，人们转而进行共产主义宣传，于是建立了共产主义者同盟。它在当时自然必须是秘密的同盟。这个秘密同盟的中央机关最后迁移到了科隆，于是科隆第三次成了编织社会主义运动网络的地方。但是，反动派一天比一天得势，在到处存在密探制度的情况下，这个秘密的同盟不可能长期不被人发现。叛徒和最无耻的流氓（我们在反社会党人法时期就已经充分认识到了他们）现在起了他们的作用。秘密同盟被发现了。1852 年，也正是我们现在所处的季节，从 10 月 4 日到 11 月 12 日，发生了臭名昭著的科隆共产党人案件。在这个案件中，同盟 12 名领导人被控告，最后其中 8 名被从重判处监禁，即 6 年、5 年和 3 年要塞监禁。在共产主义者同盟的盟员中，一些人还在政治运动中起了卓越的作用，但已经不是在社会主义运动中，他们转到了民主派阵营，即自由派阵营。例如，亨利希·毕尔格尔斯，他是进步党议员，法学博士海尔曼·贝克尔，后来成了多特蒙德的市长，接着又成了科隆的市长。此人 1852 年由于参加共产党人密谋在科隆被判处 5 年要塞监禁，而他后来又成了这同一个城市的市长！（笑声）一般说来，同盟的每个盟员都有独特的经历。同盟的三个卓越的盟员后来成了自由派城市的市长。（笑声）除了海尔曼·贝克尔，瓦劳成了美因茨的市长，同盟中的第三位是米凯尔博士，他先是奥斯纳布吕克的市长，后来是美因河畔法兰克福的市长，现在是普鲁士的财政部长。（全场大笑）

在 1852 年当时被判罪的人当中只有一个人还健在，而且事有凑巧，这最后一个被判罪者现在就在我们中间。这就是来自伦敦的我们的老**列斯纳**，他今天作为原伦敦共产主义工人教育协会的代表出席了大会。（全场激动）党员同志们！我相信，我破例在这里以你们大家的名义最衷心最热烈地向我们的列斯纳表示敬意，这一定也代表了你们的想法。（热烈鼓掌）他不仅是被判罪者中唯一健在的人，而且是当时被告中唯一直到今天始终如一忠于党的旗帜的人，直到最近他还在苏黎世①同我们一起为共同的事业而工作。我们很高兴，他的出席使我们得到了荣誉。（鼓掌）

《德国社会民主党代表大会会议记录》　　　　　　　　　　　　　　摘要
1893 年柏林版第 67—101 页

832

弗里德里希·列斯纳在德国社会民主党
科隆代表大会上的发言

1893 年 10 月 22 日和 28 日

［……］**列斯纳**（伦敦）：［……］早就应当在农村大力开展宣传。如果说我们 1848 年和 1850 年就能够从科隆到农村去，为我们的思想进行卓有成效的宣传，那么今天，在存在着大批宣传员、大量报刊、无数协会的情况下，工作起来要容易得多。现在英国也开始这样做了。从 5 月到 9 月，"农村联合会"向农村派去"红色车队"。演讲人随车带去

———————————

①　在 1893 年 8 月第二国际的代表大会上。

必要的书刊，他们住在车上，睡在车上。他们到处举行群众大会。也许在德国也可以这样做。（好啊）［……］

列斯纳（伦敦）同代表们亲切话别，他说，他特别高兴的是：马克思和恩格斯50年前在《共产党宣言》①中传播的思想今天取得了如此辉煌的成果，不仅在德国是这样，不仅在英国是这样，凡是资本主义渗透的地方到处都是这样。我们的运动从一开始就是国际性的运动，但是，只是现在它才开始它的国际性的胜利进军。他希望下次在伦敦举行的国际代表大会上，能再次见到代表中的一些人，但是，有许多人大概他再也见不到了。他在此衷心地祝愿他们幸福，他祝愿我们大家在为我们的崇高的思想而进行的斗争中胜利前进！（全场热烈鼓掌欢呼）［……］

《德国社会民主党代表大会会议记录》   摘要
1893年柏林版第134、270页

833

贝尔福特·巴克斯论共产主义者同盟
——巴黎公社的前史

（摘自：《巴黎公社简史》1895年版）

要对以1871年巴黎公社而闻名的这样一个运动所发生的事件作一个历史的概述，最好先把这个运动放在它的真正的历史联系中去考察。

巴黎公社在无产阶级运动的历史上占有特殊的地位。它是现代社会

———————————

① 文件202。

主义第一时期的高潮。在这一时期，还保留着以前的各种运动的成分。社会主义和无政府主义的区别还没有完全显露出来，蒲鲁东的无政府个人主义的学说在社会主义政党内部还有拥护者，而巴枯宁当时还被看做国际的支柱之一。公社是法国旧红色共和派的结果和表现，这个红色共和派是一个非常复杂的混合物。除上面提到的成分外，还有 1848 年革命流传下来的思想，甚至包括大革命时期雅各宾派流传下来的思想。现代社会主义的这第一个时期，始于 1847 年共产主义者同盟的建立和马克思、恩格斯《共产党宣言》① 的出版，结束于 1873 年旧的国际实际停止活动。[……]

厄·贝尔福特·巴克斯《巴黎公社 摘要
简史》，1895 年伦敦版第 1 页

834

弗里德里希·恩格斯《〈共产党宣言〉序言》

（摘自：1888 年《共产党宣言》英文版序言）

1888 年 1 月 30 日

序 言

《宣言》是作为共产主义者同盟的纲领发表的，这个同盟起初纯粹是德国工人团体，后来成为国际工人团体，而在 1848 年以前欧洲大陆

---

① 文件 202。

的政治条件下必然是一个秘密的团体。1847 年 11 月在伦敦举行的同盟
代表大会，委托马克思和恩格斯起草一个准备公布的完备的理论和实践
的党纲。手稿于 1848 年 1 月用德文写成，并在 2 月 24 日的法国革命①
前几星期送到伦敦付印。法译本于 1848 年六月起义前不久在巴黎出版。
第一个英译本是由海伦·麦克法林女士翻译的，于 1850 年刊载在乔
治·朱利安·哈尼的伦敦《红色共和党人》杂志上。还出版了丹麦文
译本和波兰文译本。

　　1848 年巴黎六月起义这一无产阶级和资产阶级间的第一次大搏斗
的失败，又把欧洲工人阶级的社会的和政治的要求暂时推到后面去了。
从那时起，争夺统治权的斗争，又像二月革命以前那样只是在有产阶级
的各个集团之间进行了；工人阶级被迫局限于争取一些政治上的活动自
由，并采取资产阶级激进派极左翼的立场。凡是继续显露出生机的独立
的无产阶级运动，都遭到无情的镇压。例如，普鲁士警察发觉了当时设
在科隆的共产主义者同盟中央委员会。一些成员被逮捕，并且在经过
18 个月监禁之后于 1852 年 10 月被交付法庭审判。这次有名的"科隆
共产党人案件"从 10 月 4 日一直继续到 11 月 12 日；被捕者中有七人
被判处三至六年的要塞监禁。宣判之后，同盟即由剩下的成员正式解
散。至于《宣言》，似乎注定从此要被人遗忘了。

---

①　二月革命指 1848 年 2 月爆发的法国资产阶级民主革命。代表金融资产阶级
　　利益的"七月王朝"推行极端反动的政策，反对任何政治改革和经济改革，
　　阻碍资本主义发展，加剧对无产阶级和农民的剥削，引起全国人民的不满；
　　农业歉收和经济危机进一步加深了国内矛盾。1848 年 2 月 22—24 日巴黎爆
　　发革命，推翻了"七月王朝"，建立了资产阶级共和派的临时政府，宣布成
　　立法兰西第二共和国。二月革命为欧洲 1848—1849 年革命拉开了序幕。无
　　产阶级和小资产阶级积极参加了这次革命，但革命果实却落到了资产阶级
　　手里。——原卷末注

当欧洲工人阶级重新聚集了足以对统治阶级发动另一次进攻的力量的时候，产生了国际工人协会①。但是，这个协会成立的明确目的是要把欧美正在进行战斗的整个无产阶级团结为一个整体，因此，它不能立刻宣布《宣言》中所提出的那些原则。国际必须有一个充分广泛的纲领，使英国工联②，法国、比利时、意大利和西班牙的蒲鲁东派③以及

---

① 国际工人协会简称国际，后通称第一国际，是无产阶级第一个国际性的革命联合组织，1864 年 9 月 28 日在伦敦成立。马克思参与了第一国际的创建，是它的实际领袖，恩格斯参加了国际后期的领导工作。在马克思和恩格斯的指导下，第一国际领导了各国工人的经济斗争和政治斗争，积极支持了被压迫民族的解放运动，坚决地揭露和批判了蒲鲁东主义、巴枯宁主义、拉萨尔主义、工联主义等机会主义流派，促进了各国工人的国际团结。第一国际在 1872 年海牙代表大会以后实际上已停止了活动，1876 年 7 月 15 日正式宣布解散。第一国际的历史意义在于它"奠定了工人国际组织的基础，使工人做好向资本进行革命进攻的准备"（见《列宁全集》中文第 2 版第 36 卷第 290 页）。——原卷末注

② 英国工联即英国工会。1824 年英国工人获得了自由结社的权利，工联遂在英国普遍建立起来。工联是按行业组织的，加入工联的人必须是满师的技术工人，须缴纳很高的会费；工联设有全国性的领导机关；工联的任务是维护本行业熟练工人的经济利益。工联的机会主义领袖把无产阶级的斗争局限于经济斗争，鼓吹阶级调和。许多工联组织曾经加入国际。马克思和恩格斯从国际成立时起，就同工联领导人的机会主义，即工联主义进行了坚决的斗争。——原卷末注

③ 蒲鲁东派是法国小资产阶级社会主义者、无政府主义者蒲鲁东的信徒。蒲鲁东派从小资产阶级立场出发批判资本主义，幻想使小私有制万古长存；主张建立"交换银行"和发放无息贷款，以维护小生产者的私有制；宣传用改良的办法消除资本主义"坏的"方面，保留资本主义"好的"方面；反对无产阶级进行暴力革命和政治斗争，主张取消任何政府和国家。马克思和恩格斯在国际工人协会中对蒲鲁东派的机会主义路线进行了坚决的斗争。——原卷末注

1872 年的卡尔·马克思

1888 年的弗里德里希·恩格斯

德国的拉萨尔派①都能接受。马克思起草了这个能使一切党派都满意的
纲领，他对共同行动和共同讨论必然会产生的工人阶级的精神发展充满
信心。反资本斗争中的种种事件和变迁——失败更甚于胜利——不能不
使人们认识到他们的各种心爱的万应灵丹都不灵，并为他们更透彻地了
解工人阶级解放的真正的条件开辟道路。马克思是正确的。当 1874 年
国际解散时，工人已经全然不是 1864 年国际成立时的那个样子了。法
国的蒲鲁东主义和德国的拉萨尔主义已经奄奄一息，甚至那些很久以前
大多数已同国际决裂的保守的英国工联也渐有进步，以致去年在斯旺
西，工联的主席能够用工联的名义声明说：“大陆社会主义对我们来说
再不可怕了。”② 的确，《宣言》的原则在世界各国工人中间都已传播得
很广了。

　　这样，《宣言》本身又重新走上了前台。从 1850 年起，德文本在瑞
士、英国和美国重版过数次。1872 年，有人在纽约把它译成英文，并
在那里的《伍德赫尔和克拉夫林周刊》上发表。接着又有人根据这个
英文本把它译成法文，刊载在纽约的《社会主义者报》上。以后在美
国又至少出现过两种多少有些损害原意的英文译本，其中一种还在英国
重版过。由巴枯宁翻译的第一个俄文本约于 1863 年③在日内瓦由赫尔岑
办的《钟声》印刷所出版；由英勇无畏的维拉·查苏利奇翻译的第二

---

①　拉萨尔本人在我们面前总是自认为是马克思的学生，他作为马克思的学生
　　是站在《宣言》的立场上的。但是他在 1862—1864 年期间进行的公开鼓动
　　中，却始终没有超出靠国家贷款建立生产合作社的要求。

②　1887 年 9 月 5—12 日在英国斯旺西举行了工联年度代表大会，即斯旺西代表
　　大会。这次代表大会通过了建立单独的工人政党等项决议。恩格斯提到的这
　　句话引自斯旺西工联理事会主席比万在大会上的发言，比万担任这次代表
　　大会的主席。这篇发言载于 1887 年 9 月 17 日伦敦《公益》周刊。——原
　　卷末注

③　应是 1869 年。——编者注

个俄文本①于 1882 年也在日内瓦出版。新的丹麦文译本②于 1885 年在哥本哈根作为《社会民主主义丛书》的一种出版。新的法文译本于 1886 年刊载在巴黎的《社会主义者报》上。③ 有人根据这个译本译成西班牙文，并于 1886 年在马德里发表。④ 至于德文的翻印版本，则为数极多，总共至少有 12 个。亚美尼亚文译本原应于几个月前在君士坦丁堡印出，但是没有问世，有人告诉我，这是因为出版人害怕在书上标明马克思的姓名，而译者又拒绝把《宣言》当做自己的作品。关于用其他文字出版的其他译本，我虽然听说过，但是没有亲眼看到。因此，《宣言》的历史在很大程度上反映着现代工人阶级运动的历史；现在，它无疑是全部社会主义文献中传播最广和最具有国际性的著作，是从西伯利亚到加利福尼亚的千百万工人公认的共同纲领。[……]

卡尔·马克思、弗里德里希·恩格斯：《共产党宣言》1888 年英文版序言（《马克思恩格斯全集》德文版第 4 卷第 578—580 页，参看《马克思恩格斯文集》第 2 卷第 11—13 页）

---

① 《共产党宣言》第二个俄文本的译者不是维·查苏利奇，而是格·瓦·普列汉诺夫。恩格斯于 1894 年曾在《〈论俄国的社会问题〉跋》中指出，《宣言》的第二个俄文本是普列汉诺夫翻译的（见《马克思恩格斯文集》第 4 卷第 459 页）。——原卷末注

② 这里提到的《共产党宣言》丹麦文译本（1885 年哥本哈根版）删去了一些重要的地方，因而不够完备；有些译文也不太确切。恩格斯在《宣言》1890 年德文版序言中指出了这一点（见本卷第 19 页）。——原卷末注

③ 劳·拉法格翻译的《共产党宣言》法文译本刊登在 1885 年 8 月 29 日—11 月 7 日的《社会主义者报》上，以后又作为附录收入 1886 年在巴黎出版的梅尔麦著的《社会主义法国》。——原卷末注

④ 《共产党宣言》西班牙文译本发表在 1886 年 7—8 月的《社会主义者报》上，并出版过单行本。——原卷末注

注　释

434　阿道夫·贝尔姆巴赫生于锡格堡，1848 年以前曾学习法律，并服过兵役，1849 年 2 月被选为法兰克福国民议会济克地区的议员。1849 年 6 月初，他是直到最后仍留在斯图加特的议会中的议员之一。他因参加残阙议会而在科隆被捕，接着便发生了 1849 年 10 月和 1850 年 1 月初引起轰动的叛国案，在后一叛国案中，他被严密监禁了近七个月后获得释放。然而名誉法庭却取消了他战时后备军少尉军衔，贝尔姆巴赫在科隆充当公证处的候补公证人，与海尔曼·贝克尔、亨利希·毕尔格尔斯、罗兰特·丹尼尔斯（这两个人是他青年时代的朋友）和斐迪南·弗莱里格拉特关系密切；在这个圈子中，他于 1850 年 12 月认识了阿伯拉罕·雅科比——见文件 574。可以设想，贝尔姆巴赫是在 1850 年期间加入同盟的。1851 年贝尔姆巴赫已经成为盟员是毫无疑问的，尽管彼得·勒泽尔作了相反的供词——本书第 3 卷附录，文件 6。贝尔姆巴赫与贝克尔、毕尔格尔斯、弗莱里格拉特和勒泽尔一起同属于德国流亡者救济委员会，这个委员会在 1850 年 9 月社会民主主义流亡者委员会解散后，力图给在伦敦的盟员以经济上的援助。

从 1851 年起，贝尔姆巴赫在同盟史上起了重要的作用，在中央委员会成员被捕之后，他尽量维持同盟的活动。他开始与马克思通信（见文件 641），继续为出版马克思的著作作出了积极的、然而是毫无成效的努力，他动手起草了一份新的告同盟书，甚至于 1851 年夏与可靠的盟员一起在科隆进行了一次非法的军事训练（见文件 655）。他大概还在 1851 年 11 月初与约翰奈斯·米凯尔一起商讨了党的新的组织建设的可能性（见文件 671）。1851 年 9 月，普鲁士当局企图把贝尔姆巴赫也划入科隆被告的行列，然而，他们却找不到令人信服的证据，他们对贝尔姆巴赫的一次审讯也毫无结果。在随后的一段时间里，他能够为马克思提供许多关于科隆共产党人案件的准备情况的有价值的消息。当施梯伯从班迪亚的出卖中得知，马克思利用商人多米尼库斯·科特斯的地址向科隆寄信时，1852 年 10 月 18 日贝尔姆巴赫随之被捕。关于当时搜查他的住宅时所发现的文件，见《1852 年科隆共产党人案件在同时期报刊上的反映》，卡尔·比特尔主编并作序，1955 年柏林版第 121—123 页。他大约在 10 月 20 日获释，然而，10 月 23 日施梯伯在审讯中出面后，当天晚上，他再次被捕，10 月 26 日作为证人而受到审讯，直到 1852 年 11 月底才从关押中释放。不久，他就被解除了国家司法部门的职务。

1853 年上半年，贝尔姆巴赫还与阿尔伯特·埃尔哈德一起参加了为科隆被判罪者分发救济金的工作，他给马克思的最后一封信大概也是在这时写的（文件 763）。1851 年 8 月，可能是由于同盟盟员的裁缝帮工约瑟夫·罗斯被捕，他的住宅再次遭到搜查。

后来，贝尔姆巴赫致力于自由主义运动。——3

435 信封上只写着"医学博士雅科比先生收"这说明，这封信并没有通过邮局，正如雅科比在柏林警察局的审讯中所供认的，这封信是在 1851 年 5 月 25 日的逮捕前直接交到他手里的。雅科比得到亨利希·毕尔格尔斯的警告后，没能来得及采取措施，因此这封信落到了警察局的手里。

信左边的空白处有某个公职人员写下的数字符号，标明信下面的附注：

"（1）B. 指毕尔格尔斯

（2）N. 指诺特荣克

（3）他们指雅科比和毕尔格尔斯

（4）他指毕尔格尔斯"

此外，信的末尾还写着："1851 年 7 月 26 日审讯记录签名者　普费弗尔贝尔姆巴赫　勒文"

以及"1851 年 8 月 6 日审讯记录签名者

亨·毕尔格尔斯［模糊不清］"存于波茨坦国家档案馆，Rep. 30 Berlin C, Tit. 94, Lit. J, Nr. 78, Bl. 5。——3

436 科隆中央委员会于 1851 年 5 月 11 日便已获悉诺特荣克于 5 月 10 日在莱比锡

被捕（见文件628和641）并采取了措施，特别是销毁了所有能够成为罪证的材料。在1851年5月10日彼得·诺特荣克被捕的当天，警方对他进行初步审问之后，于5月11日开始了对他的审讯。在那里他没有说出他同莱比锡同盟盟员的联系。诺特荣克在生病之后，于5月19日和20日继续受审，他供认，亨利希·毕尔格尔斯和彼得·勒泽尔在1850年10月成为某个"共产主义协会"中央委员会的成员，但他否认同盟有任何其他活动，尽管在他那里发现的大量同盟文件和通讯地址已经可以充分说明同盟进行活动。为了能被转移到科隆，他声明仅仅可以向普鲁士当局回答进一步提出的问题。于是，柏林警察厅长舒尔茨来到莱比锡。一次长时间的审讯在诺特荣克又一次病愈之后，于6月30日在有舒尔茨出庭的情况下得以进行。在审讯中诺特荣克声称，从1850年底他就是同盟盟员。关于同盟活动他作了许多招供，这些活动在从他那里发现的文件中，主要是十二月告同盟书中都已经谈到。但是，此外他还供认了毕尔格尔斯、勒泽尔和他自己是同盟盟员。当7月1日要他在这次审讯记录上签名时，他装作神经失常的样子，或者他真的又病了，不管怎样，他没有在他的6月30日的供词上签名。警方为了掩盖这一事实，在报刊上登载了一篇关于诺特荣克做了大量招供的报道。1851年7月8日奥格斯堡《总汇报》第189号上发表的7月6日的莱比锡通讯写道，"德国各个角落的报纸都在报道最近根据这里的刑事当局的要求而进行的住宅搜查和逮捕，当局在被关押在这里的裁缝帮工诺特荣克处搜出了一张名单。人们向我们肯定地说（《德累斯顿新闻通报》的论述看来已证实了这一点），由于在诺特荣克处发现了文件，更由于在各次法庭审讯中他提供了大量供词，不久还会进行更大规模的调查。这个由于受到无休止的、令人厌烦的审讯而屈服的裁缝的口供对当局是有很大价值的，一方面，这些供词是对他那里发现的文件的很好说明，另一方面，其中也包含着一些新的内容。几天前，甚至一个普鲁士刑法参事专门从柏林来到这里，对诺特荣克进行了多次内容广泛又令人厌烦的审讯，审讯结果他是满意的，特别是根据这个在押犯在各次审讯中和审讯后的整个态度，能够比较肯定地得出他的供词是真实的这一结论时，就更为满意了。"审讯直到7月21日和22日才在舒尔茨出席的情况下继续进行。舒尔茨在这期间呆在德累斯顿，不仅从毕尔格尔斯那里得到大量供词，而且还得到一封他写给诺特荣克的信，信中他要求诺特荣克进行招供。这封没有保存下来的信，曾在 1852 年 10 月 11 日科隆共产党人案件的审判中宣读过。诺特荣克证实了他在 6 月 30 日的供词，并对他在汉堡的特使活动作了明确陈述。在舒尔茨离开之后，在 7 月 24 日的下一次审讯中他企图撤销他的一些供词；虽然受到萨克森当局的压力，他没有泄露更多的同盟盟员的名字。——莱比锡审讯的全部记录保存在波茨坦国家档案馆，Rep. 30 Berlin C, Tit. 94, Lit. N. Nr. 67, Bd. 1。1851 年 8 月初，普鲁士政府和萨克森政府就引渡诺特荣克一事达成协议。亨利希·马尔齐乌斯在莱比锡被捕，5 月 12 日威廉·科尔贝克在德累斯顿被捕；在科隆根据在诺特荣克那里发现的文件，5 月 19 日出动大批警察开始进行大搜捕。1851 年 5 月 20 日《科隆日报》第 20 号增刊上发表了下列报道：

"**科隆**，5 月 19 日。今天下午贝克尔博士先生、亨利希·毕尔格尔斯先生和勒泽尔先生的住宅受到长时间的仔细的搜查，据说由于被控告犯了叛国罪，贝克尔博士和勒泽尔已被捕；亨利希·毕尔格尔斯先生逃脱了这次逮捕，因为他不久前去旅行了。这一措施的原因和动机至今不明。"

在 5 月 21 日《科隆日报》第 121 号附刊上发表了对毕尔格尔斯的通缉令，因此 5 月 23 日毕尔格尔斯在德累斯顿被捕。5 月 25 日阿伯拉罕·雅科比在柏林被捕。在 5 月 26 日至 31 日期间，诺特荣克的通讯地址名单上（文件 540）提到的人的住宅几乎全都遭到了搜查，一部分人被逮捕，如弗里德里希·洪特在霍夫，古斯塔夫·法森和奥古斯特·舒尔采在纽伦堡（法森被监禁到 1851 年 10 月中旬），海尔曼·康内吉塞尔和约翰·克里斯蒂安·吕霍夫在柏林，彼得·勒泽尔的兄弟弗兰茨·约瑟夫·勒泽尔在科隆以及弗里德里希·马尔滕斯、威廉·豪普特和卡尔·彼得逊在汉堡。

1851 年 5 月 31 日《科隆日报》第 130 号上报道了警方对斐迪南·拉萨尔的住宅进行的搜查。"**杜塞尔多夫**，5 月 28 日。今天，在专为对亨·毕尔格尔斯等人进行侦查而从柏林派往莱茵地区的警官戈尔德海姆的指挥下，八名警察占据了哈茨费尔特伯爵夫人的住宅，进行了持续六小时的搜查。警察甚

至还没收了一封在搜查时寄到这里的给拉萨尔先生的信，尽管拉萨尔先生对
此表示抗议，因为审讯官只要求对哈茨费尔特伯爵夫人的住宅进行搜查，他
认为警察因此没有权利没收在搜查期间寄给他，拉萨尔先生的信件。(《杜塞
尔多夫日报》)"提到的这封信与玛格达琳娜·毕尔格尔斯有关（文件632），
因此，与被捕的勒泽尔的秘密联系又中断了。

　　豪普特6月6日的叛卖性的供词（见本书第3卷附录，文件8）导致了6
月12日罗兰特·丹尼尔斯在科隆的被捕。在此期间，还有卡尔·冈洛夫在莱
比锡被捕，爱德华·莱梅、约翰·卡尔·哈克、约翰·古斯塔夫·马尔沙夫
斯基、奥古斯特·皮尔施和马尔腾斯在汉堡被捕，6月18日又发生了列斯纳
在美因茨的被捕事件（见文件640）。路德维希·施泰翰本应6月6日在汉堡
被逮捕，然而他当时正在旅行，6月10日，他向警察局投案自首。

　　对当局这种史无前例的做法只有个别批评性评论。1851年6月7日《科
隆日报》第136号上一篇注明6月4日发自汉堡的报道写道："据可靠消息，
由于对立即扩大侦查范围缺少必要的明确的指示，科隆本地的警察局就近几
天进行的搜查提出请求。然而在此期间，本地有五起被捕事件发生，部分发
生在5月31日，部分发生在6月1日，四人尚在狱中，他们都属于工人阶级，
第五个羁押犯（马尔腾斯）被释放，尽管他随后很快再次被捕，然而最终重
获自由。本地当局方面由刑事书记官霍曼博士带领，以极大的努力进行了侦
查。起初人们认为搜查不会取得任何成果，由于他们没收了大量信件，所以
现在自然不会再有人这样认为，但是，说这个'共产主义者的密谋'如果**没
有被发现**，德国的安宁就要受到明显的损害，我们对此仍然十分怀疑。"

　　在6月6日和25日之间，警方还对另外一些人的住宅进行了搜查，如汉
堡的阿道夫·拉弗里，维尔茨堡的安德烈亚斯·罗伊斯、格丁根的约翰奈
斯·米凯尔、格劳豪的卡尔·施特克尔、不来梅的阿道夫·门兴，在策勒的
卡尔·盖尔丁、汉诺威的弗里德里希·施特根，以及普鲁士莱茵省的所有体
操协会，其中包括波恩的路易·库格曼都遭到了搜查。7月25日卡尔·奥托
和威廉·赖夫（见本条注释后面的介绍）在科隆被捕，而雅科布·克莱因则
直到1851年9月25日才被抓获，8月9日库格曼在杜塞尔多夫被短期拘留，

接着，9 月 1 日警方对美因茨的保尔·施土姆普弗进行住宅搜查，约在 9 日，雅科布·施米茨在科隆被捕（见注 450）。

能够从这次逮捕中逃脱的只有 1851 年 5 月初迁居伦敦的斐迪南·弗莱里格拉特，及时离开了什未林的亨利希·迈尔，来自索林根的卡尔·威廉·克莱因和长期过着非法生活并于 7 月 6 日逃往瑞士的约瑟夫·魏德迈。马尔齐乌斯于 7 月从莱比锡逃往伦敦，施泰翰于 9 月 10 日从汉诺威逃往伦敦。

威廉·赖夫是科隆附近的黑默斯巴赫人，自 1842 年起，在科隆先后当过商店学徒、一位律师的抄写员和商人，据说他在巴黎住过一段时间。1848—1849 年革命期间，他是科隆工人协会最积极的成员之一（见文件 309、331、336、341、378 和注 261、262、264）。赖夫大概是 1848 年底或 1849 年初成为同盟盟员的（见文件 384）。革命失败后，他是科隆工人教育协会的书记，直到大约 1850 年中，还兼任共产主义者同盟科隆区部的书记。1850 年夏被开除出同盟（见注 331）。当警察 1851 年 7 月底查明，赖夫在 1850 年春天也参与了抄录中央委员会的 3 月告同盟书（文件 448），便把他逮捕了。搜家时，除了找到工人协会 1848 年的一些文件等等之外，还搜出赖夫 1850 年 6—7 月份的一本笔记，其中记载着他当科隆区部书记的活动。在 1851 年 7 月 27 日的审讯中，他详细地供出了有关三月告同盟书和十二月告同盟书的各个抄件的情况，显然还作出其他叛卖性供词（参看文件 712）。在科隆共产党人案件中，他被判处五年徒刑，这五年他是和彼得·诺特荣克一起在西里西亚的格拉茨要塞度过的。1853 年 12 月他提出赦免请求，1854 年 2 月遭拒绝。

自 1857 年起，赖夫又在科隆工作。1859 年 12 月由于淫乱被通缉，他出走伦敦，加入了工人教育协会。他 1860 年写给马克思和恩格斯的两封请求信发表在《弗莱里格拉特和马克思恩格斯通信集》（曼弗雷德·海克尔编辑和作序），1968 年柏林版第 2 卷第 165—166 页。

1860 年 5 月 7 日，恩格斯写信给马克思："赖夫到这里来了，据他说是李卜克内西、罗赫纳等人要他来的。他指望得到我的帮助，他现在是个街头乐师。我答复他说，由于某些情况我必须先写信同你商量。他似乎对此不十分满意。说你很生气，等等。怎么办？你看这个家伙怎么样？无论如何，我不

可能帮他很多忙。"（《马克思恩格斯全集》德文版第 30 卷第 52 页，参看
《马克思恩格斯全集》中文第 1 版第 30 卷第 55 页）

大约 1860 年 5 月中，赖夫给住在伦敦的弗·列斯纳写了下面的一封信：
"亲爱的列斯纳：

我不紧不慢地来到曼彻斯特，然后去恩格斯那里，他训斥了我一通，并
说不事先给马克思写信商量就无法帮我的忙。我等马克思的答复等了一个星
期，我并非期待什么特别的东西，我干起来的这个行当收效太差了，所以我
决心到处试试，找个其他工作。当然，我把小提琴放弃了，我碰巧把它卖了。

伦敦的答复终于来了，恩格斯告诉我，按照信的意思他无法帮我的忙。
信中说，我在 1850 年就被赶出同盟。这是事实。由于勒泽尔捣鬼，萨尔盖
特、皮埃尔和我当时遭清洗。可是，勒泽尔后来当了叛徒，而我们三人的忠
诚是经得起一切检验的。信中说，我是自冒风险来到伦敦的，李卜克内西或
其他什么人并不知道我的行程。这也是事实。这能在多大程度上构成个罪名，
先姑且不论。还说我使党丢了魂，可惜，这是事实，不过，这也是唯一可以
谴责我的地方。尽管我多方努力，至今还没有找到工作，因为搞不到推荐信，
某些工作又干不成。

我写这封信的目的，是请你为我打通一条路。事情是这样的；我委托科
隆的施塔克，为我向 J. 坎佩尔（滨河路艾加街 2 号）递交几封信件。他是个
督学，人很友善，曾给我辅导过功课。你去他那里问问，是否有我的信，如
果他把信交给你，烦你给我寄来。

无论如何给我来信，因为我打算再次向科隆写信催问；请你片刻也不要
耽搁，从上午 10 时到下午 4 时可以找到康培尔。附上的条子供你用。

赖夫

地址：曼彻斯特圣休谟勋爵街 6 号爱德华·弗罗斯特先生

衷心地问候你们大家。克莱因在做什么？"（阿姆斯特丹国际社会史研究
所，短篇通信）——3

437 本文件为 1851 年 7 月 14 日莱比锡调查局对纽伦堡案卷的摘录。开头是这样
几句话："莱比锡警察局提到的纽伦堡市政厅的案卷 Bl. 81 与对裁缝帮工舒尔

采和玻璃装配工法森的侦查有关，对此，我们作了如下的摘录。"

关于纽伦堡盟员所进行的宣传活动及其被捕的情况见黑尔维希·弗德的"共产主义者同盟纽伦堡支部和 1851 年春天《共产党宣言的传播》"，载于《德国工人运动史论丛》1962 年专刊：《民主德国马克思恩格斯研究论文集》第 165—188 页。——9

438 "**德累斯顿**，5 月 24 日。昨天，文学家、哲学系毕业生**毕尔格尔斯**从科隆到达此地。而几小时后，一个警官便出面宣布他被捕，这是根据科隆王室警察局的要求而采取的一个步骤。（D. V. -H.）"。载于 1851 年 5 月 27 日《科隆日报》第 126 号增刊。——16

439 这是同盟能够散发的最后一张传单。因为它的内容是完全针对黑森大公国、黑森—卡塞尔选帝侯国（黑森选帝侯国）以及符腾堡，所以，它也只能在美因河畔法兰克福地区散发。据查证，这份传单仅于 1851 年 6 月 1 日左右在美因茨和美因河畔法兰克福散发过。关于这次在美因茨散发传单活动的组织安排见文件 527。

传单的作者很可能是约瑟夫·魏德迈，他曾多次对南德意志的政治状况发表过看法，1850 年 1 月中旬，关于这个问题他曾为《新莱茵报。政治经济评论》第 1 期写过一篇通讯，这篇通讯没能保存下来。早在 1 月 2 日他就写信给马克思说："这几乎是令人难以置信的，然而却是真的。在这里，如果说不是所有人，也是大部分人，如果说不是寄予很大的希望，也总还是寄希望于小小的议会，这些议会作为人民代议制的真正的讽刺，在小邦里吸引着人民的注意力，直到那些巨大的猛禽准备将它们吞食掉。"（见《马克思恩格斯全集》历史考证版第 3 部分第 2 卷第 446 页）。特别是传单的作者对法国国内政策的发展所作的评价证明了他很可能知道马克思 1849 年 2 月 8 日在科隆的发言（《马克思恩格斯全集》德文版第 6 卷第 240—257 页，参看《马克思恩格斯全集》中文第 1 版第 6 卷第 286—305 页）和他在《新莱茵报。政治经济评论》上发表的文章。传单的作者采用的论据和风格都以布朗基祝酒词（文件 594）和 1851 年 4 月底散发的《1851 年共产党在德国的要求》（文件 612）为依据。传单所要求与小资产阶级民主派领导人彻底决裂，这完全符合 1850

年中央委员会三月告同盟书（文件448）的纲领路线，统一的、不可分割的共和国的口号的重新提出，也符合1848年三月同盟的革命要求（文件224）。

传单有两个不同的稿本（A稿和B稿）它们由同一个印刷厂印刷，并且同时在美因茨散发。

A稿：波茨坦国家档案馆，Rep. 30 Berlin C, Tit. 94, Lit. H, Nr. 231, Vol. 1——由警察局关于这个小册子的案卷可以看出，它是于1851年6月1日晚在美因茨散发出去的。同时，这个小册子成为《美因茨日报》重印的样本，后来被美因茨的警察局送交德累斯顿的政治警察。在《美因茨日报》附刊上重印这个传单时，在日期1851年6月4日下面有这样一段说明：这份传单**"昨夜已在本城散发"**，在重印的传单之后是一篇政治上反动的否定性的评论。

以摘引《美因茨日报》为由，1851年6月5日《科隆日报》第134号增刊上作了如下报道：**"美因茨，6月3日。昨夜又有一赤色的、题为《民主主义和小邦分立主义》的传单在本城街道上大量散发。拿起武器消灭各邦政府，建立一个永久的不可分割的德意志共和国，这就是它号召达到的目标。"**

B稿：梅泽堡德国中央档案馆 AAI, Rep. 4, Nr. 2070, Bd. 29, Bl. 267。——这个小册子1851年6月3日被美因茨要塞司令冯·沙克少将送给普鲁士国防部长奥古斯特·威廉·冯·施托克豪森。冯·沙克说，"近几天"小册子曾在美因茨散发；他还说，"本地警察局几乎没有可能追踪这类宣传品的散发者，何况传单的大部分内容还是民主主义的。"见梅泽堡德国中央档案馆 AAI, Rep. 4, Nr. 2070, Bd. 29, Bl. 266。

警察局保存的一份与在美因河畔法兰克福散发的传单的副本存于黑森威斯巴登首府档案馆，Abt. 5, Nr. 264, fol. 79/80。

我们以A稿为依据刊印，与B稿的少量差异在脚注中注明。并见卡尔·奥伯曼："关于1850年和1851年共产主义者同盟在德国的宣传活动和散发传单的活动"，载于《德国工人运动史论丛》，1971年第5期第792—793页。——17

440 1851年春天在美因河畔法兰克福重新建立了联邦议会。正如这份传单对当时历史趋势所作的卓有远见的估计，所谓的联邦议会的反动委员会直到1851年

8月23日才建立起来，它的任务是：使德国各邦的宪法再回复到1848年和1849年革命**前**的状态。——18

441 在所提到的自由主义或民主主义反对派的代表中，莱纳（他在1848年曾为法兰克福五十人委员会的委员），弥勒-梅尔希奥尔斯属于达姆施塔特的黑森州第二议院，罗伯特·冯·莫耳和绍德尔在1848和1849年都曾是国民议会的议员，绍德尔还曾是斯图加特残阙议会的副议长。——19

442 科隆中央委员会存在期间，约瑟夫·魏德迈曾多次前往科隆，如1850年12月中旬即分发十二月告同盟书（文件553）的时候，以及1851年3月中旬，起草《新杂志》出版启事（文件597）的时候。这封信提到的在科隆的最后一次逗留是在1851年5月底或6月初，他是在美因河畔法兰克福获悉彼得·诺特荣克、海尔曼·贝克尔和亨利希·毕尔格尔斯被捕的消息之后，才开始这次旅行的，也就是说，最早是在5月25日左右。

魏德迈本打算迁居科隆，以便参加《新杂志》的出版工作，另外，为了维持家庭生活，准备出版《美国石印通讯》，（并见文件644）。显然，这个计划由于大规模的逮捕而没能实现。——24

443 魏德迈于1851年5月底或6月初在科隆逗留期间（见注442）讨论了逮捕开始后，同盟下一步的工作（见注436）。由于海尔曼·贝克尔、亨利希·毕尔格尔斯和彼得·勒泽尔都已被捕，斐迪南·弗莱里格拉特正在伦敦，所以同魏德迈一起讨论的主要有罗兰特·丹尼尔斯、卡尔·奥托和阿道夫·贝尔姆巴赫。

把中央委员会重新迁往伦敦，在科隆只保留一种对德国同盟支部的行动上的领导，这个想法在简短的意见交换中占有一定位置。伦敦总区部对这个问题的态度仅从恩格斯1851年7月9日给恩斯特·德朗克的信中（文件646）就可以看出，而关于中央委员会地址的迁移或科隆中央委员会的解散则没有作出决定。

显然，丹尼尔斯作为最后一个被捕的中央委员会成员曾委托贝尔姆巴赫随机应变地继续工作，贝尔姆巴赫为此不断征求马克思的意见，如1851年秋天关于发布新的中央委员会告同盟书问题的考虑（见文件655）。魏德迈在离

开欧洲之前的最后一封信中（文件662）还希望伦敦总区部与美因河畔法兰克福和斯图加特各支部建立联系。——25

444 这份文件是列斯纳于1853年2月22日至1856年1月24日在格劳登茨和银山坐牢期间所写日记的摘录。日记共有16册，分为四个部分。第一部分（1—6册），第二部分的7—9册是在格劳登茨要塞写的，第二部分的第10册以及第三部分（11—13册）和第四部分（14—16册）是在银山要塞写的。此外，在最后一册中还包括了列斯纳在1895年所作的追记，其中概括地记述了从他1856年1月27日获释到1856年5月迁居伦敦的这段时间的情况。日记中除了记载了日常发生的事情，还包括列斯纳在他被捕期间写的和接到的信件的抄录。

关于他在坐牢期间的态度他写道，"我做这些事情，并没有感到有失尊严，我觉得我是在为正义的事业而受苦受罪。我置一切匮乏于不顾，我懂得忍受那些必然发生的和不可避免的事情。我认为，只有这样才能考验一个人能不能为自己的原则而牺牲，能不能遭受不幸而不抱怨，不诉苦。是的，虽然我的健康因此受到很大损害，但我还是满意地承认，我为能够忍受这种牺牲而感到自豪，尽管我的处境有时会使我感到绝望，尽管我很孤独，没有帮助，没有办法，没有钱，没有安慰。但是，为正义的事业而受苦的思想也使我受到很大的鼓舞。如果谁没有或者不可能有这种觉悟的话，那他在这种情况下就必然会遭到毁灭。的确，我要大声地和公开地说，在我所处的这种谁不亲身经历就不会理解的可诅咒的境况，保持一个人原来的样子是很不容易的。如果我能把当时所想到的一切全都记下来，我将会感到我是无比的富有"。

列斯纳日记的其他摘录见文件709。——并见列斯纳《狱中日记》摘录，载于《近代和现代史》（莫斯科），1958年第2期第129—147页。——伊·米·西涅尔尼科娃《列斯纳传》1984年人民出版社版第49—67页。——31

445 贝尔姆巴赫对斐迪南·拉萨尔的态度完全是科隆同盟盟员经常采取的态度（见注308和411）。大约于1851年5月底或6月初拉萨尔同贝尔姆巴赫见过面。马克思曾托拉萨尔打听继续出版《文集》的可能性，他在1851年6月26日给马克思的信中写道："此外，我路过科隆时听贝尔姆巴赫说，虽然贝克尔被捕，但在那里继续出版后面的分册或许还有可能。

我希望给你帮助，但不能如愿以偿，你不知道我是多么遗憾。[……]

你对逮捕和诉讼案怎样看？但是，事情发展得比我所担心的要顺利。那些文件在《科隆日报》（引自《德累斯顿新闻通报》）发表，这并没有引起对我们的带有煽动性的计划的严重恐惧，而对我们只会有利，无论从法律方面对被告来说，也无论是对党来说都是有利的。[……]

可怜的毕尔格尔斯使我感到十分难过，他在这一案件中是最倒霉的。部分地是因为就他整个个人来说他所受拘留之苦最甚，部分地是因为萨克森人虽然最终决定引渡他，但只是有保留地这样做，因此，当他在普鲁士获释之后还要被送回去，以便提交萨克森法庭，他所面临的这次逮捕看来只有革命才能使它结束。最近我虽然写信告诉你，我曾受到他的伤害，本想同他闹翻，但是，当我知道了他遭受的打击之后，当然就把个人之间的这一切琐事立即都忘掉了，因此，在我的记忆中只保留我们的友好关系，这一案件确实使我非常伤心。"载于《斐迪南·拉萨尔。遗著和书信》（古斯达夫·迈尔编），1922年柏林版第3卷第32页。——40

446 商人威廉·施特龙多年来是马克思和恩格斯的亲密朋友。不能肯定他是否是共产主义者同盟盟员。马克思至迟在1849年5月在汉堡同他结识。1849年夏天施特龙和科隆的斐迪南·弗莱里格拉特共同为被驱逐出巴黎的马克思筹集去伦敦的路费。施特龙曾参加科隆工人教育协会的工作，直到1850年为止。从1850年年中至1851年初他主要住在布拉德福德，在那里他同格奥尔格·维尔特，后来同恩斯特·德朗克和威廉·艾希霍夫（见本条注释后面的介绍）一起工作。在曼彻斯特他经常同恩格斯和威廉·沃尔弗会面。

如这封信所表明的，施特龙在1851年夏天就通过掩护性地址帮助马克思同他在科隆的朋友联系。这种帮助一直继续到1852年末，主要是在共产党人案件期间。马克思也试图利用施特龙的关系把《揭露科隆共产党人案件》偷偷带往德国。1860年施特龙从汉堡为马克思的论战性著作《福格特先生》收集资料。1865年他同汉堡出版商奥托·迈斯纳取得联系，并交涉关于《资本论》的出版合同问题。

柏林的法学家、书商威廉·艾希霍夫于1857年冬天在汉堡结识了前同盟

盟员弗·马尔滕斯，并在汉堡的工人教育协会工作过。1859年底，艾希霍夫
受到威·施梯伯的控告，因为他1859年9—10月间在由哥·金克尔出版的
《海尔曼》周报（伦敦）上用《施梯伯》的标题发表了柏林通讯，在这些通
讯中，他批评了普鲁士警察制度，同时也提到1852年的科隆共产党人案件。
恰恰是这些段落被《海尔曼》编辑部大加删削。虽然如此，《海尔曼》的编
辑海尔曼·尤赫请求马克思协助。马克思让尤赫把他的《揭露科隆共产党人
案件》、《福格特先生》和其他材料及建议转送艾希霍夫供案件使用。于是，
施梯伯在科隆共产党人案件中所起作用的问题，在1860年初柏林的施梯伯—
艾希霍夫案件中，产生很大影响，以致马克思谈到共产党人案件的再版。见
马克思1859年12月20日给恩格斯的信（《马克思恩格斯全集》德文版第29
卷第528页，参看《马克思恩格斯全集》中文第1版第29卷第507页）。艾
希霍夫被判处14个月的徒刑，他提出上诉，并于1860年在柏林出版了他的
《柏林警察剪影》一书的前两集（作为小册子），书中详细地使用了马克思的
《揭露》。1861年1月，上诉法院确认了地方法院的判决，而该判决在1861年
2月又增加到两年徒刑。艾希霍夫逃往英国，在轮船启航前，前同盟盟员克
劳斯·里彭把他藏在基尔附近的加尔登。因此，《柏林警察剪影》的第3集是
献给里彭和马尔滕斯的，这一集以及第4集于1861年在伦敦出版。艾希霍夫
在由柏林出逃前夕，与马克思建立了通信联系，到伦敦后结识了马克思本人，
并参加了伦敦工人教育协会的工作。1866年获大赦返回柏林，后来成为第一
国际和社会民主党的积极成员。——见 И. П. 奥索波娃"威廉·艾希霍
夫——第一部第一国际史专著的作者"，载于《马克思主义和国际工人运动
史。纪念第一国际成立一百周年》1964年莫斯科版第379—417页；海迪·沃
尔弗"威廉·艾希霍夫和卡尔·马克思。论19世纪五六十年代德国工人运动
的连续性"，载于《历史杂志》1970年第2期第197—208页。——51

447 这封信没有注明日期。由于贝尔姆巴赫通知说，毕尔格尔斯在七个星期前就
已被捕，所以写信的日期大概是1851年7月10日前后。7月13日马克思在
给恩格斯的信中提到，他从科隆的路易·许勒尔（大概是路易·舒尔茨，即
贝尔姆巴赫提到的一个掩护性地址）那里得知，毕尔格尔斯从德累斯顿写了

一些很伤感的信（见文件648）。1851 年 7 月 17 日马克思把贝尔姆巴赫的信寄给恩格斯（见文件650）。——58

448 马克思在 1851 年 7 月 13 日以前从米凯尔那里（可能是通过他给威廉·皮佩尔的信）得知 7 月初在格丁根发生的事情（见文件648）。看来马克思在得到这一消息后立即给米凯尔写了信，米凯尔的这封信是对马克思的那封没有保存下来的信的答复。

在注明日期时出现了困难，因为马克思和恩格斯的提到米凯尔的那两封信（文件650 和652），日期也不确切。由于马克思是在 7 月 17 日左右把米凯尔的信寄给恩格斯的，所以这封信是在 17 日以前几天写的。

在第一次发表时，伯恩施坦为米凯尔的信注明的日期是 1851 年 7 月下半月（见爱德华·伯恩施坦"约翰奈斯·米凯尔给卡尔·马克思的信"，载于《新时代》（斯图加特）32 年卷，1913—1914 年第 2 卷第 66—69 页。）除了米凯尔的原稿，还存在一份 19 世纪的复制件（莫斯科苏共中央马列主义研究院中央党务档案馆 f. 1, op. 5, d. 397），根据这一复制件，收信人姓名地址是："寄 M-x"。

关于米凯尔对 1850 年 3 月中央委员会告同盟书（文件448）的考虑，并见文件652。——63

449 这种想法在 1848 年 8 月召开的莱茵地区民主主义者科隆代表大会（见文件283 和285）上就已经起过重要作用。1849 年 8 月 4 日哥特弗里德·金克尔在拉施塔特军事法庭上的辩护词偏离了民主主义者代表大会的这些讨论。这就促使马克思和恩格斯在他们的《哥特弗里德·金克尔》（载于《新莱茵报。政治经济评论》第 4 期）一文中作出下面的论述："金克尔先生同样还向军事法庭告发了自己的党：他谈到把莱茵河左岸划归法国的计划，并表白自己同这些罪恶的计划毫无关系。金克尔先生明明知道，把莱茵省并入法国只是在以下意义上说的：莱茵省在革命同反革命进行决战中将无条件地站在革命一边，不管代表革命的是法国人还是中国人。"载于《马克思恩格斯全集》德文版第 7 卷第 300 页（参看《马克思恩格斯全集》中文第 2 版第 10 卷第403 页）。

18 世纪末,美因茨的雅各宾派就已经遇到同样的问题。马克思在 1856 年还提起过这件事,因为在当时还存在的共产主义小组中重新讨论了这个问题(见文件 786 和马丁·洪特"关于德国工人运动从共产主义者同盟到爱森纳赫党的发展过程。1856 年的策略讨论",载于《德国工人运动史论丛》1969 年第 4 期第 603—619 页)。——106

450 雅科布·施米茨是科隆—亚琛铁路的火车司机。当 1850 年 9 月科隆工人教育协会被警察局解散之后(见注 319),他同海尔曼·贝克尔、亨利希·毕尔格尔斯、亨利希·汉森、彼得·诺特荣克、彼得·勒泽尔、卡尔·施奈德第二等人参加了一个定期在"楚姆拉姆"酒店举行"社交集会"的小组。至迟是从 1851 年年中起,施米茨利用他的工作之便,秘密寄发从科隆途经布鲁塞尔至伦敦的邮件。卡尔·威廉·克莱因对施米茨的高度评价(见文件 765)清楚地说明了他的盟员资格。施米茨大约在 1851 年 9 月被捕(见文件 667 和 668),10 月底警察局对他的工作地点科隆莱茵铁路车站锻工房,也进行了搜查,但最迟是在 1851 年 11 月初,由于缺乏证据不得不把他释放(见文件 672)。

虽然施米茨在以后几年不断受到警察局的监视,在警察局的压力下,他于 1852 年 8 月被铁路解雇,他是在莱茵地区继续发扬共产主义者同盟传统的人之一;这时他同杜塞尔多夫的古斯达夫·莱维保持特别密切的联系。1852 年 5 月 9 日,为纪念杜塞尔多夫街垒战三周年,在杜塞尔多夫的内安德尔洞穴举行了一次秘密集会,参加者有来自科隆、埃尔伯费尔德、索林根等地的 30 人,施米茨是其中之一。在这几天他还拜访了侨居美国的同盟盟员卡尔·威廉·克莱因在索林根的妻子(见杜塞尔多夫国家档案总馆,杜塞尔多夫政府、警察总局、警察局周报第 831 号)——并见文件 765。1853 年初他还拜访了杜塞尔多夫的莱维、斐迪南·基希尼阿维等人,这两个人都是 1857 年 6 月 21 日在索林根地区的格隆嫩堡森林中举行的秘密集会的参加者,施米茨从科隆带泥瓦匠约翰·施塔克前去参加。在这之后警方对施米茨在科隆的住宅进行了搜查,但毫无收获(见杜塞尔多夫档案总馆,杜塞尔多夫政府、警察总局、警察局周报第 802 号,Vol. 49,Fach 35,Nr. 4。——106

451 关于迁居美国的必要性,魏德迈在 1851 年 7 月 27 日给马克思的信中已经谈到，其中写道："请你写信告诉我，我在美国可以怎样来为你们做些事情，因为如有可能，我将在纽约呆下去。"载于莫斯科苏共中央马列主义研究院中央党务档案馆，f. l, op. 5, d. 393。

关于这件事马克思于1851年8月1日左右写信给恩格斯说："魏德迈想到美国去，看看是否能够把现在为芬讷尔·冯·芬讷贝格所掌握的纽约《工人报》弄到自己手里。如果他在纽约能站住脚，那么，他在那里无论如何比在伦敦对我们有用得多，在伦敦只会使麻烦更多。我们在纽约正缺少一个像他这样可靠的人，而且纽约也终究不是在天涯海角；对魏德迈，可以相信一旦有必要他马上就能回来。"载于《马克思恩格斯全集》德文版第27卷第294页（参看《马克思恩格斯全集》中文第2版第48卷第329—330）。

马克思在1851年8月2日给魏德迈的信中写道："既然不可能把你留在这里，那么，我当然非常希望，至少在你动身以前同你见见面，和你谈一谈。

但是，你既然要去美国，那么现在正是最好的时机，既可以在那里谋生，又能对我们党有所帮助。[……]

如果你当了编辑，我们将全力支持你的工作。[……]

如果你在纽约掌握不了《工人报》——如能掌握，当然是最好不过了——，如果你因而将不得不同《国家报》进行谈判，那么你就要提防你的朋友卡普，他正在那里活动。我们手头有材料证明，这个家伙——我不知道由于什么原因——是反对我们的主要阴谋家之一。"载于《马克思恩格斯全集》德文版第27卷第565、567页（参看《马克思恩格斯全集》中文第2版第48卷第331—332、334页）。——107

452 施拉姆于1851年6月底或7月初未经马克思同意，持外国护照到了巴黎。魏德迈提到的报上的消息显然是伪造出来迷惑警察局的。但是，施拉姆在9月3日或4日由于所谓的德法密谋在巴黎被捕，以致在那里没有能够同魏德迈见面。

所谓德法密谋情况如下，普鲁士警察局于1851年8月初得到宗得崩德文件（"狄茨档案"）之后，把密探查理·弗略里（真名卡尔·弗里德里希·奥古斯特·克劳泽）以施米特为化名派往巴黎。弗略里同数月来就在那里活动的、与普鲁士驻巴黎公使埃德蒙·冯·哈茨费尔特伯爵和法国警探律西安·德拉奥德一起工作并与担任宗得崩德巴黎区部委员会领导的普鲁士密探茹利安·舍尔瓦尔（真名约瑟夫·克雷默）取得联系，并积极开展冒险的密谋活动（并见文件744），以便用这种方法制造策划中的科隆共产党人案件的罪证材料。当时宗得崩德在巴黎有四个支部，在斯特拉斯堡、瓦朗谢讷和梅斯有小组。除了舍尔瓦尔，特别还有约瑟夫·吉佩里希（盟内用名：伊斯波尔廷）、路德维希·亨利希·奈特、安德烈亚斯·谢尔策尔、弗里德里希·威廉·蒂茨、约翰·格奥尔格·莱宁格尔和奥古斯特·于伯尔（全都是裁缝帮工）进行活动。吉佩里希有一段时间在瓦朗谢讷活动，6月来到斯特拉斯堡；1851年8月蒂茨被派往汉堡；莱宁格尔在前几天被派往美因茨，途经斯特拉斯堡，同不伦瑞克有书信联系——见格奥尔格·艾克特"共产主义者同盟（维利希—沙佩尔集团）书信选集"，载于《社会史文库》1965年汉诺威版第5卷第283—316页。

9月初威廉·施梯伯、格赖夫和普鲁士其他警官来到巴黎，同巴黎警察局长波拿巴主义者卡尔利埃进行磋商。对波拿巴主义者来说，在举行十二月二日政变的前夕得到揭露"共产主义者"密谋的建议是非常及时的。于是就产生了所谓的德法密谋的计划。警察在9月3日和4日采取了一次大规模的行动，当时有150名德国人、匈牙利人、意大利人和其他外国人以及26名法国人被捕。吉佩里希于9月5日在斯特拉斯堡被捕，莱宁格尔于9月7日在美因茨、蒂茨于10月初在汉堡被捕。——并见马克思1860年6月2日前后给斐迪南·拉萨尔的信，载于《马克思恩格斯全集》德文版第30卷第541—543页（参看《马克思恩格斯全集》中文第1版第30卷第539—542页）。9月3日，于伯尔得以逃往伦敦。被捕者到9月底大都重新得到释放，但许多人被驱逐出法国。宗得崩德的成员一直被拘留到1852年2月审讯时，其中一些人获释，舍尔瓦尔和吉佩里希被判重刑，但此后不久，在警察局的帮助下脱逃（见文件706）。

1860年初，当马克思为他的论战性著作《福格特先生》收集材料时，又回到舍尔瓦尔在同盟中充当警探的事情上来。1860年2月2日，卡尔·沙佩尔写信给马克思，对他提出的一些具体问题答复如下：

"1. 所谈到的舍尔瓦尔是由地区委员会吸收入盟的，1848 年前通常采用这类方式。我是委员会成员，接受他时我在场，如果我没弄错的话，那是 1847 年春天的事；

2. 舍尔瓦尔 1848 年 7 月来过科隆，但是只停留了大约两个小时。他是早 5 点到达的，乘科隆—亚琛的头班火车去列日。

3. 我从未听说，由我或维利希签署过的通告信寄往巴黎。维利希和巴黎人有书信来往，所以，有可能在被捕者那里发现了维利希的信件。

4. 舍尔瓦尔被逐出伦敦工人协会并被宣布为可耻的人，这件事发生在什么时间，我记不起来了，因为我当时极少参加会议。不过，协会里保存的那个时候的记录应该有此记载。

5. 关于舍尔瓦尔在瑞士的胡作非为，我一无所知。"（莫斯科苏共中央马列主义研究院中央党务档案馆，f. 1, op. 1, d. 1414.）

另见文件 733 以及马克思《科隆共产党人案件》有关舍尔瓦尔的那一章（《马克思恩格斯全集》德文版第 8 卷第 418—430 页，参看《马克思恩格斯全集》中文第 2 版第 11 卷第 485—500 页）。

把德法密谋说成是同共产主义者同盟有关的这一企图，早在巴黎案件时就已受到马克思的驳斥（见文件 697），并在科隆共产党人案件中把它挫败。见马克思《科隆共产党人案件》第三部分，载于《马克思恩格斯全集》德文版第 8 卷第 418—430 页（参看《马克思恩格斯全集》中文第 2 版第 11 卷第 485—500 页）。

1851 年 9 月在巴黎被捕的人中间还有康拉德·施拉姆（见文件 660、661、662 和 665）；由于证据不足，他于 10 月底被释放，并被驱逐出法国（见文件 675）。——108

453 这封信没有注明日期。后来由别人在原件上补记了 1851 年。这里指的是附在 1851 年 9 月 13 日马克思给恩格斯的信（见《马克思恩格斯全集》德文版第 27 卷第 340 页，参看《马克思恩格斯全集》中文第 2 版第 48 卷第 388 页）中和恩格斯在 9 月 23 日给马克思的回信（同上书，第 342—343 页，参看《马克思恩格斯全集》中文第 2 版第 48 卷第 390—391 页）中讲过一些批评意见的那封德朗克的信。

德朗克的信有一些对同盟盟员和革命民主主义者的极其主观的评价，这些评价既没有通过其他材料来证实，也没有通过所提到的人物的进一步发展来证实。——109

454 德朗克注明的日期"8 月 7 日"显然是 9 月 7 日之误。说明这一点的是：其内容同在 8 月底左右所写的文件 657 相吻合，以及 1851 年 8 月中雅科布·沙贝利茨还在伦敦，最早是 8 月底才能在日内瓦拜访德朗克。

当第一次在《同时代人》第 417—418 页上发表时，使用了 8 月 7 日这一错误的日期。——111

455 莱茵河畔米尔海姆的雅克布·克莱因曾在波恩和海德堡学医，在柏林获得博士学位，此后又有半年时间在巴黎深造，后来在科隆开业，成为施诊"外科医生和助产士"，在那里他同卡尔·德斯特尔建立了密切联系。克莱因在革命期间的活动完全不为人所知，但是斐迪南·弗莱里格拉特在他 1848 年 10 月 22 日给威廉·沃尔弗的信中已经把他同罗兰特·丹尼尔斯和兰伯特·哈根一起看作亲密的朋友（见《同时代人》第 271 页）。在革命失败之后，克莱因通过一些私人关系（他同彼得·诺特荣克和彼得·勒泽尔是同学，同亨利希·毕尔格尔斯和丹尼尔斯是大学同学）参加了科隆工人教育协会的工作（见注 221），1849 年底或 1850 年初也成为共产主义者同盟盟员。勒泽尔后来的相反的供词（见本书第 3 卷附录，文件 6）起到了保护克莱因免受新的警察迫害的作用，因为克莱因在科隆案件中按照约定否认自己参加了同盟。克莱因在 1850 年春天参加抄写了中央委员会三月告同盟书（文件 448）的工作，1850 年底至 1851 年初科隆中央委员会利用他的地址进行了部分通讯联系。当 1851 年 5 月底掀起迫害共产主义者同盟盟员的浪潮时（见注 436），克莱因逃离科隆，但 1851 年 9 月 25 日被捕（1851 年 9 月 30 日奥格斯堡《总汇报》第 273 号附刊上发表了它的科隆通讯员 9 月 26 日的一则报道，其中说道："医学博士克莱因今天在这里被捕，同时被指控参加了共产主义者密谋。在这里人们认为，无论这里的逮捕，还是巴黎的逮捕，都是由于所谓的男爵公主贝克的告密引起的，由于她的告密人们才注意到裁缝诺特荣克的使命。据说，提到的这个人在伦敦同马克思及其少数忠实的追随者有过非常密切的来往。"匈牙利的威廉明娜·冯·贝克公爵夫人大概是奥地利和英国警察局的密探，不久前死于英国监狱）。这时，警察局不仅掌握了威廉·豪普特的供词（其中谈到利用克莱因的地址，见本书第 3 卷附录，文件 8）。而且也掌握了在监狱中一度同海尔曼·贝克尔、丹尼尔斯和勒泽尔有过联系的一个警探的证词（见梅泽堡德国中央档案馆，Rep. 77, Tit. 505, Nr. 16, Bd. 1）。经过 14 个月的审前羁押，克莱因于 1852 年 11 月在对科隆共产党人的审判中获释。他在以后数年曾任卫生顾问，并作为科隆市议员进行活动。

克莱因同马克思和恩格斯始终保持友好联系；1861 年 5 月马克思曾在科隆拜访过他，恩格斯在 1869 年 12 月拜访过他。1865 年，克莱因帮助散发恩格斯的文章《普鲁士军事问题和德国工人党》——见《第一国际在德国（1864—1872 年）。文件和资料，1864 年柏林版第 45 页。——119

456 所谓的举借革命公债的计划出自朱泽培·马志尼。卡尔·叔尔茨和哥特弗里德·金克尔就参加这一行动的问题同他进行了商谈，但是，条约的一些细节在金克尔的朋友们中间没有取得一致意见。最后，金克尔、奥古斯特·维利希和小资产阶级民主主义者，以及当时的法兰克福国民议会议员奥斯卡尔·赖辛巴赫伯爵于 1851 年年中在伦敦建立了一个"为促进即将来临的共和革命而举借国民公债"临时委员会，当时《曼海姆晚报》的编辑约瑟夫·菲克勒尔、奥地利革命者汉斯·库德利希以及法兰克福议会议员卡尔伯的威廉·勒韦医生也参加了这个委员会。他们试图尽量多争取一些著名民主主义者作所谓的革命公债的"保证人"。在伦敦和瑞士（叔尔茨曾去那里）的许多革命流亡者首先表示同意，其中也包括约翰·菲利浦·贝克尔、新闻工作者埃拉尔德·比斯康普（他曾在卡塞尔为《大胡蜂》撰稿）、莫泽斯·赫斯、彼得·伊曼特、爱德华·泰奥多尔·耶克尔、奥托·吕宁，前青年黑格尔派的爱德华·梅因和卡尔·瑙威尔克（前柏林大学语言学讲师，1848 年法兰克福国民议会议员，1851 年 6 月 2 日被缺席判处死刑），古斯达夫·阿道夫·泰霍夫和维克多·席利；卡尔·德斯特尔的名字也曾在这件事情上被提到过。

　　虽然共产主义者同盟坚决拒绝和反对金克尔的政治上荒谬的冒险活动，但马克思要求同盟盟员和在革命公债方面任职的其他政治上的朋友保留这些职务，并在保证人代表大会上和其他场合起革命的作用。

　　1851 年 9 月金克尔到了美国，为的是首先在那里的德国移民中募集 200 万美元。他在美国逗留的将近半年期间，海德堡的前律师、维护帝国宪法运动的参加者格奥尔格·希尔盖特纳作为秘书陪同。金克尔的行动在政治流亡者的不同圈子中引起激烈争论；弗里德里希·安内克是支持他的人之一，而亨利希·伯恩施太因则特别对他进行了批评。金克尔未经本人同意也把阿道夫·克路斯列为美国的革命公债保证人；克路斯接受马克思的劝告，最初容忍了对他名字的乱用，后来他不得不公开提出抗议（指克路斯针对哥特弗里德·金克尔于 1852 年 2 月 3 日在辛辛那提召开的所谓德美革命公债的旅美保证人代表大会而写的抗议书。在这个声明中，克路斯根据马克思的指示，揭露了公债是冒险的举动，并抗议金克尔集团为了自己的利益而使用推销公债所募集到的款项。抗议书发表在纽约的《体操报》上，克路斯于 1852 年 2 月底将原件寄给了马克思）。克路斯力求贯彻一条与金克尔相对立的革命路线，在这方面他特别得到符腾堡的前教师、1848—1849 年革命的参加者雅各·胡策耳的支持。

　　1852 年 1 月底至 2 月初国民公债运动分别在辛辛那提和费城召开了两个分立的代表大会。金克尔领导的代表大会在辛辛那提举行，安内克是大会秘书，只有 8 名代表参加，金克尔以此作为他在美国一些城市（这些城市拥有 1000 多个所谓的德国革命协会）大肆游说的后一半旅行的起点。波士顿革命协会在费城组织的相对立的代表大会由阿曼特·戈克和菲克勒尔领导；受克路斯的委托，来自海尔布隆的画家弗兰茨·阿尔诺德参加了这次大会。在这次会上建立了美国援欧革命同盟。

　　虽然在金克尔和戈克之间展开论战，但他们两人最后一起到美国各地旅行。然而，很快就表明，那些雄心勃勃的目标只是幻想。大约就在这时，拉约什·科苏特在美国为所谓的匈牙利革命化募集了 10 万多美元，而金克尔得到的几乎不到这个数目的 10%。在保证人中间出现了新的冲突，这一冲突一

方面通过惠灵的代表大会，另一方面通过赖辛巴赫的通告表现出来。1852 年
9 月的惠灵代表大会是由美国援欧革命同盟组织的，现在它的名称改成援助
新旧大陆人民同盟。这次代表大会通过了一个极端混乱、空无内容的"宣言"
（见《纽约晚报》，1852 年 9 月 30 日第 634 号），参加大会的除其他 15 名代表
之外，还有过去的同盟盟员威廉·罗特哈克尔。这一组织后来不曾起过任何
政治性作用。

　　1852 年 10 月底举行了一次居住伦敦的保证人会议，伊曼特参加了这次会
议，他向马克思作了汇报（见马克思 1852 年 10 月 28 日给恩格斯的信，载于
《马克思恩格斯全集》德文版第 28 卷第 171—172 页，参看《马克思恩格斯全
集》中文第 1 版第 28 卷第 171—172 页）。这次讨论的结果是，赖辛巴赫于
1852 年 10 月 28 日在伦敦发表了作为通告散发的声明，即必须把还保留的款
项（整整 1000 镑）退还给捐款人，因为没有希望进行一场共和主义革命，计
划创办一家报纸的事也不能实现。赖辛巴赫的声明首先是针对金克尔和维利
希的。伊曼特和克路斯在以 "（x）" 为标志的尖锐声明《金克尔公债和人民
同盟》（见 1852 年 11 月 22 日《费城民主主义者报》第 59 号）中，反对把钱
交给戈克的援助新旧大陆人民同盟。约瑟夫·魏德迈在这整个期间都坚决反
对国民公债运动，斐迪南·弗莱里格拉特也以他的诗篇《致约瑟夫·魏德迈》
来支持魏德迈的这一行动，魏德迈在 1852 年 12 月 1 日《体操报》（纽约）第
16 号上发表了《"国民公债"的破产》一文，其中说道："当我在几个月前对
走遍我们大陆四面八方的小资产阶级鼓动家行动的结果作出预言（这种预言
很快就得到了证实）时，各方面都起来反对我，对这种亵渎进行咒诅。
［……］可是要预见到处都有人大力宣传的国民公债的悲惨结局，并不需要具
有预见天才。它的破产现在已被泰霍夫、赖辛巴赫和一部分保证人公开承认，
连金克尔和维利希也委婉地承认了这一点。在浪费了数千美元之后，问题不
再是如何使用'国民公债'的问题，而是如何摆脱对此所负的责任的问题，
一部分人想把这笔钱交给'革命同盟'或'人民同盟'，另一部分人想把它
存入银行，直到'适当的时候'，还有一部分人想干脆退还给捐款人。
［……］但愿'国民公债'的命运至少对于未来能够起到向工人敲一警钟的

作用，使他们避免这样浪费他们为数很少的资金。"

维利希在1853年春天到达美国后打算继续进行募捐活动，但没有取得成果（见文件765）。

金克尔终于把没有用于宣传开支、旅费和各种传单等等的款子存入英国银行。直到1866年他迁居苏黎世之后，才在几个积极的民主主义者的推动下把这笔钱交给了苏黎世的一个委员会，这个委员会由拉登多夫、瑙威尔克和在1848年革命中出名的民主主义者约多库斯·泰梅领导。对外主要是由拉登多夫出面，他在革命中曾在柏林领导一个人民联合会，1853年春由于威廉·施梯伯和警探尤利乌斯·亨策组织的反对柏林卫生联合会的密谋而被捕，1854年被判处五年徒刑。1866年拉登多夫作为资产阶级民主派的德国人民党领导人同奥古斯特·倍倍尔取得联系，1867年作为代表参加了第一国际洛桑代表大会，1868年参加了德国工人协会联合会纽伦堡代表大会。1869年春倍倍尔收到拉登多夫分期交付的3500法郎，作为对联合会机关报莱比锡《民主周报》的支援（柏林的《未来报》也收到5000法郎）。社会民主主义工人党成立以后，1869年9月和1870年2月该党领导人还从拉登多夫那里得到总计3000法郎，此后，根据第一国际巴塞尔代表大会的决议，同拉登多夫的资产阶级民主主义工人党决裂。——并见倍倍尔和李卜克内西关于这一事件的详细证词，载于《1872年的莱比锡国事犯审判案》（卡尔-海因茨·莱蒂希凯特主编并作序），1960年柏林版。——136

457 魏德迈在纽约出版的《革命》周刊仅仅在1852年1月6日和13日出版了两期，每期8页。这是在美国的第一家马克思主义杂志。关于杂志的创办见文件681。两期都以《1845—1847年的商业危机的历史。以卡尔·马克思文章为依据》为标题，其内容包括《新莱茵报。政治经济评论》第5—6期上的《时评。1850年5—10月》一文的一部分，《共产党宣言》（文件202）中的《无产者和共产党人》一节，以及魏德迈的《政治瞭望》、《欧洲的政党》和下面一段话："《革命》从1月起每星期六并在前《新莱茵报》编辑马克思、恩格斯、弗莱里格拉特等人的协助下由署名人的编辑部出版。本刊物的任务是：尽量清晰地描绘出一幅在旧大陆日益尖锐的以消灭一切阶级差别为目的的阶级斗争的图景，使它的读者能够不断了解在不同民族和人民阶层的工商业关系中的各种变化，以及在他们的相互政治态度中的各种变化，这种变化正在孕育着革命的爆发。"

1852年1月1日在纽约《体操报》上也刊登了《革命》的简短预告。

向马克思和恩格斯索取的材料没有赶上这两期周刊的出版，尽管马克思在接到魏德迈1851年12月1日的信（文件677）以后，马上就开始了工作。他在1851年12月19日给魏德迈的信中写道："现在我正坐下为你写一篇文章。你的约稿信来得太迟了，所以我今天不能完成。星期二（12月23日）将从这里给你寄去：（1）卡·马克思的《路易·波拿巴的雾月十八日》；（2）斐·沃尔弗的**《法国政变》**；（3）威廉·沃尔弗的**《复仇女神》**。**恩格斯**也许会随今天的邮班把他的文章（我想是关于普鲁士的）寄给你。**弗莱里格拉特**那里没有什么现成的东西，但是他授权你可以宣布他为你的撰稿人之一。同**维尔特**正在商谈。同**埃卡留斯**也是如此。[……]

我认为你应当等上述几篇文章寄到后再出版第1期。反正相差不过五天。你可以预告以后几期将以论文连载的形式发表我的一部著作：《社会主义的最新启示，或比·约·蒲鲁东的〈19世纪革命的总观念〉。卡尔·马克思评》。

你马上给华盛顿市美国海军造船厂阿道夫·克路斯写一封信去。我们已经把你的情况告诉他了。他是我们的最优秀的和最富有才能的人之一，在一般情况下，特别是在你筹备和创办你的杂志方面，他能帮你的大忙。"载于《马克思恩格斯全集》德文版第27卷第595页（参看《马克思恩格斯全集》中文第2版第48卷第464—465页）。

其中一部分文章没有写成，因为如文件692所指出的，这一刊物很快就不得不停止出版，一部分（主要是马克思的《路易·波拿巴的雾月十八日》）后来被魏德迈收入《革命。不定期刊物》中。恩格斯的文章《英国》（《马克思恩格斯全集》德文版第8卷第208—218页，参看《马克思恩格斯全集》中文第2版第11卷第241—255页）通过魏德迈的介绍刊登在纽约《体操报》上。

《革命。不定期刊物》指《革命》周刊的不定期续刊。约瑟夫·魏德迈在1852年3月10日给马克思的信中写道：他还等待着《路易·波拿巴的雾月十八日》手稿的结尾部分，"然后整本《革命》以小册子的形式出版：第1期是弗莱里格拉特的诗，第2期是《雾月十八日》，第3期大概是埃卡留斯一篇关于英国机器制造工人罢工的文章，第4期是克路斯一篇关于戒酒运动的短文，第5期是我写的关于金克尔'备忘录'的文章［……］。最后是恩格斯关于英国的文章。皮佩尔的文章我非常喜欢，这一次大概不能采用，它太长了，留待下次使用。［……］请你转告那些在第1期上没有登载其作品的作者，这只是因篇幅有限之故，此外不存在歧视的问题。因为我们目前筹集不到资金办周刊，必须靠出版不定期的小册子来解救。"（莫斯科苏共中央马列主义研究院中央党务档案馆，f. l, op. 5, d. 473）

当这些计划看来又几乎面临破产之际，4月初来了一项财力支援（从文件703中可以看出），虽然如此，原计划中只有一小部分得以实现。新刊物《革命。不定期刊物》只出版了两期，在第1期上**魏德迈**发表了他的《前言》和马克思的《路易·波拿巴的雾月十八日》，第2期是弗莱里格拉特针对金克尔写的两首诗《致约瑟夫·魏德迈》。

魏德迈的《前言》写道："由我编辑的周刊《革命》只发行了两期。资金的缺乏——股份的认购没有达到预期的结果——迫使我暂时放弃按周刊的形式出版我的刊物。我希望，不久我又能恢复这个计划。在此之前，我将把为《革命》准备的材料汇集成**不定期刊物**，现在第1期就和读者见面了。至于要间隔多长时间下一期才能出版，这取决于本期销路的快慢。第2期的材料有一部分已准备好，这些材料当然都和下面将要介绍的卡尔·马克思的《雾月十八日》一样，不止具有一时性的趣味，不会因推迟出版而失去其兴味。

在《纽约每日论坛报》上，卡尔·马克思以《革命和反革命》为题发表了一组文章，描绘了德国的革命发展和目前形势。在《雾月十八日》中，他以类似的手法刻划了法国的形势。法国在**欧洲**革命中所起的作用越重要、越具有决定性的意义，正确描述它的情况就越重要。只有这种正确的描述才能使小资产阶级民主派领袖们所唱的令人心碎的哀歌无地自容，这些人所抱的期望由于1851年12月2日事件而落了空，他们唱着哀歌无休止地在外国人面前出卖自己的灵魂。法国现在是将来也是充满革命活力的国家，并且不管德国在智力发展和理论发展方面怎样超越它，它却是革命发展的重心。

卡尔·马克思在科隆出版的《新莱茵报》的前维也纳通讯员，一个文坛窃贼，名叫泰勒林的先生（最近他又招摇过市地叫喊说，他是'柏林和维也纳的见习官'），最近竟然无耻而又可笑地宣称：卡尔·马克思在《论坛报》上发表的文章是抄袭他从前的信件。他拿着自己的诽谤性小册子在纽约的各家德文报刊四处兜售，结果一无所获，最后在卡尔·海因岑先生那里找到了安身之所。卡尔·马克思以其观点的独创性、深刻而广泛的研究得出的结论以及语言的完美见称，在这些方面他把一大批政治文人远远地抛在后边，这一点就连他的敌人也无法否认。因此我觉得，如果对于泰勒林的上述声言哪怕回答一个字，也等于降低了马克思和我的人格。但是，我感到十分遗憾的是，由于这期刊物篇幅有限，不能对新闻工作者中的牛皮大王海因岑先生的活动作比较深入的剖析，这位先生就像福斯泰夫回避上战场一样，如果觉得自己凭着惯用的吹牛和把大话说得震天响不能压制对手时，也像胆小鬼似地避开在原则性辩论中交锋，而是勇敢地去咒骂那些与他的有限大脑格格不入的事物。不过，我把剖析的工作保留到下一期。海因岑先生用自己的尺度衡量自己党内的大人物，而一个党的新闻工作者本身又始终是衡量这个党的恰如其分的尺度。

约·魏德迈
1852年5月1日于纽约"

魏德迈1852年5月18日写信给马克思："小册子终于印好了，印刷工这头蠢驴把事情拖拉得太不像话，就是现在装订还没有进行。"（莫斯科苏共中央马列主义研究院中央党务档案馆，f. 1, op. 5, d. 511）——152

458 魏德迈在他的文章中不仅有两次直接引用了《共产党宣言》（文件202），而且也经过独立地研究从中吸取了它的大部分论据。宗得崩德在经济和阶级结构问题上有重大的理论缺陷（见注478），与此相反，魏德迈指出了工厂无产阶级的决定性作用（马克思在 1850 年 9 月 15 日指出，宗得崩德企图阿谀逢迎"德国手工业者"。马克思和恩格斯在间接地批驳宗得崩德的这种行会思想时，特别推崇格奥尔格·埃卡留斯对现代资本主义工厂工业和工业无产阶级的见解。对其他盟员，如恩斯特·德朗克、卡尔·威廉、克莱因、威廉·皮佩尔和约瑟夫·魏德迈等人也有类似的看法——见文件 555、671、680 和 765），并强调指出了无产阶级专政的极其人道主义的性质。对这一在《共产党宣言》中还未出现的概念的运用说明，魏德迈对于包含在马克思发表在《新莱茵报。政治经济评论》上的论述法兰西阶级斗争的文章中关于马克思主义的进一步阐述已经完全理解。——156

459　《体操报》是 1851 年底至 1861 年首先在纽约，然后在其他城市每半月或一个月出版一期的报纸，它是社会主义体操联合会的机关报，就像该联合会在美国广泛发展一样，它在美国也得到广泛的传播。50 年代初阿道夫·克路斯和约瑟夫·魏德迈对于由德国民主派流亡者组成的编辑部有很大的影响。报纸不仅发表他们的文章，而且也发表恩格斯、格奥尔格·埃卡留斯、威廉·皮佩尔和其他同盟盟员的文章。例如，在 1852 年 1 月 1 日和 1853 年 2 月 1 日期间，《体操报》分 18 期全文重新刊载了恩格斯在《新莱茵报。政治经济评论》第 5—6 期上的《德国农民战争》。1852 年 11 月出版了恩格斯的文章《英国》（《马克思恩格斯全集》德文版第 8 卷第 208—218 页，参看《马克思恩格斯全集》中文第 2 版第 11 卷第 241—255 页）。魏德迈主要是在 1852 年底积极参加了该报的工作。

　　社会主义体操联合会是 1850 年 10 月 5 日在费城的代表大会上由德国流亡者建立的，这些流亡者部分是体操协会会员，他们从 1848 年起就已定居美国各城市。在 20 个美国城市中总共大约有 1700 名会员（见 A. E. 楚克尔《四八年战士》，1950 年纽约版第 55、91—92、95—100 页）。虽然成立大会就旨在"促进社会主义和社会民主党"这一纲领方面达成一致意见，但在会员中存在着不同的唯心主义派别。1852 年年中，克路斯当选为华盛顿体操协会的通讯书记，魏德迈和其他一些同盟盟员在一段时间对社会主义体操联合会的发展产生巨大影响。因此，该联合会在科隆共产党人案件判决后，成立了一个救济委员会，委员会在 1853 年初得以募集了大量的捐款，情况如下：

　　1852 年 12 月 7 日，马克思代表共产主义者同盟伦敦区部前盟员（他们当时以科隆被捕的共产党人及其家属救济委员会的名义进行工作）撰写了关于救济科隆被判罪者的呼吁书（见文件 746）。马克思把呼吁书寄给华盛顿的阿道夫·克路斯在德文报纸上发表（见文件 747 和 748），他还把一个副本寄给纽约的约瑟夫·魏德迈（见文件 750），并同他商讨为在美国大力推进救济事务而采取的下一步骤。早在 1853 年 1 月 10（11?）日的信中，克路斯可能就已告诉魏德迈，他已把救济事务提交给华盛顿体操联合会，而且他已被授予全权，"**以联合会的名义**采取某些步骤，或者，以募捐中心的名义掌握美国的主动权"，如果他认为合适的话。其次，他还受托为《体操报》（纽约）写报道，促进其他各协会开展募捐活动，如此等等。"（载于莫斯科苏共中央马列主义研究院中央党务档案馆，f. 429, d. 12/3）。1853 年 1 月 14 日，克路斯把同体操协会商定的呼吁书《告德国-美国公众书》（文件 749）的文本告诉魏德迈，他把它的复印件附在由马克思撰写的呼吁书上面。克路斯把两者一并寄给德国和美国的 16 家报纸发表（见文件 753）。直到 1853 年 1 月 26 日，呼吁书等等才在费城的《自由报》和《坦率报》、辛辛那提的《巴尔的摩警钟日报》和《高地哨兵》上发表（见克路斯于 1853 年 1 月 25 日给魏德迈的信）（载于莫斯科苏共中央马列主义研究院中央党务档案馆，(f. 429, d. 4/4)。《美文学杂志和纽约刑法报》这家周报也发表了马克思的呼吁书以及魏德迈撰写的前言和后记（见文件 751）。

　　1853 年 2 月 25 日，克路斯可能已把他的活动所取得的初步成果告诉马克思："《坦率报》的**尼古劳斯·施米特**昨天寄给我 8 美元 12 分，让我转交科隆人作为他的工人协会的捐款。在巴尔的摩，体操运动员举行了一个小型舞会，共计收入 30 **美元**。"（存于莫斯科苏共中央马列主义研究院中央党务档案馆，f. 1, op. 5, d. 617）。1853 年 3 月 16 日，克路斯通知马克思，在提交一笔总额大约相当于 550 普鲁士塔勒的汇款时曾碰到了困难，"纽约的斐迪南·毕尔格尔斯在《家属》栏内收到了 36 美元；每个被拘禁者大约分到 45 美元，有两个家属（奥托和勒泽尔？），每个都分到同样的数额。"（存于莫斯科苏共中央马列主义研究院中央党务档案馆，f. 1, op. 5, d. 628）3 月 22 日，弗莱里格拉特写信告诉马克思，美国的第一批汇款——20.17 镑（104 美元 24 便士）收到了（见《弗莱里格拉特和马克思恩格斯通信集》（曼弗雷德·海克尔主编并作序）1968 年柏林版第 1 卷第 66 页）。这里，可能是指魏德迈在文件 767 中提到的两次通信中的第一次通信。关于汇款到达科隆的情况，见注 484。

在从美国回来的裁缝帮工伯恩哈德·迪特里希·泰奥多尔·格赖林（他从 1846 年起就住在辛辛那提）身上，明登警方于 1853 年底没收了在《高地哨兵》上发表的呼吁书（见从 5 月 23 日直至包括本月 5 日在内的这段时间明登警方审查机构的每周报道。载于波茨坦国家档案馆，Rep. 30，Berlin C，Tit. 94，Lit. W. Nr. 301）。——160

460 从 1851 年 5 月起朱利安·哈尼中止了同厄内斯特·琼斯在出版《寄语人民》方面的合作，他重新出版《人民之友》报（见注 397）的计划，而且是同琼斯和所有其他彻底革命的力量直接对立的计划是他暂时转向资产阶级民主派政策这一行动的一部分。对重新出版的哈尼的《人民之友》第 1 期的评价，见 1852 年 2 月 4 日马克思给恩格斯的信（《马克思恩格斯全集》德文版第 28 卷第 18—19 页，参看《马克思恩格斯全集》中文第 1 版第 28 卷第 17—18 页）。

恩格斯已经准备帮助琼斯出版《寄语人民》，答应寄给他文章（见 1852 年 1 月 22 日恩格斯给马克思的信，载于《马克思恩格斯全集》德文版第 28 卷第 9—10 页（参看《马克思恩格斯全集》中文第 1 版第 9 页）。关于马克思和恩格斯为《寄语人民》撰稿的情况，见《马克思恩格斯全集》历史考证版第 1 部分第 10 卷第 705—707 页。——164

461 在 1850 年 9 月 17 日马克思和他的朋友们退出伦敦工人教育协会之后（见文件 523），少数同盟盟员留在协会之内（如裁缝 E. 伦普夫）并组成反对派小组，其中有 1851 年夏天和秋天刚从德国来的工人，如弗里德里希·埃卡留斯、格奥尔格·罗赫纳、约翰·乌尔默（见本条注释后面的介绍）、路德维希·施泰翰等人。

虽然在 1851 年和 1852 年之交反对派在受奥古斯特·维利希控制的工人教育协会中显然有了很大的发展，但这些反对派并没有全部参加新的工人协会，例如，约翰奈斯·勃鲁姆（莫里逊）就没有参加（见注249）。1852年1月初，他公开同旧协会决裂，并且在马克思、罗赫纳、威廉·李卜克内西、威廉·皮佩尔的帮助下，于11月18日建立了伦敦新工人协会（并见文件682、687和692）。虽然多数会员是德国人，但它并没有民族的限制；根据姓名和出生地判断有个别会员是英国人、荷兰人、奥地利人和瑞士人。协会一直活动到1852年8月，此后，仅仅作为"只有会员参加的读书小组"存在。

这份文件是普鲁士警官格赖夫从伦敦寄给柏林警察总局某警探的一份报告（见格尔哈德·贝克尔"1852年伦敦的新工人协会。关于共产主义者同盟的历史"，载于柏林《历史杂志》1966年第1期第74—97页）。

美因茨的裁缝帮工约翰·乌尔默在他的家乡参加了体操运动，在1848—1849年革命期间可能是美因茨体操支部的武装体操者军团（这个军团参加过维护帝国宪法运动的斗争）成员，乌尔默流亡瑞士，在那里同威廉·李卜克内西建立了友谊，1850年4月5日在日内瓦同弗里德里希·阿道夫·左尔格等一起签署了一份反对驱逐政治流亡者的《公开抗议》（见1850年4月17日《大胡蜂》［卡塞尔］）。乌尔默到了科隆，在对共产主义者同盟大逮捕的浪潮开始后，大约于1851年6月流亡伦敦。他参加同盟的确切时间不清楚，但很可能最迟是他在科隆的时候成为同盟盟员的；无论如何，在他到达伦敦后就立即参加了由格奥尔格·埃卡留斯和马克思领导的伦敦支部的工作。1851年夏天受该支部委托参加了由阿尔诺德·卢格、哥特弗里德·金克尔和卡尔·陶森瑙等人建立的小资产阶级鼓动者协会的会议。马克思在1851年8月25日给恩格斯的信中详细论述了乌尔默的这一活动，并评论了他本人，"这个人在我们这里表现得非常安静，沉默寡言，我们无论如何不会相信，他竟然能够控制全体民主派。但是愤怒出诗人，这个沉静的乌尔默，正如他对我说的那样，有这样一种'天赋'，他很容易变得狂暴起来，全身震颤，像一个凶猛的战士一样向前扑去。虽然他长着一副裁缝的瘦弱的身材，但却是美因茨的优秀体操运动员，所以很懂得运用体力和技巧。此外，他还具有一贯正确的共产主义者的自豪感。"载于《马克思恩格斯全集》德文版第27卷第324页（参看《马克思恩格斯全集》中文第2版第48卷第367页）。

　　1852 年 1 月乌尔默参加了建立新的伦敦工人协会（见文件 684）的工作。在科隆共产党人案件中，马克思在说到伪造的"原本记录"时也提到过乌尔默的名字——见卡尔·马克思《揭露科隆共产党人案件》，载于《马克思恩格斯全集》德文版第 8 卷第 439 和 450 页（参看《马克思恩格斯全集》中文第 2 版第 11 卷第 510 页和 523 页）——（文件 736）。直到 1852 年 11 月共产主义者同盟伦敦支部解散为止，他是该支部的成员，他也曾在支援科隆被判罪者的呼吁书上签名（文件 746）。

　　50 年代末，乌尔默同马克思的其他拥护者一起重新参加了伦敦工人教育协会的工作，这个协会于 1865 年 1 月同第一国际合并。关于乌尔默和马克思之间亲密的个人关系。马克思在 1866 年 2 月 14 日给弗里德里希·列斯纳的信中写道："这个妇女一定会把乌尔默的详细情况告诉你。他的妻子死了，他没有钱埋葬。我们的协会要立即采取一些办法。钱应当寄给弗莱里格拉特。"载于《马克思恩格斯全集》德文版第 31 卷第 500 页（参看《马克思恩格斯全集》中文第 1 版第 31 卷第 502 页）。——165

462　裁缝帮工格奥尔格·罗赫纳出生于纽伦堡的基尔希伦贝格。虽然没有关于他在 1848 年以前参加同盟活动的直接材料，但很可能他在当时就已经是同盟盟员了。例如，恩格斯把他看作像格奥尔格·埃卡留斯、卡尔·普芬德和弗里德里希·列斯纳一样的"同盟老盟员"——见弗里德里希·列斯纳《受教育的和未受教育的工人》，载于《新时代》（斯图加特）第 8 年卷 1894—1895 年第 2 卷第 151 页。

　　罗赫纳在他的法兰克故乡积极参加了 1848—1849 年革命。革命失败后，他从纽伦堡来到美因河畔法兰克福，1850—1851 年他在那里同约瑟夫·魏德迈一起在当地的同盟组织和工人协会中进行工作。1850 年 10 月他参加了同盟法兰克福区部的讨论（见文件 532）。他和工人协会其他成员一起被驱逐出法兰克福之后，于 1851 年底到了伦敦，并参加了那里的同盟支部的活动，直到 1852 年底为止。在他刚到伦敦的时候，在 1851 年 12 月也参加了维利希的工人教育协会中的辩论，但很快就遭到了驱逐——见卡尔·马克思《高尚意识的骑士》，载于《马克思恩格斯全集》德文版第 9 卷第 509 页（参看《马克

思恩格斯全集》中文第 2 版第 12 卷第 580—581 页）。1852 年 1 月，罗赫纳是
新工人协会的创建人之一。

　　从 1856 年起他同列斯纳和威廉·李卜克内西（他同他们的友谊终生不
渝）一起重新参加了工人教育协会的活动。1864 年他成为国际工人协会的会
员，1864 年至 1867 年和 1871 年至 1872 年是工人协会总委员会的成员，他还
是 1865 年和 1871 年伦敦代表大会的代表。

　　90 年代初罗赫纳可能在伦敦的一家钢琴厂工作，因为列斯纳在他的上述
文章中曾指出，他所引用的关于钢琴厂的分工和工资的详细资料应感谢他的老
朋友罗赫纳，"他是同盟盟员，因此在 1851 年的迫害中不得不逃往伦敦，他是
马克思和恩格斯的亲密朋友"。见弗里德里希·列斯纳《受教育的和未受教育
的工人》，载于《新时代》第 13 年卷 1894—1895 年第 2 卷第 151 页。——166

463　这是关于弗·明克斯（明克斯第一）和明克斯第二两兄弟出身和职业的唯一
资料来源。1852 年两个人很可能都是共产主义者同盟伦敦区部的委员，他们
都在关于救济科隆共产党人案件中被判罪者的呼吁书上签了名（文件 746 和
751）。——168

464　很久以来，伦敦区部是美国的总区部（见注 373 和 384），但是，那里真正开
始开展同盟活动是在 1851 年 11 月约瑟夫·魏德迈等到达之后。1852 年 2 月
初，阿道夫·克路斯第一次拜访了在纽约的魏德迈，以同他讨论同盟的工作
（见文件 693）。在这期间，魏德迈从恩格斯那里得知，已经来到美国的格纳
姆、威廉·罗特哈克尔和约翰·席克耳是同盟盟员（见文件 688 和 694）。

　　马克思在 1852 年 2 月 20 日在给魏德迈的信中写道："现在有许多坏蛋
（其中包括裁缝列曼和裁缝约瑟夫·迈耶尔）从这里前往纽约。其中某些人将
会用我的名义去找你。如果谁拿不出我的几行**亲笔**信，你就不要相信他。向
这些家伙询问一下维利希等人的情况倒是可以的。列曼和迈耶尔是耶稣—维
利希的狂热信徒。"载于《马克思恩格斯全集》德文版第 28 卷第 493 页（参
看《马克思恩格斯全集》中文第 1 版第 28 卷第 494 页）。1852 年 3 月马克思
根据魏德迈的请求，寄去了现行的同盟章程（见文件 698）。在 1852 年 5 月，
如文件 705 所指出的，在纽约建立一个同盟支部的可能性是很小的，因此，

魏德迈首先组织了无产者联盟（见注467）。大约在1852年6月初，有三名同盟盟员从美因河畔法兰克福来到这里之后，才建立了一个由5名盟员组成的纽约支部（见文件707），在8月增加到6名盟员（见文件717），但它存在的时间并不太长（见文件761）。

1852年6月中旬，康拉德·施拉姆来到费城，并力求完成马克思的建立一个同盟支部的委托。在这件事情上他依靠了格纳姆（巴登的啤酒工人格纳姆1849年曾参加维护帝国宪法的运动。他流亡伦敦，1850年他在那里成为共产主义者同盟的盟员——见文件501。1850年秋天移居费城。）和索林根的卡尔·威廉·克莱因（见文件765）。施拉姆在写给克路斯的信中说道："马克思带给我一份全权委托书，委托我同您一起为了我们党的利益而进行活动。"见莫斯科苏共中央马列主义研究院中央党务档案馆，f. 20, d. 172。但是，在1853年8月，在费城才在克莱因的领导下建立了一个小的支部（见文件767）。

并见卡尔·奥伯曼"共产主义者同盟——美国工人运动的先驱"，载于1966年《科学和社会》（纽约）第30卷第4期第433—446页。——179

465 哥达的尤利乌斯·施坦道由于家庭原因而辍学，他学会了锁匠手艺，四出谋生，于1835年来到斯特拉斯堡，在这里成了青年德意志（见注26）的成员。自1838年起定居瑞士，在苏黎世、温特图尔和日内瓦积极地为青年德意志活动。从1841年起施坦道在日内瓦当教员，自1846年起在拉绍德封当教员，40年代他对瑞士的各个德国工人联合会有着很大的影响，在这些联合会宣传青年黑格尔派的哲学和无神论，同时反对威廉·魏特林的鼓动（见弗兰茨·梅林《德国社会民主党史》第1卷1976年柏林版第209—210页和第217—218页）。

1848—1849年革命期间，施坦道与奥古斯特·维利希在贝桑松组织一支志愿部队，接着又与约翰·菲力浦·贝克尔在比尔组织军人联合会"自助者"（见注163）。1848年12月，在瑞士德国工人联合会伯尔尼代表大会（见文件325和328）上，遇到恩格斯。1819年初，施坦道迁居日内瓦，被选为当地工人联合会的主席。1849年春，参加普法尔茨的维护帝国宪法运动，接着在巴登充任贝克尔的一名副官，5月底贝克尔派他去瑞士招募新兵。

1850 年初施坦道流亡美国。作为回答魏德迈对于施坦道的评介，恩格斯于 1852 年 2 月 27 日写道："至于讲到同事施坦道，这个家伙是个老密谋家，完全属于我们在《[新莱茵报] 评论》上对谢努的批判中所描述的那一类人，他在一定的场合很有用，喜欢晃晃荡荡过日子，不总是可靠，并且有些爱吹牛。不过，还是请你代我问候他。"（《马克思恩格斯全集》德文版第 28 卷第 500 页，参看《马克思恩格斯全集》中文第 1 版第 28 卷第 500 页）对于这一段话，魏德迈在 1852 年 4 月 6 日给恩格斯的信中写道："你把**施坦道**归入谢努那一类人，这个判断是不正确的。他是我在这里认识的最有才智、最能干的工人之一。虽然在贝桑松当过上尉，但维利希那伙人是恨他的，因为他恰如其分地称他们是纨袴子弟。"（莫斯科苏共中央马列主义研究院中央党务档案馆，f. 1, op. 5, d. 480）

魏德迈和施坦道 1860 年还在芝加哥共同出版《人民呼声报》——见马克思 1860 年 8 月 27 日给恩格斯的信（《马克思恩格斯全集》德文版第 30 卷第 85 页，参看《马克思恩格斯全集》中文第 1 版第 30 卷第 85 页）。——195

466 这篇署名为 C. St. 的文章的作者很可能是阿道夫·克路斯。他写作的主要依据是马克思书信中提供的材料。本文是根据阿姆斯特丹国际社会史研究所保存的一份剪报翻印的。从剪报中看不出这是哪一份报纸。这个翻印件也许不仅登载在《高地哨兵》（辛辛那提）上，而且也发表在美国的其他德文报刊上。既然剪报归属于马克思恩格斯的遗著中，可以有把握地假定，是克路斯或约瑟夫·魏德迈在 1852 年把它寄给马克思的。——205

467 魏德迈 1852 年 6 月建立的无产者同盟集结了在纽约的共产主义者同盟盟员、社会改革协会的某些成员和其他有阶级觉悟的工人，同盟用《共产党宣言》（文件 202）的原则指导自己的行动。无产者同盟的成员为在美国的其他工人组织中开展鼓动工作，消除小资产阶级理论对这些组织的成员产生的影响而努力。有关无产者同盟的活动，参看文件 707 和文件 717，从文件 748 可以看出，该组织在 1853 年初基本上停止了活动。1853 年 3 月，无产者同盟转入工人总同盟（1853 年 7 月起称美国工人同盟）。——213

468 康拉德·施拉姆，原籍克雷费尔德，学过经商，1846 年为了逃避兵役而出走美国，1848年年中返回德国并参加石勒苏益格—荷尔斯泰因的革命运动；他作为志愿兵参加反对丹麦的起义。他1848年11月创办《基尔民主周报》。这个周报紧跟《新莱茵报》（科隆）。他于12月到汉堡参加工人运动——见文件342——并可能成为共产主义者同盟盟员。1849年初他还同当时什未林工人协会的领导人尤利乌斯·波伦茨建立了联系；1849年5月6日，施拉姆在什未林的一次革命群众集会上发表讲话，当局将他逮捕，但是几天后不得不将他释放（见克劳斯·鲍蒂斯《尤利乌斯·波伦茨——诗人和政论家》1965年罗斯托克版第79—81页）。当施拉姆1849年5月中拿着泰奥多尔·哈根的护照同卡尔·布伦一起到德国南部参加维护帝国宪法运动时，在莱尔特被捕（见文件381）。

施拉姆1849年6月15日在科隆由于逃避兵役被判处两年徒刑，但是9月8日逃跑，经比利时到达伦敦。他到伦敦不久就成为共产主义者同盟中央委员会委员，并从1849年底出色地参加《新莱茵报。政治经济评论》的出版工作。1850年1月初，中央委员会决定派遣施拉姆作为特使前往美国（见文件420），但没有能够成行。文件425和465证明，他作为中央委员会委员写过一部分通讯。施拉姆还是一个政论家，例如他首先为朱利安·哈尼出版的杂志《民主评论》（伦敦）和《红色共和党人》（伦敦），其次为《新德意志报》（美因河畔法兰克福）撰过稿。当1850年夏天石勒苏益格—荷尔斯泰因的形势再一次尖锐化时，施拉姆可能带着化名亨利希·施土姆普弗的护照受中央委员会的委托前往那里（见文件495）。关于他的其他活动，首先是同维利希—沙佩尔集团的争论，见文件509和522。施拉姆坚定地站在马克思和恩格斯所领导的中央委员会多数派的立场上，1850年12月底出现的分歧（见文件566和569）是暂时的，这一点他1851年2月反对宗得崩德的行动可以证明。关于施拉姆1851年夏秋到巴黎，见注释452。

1851年10月他从法国被驱出之后，又回到英国。但是，1852年5月他因健康的原因决定移居美国。从1852年6月起，他定居在费城。

关于施拉姆抵达美国的消息，魏德迈从马克思1852年5月28日的信中就已得知了。信中写道："**康拉德·施拉姆**。我们给了他一张非常谨慎地写成的委托书，使他**离了你**就寸步难行。康·施拉姆同他的哥哥及其哥哥的朋友们有时表现得不很正派。对他的信任不应当是**无条件的**，而应当是非常有限的。在这里不良环境的影响下，**他堕落得**很厉害，在钱财方面，他完全不可靠，也不很细心，喜欢推销员式的蛮干和吹牛，因此很容易败坏自己熟人的声誉。另一方面，他也有优点。我认为有责任把所有这一切预先告诉你们。请把这些意见也告诉克路斯。"（《马克思恩格斯全集》德文版第 28 卷第 525 页，参看《马克思恩格斯全集》中文第 1 版第 28 卷第 527 页）

施拉姆很快地与在华盛顿的阿道夫·克路斯和在纽约的魏德迈取得了联系，他试图与格纳姆和卡尔·威廉·克莱因一起在费城创立一个同盟支部。但是，随后他的健康状况迅速恶化。

1858 年 2 月 6 日《泽西岛独立报》登载一篇由朱利安·哈尼撰写的悼文。悼文说：

"《独立报》已于 1 月 30 日报道了已故康拉德·施拉姆的葬礼。施拉姆 1822 年生于莱茵普鲁士的工业城市克雷费尔德。［……］康拉德·施拉姆的父系出身于一个胡格诺教徒的家族。路易十四统治时期该家族被逐出阿尔萨斯。他的父亲在唤醒民族觉悟反对法国人侵者、在支援德国人民起义等方面起了出色的作用，那次起义对于拿破仑的失败起了极大的推动作用。［……］

他刚一步入青年时代就在父亲的账房里工作，此后去荷兰的鹿特丹从事商业。21 岁时他不得不返回普鲁士服兵役，在这个国家每个适宜服役的青年男子都需尽此义务。在此之后他去比利时，又从比利时去美国。正当他成功地从事商业时，没有料到的 1848 年革命的消息像一道闪电传来。振奋人心的消息点燃了这个年轻德国人的心灵，他立时放弃了其他所有事物，他号召在美国的同胞们去拯救自己的祖国。在一次大型集会上，他发表了火一般的演说，在场的听众有美国当时的总统。演说结束时，总统从人群中挤过去，握着他的手，鼓励他返回祖国，为争取祖国的自由尽一份力量。

康拉德·施拉姆返回欧洲。急匆匆地看望了一下家庭之后，他就投身到支持石勒苏益格—荷尔斯泰因的鼓动活动中。他在基尔创办一家报纸，通过清楚的阐述、有效的呼吁为促进民主做了许多事。他同哈罗·哈林一道，建立了广泛的民主派组织。通过一次大胆的行动（他险些为此送了命），他说服了公国动摇不定的军队起义反抗丹麦王朝。接着他同一位朋友在从汉堡去马格德堡的路上被逮捕了。警察以为，他们两人是柏林的议员德斯特尔博士和格律恩博士。警察弄清自己搞错了以后，把那位朋友释放了，但却把施拉姆带到科隆，不久他被判处在一座普鲁士要塞监禁两年。他以极大的勇气和巧妙在光天化日之下从要塞里逃出了，背后有两座大炮在轰鸣，身无分文，他居然到达了50英里远的比利时边界。在比利时，他得到与他的家庭有业务往来的朋友们的资助，于是启程去伦敦。稍后一些时候，在安特卫普附近进行的一场决斗差点断送他的性命——对手的子弹擦过他的额头。实际上，参加决斗的双方都以为他死了，不讲人道地让他躺在那里。当石勒苏益格—荷尔斯泰因的战事又起的时候，施拉姆再次出现在战场上，显示出很大的机敏和勇气。

1852年施拉姆返回美国，重操旧业。不幸的是，美国不利的气候对他的体质产生了灾难性的影响，可怜的施拉姆在革命斗争的年月经受那么多艰苦、匮乏和危险，他的体质虚弱得很。最初他想靠南方较暖和的气候试试看，在弗吉尼亚度过一段时间。然后又在佛罗里达的一个浴场逗留几个月。然而，他的健康状况越来越糟，于是他在去年夏天返回欧洲，住到伦敦附近的德国医院道尔斯顿，这里的条件优越。不过，大城市的气候很不适宜，去年秋天他来到了泽西岛。

康拉德·施拉姆多年来一直是备受赞扬的诗人斐迪南·弗莱里格拉特以及德国流亡者'进步'派的知名作家马克思博士和弗里德里希·恩格斯先生政治上的志同道合者、个人的朋友。他和上述三位先生一起，出版了《新莱茵报。政治经济评论》。他参加了1851年世界博览会目录册德文版的准备工作。他还为一批出版物供稿，直到去世前还给一家在美国辛辛那提出版、由贝克尔博士编辑的德文报纸（《体操报》）写文章。[……]

他是一个勇敢的、干练的、认真的人，随时准备为他所献身的事业承担任何风险，敢冒任何危险，他总是站在为自由而斗争的第一线。他的碑文会概括这一切，碑文宣告：

他死于流放中。"

关于他的整个生平，见 H. 鲁勉采娃"康拉德·施拉姆"，载于《马克思恩格斯和第一批无产阶级革命家》1961 年莫斯科版第 373—404 页，以及见文件 796。——224

469 打印的起诉书第 1 页和第 2 页是科隆莱茵省上诉法庭 1852 年 5 月 12 日的决定：鉴于彼得·勒泽尔、亨利希·毕尔格尔斯、彼得·诺特荣克、威廉·赖夫、海尔曼·贝克尔、罗兰特·丹尼尔斯、卡尔·奥托、阿伯拉罕·雅科比、雅科布·克莱因、斐迪南·弗莱里格拉特等人，"于 1848 年、1849 年、1850 年和 1851 年期间，在科隆策划密谋，旨在推翻国家宪法，武装市民和居民反对王权并使之相互争斗以挑起内战"，特决定对上述人员提起公诉。由于这项决定，被告们被移交到科隆的陪审法庭，按陪审程序受审。所有被告，除住在伦敦的弗莱里格拉特外，都已在押。不久对阿尔伯特·埃尔哈德和弗里德里希·列斯纳的审判也并入科隆案件。

起诉书原件是由上诉法庭总检察官尼科洛维乌斯签署的，注明的日期是 1852 年 6 月 12 日。详细的开头部分（第 3—25 页）一直追溯到 1831 年和巴黎的德意志人民联盟的建立；这一部分包括（或摘要或全文）1847 年 12 月、1848 年秋和 1850 年 12 月的三个章程，《共产党宣言》，1848 年 3 月的《共产党的十七点要求》，1850 年 3 月、6 月和 12 月的三个告同盟书（以上见文件 183、321、554、202、224、448、473 和 553）以及共产主义者同盟的其他文件。起诉书接下去的部分（第 25—67 页）包括针对上述 10 名被告的专门材料。其中同样摘引或全文翻印了大量信件和同盟的其他文件。（凡与本书文件有关者均在注释中分别加以说明。）

马克思和恩格斯只是从贝尔姆巴赫来信所提供的材料中知道这个起诉书的（参见文件 713 和 720）。在保留下来的起诉书中，有向海尔曼·贝克尔提出的并由后者加了许多边注的一份。现存于科隆市历史档案馆贝克尔遗著，编号 1011a。

起诉书构成科隆共产党人案件的基础，该案直到 1852 年 10 月 4 日才开庭审理，在 10 月 4 日至 10 月 6 日期间举行的头几次会议上，检察官宣读了起诉书。国家检察官奥托·泽特 10 月 6 日的口头起诉也是以类似的方式，用同

样的材料提出的。——226

470 弗莱里格拉特在这封信里谈到的是两段简讯。第一则简讯的内容是："**科隆**7月21日讯。前体操协会理事会成员、本地一家颇有声誉的银行的第二司库在遭到搜家之后被逮捕了。据说，从外界发现的被捕者的信件促使当局采取上述措施。"（1852年7月22日《科隆日报》第178号）

第二则简讯出自1852年7月20日柏林《国民报》第333号晨刊，内容是："科隆7月18日讯。本地一家第一流银行的第二司库昨天下午被捕。关于逮捕的原因还没有被告诉给公众，但人们的一致看法是，这是一桩政治案件。据认为，被捕者是被解散的体操协会最活跃的成员之一。一部分人怀疑那些被查禁的著作是逮捕的原因；而另一部分人则认为，原因就在于被捕者手中持有的、现已被没收的若干信件。

自由党内的知名人士卡斯滕斯前不久在美因茨被拘留，理由是他用假名旅行。此人几天前已押解到科隆，大概是因为他1848年和1849年期间在这里住过，或者也许是因为在对贝克尔博士及其同志们提出的诉讼案中，他有必要出庭。"——229

471 兰伯特·哈根在1852年7月17日就写信给科隆上诉法庭庭长，说他"从波恩来到这里，以便与被告毕尔格尔斯和雅科比商讨辩护一事"，然而拘留所的警官声称，"根据上司的规定，他无权准许我会见被告，而且也不知道，是否和在什么时候允许我和被告谈话"。因此，哈根声明，"如果这个障碍不立即消除，我无法承接辩护的委托。起诉的材料浩如烟海，起诉在许多要点上是依据书面和口头的声明与供词，以致恰恰在当前这个案子里，与以往相比，只有口头提供的材料才能有助于准备辩护。"（阿姆斯特丹国际社会史研究所，马克思恩格斯遗著，ⅠN19）从当局在这封信上所作的附注来看，就在同一天，哈根被准许与毕尔格尔斯和雅科比谈话。

哈根在1852年9月12日从波恩写给科隆陪审法庭庭长格伯尔的一封信中，声明自己拒绝充当他们的辩护人，但是没有说明理由（阿姆斯特丹国际社会史研究所，马克思恩格斯遗著，ⅠN20）。——238

472 马克思后来强调地指出了勒泽尔的这些阐述与亨利希·毕尔格尔斯于1852年

11 月 4 日所发表的辩护词（文件 738）之间的联系，他评价说，毕尔格尔斯和勒泽尔"在科隆陪审法庭开庭时"已对宗派集团"对共产主义者同盟多数派的态度……作了明白而详尽的阐述"（文件 385）。

《科隆日报》关于 1852 年 10 月 7 日审讯勒泽尔的一段报道是这样写的："这个人表现得极其平静自如，他用流利、条理清晰的言词作出明确的、毫不含糊的回答。[……] 在审讯过程中，当被告说明自己对向他提出的这一点或那一点已记不起来时，他解释道：'这有什么值得奇怪的呢：17 个月的监禁，3 个月的疾病，病中我虽身受巨大的疼痛，他们照样把我单独关押，我要求至少送我去医院，他们的回答是，他们不认为有必要为我效力；这一切难道不足以摧残我的精神和肉体吗！从前我还可以因我的记忆力感到骄傲，而现在，似乎有一块石头压在我的脑袋上。'"（1852 年 10 月 8 日《科隆日报》第 256 号）——246

473 1852 年 10 月 24 日的《科隆日报》详细报道了 10 月 23 日共产党人案件的开庭情况，特别是关于提出所谓原本记录（见《1852 年科隆共产党人案件在同时期报刊上的反映》，卡尔·比特尔主编并作序，1955 年柏林版第 119—126 页）。这份原本记录是由警探经过长期筹划伪造出来的，由威廉·施梯伯在 10 月 23 日提到法庭上来，因为国家检察机关和警方见势不妙，担心被告会被判无罪。

马克思按照卡尔·施奈德第二的请求立即把所需要的材料（见文件 729）寄到科隆。

关于揭发警察的这个伪造，阿马利亚·丹尼尔斯的父亲、法律顾问弗兰茨·约瑟夫·弥勒，一位"作为法学家受人尊敬的和因思想保守而著名的市民"（《揭露科隆共产党人案件》，《马克思恩格斯全集》德文版第 8 卷第 438 页，参看《马克思恩格斯全集》中文第 2 版第 11 卷第 509 页），在 1852 年 10 月 25 日《科隆日报》第 273 号上发表声明说："在对勒泽尔及其同党提起的刑事诉讼案中，应检察机关的传讯作为证人出庭的警务顾问**施梯伯**，在本月 23 日的陪审法庭上提供了一番证词。他的证词促使我就**如下事项**询问我的女儿、被告之一**丹尼尔斯**博士的妻子：她是否与伦敦的马克思博士、他的妻子或其他什么人通过信，谈论丹尼尔斯博士及其难友们的命运；我的女儿**郑重其事**地向我保证说，她**从未**往伦敦给马克思、他的妻子或其他什么人写过一封信，她可以就这个声明向上帝和众人发誓。

我对于这项声明的真实性**深信不疑**，尽管我不屑于理睬由施梯伯先生炮制的所谓记录，我还是请求公众，在诉讼案结束以前暂且不要作出判断，因为真理毕竟是真理，而且那份记录不外是骗局这样一个事实**必定**大白于天下。

法律顾问　**弗·弥勒**

1852 年 10 月 24 日于科隆"。

关于在所谓原本记录中包含的据称是丹尼尔斯夫人给马克思的信件以及法律顾问弥勒的声明，见《揭露科隆共产党人案件》（《马克思恩格斯全集》德文版第 8 卷第 438—439 页，参看《马克思恩格斯全集》中文第 2 版第 11 卷第 508—509 页）。

马克思在他的战斗性小册子《揭露科隆共产党人案件》中，用篇幅最大的一章专门讲这个所谓的原本记录（见《马克思恩格斯全集》第 8 卷第 431—446 页，参看《马克思恩格斯全集》中文第 2 版第 11 卷第 501—528 页）。——250

474 关于这封信下面所谈到的对亚诺什·班迪亚所抱怀疑的理由，有一点应该说明，即恩格斯在 1852 年 10 月 10 日写给马克思的信中（《马克思恩格斯全集》德文版第 28 卷第 154 页，参看《马克思恩格斯全集》中文第 1 版第 28 卷第 155 页），已流露出类似的想法。德朗克的这封信恩格斯是在 10 月 30 日收到的，使他向马克思提出的论据（见文件 735）得到了支持。

匈牙利新闻记者和军官班迪亚参加过 1848—1849 年的革命斗争，革命失败后成为拉约什·科苏特的特使，特别是在匈牙利流亡者中从事反谍活动。但他同时也是奥地利的、自 1852 年 1 月起又兼任普鲁士的政治警察的密探。马克思是通过正直的革命者贝尔塔兰·瑟美列的推荐认识班迪亚的，自 1852 年 2 月起从他那里收到过一些重要的政治信息。马克思在《希尔施的自供》（《马克思恩格斯全集》德文版第 9 卷第 39—42 页，参看《马克思恩格斯全集》中文第 2 版第 12 卷第 48—52 页）这篇声明中，详细地谈到了他与班迪亚的关系，并且特别强调说，班迪亚从来没有从他那里得到过任何有关共产主义者同盟的材料。

马克思得知班迪亚是警探之后，仍然与之保持一段时间的联系，直至1852年12月才彻底同他决裂，见马克思1852年12月3日和1853年2月23日给恩格斯的信（《马克思恩格斯全集》德文版第28卷第201—202页和第215页，参看《马克思恩格斯全集》中文第1版第28卷第203—204页和第217—218页）。——英格丽德·多纳"卡尔·马克思和弗里德里希·恩格斯参与1852年科隆共产党人案件的辩护"，载于《马克思恩格斯年鉴》，1981年柏林版第4卷第314—319页。——257

475 德朗克在这里暗示所谓的塔谢罗文件，该文件是法国1848年二月革命后为了败坏奥古斯特·布朗基的声誉而由警察当局伪造的。文件中包含据称是布朗基1839年因参加秘密革命团体"四季社"被捕之后向侦查机关提供的供词。这个伪造品由《往事述评或上届政府秘密档案》（巴黎）的发行人茹尔·安东·塔谢罗于1848年3月31日发表。这个诽谤性的文件的流传，给法国革命运动造成严重损失。——260

476 《科隆日报》编辑部11月5日刊登毕尔格尔斯辩护词时，在文前作了如下说明："被告**毕尔格尔斯**在今天的庭审中讲完了他的辩护词，我们从中摘要刊登如下。"从这句话中可以看出，这里发表的不是辩护词的全文。

11月4日晚，毕尔格尔斯大概讲到我们用删节号［……］标明的地方。关于他在11月5日继续宣读辩护词一事，《科隆日报》报道说："被告转而从提交到本案的文件出发阐述了两派的原则争执，证明科隆同盟的成员与其对手沙佩尔-维利希集团不同，始终维护了自己完全不同的立场，接着被告结束了辩护。"

《科隆通报》只发表了毕尔格尔斯辩护词的前四段和从"所以，我大概……"起的结束语。这个结束部分和第一段在《科隆日报》上没有登载，本文是根据《科隆通报》将其刊印出来的。——286

477 彼得·伊曼特出生在莱茵地区，最初，他的哥哥（体操教师、德国天主教克雷费尔德教区主持人）对他影响强烈。彼得·伊曼特在特里尔和波恩学习神学，但是不久即转入哲学系。从 1846 年年底起，他在格赖夫斯瓦尔德继续求学，在这里他和医学院大学生威廉·冯·德尔·纳默很要好，此人与奥托·吕宁、鲁道夫·雷姆佩尔、莫泽斯·赫斯、亨利希·毕尔格尔斯、约瑟夫·魏德迈和阿伯拉罕·雅科比有着联系。1848—1849 年革命爆发时，伊曼特报名参加志愿军开往石勒苏益格—荷尔斯泰因，但是志愿军团很快就被遣散。他在返回家乡的途中在科布伦茨被逮捕，于是他投诉《新莱茵报》（见 1848 年 7 月 7 日第 37 号）。在此期间，他的哥哥卡斯帕尔作为克雷费尔德工人协会的代表也出入于科隆工人协会，并与马克思和恩格斯建立了较为密切的关系。伊曼特同维克多·席利一道参加了特里尔的民主运动和体操协会，《新莱茵报》对他以后的发展产生了影响，这种影响主要表现在从 1848 年年底起由他编辑的特里尔地方报纸《民主传单》上面。由于帮助哥哥卡斯帕尔逃往法国，彼·伊曼特被判处六天监禁，为了逃避进一步的迫害，他于 1848 年 11 月底越过法国边境，在边境城镇阿帕赫编辑《民主传单》，直到 1849 年 2 月底。在比利时作短暂停留之后，他又返回德国，积极地参加了维护帝国宪法运动，主要表现在袭击普吕姆军械库和此后加入维利希志愿军团。在流亡瑞士期间与马克思和恩格斯建立了通信联系。

伊曼特参与了"革命集中"的活动，1850 年底移居日内瓦，一度担任那里的工人协会主席。在约翰·菲力浦·贝克尔、埃拉尔德·比斯康普、赫斯和席利的影响下，他成了宗得崩德的成员，与这些人一起同属哥特弗里德·金克尔筹划的革命公债（见注 456）的保证人。1851 年 12 月底，当他与比斯康普、恩斯特·德朗克一道离开日内瓦时被逮捕，1852 年 3 月他们被逐出瑞士。伊曼特去了伦敦，参与那里的工人教育协会的活动，但是不久就与奥古斯特·维利希发生冲突，被开除出宗得崩德。1852 年 7 月加入共产主义者同盟，从此之后他是作为马克思的密友在所谓的革命公债保证人的会商中活动。在科隆共产党人审判案期间，伊曼特是马克思的得力助手之一。在以后的年代里，马克思和恩格斯也很器重他，把他看成是可靠的无产阶级革命家。从 1855 年起伊曼特在邓迪当教师。1860 年他帮助马克思搜集写作《福格特先生》所需的材料，后为第一国际成员，一直到逝世都同马克思和恩格斯保持密切联系。关于他的生平，见马克思《福格特先生》（《马克思恩格斯全集》德文版第 14 卷第 400 页，参看《马克思恩格斯全集》中文第 2 版第 19 卷第 92 页）；埃尔哈德·基恩鲍姆"彼得·伊曼特——马克思和恩格斯的朋友与战友"，（载于《马克思恩格斯年鉴》1980 年柏林版第 3 卷第 142—163 页）。——317

478 宗得崩德在召开了 1851 年 7 月伦敦代表大会（见本条注释后面的介绍）之后，没有再开展什么实质性的政治活动。从来没有和奥古斯特·维利希保持过完全一致的日内瓦支部，由于阿道夫·迈尔施展诡计（见注 400）和布朗基祝酒词的影响，在 1851 年春就自行解体了。在法国的各支部中都有警探活动，这些支部随着 1851 年 9 月的大逮捕（见注 452）也不复存在了。宗得崩德的伦敦组织也是内部危机重重，成员接连被开除或退出。1851 年 11 月，路德维希·施泰翰与维利希公开决裂，工人教育协会内部也发生冲突，结果弗里德里希·埃卡留斯、格奥尔格·罗赫纳、约翰·乌尔默和其他工人离开协会或宗得崩德，并于 1852 年 1 月建立新的伦敦工人协会（见注 462）。1852 年年中，彼得·伊曼特和维克多·席利被开除出宗得崩德，伊曼特被吸收加入共产主义者同盟，席利与马克思建立了密切联系。在这个时候，卡尔·沙佩尔第一次间接地重新靠拢马克思（见文件 710）。1853 年 2 月或 3 月，维利希去美国，宗得崩德随即彻底中止活动。

宗得崩德伦敦代表大会发出了《告同盟书》的通告信，并通过了《革命时期人民的要求》的传单。在 1851 年 9 月初警方在巴黎进行的逮捕中（见注 452），这两个文件有许多本落入警察之手，并发表在法国报刊上。不久在德国各种报纸上也登载了译文的摘要，例如曾刊登在 1851 年 9 月 20 日《卡尔斯鲁厄日报》第 222 号，1851 年 9 月 19 日《科隆日报》第 225 号。报纸的报道并没有对通告信和传单作出区分，而把它们当做一个文件谈。

宗得崩德代表大会文件的许多段落吸取了（即使是折衷地）《共产党宣言》、1850 年三月和六月告同盟书以及布朗基祝酒词（文件 202、448、473 和 594）的思想，但忽视了资本主义社会及其阶级结构的新的经济条件，不注意同农民的联盟，他们在考虑共产主义社会制度的成熟时完全忽视了客观条件。

他们用"第四等级"这一概念来代表工人，这就退回到了早已过时的观念上去，并且是对盲动主义倾向的极大赞许。

通告信全文如下：

"同盟代表大会告同盟书

兄弟们：

资产阶级被迫同国家政权决裂的时刻已经为期不远了。说被迫，是因为不仅他们的政治权利、过去革命的成果，而且还有他们的物质利益，或者是受到反动派的威胁，或者是遭到反动派的破坏。资产阶级相信，随着所谓政治自由的建立，通过成立一个廉价的国家行政机关，通过改善税收制度，尤其是通过设立国家银行，不仅可以满足他们的利益，而且也可以满足第四等级的要求。他们害怕共产主义，并密谋反对它。他们不懂得国家和社会生活动荡的真正原因，因此他们也不懂得革命的目的和它必然产生的最终结果。他们不懂得，在私人资本对生产关系的统治中，即在他们自身存在的基础中，也包含着他们自身的毁灭。他们不懂得，由于资本具有日益积聚的本性，只有当整个资本都积聚起来的时候才会出现停顿，因此，只有到那时第四等级即无产阶级才不再是革命的，因为积聚的资本只能是社会资本，靠这种资本就可以解决经济问题——一切人的自由发展的基本条件。

现在我们第四等级有两项任务：一方面，共同准备，并加速革命；另一方面把革命的权力交给第四等级，以便加速经济关系的历史发展，并原则上结束这一发展。只有作为第四等级组织灵魂的同盟成为一个分支众多而又集中的组织，只有全体盟员协调一致进行工作，这两项任务才能实现。

因此，代表大会决定，各区部和支部都必须把下列各项作为自己行动的准则。

A. 革命前的措施

1. 竭力发展同盟组织，在这方面不仅着眼于新盟员的数量，也要着眼于他们的活动能力，即组织协会和领导协会的能力，总之，充当领袖的能力。

2. 建立第二级组织，其中最干练的成员参加同盟，它受同盟领导，为同盟的目的而工作。这种第二级组织必须根据各地的情况以不同的方式组织起来，或者公开，或者秘密，或者作为工人协会、联合会、合唱团、讲习会，如果这些都不可能实现，就建立三五人或十来人的革命联系小组。

3. 准备和培养盟员，以便在革命时期担任军事官员、行政官员、监察专员，至少也要能够作为盟员在军队或俱乐部中做思想引导工作。

4. 为了使中央委员会对人员的概况尽可能有所了解，各支部应当把包括盟员姓名、能力和特点的名单直接寄给区部并由区部立即寄给中央委员会。

5. 立即设立或增加同盟警察，他们的专门职责是：

    a、监督被同盟开除的人；

    b. 监督和惩处叛徒；

    c. 编制必须提交人民司法部门的人民公敌的名单；

    d. 在爆发革命时监督他们，并防止他们逃跑；

    e. 查明国家和私人的武器和物资仓库、银行、国家金库和私人保管的储备金；

    f. 在爆发革命时防止转移这些财物。

6. 中央委员会应尽快为同盟搞到自己的印刷机，以便印刷传单。

7. 同盟应尽快地把附上的《人民的要求》加以散发，使其成为大家公认的人民要求，这些要求必须在下次革命中到处都一致提出，就像1848年提出的关于出版、普选权等政治要求那样。

8. 同盟盟员应预先了解那些将代表第四等级利益的有政治影响的人物，以便在革命中进行选举时心中有数。

B. 在革命爆发时和革命中的措施

同盟的主要任务是：为第四等级夺取政权，把政权作为可以支配国家各种力量以进行内部组织的手段。这种政权必须建立在如下基础上：

    a. 首先是武装力量；

    b. 其次是维护第四等级利益的政权和管理组织；

    c. 最后是那些能使第四等级在物质关系方面不依赖资产阶级的机构，这些机构将使第四等级与国家发生直接关系，就是说，工人组织将成为选举产生的各种政治机构以及武装力量的基础，将使国家能够作为社会资本家通过竞争战胜私人资本。

关于 a. 在革命取得胜利时，物质力量掌握在第四等级手中。因此，同盟的任务是，防止这种力量被瓦解，否则它就会重新转到总是充当反动派工具的常备军手中。——瓦解是可以防止的，因为第四等级到处都将暂时组织起来，处于戒备状态，组成革命的人民军队。革命人民军的每一个战士及其家属的生活，暂时或者永远由国家保障。在组织人民军队时，同盟应力求使领导职位完全掌握在属于第四等级的人手中。反动的资产阶级必须被解除武装。如果常备军的小部队参加革命，那就把它们编入人民军队。如果常备军的大部队参加革命，那就立即把人民军的可靠的人派进去。同盟盟员应进到所有部队中去，并发展同盟组织。这是今后一切发展的重点。只有武装力量掌握在第四等级的手中，并由他们的代表来领导，才有可能进行其他的组织工作。如果丧失了这种领导权，那我们就要重新开始革命化的整个过程，直到以后在某一时间重新获得作为其他一切的基本条件的政权为止。

关于 b. 革命政权将由那些赢得革命胜利的人组成。由武装起来的第四等级选出的各革命暴动委员会组成中央委员会。同盟在这里将通过它的集中制施加主要影响，以便排除那些模棱两可的或软弱无力的政治人物。这个中央委员会有独裁权力。它不能把这一权力出让，但为了完成一定的任务，在一定时间内可以将这种权力部分地赋予个别人。

乡、县和地区等委员会将代替政府各级机关。由政府特派员担任各委员会的领导。每个特派员都有权指挥革命的人民军队。

同盟盟员自己担任比较重要的特派员职务，并根据需要尽量把其他特派员吸收到同盟中来。特派员要把集中一切手段看作他们的主要任务。

因此，特派员的首要工作应当是：

① 编制包括居民人数、年龄、职业和财产等情况的各乡、县、地区等等的统计表，并列出现有农产品、原材料、产品、役用牲畜、乘骑牲畜、肉用牲畜、运输工具等等的数字，以及现有的作坊、工厂及其生产能力；

② 建立乡、县和地区的仓库，相互提供储备，地区仓库必须建在铁路旁边。

③ 在所有地区级和县级城市建立革命法庭。由特派员采取的特别措施有：

防止外逃；

防止邮寄贵金属；

逮捕所有的人民公敌，由人民司法机关就地惩罚公开的叛徒，罪行不太严重的由县法庭处理，更轻的由地区法庭处理。

关于 c. 其他一切拥有最终决策权、并且这些决策必须千方百计地予以实现的组织，其基础是：

① 革命国家应当给予每个要求工作的国家公民以工作，发给足够的工资；

② 所有儿童均由国家负责教育，并建立接纳他们的公共设施。首先应当把人民军成员的孩子接纳到这种设施中来。

关于①工作和足够的工资要始终得到保证，直到这种工资关系在正常的工人国家中结束为止。以这种方式从事工作的人是国家工人，他们的存在同新的国家的存在是不可分割地联系在一起的。如果工人是革命的，工厂领导人就由他们自己选举；如果不是革命的，就由特派员指定。

接收所需要的作坊、工厂和土地等，这主要是通过剥夺那些不能使它们得到充分利用的所有者来实现。

人民军和组织起来的国家工人以下列方式相互补充：把退出人民军的人接纳到工人组织中来，而人民军又主要是靠工人组织重新得到补充。国家工人将武装起来并实行军事编制。乡、县和地区的特派员是工人理事会的成员。按照国家机构的规模，他们派相应的代表参加政府的中央委员会。

为建立上述组织，革命政府还将采取下列措施。

① 没收一切革命敌人的领地和财产。没收的一切财产均为不可转让的国家财产；

② 对所有财产超过5000塔勒的人发行最高标准的强制公债。这种强制公债须交付现金，在个别情况下经政府同意可缴纳产品购买。这种公债将根据财产的多少确定其百分比；

③ 按照需要发行一定数量的新纸币，废除旧国家的一切国家证券。工人所占有的面额1—5塔勒的纸币可在宣布废除后的三日之内兑换新纸币；

④ 通过不再通知抵押品到期的办法，把一切抵押品都收归国有；

⑤ 全部交通工具和矿山都收归国有；

⑥ 对外贸易由国家管理。

C. 从革命中过渡出来

人民军逐渐加入工人组织，那时这种组织成为国家唯一的武装力量。

取消特派员，仅继续保留上述委员会。中央委员会或政府将由工人组织的代表和根据普选权原则选出的地区的代表组成。

以陪审法庭来代替上述法庭，其组成有待于详细规定。

过去的刑法和民法全部废除。

从革命中过渡出来时的更具体的措施将由以后的代表大会规定，因为个别措施的必要性只有在革命过程中才能显示出来。但是，同盟认为革命之后，社会国家的基本条件是：

一方面是一切经济生产资料和政治权力的集中，另一方面是集中所由以产生的自由的自治权。

兄弟们！

在我们向你们提出我们共同行动的上述准则时，我们要求你们采取新的行动，极其严格地遵守同盟的章程和维护同盟的团结。

受代表大会委托：中央委员会"

载于维尔穆特和施梯伯《19世纪共产主义者的阴谋》第1部分，1853年柏林版第293—298页。

传单全文如下：

"人民的要求。

1. 在革命时刻一切现存的政权都要停止存在。

2. 武装的人民在各地都临时选出革命委员会，一切权力归委员会掌握。中央委员会设在革命所占据的第一个大城市中。它具有独裁的权力，一切革命委员会都派出代表参加中央委员会。

3. 取消一切税收。国家支出的费用将通过下列办法获得：

a. 没收诸侯和人民叛徒的财产；

b. 没收银行和国库；

c. 对一切资本家发行强制公债；

d. 发行新纸币。

4. 一切国债无偿取消，旧纸币停止流通。

5. 国家接收一切抵押品，不再通知任何抵押品到期。国家酌情赔偿原所有人的损失。

6. 解除革命的一切敌人的武装。由 17 岁至 60 岁的革命人民组成军队。未婚的青年首先有责任抵御外部敌人，其他人抵御内部敌人。人民永远不应当再被解除武装。

7. 废除一切审判权，代之以革命委员会所确立的法庭，中央委员会派遣由它任命的特派员参加这一机构。

8. 全体革命战士及其家庭的生活都得到保障。人人必须工作。国家同样必须保证人人都有工作，都能得到由工人委员会确定的优厚的工资。

9. 一切铁路、轮船和其他公共交通工具均归国家所有。一切开工不足、国家需要安排工人就业的工厂和作坊也收归国有。农业工人将按照第 8 节的规定在国营农场就业。

10. 诸侯和富人的宫殿和大厦将用来作为学校和教育设施，以及用作其他公益事业。儿童将免费受到培养和教育。"

这份传单的全文在维尔穆特和施梯伯《19 世纪共产主义者的阴谋》第 1 部分，1853 年柏林版第 291—292 页中重新刊印。——317

479 德文周报《美文学杂志和纽约刑法报》是 1852 年由流亡者鲁道夫·莱克索创办的，由于带有消遣性质，每次发行数都比较多（见卡尔·维特克《美国的德文报刊》1957 年法兰克福（肯塔基州）版第 187—188 页）。1852 年中，约瑟夫·魏德迈同该报建立了联系，他开始时以出版社职员的身份从事工作，后来则成了该报的业务领导人，从而对该报产生了特殊的影响（见文件 761）。这种情况正是在科隆共产党人案件期间发生的，因而具有重大意义，在使用马克思和恩格斯所提供的材料时，魏德迈把关于案件的文章和记录提供给该报。这些报道，有一部分还被其他德国和美国的报纸转载。

　　当该报以其所谓不偏不倚的态度使奥古斯特·维利希和威廉·希尔施得以发表反对马克思的文章时，魏德迈立即挺身而出与它进行斗争；他撰写了许多篇反对维利希的声明，并安排在该报上发表马克思及其拥护者的反驳声明。

　　1853年中，魏德迈放弃了他作为该报业务领导人的职位，这样一来，就减弱了马克思主义对该报的影响。关于魏德迈为《刑法报》撰稿一事，见卡尔·奥伯曼《约瑟夫·魏德迈传》1968年柏林版第279—314页。——340

480　威廉·施特芬脱离了普鲁士军队，在科隆以研究者和私人教师为生，他曾是共产主义者同盟科隆支部的成员，由于不明真相，也许是个人的原因，1850年底或1851年初被开除或自动退出（并见文件779）。

　　施特芬与海尔曼·贝克尔、罗兰特·丹尼尔斯和斐迪南·弗莱里格拉特很熟。如果卡尔·威廉·克莱因提防施特芬（见文件765），那么，这也许由于施特芬可能是属于这样的科隆共产党人，他们在1851年夏天中央委员会被破获后反对振兴这个不合法组织的尝试。1852年底，施特芬以辩护证人的身份在科隆共产党人案件中出现，1853年1月底流亡伦敦，在那里，他很快就同马克思建立了密切的友好联系，马克思称他是"我们党的一个非常难得的人"（文件774）。在揭露维利希的小资产阶级革命儿戏时，施特芬支持马克思（见卡尔·马克思《高尚意识的骑士》，载于《马克思恩格斯全集》德文版第9卷第513—515页，参看《马克思恩格斯全集》中文第2版第12卷第586—588页）。1853年年中，他离开了伦敦，交替居住在切斯特和布赖顿，在那里，他担任教师，并从事军事文献的翻译工作，他同住在英国近邻城市的恩格斯、恩斯特·德朗克、威廉·沃尔弗和彼得·伊曼特接触频繁。他还同马克思经常保持书信往来。马克思和恩格斯对施特芬的地理知识、军事知识给予高度的评价。1855年，当丹尼尔斯与世长辞的时候，马克思为了撰写一篇悼词，请求施特芬提供传记资料（见文件779）。可能，施特芬也曾参加了1856年2月马克思同古斯达夫·莱维之间在伦敦的讨论（见文件781和784）。

1857 年底，当施特芬丢掉教师一职时，他前往美国，在那里，他同约瑟夫·魏德迈建立了联系，并继续同马克思和恩格斯保持通信。1862 年，他从波士顿报道了卡尔·海因岑进行宣传鼓动的情况，并向马克思打听海因岑先前的反共活动，以便站出来反对他（见 1862 年 5 月 19 日施特芬给马克思的信，收藏于莫斯科苏共中央马列主义研究院中央党务档案馆，f. 1, op. 5, d. 1319。马克思于 1862 年 6 月 6 日给恩格斯的信，载于《马克思恩格斯全集》德文版第 30 卷第 247 页，参看《马克思恩格斯全集》中文第 1 版第 30 卷第 250 页）。关于施特芬，最后一次是马克思于 1862 年 9 月 10 日给恩格斯的信中提到的，在信里，谈到了施特芬打算参加美国内战（见《马克思恩格斯全集》德文版第 30 卷第 287 页，参看《马克思恩格斯全集》中文第 1 版第 30 卷第 287 页）。——349

481 希拉里乌斯·费舍在科隆经营一个园圃，他至少从 1850 年至 1853 年间同一批科隆同盟盟员，如亨利希·汉森、弗里德里希·列斯纳、彼得以及弗兰茨·约瑟夫·勒泽尔、约瑟夫·罗斯等等接触非常频繁；据推测，他本人当时也是同盟盟员。1851 年底和 1852 年，他曾同他的朋友汉森一道，访问了科隆周围的许多地方，以期同坚决的民主派（其中包括杜塞尔多夫的斐迪南·拉萨尔）和具有革命思想的工人保持接触。在科隆共产党人案件以后，他积极参加救济措施的组织工作，以救济被判罪者。列斯纳的这封信是不是由费舍答复的，从狱中日记（见注 444）中无法看出。但在 1853 年 6 月 24 日列斯纳给费舍的一封比较详细的信的副本中，已包括这一点，在该信中，列斯纳也描述了他在物质上的窘境。在科隆警方 1853 年 7 月 23 日关于科隆裁缝帮工约瑟夫·罗斯的报告中，在谈到下列情况时曾提到过这封信；"在制钉匠贝克豪森家里发现了两封信，一封是由身陷格劳登茨要塞的列斯纳于**本月**24 日给费舍的。［……］照这么说，费舍同贝克豪森的关系也较为密切，后者可以同各个要塞里的被判罪者通信联系。引人注目的是：格劳登茨的来信既未经司令部签准，也未盖司令部的公章。无论如何，这是一种未经准许的通信，因此，我同有关司令部的联系也更为密切了。"收藏于波茨坦国家档案馆，Rep. 30, Berlin C, Tit. 94, Lit. W. , Nr. 293。

费舍是1853年7月27日同罗斯一道被捕的。他们受到审讯，理由是他们犯有谋反罪，由于缺乏证据，审讯不得不于1853年12月12日中辍（见莫斯科苏共中央马列主义研究院中央党务档案馆，St. 6/2, Bd. 2）。——362

482 1853年5月11日，列斯纳在给彼得·勒泽尔夫人的信中写道："您也许从您的亲爱的丈夫、我的难友那里获悉，我同他被关在同一个要塞中，我急需一张床，而我没有钱买床，因此，我也就通过您的亲爱的丈夫向您提出请求。因为我现在还不知道，您是否有可能送给我一张床，所以，我恳求您，如果没有这种可能，就请您在我的熟人和难友那里给我弄一张床和一些必需的衣服。

4月24日，我从科隆收到了10塔勒，可是，如果细想一下，10塔勒又算得了什么呢？在这里一分钱的收入也没有，而每一件必需的零星物件都得购买，囚室里空空如也。一旦我有了我最必需的东西，我就可以靠少数津贴对付一下。当然，我缺少好些东西，这是不足为奇的。我两年来身陷囹圄，就这样过去了，而什么也没有得到。相反，我倒不得不失掉了许许多多东西。"列斯纳在列举了最必需的东西，首先是御寒的衣服以后，最后写道："因此我恳求您把此事通知您的丈夫的兄弟弗兰茨·约瑟夫·勒泽尔先生以及我过去的难友，并请求他们为我操点心。"（弗里德里希·列斯纳的日记，写于格劳登茨要塞国家监狱，1853年，莫斯科苏共中央马列主义研究院中央党务档案馆，f. 178, d. 1/5）。——364

483 年轻的店员胡贝尔特·萨尔盖特也可能曾经是同盟盟员，1848—1849年，他是科隆工人联合会的最积极会员。1848年夏天，他参加了联合会的农村鼓动工作，9月10日，由于企图在科隆城郊的韦瑟灵创建一个工人联合会而突然被捕，对此，1848年9月12日《新莱茵报》第100号曾提出强有力的抗议（并见格尔哈德·贝克尔《马克思恩格斯在科隆。（1848—1849年）》1963年柏林版第129页）。从1848年9月起，萨尔盖特成了科隆工人联合会领导委员会成员，后来，成了第二分会的领导人，1849年2月，联合会改组后又被选入委员会。他致力于联合会图书馆的扩展工作，1849年6月，他成了编辑委员会成员，该委员会负责联合会机关报《自由、博爱、劳动》的最后几号的编辑出版工作，它是按《新莱茵报》最后一号的先例，也以红色油墨印出的。科隆工人联合会为庆祝巴黎六月起义一周年纪念日而举行的宴会上（见文件380），作为演说者之一的萨尔盖特表示希望士兵革命化。为什么他直到1850年5月才加入科隆工人教育协会（见注221），不得而知。从1850年6月19日第144号起，他行使由海尔曼·贝克尔编辑出版的《西德意志报》（科隆）的正式出版者的职权（见注289），一直到1850年7月21日停刊为止。他担任这一职务时，由于该报发表的一篇文章，使他遭到了一场控告，理由是所谓挑动阶级仇恨，在1851年1月9日的起诉中，他被判处三个月的监禁。

萨尔盖特在科隆共产党人案件以后，直到他早逝为止，一直参加了救济被判罪者的工作。例如，卡尔·克林斯把由索林根工人所募集到的捐款都寄给了科隆的萨尔盖特（见迪特尔·达夫《行动与组织。1820—1852年间普鲁士莱茵省的工人运动、社会主义运动和共产主义运动》1970年汉诺威版第284页）。——364

484 这封信也许只保存下来一部分，它既没有注明日期，也没有写明称呼。由于汇到科隆去的两笔款子，只能是指下面比较具体地提到的1853年4月28日和5月31日寄出的那两笔，而在6月21日以后，卡尔·施土姆普弗把第三笔款子从伦敦带往科隆，所以，贝尔姆巴赫的信一定是约在1853年5月31日和6月21日之间写的。

至于汇款，这里指的是救济科隆共产党人案件中被判罪者及其家属的呼吁书所产生的结果（文件746、749、761和注459）。司库工作是由伦敦的斐迪南·弗莱里格拉特负责的。他的"救济科隆被判罪者及其家属的账户"（多特蒙德城市和国家图书馆，Atg. 1073）于1853年1月开户，而于同年6月19日结束。1853年1月的第一个登记内容，就是一笔"由百蒙德西的宪章派捐募的款子"，总计1先令6便士。3月间，有一笔"来自N. N. 的捐款"，总计也是1先令6便士。其他的登记内容都是从美国来的捐款，贝尔姆巴赫提到的"新的财源"，据推测就是指这些捐款；3月20.17镑（来自华盛顿社会主义体操联合会），5月21日25镑；最后，约瑟夫·魏德迈于6月再一次寄来了募捐的一笔款子 3.19 镑（来自纽约）。

　　在弗莱里格拉特的账簿上，粘贴着两张收据，它们同来自美国的最初两笔款子相吻合。弗莱里格拉特是从科隆的 J. H. 施泰因银行收到的，阿尔伯特·埃尔哈德在科隆共产党人案件中被宣告无罪释放后又在该银行当司库。第一张收据开列了：1853 年 4 月 28 日，142 塔勒 13 银格罗申 6 芬尼；第二张收据开列了：5 月 31 日，168 塔勒 12 银格罗申 6 芬尼。1853 年 6 月的捐款，扣除了 6 便士邮费和其他费用，弗莱里格拉特于 1853 年 6 月 19 日交给了卡尔·施土姆普弗，它们被转交给贝尔姆巴赫和埃尔哈德。施土姆普弗签收了 3.13 镑（关于弗莱里格拉特的账簿，并见《弗莱里格拉特和马克思恩格斯通信集》（曼弗雷德·海克尔主编并作序）1968 年柏林版第 1 卷第 LXXII— LXXIII 页，1968 年柏林第 2 卷第 74—75、81 和 83 页）。——365

485　据估计，列斯纳给他的未婚妻玛格达琳娜·弗莱肯施坦的信，其中若干封在他被拘留在格劳登茨期间就已被当局截取。1854 年 1 月，列斯纳被转移到西里西亚的银山要塞去以后，那里的要塞司令官并没有把他的信寄往利物浦，而是把它们寄给科隆的警察局长盖达尔，但这个盖达尔请求普鲁士内部大臣斐迪南·冯·威斯特法伦，建议不要再把列斯纳的信转发出去（见盖达尔于 1854 年 2 月 15 日给冯·威斯特法伦的信。收藏于梅泽堡德国中央档案馆，Rep. 77, Tit. 6, Gen. , Nr. 54, Bd. 1, fol. 332）。1854 年 3 月，列斯纳同他的未婚妻的通信最后中断了。

　　列斯纳是 1851 年春天在美因茨认识阿沙芬堡的玛格达琳娜·弗莱肯施坦的。在列斯纳被捕以后，她从各方面帮助了他。当列斯纳在美因茨被拘禁期间，条件简直无法忍受时，她促使一位黑森州议会议员在第二院提出责问。玛格达琳娜·弗莱肯施坦也在 1852 年作过科隆之行，并考察了共产党人案件，她经常受到警方监视，并多次受到威胁和刁难。最后，她被迫移居英国。在利物浦，她找到女仆工作。列斯纳从她那里得到的最后一点消息，就是她生病了，而且生活条件很艰难。——366

486　索林根的卡尔·威廉·克莱因的职业，根据不同的资料来源，分别是：锉剪匠、磨剪匠、刀匠、工厂工人和铁路工人；显然，早在 1848—1849 年革命时期，他就同科隆建立了联系。1849 年 5 月，由于他参加了埃尔伯费尔德和索林根的起义，因而遭到追捕，于是逃亡到伦敦；他最迟是在那里成为共产主义者同盟盟员的。1850 年 5 月初在埃尔伯费尔德案件（见注 219）以后，当悬而未决的审判停止时，他回到了德国。这时，他以伦敦中央委员会特使的身份作传播六月告同盟书的旅行（文件 473）。在布鲁塞尔，他没有遇见卡尔·布林德（见文件 495）。至迟在 6 月 10 日，克莱因到了科隆，他同那里的区部成员们一道为了从那里继续发送六月告同盟书的副本而操劳奔波。由他从中斡旋的马克思的建议，即吸收斐迪南·拉萨尔入盟的建议，并没有得到科隆同盟盟员的赞同。还在 1850 年 6 月，克莱因就回到了索林根，并从那里参加了同盟的各项活动，直到 1851 年年中为止。他在索林根、埃尔伯费尔德—巴门建立了支部，散发传单，并组织了各种工人集会。1851 年 1 月，彼得·勒泽尔以科隆中央委员会成员的身份在索林根逗留了几天（并见本书第 3 卷附录，文件 6）。克莱因 1850—1851 年在伍珀塔尔工业区的活动，对 60 年代社会主义运动在该地区的迅速发展具有重大意义。

由于 1851 年 5 月对共产党人的迫害（见注 436），克莱因于 1851 年 8 月流亡到比利时。1852 年 4 月，他流亡到美国。1853 年，他从费城同阿道夫·克路斯、康拉德·施拉姆和约瑟夫·魏德迈一道共同为美国的同盟进行活动。1853 年秋天，他为此直接求教于在伦敦的马克思（见文件 772）。

60 年代，克莱因回到了德国，属于全德工人联合会的反对派一翼；针对拉萨尔及其拥护者，他强调马克思和恩格斯以及《新莱茵报》为组织无产阶级政党立下了丰功伟绩（见 1870 年 2 月 8 日恩格斯给卡尔·克莱因和弗里德里希·莫尔的信，载于《马克思恩格斯全集》德文版第 32 卷第 646 页，参看《马克思恩格斯全集》中文第 1 版第 32 卷第 634 页）。克莱因成了第一国际索林根支部的领导人之一，并以代表身份参加洛桑和布鲁塞尔代表大会（见《第一国际在德国》，1964 年柏林版第 113—114、133—134 页）。他偶尔同马克思和恩格斯通信联系。——367

487 当弗莱里格拉特于 1853 年 8 月 18 日把克莱因的信寄给马克思的时候，他这样写道："我暂且把今天收到的**克莱因**的信的附件寄给你——**索林根**［……］

在费城，作为犹太教堂的总主教，你要负责对这一附件的答复。我喜欢克莱
因的热情和举动——但是怎么办?!"

（载于《弗莱里格拉特和马克思恩格斯通信集》，曼弗雷德·海克尔主编
并作序，1968 年柏林版第 1 卷第 69 页）。

马克思对克莱因的答复并没有被保存下来，但他的信的梗概可以从文件
768 中看出：尽管阿道夫·克路斯有些勉强，但马克思还是满足了克莱因的
请求，使他同纽约的约瑟夫·魏德迈和华盛顿的克路斯建立联系（见文件
769、770 和 772）。——367

488 在科隆区部委员会 1850 年 7 月把索林根列为有少数同盟盟员存在的地区之后
（见文件 493），在那里大约于 1850 年 9 月建立了一个支部。属于该支部的，
除了克莱因以外，卡尔·克林斯、尤利乌斯·梅尔希奥尔以及其他工人；在
后来的警察局报告中，提到了工人约翰·佩施和一个裁缝师傅施米茨都是秘
密会议的参加者。同时，田地测量工人海尔曼·马登海姆也被看成是索林根
支部成员，1851 年他曾把马克思的五本《文集》转交给克林斯（见海因
茨·罗森塔尔《索林根工人运动的开端（1849—1868）》，1953 年朗根费尔德
版第 12 页）。1851 年 8 月，克莱因动身以后，格雷夫拉特的磨刀匠卡尔·克
林斯显然就成了索林根支部的领导人。克林斯从 1846 年起就住在索林根附近
的菲尔德。还在 1864 年，马克思在信中写道，克林斯"是莱茵地区工人实际
上的秘密的领导者（前同盟盟员）"（马克思 1864 年 11 月 4 日给恩格斯的信，
载于《马克思恩格斯全集》德文版第 31 卷第 10 页，参看《马克思恩格斯全
集》中文第 1 版第 31 卷第 11 页）。——关于克林斯后期的政治活动，见《德
国工人运动史。传记词典》1970 年柏林版第 241—242 页。此外，他于 1870
年在芝加哥搞了一个《共产党宣言》的再版本。

索林根支部（1851 年春天，埃尔伯费尔德—巴门的同盟支部也在它的倡
议下创建起来）的活动特点是，从一开始就在巴门—杜塞尔多夫—科隆地区
建立了极其频繁的联系，它的活动一直持续到 50 年代中期。从 1853 年至
1857 年，它曾出色地组织过募捐活动，以救济在科隆共产党人案件中被判罪
者及其家属。1853 年，索林根支部同杜塞尔多夫支部一起，显然对德国同盟

的改组尝试也起了非常有力的推动作用（见注 489）。以克林斯和其他同盟盟员为首的先进的索林根工人 50 年代在边远地区举行了一系列秘密会议，从这些地区，警察局只是在少数情况下才能弄到非常含糊的情报。例如，1852 年 5 月 9 日，在杜塞尔多夫附近的尼安德特举行了一次会议，参加这次会议的，主要有来自索林根和埃尔伯费尔德的大约 30 名代表（其中有卡尔·威廉·克莱因的夫人），此外还有杜塞尔多夫的代表（其中有古斯达夫·莱维和斐迪南·基希尼阿维）和科隆的代表（其中有雅科布·施米茨，见注 450）以及周围其他地区的代表（见杜塞尔多夫国家档案总馆，Reg. Düsseldorf, Präs. Nr. 831, BL. 69—70）。显而易见，关于 1857 年 6 月 21 日在多尔普（索林根地区）附近的格隆嫩堡森林里举行的秘密会议上的倡议，也是由索林根支部的前同盟盟员发起的（见文件 793）。——368

489　通缉令声称："通缉令。锉剪匠卡尔·威廉·克莱因，28 岁，生于科隆，最后，住在索林根附近多尔普区海斯滕。鉴于参加一次叛国阴谋而受到侦查，他已偷偷地离开了住所，从而使王室预审推事无法执行拘捕令。在通缉令中对克莱因的相貌特征作了描绘，我特要求有关的警官留意这个克莱因，一发现就当场把他捉拿归案，带到我的面前来。

　　最高检察官冯·泽肯多夫　1851 年 10 月 28 日于科隆。

　　相貌特征：身高 5 英尺 5 英寸，深褐色头发，深褐色眼睛，目光炯炯有神，嘴巴宽大，棕色胡子，圆下巴，小圆脸，脸色健康，身材修长。"（载于 1851 年 10 月 30 日《科隆日报》第 260 号附刊）。——369

490　在科隆共产党人案件以后，约至 1856 年策略辩论以前，索林根、杜塞尔多夫和埃尔伯费尔德—巴门同盟支部的盟员们，显然多次试图在德国重新组织同盟。对此，留在科隆的若干前同盟盟员，如阿道夫·贝尔姆巴赫和威廉·施特芬表示反对（见注 480），而雅科布·施米茨则显然赞成改组计划。这个打算在古斯达夫·莱维于 1853 年 12 月和 1856 年 3 月同马克思的谈话中是否提到，已无案可查，不过，马克思会非常肯定地表示反对按照旧形式改组同盟的尝试。莱维于 1853 年 12 月对马克思的拜访，同索林根、杜塞尔多夫和巴门—埃尔伯费尔德各同盟支部（见注 488）继续发挥作用有着极其密切的关系，显然也同与伊瑟隆建立联系有着极其密切的关系。这次拜访，在卡尔·威廉·克莱因1853年7月的信中已暗示过了（文件765），而且大约从1853年春天以来就已作了准备。马克思曾同意每年接待一个代表（见文件768）。在没有保存下来的大约在1853年9月初给克莱因的信中，马克思就曾通过莱维劝告伍珀河和鲁尔河之间工业区的工人们，不要同资产阶级势力在政治上建立联系，但也要避免任何暴动政策。莱维在伦敦也拜访了斐迪南·弗莱里格拉特。

尽管马克思在同莱维谈话中曾强调说，他在组织上再也不属于任何同盟（见文件773），但是，看来由于莱维的伦敦之旅，莱维在杜塞尔多夫与斐迪南·拉萨尔（1853年12月13日他给马克思的信莱维已转交）出现了一场关于所谓马克思要求接纳拉萨尔加入共产主义者同盟的争论。1854年1月拉萨尔就此事给马克思的第一封信以及马克思的答复，都没有被保存下来，而只有拉萨尔紧接着于1854年2月10日给马克思的信被保存下来。信中是这样说的：

"你的来信已及时收到了。首先，我要回答的是：

（1）我没有说过：有人发现你的态度'缺乏修养'。我只使用了'生硬'这个词。甚至这个词本身，也许就太生硬了。也许我倒应当说'冷漠'。你知道，通过一个确定的词来准确地表达一般的、颇不确定的印象，是很困难的。此外，我想仅仅就由于旅行（就我所感觉到的）所引起的印象（通过那个说明）向你作个报告。本来，我根本无权这样做，因此，那种多余的说明使我感到遗憾，因为你（a）似乎理解成让人愤怒的这件事，其实它是根本没有什么恶意的；（b）就我现在所知道的，'缺乏修养'原来仅仅归结为令人兴奋的期望已经落了空，因为人们——这与你的信中的第二点有关——

（2）认为是你派去的。在这方面，目前出现了下列情况，费城的工人［克莱因］的信中的模糊的表达方式，应对这种任何一方面都不打算要的神秘化负责。

现在工人们知道，你并没有委派任何人，他们已完全消除了误会。

你的来信还指出，误会本身是很容易从人们讨论中产生的。

　　我已写信告诉过你，拜访者［莱维］声称，受委托以你的名义要求我一定尽快地加入杜塞尔多夫支部。你虽然没有正面回答我这是否是真的。可是，你的整封信，还有信中的理论观点，就像你本人所指出的，是完全同我所说的相吻合的，是同这种委托直接矛盾的，以致我在这里不得不认为这又是一种误会，即使我对这种误会还无法解释。那个拜访者现在还认为，在我把你的信件的内容告诉他以后，你在最后一次会晤中又对他说了有关我加入杜塞尔多夫支部的委托一事，甚至告诉他立即报道此事。说他向你担保，我很久以来就属于像你现在给我的来信中所指出的那个意义上的'工人联合会'了。但是，你也许会明确表示这一点是不充分的。"载于古斯达夫·迈尔编《斐迪南·拉萨尔遗著和书信》，1922年斯图加特—柏林版第3卷第66—67页。

　　拉萨尔当时也并没有被接纳入盟。

　　古斯达夫·莱维以莱茵地区的共产主义工人代表身份于1853年12月拜访了在伦敦的马克思（见文件773）以后，大约在1856年2月22日至28日他又在马克思家里逗留。1856年2月29日，马克思在给恩格斯的信中写道："上个星期，杜塞尔多夫工人派来的全权代表古斯达夫·莱维一直在我这里。他昨天才走，占去了我的全部空闲时间，虽然我很想给你写信，但无法动笔。下面我把他谈的那些比较重要的消息告诉你。"载于《马克思恩格斯全集》德文版第29卷第19页（参看《马克思恩格斯全集》中文第1版第29卷第18页）。

　　在莱维的这第二次拜访时，谈话时在座的有斐迪南·弗莱里格拉特，很可能还有威廉·施特芬，这次谈话奠定了1856年马克思同几个还存在于德国的共产主义团体之间进行的一次策略辩论的基础。当时，马克思概述了共产主义者在未来革命斗争中应持的政治态度，并警告他们要提防进行过早的、无计划的和孤立的起义尝试的后果。马克思把注意力转向为工人党的组织独立性和政治独立性而作的斗争，转向为在资产阶级民主革命中联盟问题的重要性（并见文件768和786）。马克思在其提示中不得不考虑到：约翰奈斯·米凯尔在格丁根也卷进了辩论，他同莱茵地区各工人团体的那种激进的、迫切要求采取直接行动的观点是对立的（见文件783、784、789和791）。与策略辩论相联系，斐迪南·拉萨尔的政治态度也成了马克思同莱维之间谈话的话题。

　　并见文件787和788。——马丁·洪特："关于德国工人运动从共产主义者同盟到爱森纳赫党的发展过程。1856年的策略讨论"，载于1969年《德国工人运动史论丛》第4期第603—619页。

　　从文件784中可以看出，马克思同莱维之间还达成了一致协议，进行一次在德国出版《路易·波拿巴的雾月十八日》的新尝试。——370

491　《坦率报》，一家德文报纸，它是费城工人联合会的机关报。至少在一段相当长的时间内，是由阿曼德·戈克负责出版的（见阿姆斯特丹国际社会史研究所，马克思恩格斯遗著，P7/P6）。《坦率报》于1853年1月发表了由阿道夫·克路斯撰写的关于救济科隆被判罪者的呼吁书（文件749）。约瑟夫·魏德迈从纽约寄去了通讯（见文件767）。克路斯也为《坦率报》撰稿；应他的请求，马克思于1853年秋天试图也在伦敦寻找撰稿人（见文件769和770）。——372

492　雅科比从1853年7月9日起曾在曼彻斯特的恩格斯处逗留（见1853年7月9日马克思给恩格斯的信，载于《马克思恩格斯全集》德文版第28卷第273—274页，参看《马克思恩格斯全集》中文第1版第28卷第276—277页）。7月18日，马克思写信告诉恩格斯说："至于雅科比，你不要被这个在牢笼里坐了两年的明登区23岁青年的笨拙和不懂世故所吓倒。他是个能干的小伙子。我看过他的博士论文，'十分满意'。"（马克思于1853年7月18日给恩格斯的信，载于《马克思恩格斯全集》德文版第28卷第276页，参看《马克思恩格斯全集》中文第1版第28卷第279页）。

　　此信可能是雅科比给威廉·皮佩尔的一封信的附件。1853年9月3日，皮佩尔写信告诉雅科比说："马克思和我两个人都为了把写给美国的必要信件交给你而深感困难。不过，它们将于星期二发出，因而你只须同下列人员接头，以便受到友好的接待。

　　（1）阿·克路斯，华盛顿美国海军广场。

　　（2）克耳纳博士，纽约法兰克福街12号。

　　（3）约·魏德迈，你自己向上述地点打听一下。"（见莫斯科苏共中央马

列主义研究院中央党务档案馆，f. 1, op. 458, d. 1923）。——373

493 在魏德迈提到过的附件中，有从《纽约先驱报》上剪下的一个报告，在这里，报道了40个同业工会于1853年8月31日在纽约召开了旨在支援罢工工人的群众大会。在这次群众大会上作出了要召开一次代表大会的决定，以便把纽约全部同业工会联合起来，创建一个工会联合会总会。这次代表大会是9月13日在纽约召开的，它制订了如下一项计划：建立一个由各同业工会和企业的代表组成的联合协会。

多伊尔代表根据报纸上的一篇报道宣称："他认为，现在是工人们为自己开辟争取政治地位和社会地位的道路的时候了。"（见1853年9月14日《纽约每日论坛报》第3872号）这次大会还涉及到工会联合会加入美国工人同盟的问题（见海尔曼·施留特尔《德国工人运动在美国的开端》1907年斯图加特版第145页，菲力浦·S. 福纳《美国工人运动史》1947年纽约版第232页，卡尔·奥伯曼《约瑟夫·魏德迈传》1968年柏林版第319—320页）。——375

494 侨居美国的共产主义者同盟盟员在美国的德文报刊上进行了反对奥古斯特·维利希及其若干拥护者的斗争，在斗争中，本声明具有特别重大的意义。它是对维利希的《卡尔·马克思博士和他的"揭露"》一文（见1853年10月28日和11月4日《美文学杂志和纽约刑法报》）所作的直接答复，在该文中，维利希对马克思的《揭露科隆共产党人案件》极尽诽谤和歪曲之能事。克路斯和魏德迈也运用了他们在前些年从马克思及其夫人燕妮那里得到的信件。

还在1860年，马克思就对上述声明表示赞许，他指出："当维利希［……］于1853年在**合众国**对我进行类似诬蔑的时候，魏德迈、雅科比医生和克路斯在我获悉这件事以前，就已出来公开宣布所有这一切都是无耻的诽谤。在德国，我当地的朋友没有一个人对这种闻所未闻的攻击表示任何抗议，反而给我写来了家长式的训诫信。"见马克思于1860年3月3日给斐迪南·拉萨尔的信，载于《马克思恩格斯全集》德文版第30卷第497页（参看《马克思恩格斯全集》中文第1版第30卷第490页）。

该声明的一个摘要，根据弗里德里希·阿道夫·左尔格的倡议，于1902

年重新发表，见《新时代》（斯图加特）第 21 年卷 1902—1903 年第 1 卷第
719—721 页，并见卡尔·奥伯曼"反对反共产主义和仇视卡尔·马克思的斗
争（1852—1853 年）"，载于 1963 年《德国工人运动史论丛》第 3 期第 500—
512 页。——380

495　指《卡尔·马克思博士和他的"揭露"》一文，发表于 1853 年 10 月 28 日和
11 月 4 日。

　　1853 年 3—4 月通过克路斯的推荐，在波士顿的《新英格兰报》上发表
了马克思的《揭露科隆共产党人案件》之后，维利希虽然说了要表态，但在
克路斯和魏德迈公开质问下，仍然一再拖延。首先，他派出了被揭露的警探
威廉·希尔施，此人曾在 1853 年 4 月 1 日、8 日、15 日和 22 日的《美文学杂
志和纽约刑法报》第 3—6 号上发表了他的文章《间谍活动的受害者。辩护
书》，在该文中，他企图为宗得崩德在科隆案件期间的活动辩解。对此，魏德
迈于 4 月底在同一家报纸上发表了他的《"民主的"奸细》一文，给以回敬。
作为该文的附录，他还发表了希尔施 1852 年 1 月 12 日的声明，对维利希和
沙佩尔提出了批评，该声明是马克思在 1 月 16 日寄给魏德迈的信中附上的，
要他在《革命》（纽约）上发表。当希尔施被揭发是普鲁士警察的奸细，并
被从共产主义者同盟中开除出去以后，马克思在 2 月 20 日写信给魏德迈，让
他不要刊登希尔施的声明（见《马克思恩格斯全集》德文版第 28 卷第 493
页，参看《马克思恩格斯全集》中文第 1 版第 28 卷第 494 页）。

　　当希尔施最后亲自出面时，克路斯、魏德迈和雅科比就用本声明予以回
答。同时，费城的卡尔·威廉·克莱因也写信给马克思，他准备发表一篇反
对维利希的声明（见文件 772）。——380

496　这里是指宗得崩德 1851 年第一季度的告同盟书，在 1851 年 8 月 23 和 30 日以
及 9 月 6 日《工人共和国》（纽约）第 19—21 号上摘录发表。有一份这样的
告同盟书（但没有结束语）原收藏于狄茨档案馆中，后来落到了普鲁士警察
手里。这一片断发表于维尔穆特和施梯伯《19 世纪共产主义者的阴谋》
（1853 年柏林版第 1 部分第 271—282 页）。只要有可能同《工人共和国报》
上所发表的比较一下，就可以发现只有少数从内容上说多半是无关紧要的出

入。下列的文件就是根据维尔穆特和施梯伯的比较完整的文本刊印的，注明的日期（5月）、插入的标题（1. 伦敦区部）、对正文的若干小小改正以及那些结束章节，均取材于纽约版，而在维尔穆特和施梯伯的文本中并没有这些。在两个文本中所说的"1849年的两封通告信"，在本文件中已改为"1850年"。对于下列刊印的告同盟书，也可与刊印在科隆共产党人案件"起诉书"中的部分（第23—24页）进行比较。

全世界无产者，联合起来!!!

共产主义者同盟中央委员会致总区部

1851年5月于伦敦

兄弟们：

现给你们寄去1851年第一季度的通告信。在本通告信中，我们首先准备就政治情况，就一般的讨论情况以及就我们认为为了同盟的利益所必需的措施发表意见；其次，我们准备阐明我们党对其他政党的态度；最后我们还准备报道各个区部的工作情况。

在当前的形势下，很有这样的可能：也许就在今年或者开始世界大战，或者开始社会革命。我们的敌人在这两年中（在这期间他们手中无疑掌握权力）把一切都弄得乱七八糟了，大大动摇了腐朽资产阶级统治的残存的支柱，这一社会只是由于一次过早的起义，由于一次不明智的暴动，才得以维持若干年。从意大利得到的消息简直使我们担心，今年春天在那里举行的武装起义，在我们看来目前它会遭到镇压，从而必然会给我们带来重大损失。只有在法国或德国才可能发出大革命的信号，这一革命不但将一劳永逸地清除王权及其封建残余，而且将一劳永逸地清除资产阶级及其钱袋。

如果发生前一种情况，如果专制君主胆敢命令他们的乌合之众开往瑞士和法国，以期在这些国家重建**他们的**秩序，以此挑起世界大战，那么，法国人民的革命力量将很快就消灭现存的低能政府，建立革命的专政，并运用它所拥有的全部手段同各族人民自由的敌人进行你死我活的斗争。在这种场合，各国革命力量务必刻不容缓地奔向法国，以便在那里建立一支欧洲共和主义的军队，在军队里，共产主义的革命原则必须成为主导力量，它同欧洲哥萨克的力量是对立的，它肯定会由目前还穿着普鲁士军装和奥地利军装的成千上万士兵而得以加强。这支军队一方面联合了欧洲的全部革命力量，另一方面通过最简捷、最实际的途径使各国人民团结在一起。这将是我们在一场世界大战爆发之初的第一项主要使命，中央委员会应该当机立断地采取他们认为有利于达到此目的的必要措施。

相反，如果爆发革命，而且首先是在法国，在德国暂时还不会爆发，那么，我们的态度仍将像上面提到的那样，因为随后马上就将开展反对共和国的联合斗争。如果德国与法国同时爆发革命，那么，我们德国人将肩负双重使命：（1）帮助在德国创建一支欧洲革命军，以便同俄国作斗争；（2）在本国内实行一些不致对我们的内部敌人有害的措施。不论在德国还是在法国都必然是一个样子，这些革命措施目前正在伦敦这里得到讨论。

如果德国采取主动，那么，就我们从那里得到的消息来看，这一点在目前情况下，只有通过军事反抗才能做到。这样做对我们来说是非常不利的，因为随后无产者政党很难立即取得政权。在这种场合下，全部革命力量都要分散到军队里去，以便在那里进行宣传，而另一方面，同盟成员务必在各城市建立起革命委员会，以便迫使由军队任命的临时权力机关采取反对国内外敌人的强有力措施。

当我们必须随时准备采取行动，而情况也要求我们这样做的时候，我们必须与同盟的组织一道前进，尽管革命看起来似乎还是若干年以后的事情。同盟越强大，同盟盟员对于达到我们的目标、取得无产阶级统治以及消灭一切阶级对立所采取的手段越是明确，那么，斗争的期限也就越短暂，取得胜利的把握也就越大。在几个月以前，中央委员会就已向各区部提出要求，对在革命以前、革命中和革命后务必采取的各项措施展开讨论；但是，因为迄今只收到了少数不完全的答复，所以，我们给本信附上 12 条措施，我们认为它们在革命前是必不可少的，而且我们希望在最近时间内了解到同盟在关于实行上述措施的可能性和贯彻情况等意见。我们对上述措施有意不作进一步分析就通知下去，原因是：一方面，让各支部对它们进行更深入的考虑，另一方面，让各支部完全独立地对它们提出自己的意见。在革命中必须采取的措施（革命将延续到一直把俄国赶回亚洲草原，我们国内的敌人被彻底消灭）将在最短的时间内交给各支部去修改和通过。当然，革命中的主要任务必然是：在目前要弄到必需的资金，以便坚决有力地开展对外斗争，并照顾国内战士的家属。在下一次革命中，不应当再说：'无产者，为了共和国忍受三个月贫困！'，而是应当说：'无产者，共和国立即保证你们和你们家属的物质生活，'要弄到这种资金，不言而喻，就必须立即采取这些重大措施，这也就是使资产阶级财产变成社会财产的主要步骤。组织工人国家只能留待第三阶段去做，这对于首先必须斗争到底的我们来说是无足轻重的。如果通过在革命中采取的措施奠定了良好的基础，那么，上述组织工作就不会有什么困难。我们再次请求你们，满腔热情地开始实行寄发给你们去讨论的各项措施，并使其中可实行的一些措施立即付诸实施。

现在，我们不妨来谈谈无产者政党或共产主义政党对待其他或多或少信奉社会主义、不言而喻都属于小资产阶级政党的态度。由于反动派要求它们提供大量的钱财，又由于日益增长的资本权力，它们被剥夺了财产，它们看到如果现状继续下去，它们自己势必要变成无产者的日子就为期不远了。可是，它们不可能真诚地归附于无产阶级，并协助彻底肃清现存的混乱现象，它们想给旧外衣缝上大大小小的补丁。这些人眷恋他们的乳酪商店，眷恋他们的资产阶级家庭旧习，就像魔鬼眷恋可怜的心灵一样，尽管他们对自由和博爱说了一大套娓娓动听、温情脉脉的好话，但一旦涉及实行革命的措施，他们就会因此变得比大资产阶级本身更加反动。但愿工人们还不曾忘记这些人大喊要行会制度和手工业同业公会制度，在 1848 和 1849 年革命时大喊要提防上下两个方面。如果他们没有工人就能干点什么事情，那么，他们肯定不愿意把工人看成是同盟者；但因为他们深知，只有无产阶级才能手握武器对抗王室和大资产阶级，所以，他们现在来到了英国、法国和德国，并宣称：他们要联合工人反对共同的敌人。他们的首领是一些医生、多愁善感的教授和记者、破了产的乳酪商人、律师和前议员，他们在提这类建议时通常都用一套陈词滥调，说什么：不应草率从事，人类在其发展中不能跳跃，我们没有小资产者确实将会一事无成，我们首先要消灭共同的敌人，然后（他们特别强调这一点）我们在共和国里就可以通过普选权即通过和平途径获得我们的权利，因为我们毕竟是大多数。他们把最后一种理由阐明得特别冗长而烦琐，但是，如果有人反驳他们说：他们许诺给我们的普选权只不过是一种欺骗我们的手段，并反驳说，在我们的心目中，只要大多数人依赖少数占有者，即依赖雇主，普选权就始终是一种幻想；还反驳说，只有资产阶级财产不复存在，到那时普选权才会成为现实，这样一来，他们就无言以对了。1848年以来，法国和德国国民议会向我们证明了：只要我们的敌人独揽钱袋，普选权将会被引向何处。这帮温和的、紫红色的共和主义者的全部意图正在用拉马丁关于工人的真正利益的那套娓娓动听词句来蒙骗工人，利用这些词句，又给他们自己那摇摇欲坠的乳酪商店以一种坚实的基础，后来，当工人要求他们兑现讲过的话时，他们就按照巴黎工场主的方式当面加以责备。因此，无产者，要觉醒，千万不要受骗上当，向要求你们与之联合的中间党派人士声明：工人本身是足够强大的，他们不同任何人联合，他们只接纳支持工人阶级在政治和社会方面彻底解放的那些人加入自己的行列。其次，无产者，还要向他们声明：如果他们愿意为反对共同的敌人而采取某种措施，我们随时准备拿起武器出现在战场上，但在克敌制胜以后，我们将不会像1848年那样以相互拥抱和温情的眼睛来结束战斗，而是继续进行厮杀，直到残存的某些陈旧的东西被清除掉为止。在英国，改良的激进资产阶级企图在曼彻斯特玩开他们的联合手腕，在那里这种情况由于英国工人的健全理智而遭到了失败。绝大多数英国工人都宣称反对同中等阶级实行任何联合；有少数工人（一部分被收买，一部分被欺骗）赞同这种联合，这些少数工人尽管过去有过影响，现在却完全被遗弃了。在法国，只有一小部分工人还追随以赖德律-洛兰为代表的中间党派——这个赖德律-洛兰还在两个月以前，在伦敦这里的一次公开集会上宣称自己是共产主义者的敌人。在工业还远不像英国和法国那么发达的德国，可惜还有许多工人受到小资产阶级代表花言巧语的欺骗，并被他们拉过去。因此，本同盟的任务就在于，只要有机会就公开而坚强地挺身而出，反对这样的联合，或者更准确地说，反对这样的融合。只要我们的党是巩固而团结的，它在下一次革命中就仍然能在短时间内争取到胜利，即使在开始时小资产阶级的代表人物站在运动的前列。如果我们的党让某种联合像一个楔子打在自己身上并形成分裂，那么，党将遭到无法补救的损害，大门将会为反动派打开，而到那时我们又必须重新开始工作。

现在，我们回头来谈谈关于各个区部活动的报告。

1. 伦敦区部

伦敦区部目前由四个支部组成，拥有 60 名同盟盟员。在各支部里，讨论附寄的措施，整个区部紧密团结，和衷共济，恪守真正的革命纪律，由于我们在伦敦这里不得不同三种不同的敌人作斗争，所以紧密团结和遵守革命纪律就更为必要。同盟是同这里的三个工人联合会组成的，它们的完善组织和团结一致在目前是通过同盟来实现的。在这里，必须把工人集中在若干个联合会里，因为在这样一个大城市里，人们居住分散，经常相隔有两三个小时的路程，而没有一大笔钱也就无法搞到一个使所有人得以联合在一起的场所。可是，在这些不同的联合会中间，不可能产生什么分裂，因为所有联合会都在同盟的领导之下，并且通过有时举行的全体大会使团结越来越紧密。由于我们在这里有机会充分认识这些人，并在公开的联合会（它们似乎被看成是同盟的第二级）中培养他们，所以，我们不必过于匆忙地接收新成员，可是，我们还有许多联合会成员，在夏季可以把他们吸收入盟。伦敦区部尽管纯粹由无产者组成，但直到现在为止，同盟的全部费用几乎完全由它负担，每当中央委员会提出要求时，它也心甘情愿负担这种开支，如果没有现金，就以特殊费用来弥补。

我们在上面提到了我们不得不在这里与之作斗争的三种敌人，关于这件事，我们应对同盟作进一步的阐明，一方面为了向同盟阐明我们这里的态度，一方面为了马上就同这里策划的一切可能的无耻阴谋作斗争。我们这里最顽强的敌人，毫无疑问是马克思—恩格斯集团。他们甚至无力去组织最细小的琐事，或者去完成某种实际的事情，他们的任务似乎在于给每项组织工作、每个实施过程设置障碍。如果我们不是从各个方面获悉：这些人竟无耻到谩骂我们是背叛的共产主义者，谩骂我们投向小资产阶级营垒，那么，我们就根本不再提起他们。伦敦的工人联合会和同盟虽然走了下坡路，但是，并没有背弃原则，而只背弃在这里想把我们当作踏脚凳，以期爬上共产党领导地位，爬上新的达赖喇嘛宝座的那些人。

当我们同他们还站在同一条战线上时，我们同他们之间就产生了一个原则性的分歧，即这些人竟声称：至少还有50年要充当反对派，即采取纯批判的态度；而我们不论过去还是现在都认为，在下次革命中我们就能够在我们党所属的组织中实行为工人社会奠定基础的这样一些措施。只要伦敦的同盟和工会联合会对这些人的独断独行和蛮横无礼的举动采取忍耐的态度，就会得到百般赞扬，就像1850年的两个通告信所证明的那样，但当他们最后搞得实在太不像话，因而遭到强有力的反对时，他们竟变得这样卑劣和粗野，以致不得不开始急忙退却，以避免被正式开除。现在，他们求助于阴谋诡计，即求助于小规模的政变，居然也取得了一部分成就。在由10名成员组成的中央委员会中，他们形成了多数派，这一多数派包括马克思、恩格斯和一个名叫施拉姆的人，后者是按照马克思的命令被接收进入中央委员会的，是一个政治亡命徒式的人物。此外，中央委员会的成员还有普芬德和鲍威尔，他们过去在一切场合都公开表示仇恨马克思和恩格斯；但现在他们同他们结成一伙，以便在他们的庇护下从工人联合会偷走15镑。最后，加入中央委员会的还有埃卡留斯，他们是用阿谀奉承的手段，把他说成是唯一真正有才智的无产者把他争取过来的。这个多数派举行了一次秘密会议，在会上他们作出如下决定：把中央委员会迁往科隆，并把伦敦的同盟分成两个各自独立的区部。当中央委员会举行全体会议，并向会议提交这一拙劣之作时，少数派抗议这种违法行动，并退出了会场，他们向由章程规定的中央委员会选举者，即向伦敦区部的成员发出呼吁。在此后若干天举行的区部全体会议上（上述多数派也被邀请参加会议，但没有出席），人们一致同意把这些多数派暂时开除出盟，并选举出一个新的中央委员会。在科隆的12名同盟盟员，立即受恩格斯的委托，选举一个新的中央委员会。遗憾的是，这些盟员都落入了多数派给他们设置的圈套，在他们不同意我们用书面和口头提出的服从章程的要求以后，那里的区部就被合法选出的中央委员会解散了。两个月以后，科隆人以开除伦敦区部来回敬。现在我们姑且把这个问题搁在一边，因为一方面我们认为不应当反对为我们党工作的任何一个人；另一方面我们希望，科隆人迟早会恢复理智。我们的主要目标就在于扩展同盟，特别在伦敦这里的同盟，要建立不管从哪方面看都是坚强而巩固的组织。由于我们的努力，国际委员会得以建立，它早就通过公诸于世的一些文件材料而为人们所熟知。委员会还举行了贝姆的葬礼，它在伦敦这里产生了极其有利的影响。其次，我们正试图建立一个侨居这里的德国流亡者的组织，但是，我们一旦发现部分流亡者并不打算坚决接受我们的原则，我们就暂且放弃了这一组织。1 月中旬，国际委员会决定 2 月 24 日举行你们所熟知的欧洲革命的庆祝会。马克思和恩格斯过去千方百计地向路易·勃朗和朗道夫献殷勤，并当他们的面诽谤我们，但勃朗和朗道夫现在最终弄清这里的各政党的态度，同我们建立了联系，并加入了我们的队伍。现在，这一集团怒不可遏，他们已完全处于孤立状态，并感到自己置身于一切运动之外。亡命徒施拉姆给《纽约国家报》撰写了一篇关于贝姆葬礼的卑劣谤文，把下属的帮凶派往四面八方，以便播下诽谤和怀疑的种子，为此，他们甚至经常到赖德律-洛兰俱乐部去。当举行 2 月 24 日的庆祝会时，施拉姆和一个名叫皮佩尔（他是路特希尔德家里的家庭教师）的人通过这样或那样的办法弄到入场券，突然出现在大厅里。当演讲开始时，施拉姆带着侮辱性的和挑衅性的神态窜进来宾行列；因为当时为了避免一切干扰，人们并没有对此作出反应，他简直目中无人，傲慢地站在讲台对面，拿着一张纸做笔记。虽然他的表情越来越带有侮辱性，但大家不予理睬，而当唱起马赛曲每个人都起立脱帽，只有施拉姆仍然头戴帽子稳坐在大厅中央时，一个工人才走到他的身边，要求他遵守公共秩序。对此他回答说：'如果您不让我安静，我就给您一记耳光。'现在，好几个法国人走了出来，要求他脱掉帽子，他没有照办，而是声嘶力竭地喊道：'我鄙视你们和你们的马赛曲！'这未免太过分了。他飞也似地夺门而出，他在工人大院里遭到了一场罪有应得的体罚。但是，施拉姆已达到了他的师傅的目的，对庆祝会进行了干扰。在大厅里并没有出现殴打现象，这确实不是他的过错。这个人由于挨了打，要复仇，他翻译了布朗基的不幸的《人民要警惕》，在那里，他辱骂国际委员会是人民的骗子，把在这里组织起来的工人党冠以'欧洲中央群氓'的头衔。关于这些人在这里出头露面的事情，我们不准备作太多的评论了。

　　不过，关于大家谈得很多的布朗基祝酒词，我们还要说几句。布朗基给这里一个法国人的一封亲笔信，我们已经看过了，该信提供了下列有关情况。这篇《人民要警惕》是在1月间，即在布朗基获悉我们举行宴会以前，在一个激动和气愤的时刻写成的，而这种激动和气愤则是由于他同巴尔贝斯之间在贝勒岛发生的争论引起的。布朗基把这篇东西寄给他在巴黎的姐妹，并没有打算把它公布于众。此后不久，他从巴泰勒米那里收到了一封信，在信中，巴泰勒米请求他提供一篇宴会上用的祝酒词，但请求他在分析我们同路易·勃朗的关系时避免对后者进行任何人身攻击。众所周知，布朗基早就同路·勃朗站在敌对的立场上了。这种敌对态度由于他同路·勃朗的朋友巴尔贝斯之间有不共戴天之仇，已达到了登峰造极的地步，因此，作为对巴泰勒米的来信的答复、他通过他的姐妹给巴泰勒米寄去了《人民要警惕》一文，正如他明确说过的，为的是向巴泰勒米阐明他对路易·勃朗的看法，**而不是**为了把《人民要警惕》当做祝酒词在宴会上朗读。布朗基的半官方朋友们以《布朗基对2月24日平等者宴会的祝酒词》为题在巴黎发表了这一《人民要警惕》，而且就是在一家反动报纸《祖国报》上发表的。路·勃朗，我们是通过法国协会委员会同他建立联系的，他自由而坦率地同我们结交，尽管他在1848年时期没有表现出他本来所应有的毅力，但他在我们的心目中至少不是一个人民叛徒，我们把他看成兄弟，并把他选进宴会委员会。因此，我们的荣誉要求公开地表明：我们认为他本人并不是一个叛徒，这尤其是因为宴会委员已在1月间一致决定，在举行这次庆祝会时应排除一切小集团精神，应超越任何个人的好恶，而只应考虑我们事业的利益，只应考虑对我们的原则的赞扬，应排斥包含对我们党的党员进行某种人身影射的任何祝酒词。几乎用不着指出，我们的这一行动根本不表示拥护勃朗和反对布朗基。人选问题在我们这里早就解决了，我们只承认一个首领即原则，我们认为向我们的一个兄弟（他在我们看来犯了错误）声明这项原则在任何时候都是合理的。这一错误是公开犯的，因此，这种声明也务必是公开的。布朗基在其《人民要警惕》中所表达的其他观点，完全是我们的观点，不过我们认为，我们党应当阐明这类观点，但不应当事先在公开的报纸上谈论它们。公布这一文件是一个政治错误，所有反动报纸在发表该文时发出的一片欢呼声，就向我们表明了这一点。在资产阶级单独武装起来，而人民却手无寸铁的时刻，向资产阶级公开声称，在我们首战告捷以后将立即解除他们的武装，这就意味着把敌人推向绝望，使我们的胜利更无把握，无论如何会使我们的党流更多的血。

马克思和恩格斯利用这一事件来制造新的阴谋，这种阴谋在法国协会内部引起了纠葛。他们想把我们说成是路·勃朗的拥护者，说成是温和的、屈从于小资产阶级的共产主义者，而把自己说成是布朗基的拥护者，说成是**革命的共产主义者**，无产阶级的真正代表。我们认为这简直是一种卑鄙无耻的行径。

经过这一番争论，于是我们就问同盟，是否能同这些人重归于好，再次联合，这些人总是像一盘散沙，而从来没有组织起来，他们事先没有得到为我们的事业而工作的人们的认可，他们不仅挡住那些人前进的道路，甚至还会厚颜无耻地进行诽谤。这些人按他们现在的表现，究竟是为无产阶级的利益而工作，还是相反？当前的中央委员会，它的委员们总是把自己看成是我们党的仆人，而从不把自己看成是我们党的首领；他们随时准备退出中央委员会，只要同盟认为为了我们的事业这样做是必要的，他们决不为了他们个人而给事业带来损害。可是，只要管理权仍留在我们手里，我们就要求同盟盟员：哪里出现上述集团的阴谋和诽谤，他们就要在那里与之作坚决有力的斗争。直到现在，我们还没有公开宣布反对这些人的声明。我们目前也不打算这样做，一方面，是由于我们认为公开争吵不休对我们的事业是极端有害的；另一方面，是由于我们认为必须把我们的时间用于其他事情上，而不是对这帮批判的批判者开展一场笔战。

现在，我们回过头来谈谈我们在这里必须与之作斗争的第二类敌人。这帮家伙都是一些不切实际的思想家，多愁善感的狂热分子，他们虽然说得娓娓动听，满口许愿，但他们不知道通过什么手段才能去实现——总而言之，这就是欧洲小资产阶级的代表。他们的头面人物就是马志尼、赖德律-洛兰以及德国人金克尔、隆格、司徒卢威、卢格，等等。他们组成了欧洲中央委员会，通过它那夸夸其谈的声明你就会了解它，它同区委员会或所谓的全国委员会建立了联系，旨在通过这种联系扩大它在世界各国的作用范围。在所谓的德国全国委员会中，有金克尔、卢格、司徒卢威、隆格和豪格。我们上面已经提到，为了我们党的利益我们曾经试图把这里的流亡者都团结起来。但是，我们很快就弄明白，在‘大’人物们的心目中，他们自身的利益大于一个党的利益，此外，有人打算组成一个秘密委员会，以期同马志尼建立联系，并且希望，不必付出多大代价就能使工人党上当受骗，并能利用它来达到自己的目的。我们退却了。现在，维利希受到卢格亲自的和书面的邀请，参加一个德国委员会，并作了如下说明：他们希望工人们的正当要求得到承认，并希望在委员会里有一名工人的代表。维利希并没有受到对他讲的这些词句的迷惑，并加以拒绝；当人们向他声明，他们将直接求助于工人联合会，并请求它选派一名代表的时候，他干脆回答说：可以这样做。在这种企图遭到失败后，他们就采取公开的示威行动。人们作出决定：庆祝三月十三日德国革命，他们希望那时在伦敦这里为小资产阶级政党奠定基础，并把工人也吸收进这个政党。有人企求通过1848年以来众所周知的带有德意志民族特性的一切可能的词句，来激励德意志民族感情，向四面八方派遣代表团，并随身带上邀请书，在所有报纸上宣布，在庆祝三月十三日德国革命时将举办声乐和器乐音乐会，同时，马志尼、赖德律-洛兰、金克尔、隆格、卢格、司徒卢威、陶森瑙等人将参加庆祝会。宴会将由豪格将军主持。有一个代表团也来到了我们工人联合会，并以夸张的语气恳请工人团结一致和参加该庆祝会。在联合会默默地听完对工人的邀请之后，我们当中的一个兄弟，一个名叫弗伦克尔的制毛皮衣的工人，回答他们说：工人党不同其他任何一个不以无产阶级的彻底解放为其首要和主要原则的政党实行联合；工人党已强大到能够不同各中间党派实行联合；可是，我们欢迎愿意加入我们的行列并愿意真诚而毫无保留地为我们的事业进行斗争的每个人。接着他还说，我们将在2月24日庆祝全欧革命周年纪念日，在那些早已超越民族问题的工人中间已不再欢迎民族节日。这个演说——我们只给你们提供了一个简短的摘要——受到了一致的赞同，它充分地向代表团阐明了在工人联合会中盛行的精神。然后联合会一致决定，干脆接受这一邀请，但不以联合会的名义参加庆祝会。其他同我们结盟的德国、法国、匈牙利和波兰的联合会也相继作出了同样的决定。我们的协会还决定：协会成员都不得在宴会上发表演说。周年纪念日举行了，各种资产阶级派别都在宴会上出现了，人们发表了激烈的演说，一般是反对诸侯的，特别是反对哈布斯堡王朝和罗马教皇的，这些演说以及发表演说的人，都被报以狂热的掌声，这件事就以此告终。工人们没有露面。直到现在，这个党在伦敦这里只有将，而没有兵；工人们没有陷入圈套，而资产者虽然在宴会后可以对革命的演说报以掌声，但是要亲手推翻王权，他们既没有时间也没有勇气。我们听说德国的委员会目前正忙于创办一家报纸，忙于发行一种类似马志尼公债的德国公债。德国的庸人们是否会掏出自己的钱袋去购买卢格的息票!!! 此外，现在'大'人物对工人们简直怒不可遏，他们公然声称：有人建议共产主义者进行联合，他们拒绝这种联合，因此，在他们和我们之间宣布了战争。他们本来用不着宣布战争，因为这种战争早就存在于无产者政党和中间党派之间了。这些普通的工人竟用如此轻蔑的态度拒绝有名人物的好意，也确实有些过分了。此外，同盟从这里的工人党对那些蓝色和粉红色所采取的态度中将会作出准确无误的判断，该工人党是否已转入小资产阶级的营垒。

我们必须与之作斗争的第三类敌人就是此地的公使馆及其帮凶——间谍。他们即使并不公开反对我们，但他们因耍弄阴谋诡计而显得更加危险。这类敌人负有双重使命：（1）促使英国政府把我们赶出我们在欧洲的最后一个庇护所，以及（2）通过挑拨离间来削弱和毁灭党本身。为了达到第一个目的，间谍们竟不遗余力地制造了既反对英国政府又反对个别诸侯生存的假阴谋，然后声嘶力竭地揭露它。他们以极端革命的姿态出现在各公共客栈，设法同在场的流亡者和工人谈话，咒骂英国女王，并证明在伦敦这里制造一场革命是轻而易举的。在进行高谈阔论时，通常总有几个恶徒泰然自若地坐在角落里，细听流亡者所说的每句话，并马上把话传送给公使馆，公使馆据以写成一个出色的报告，送给帕麦斯顿勋爵。林霍斯特和沃特利在国会两院对流亡者采取仇视的态度和大臣们的回答，以及所谓宪章派领袖奥康瑙尔在他的报纸《北极星报》上对我们散布的可耻的怀疑言论，都向你们证明了，我们在这里的处境是怎样岌岌可危。这一点是可以肯定的：我们在这里受到了警方的严密监视。这里的工人联合会已揭发出好几个间谍，而我们已告诫我们的所有成员，尤其在公开的场合不要同那些不相识的、玩弄革命词句的人一道讨论问题。

我们感到高兴的是，我们可以告诉你们：奥康瑙尔很久以来就在扮演一个非常可疑的角色……。"

在维尔穆特和施梯伯的著作中，在这个地方加以说明："援引的这个本子在此中断。"在《工人共和国报》中结尾是这样写的：

"至于间谍企图在我们党内制造的分裂，我们务必留神，而且我们可以向你们担保，他们无法达到自己的目的。

从关于伦敦区部的报告中，你们可以了解到我们在这里的处境是何等艰难，而且在某些方面是何等尴尬，可是，压力越大，反作用也就越大。在我们前进道路上的任何困难，都丝毫不能使我们偏离我们的原则。我们要不知疲倦地工作。"

告同盟书中关于宗得崩德成员在伦敦以外的活动的各个部分，都没有被保存下来。在《工人共和国报》中，对此只作了简短的说明："接下去就是关于其他区部的活动的报道，我们出于善良的、大家都不难理解的原因，现在我们且把这些部分略去。由此可见，工人们到处都已意识到自己的权力和尊严，而且他们的力量由于兄弟般的团结一致而日益强大。未来终究是属于我们的：尽管在我们面前还会存在人们设置的种种障碍，尽管还会碰到这样那样的阴谋，尽管还会遇到形形色色的卑劣行径。我们的敌人胆战心惊，因为他们懂得：对强大的进步潮流的任何反抗行动都是心劳日拙的——我们将胜利地挺立在人类中间。无产者，让他们去发抖吧！但你们要紧密地团结在一起，因为决战的时刻迫在眉睫。"

这一告同盟书的风格和内容表明，它的作者是卡尔·沙佩尔。对小资产阶级民主派同路易·勃朗的界限所作的明确的多次强调，奥古斯特·维利希几乎是表达不出来的。在袭用 1850 年三月告同盟书（文件 448）的某些思想时，这个告同盟书在 1851 年年中还坚持所谓立即会导致工人阶级取得统治的新的革命即将爆发这样一种纯属幻想的希望。对形势作出这种极端主观主义的估计，只有在这样的地方，即谈到无产者政党在德国的武装起义中也许不会马上取得统治，真正的工人国家组织要留待第三个时期去解决，才多少有些现实意义。告同盟书毫无根据地诽谤马克思、恩格斯和埃留卡斯，并在鲍威尔和普芬德事件（见注 372）中以及在布朗基祝酒词的事件中捏造客观事实。反对与共产主义者同盟再次联合的理由是很有意思的，它表明：在宗得崩德内部掀起了反对它的政策的呼声（并见注 423 和 478）。——387

497 这是指恩斯特·德朗克和彼得·伊曼特于 1852 年秋天对警探查理·弗略里进行的一次访问，在当时，这是为捍卫科隆共产党人案件的被告们所必需的。由于维利希在其《卡尔·马克思博士和他的〈揭露〉》一文（发表于 1853 年 10 月 28 日和 11 月 4 日《美文学杂志和纽约刑法报》中也对这一事实作了完全歪曲的阐述，马克思于 1853 年 11 月 21 日通过恩格斯也要求德朗克寄一份书面声明来，作为他所计划的反驳材料（见《马克思恩格斯全集》德文版第 28 卷第 309 页，参看《马克思恩格斯全集》中文第 1 版第 28 卷第 308—309 页）。可是，他在 12 月 2 日以后（见 1853 年 12 月 2 日和 12 月 12 日前后马克思给恩格斯的信，载于《马克思恩格斯全集》德文版第 28 卷第 311、313 页，参看《马克思恩格斯全集》中文第 1 版第 28 卷第 311—312、313 页）才得到德朗克的表态，致使他无法再把它用于 11 月 29 日已寄往华盛顿的抨击文章《高尚意识的骑士》的手稿中。

德朗克的表态一直没有发表；他在表态中声称："如果奥·维利希先生为了夸耀他的牺牲想完全把我置于一场大谋杀之中，那就根本不需要这种勇敢的发现了，我似乎曾积极地或消极地对'泰霍夫—维利希'的行动感兴趣；维利希先生本可以引证一下我的一封真正的、非虚构的信，在信中亵渎神明的罪行是昭然若揭的。现存，我为了帮助奥·维利希先生，又从'恶毒'国家档案馆中取出这一档案材料，它包括在瑞士沿街叫卖的官方流亡者派别的特征，由于它特别地阐明了有价值的材料，有朝一日它也许能找到它的位置。

涉及维利希先生的段落有如下述：

'这个维利希，我只在 1848 年 1 月见过一次。如果我没有记错的话，当时，他是到韦瑟尔要塞我的单人牢房来看望我的。[……]当他来到我处时，他留着一撮红色的吉普赛人的基督式胡子，满口都是黑格尔的词句。他的意图很明确，就是想成为一个'受难人民的拯救者'。虽然他出身于霍亨索伦的**耶拿英雄**之一，还不能证明他同圣灵有什么亲属关系，但是，他企图尽可能仍然忠实于他那救世主角色，他宣称：他从现在起想'主动地'在平民百姓中间漫步，并且变成'木匠'，我竭尽全力支持他的这样一种思想，因为在我看来，他具备从事这种职业的决定性素质，但我后来并没有听到，他已实现自己的意图或者已'主动地'干手艺活。'[……]

奥·维利希先生的受难史的另一阶段的背景，就是前志愿兵和后来的警探弗略里。

'马克思先生关于弗略里先生所谈的一切，只可能是弗略里先生在给马克思先生的信中谈过的，也许是通过伊曼特或德朗克的介绍，当**弗略里**不敢再在我家里露面时，这两个人还同**他**保持联系。'[……]

维利希的朋友，警探亨策，于 1852 年晚秋，大约在他以原告证人在科隆案件中出庭前两个星期，手持一个临时的普鲁士护照在伦敦露面，以便**接受指示**。而亨策的朋友，使徒维利希，现在把这一访问同大约在一年前就已结束的**伦敦工业博览会**联系在一起。弗略里，虽然不曾是'第八旅的少尉'，但他同维利希交往已久，后者关于'马克思派'的哀歌给著名的记录本提供了背景，而且维利希先生把弗略里的编造和**记录本**归之为这一不祥症结，即'伊曼特和德朗克直到很晚很晚还同弗略里会晤'。下面，让我们比较详尽地看看这个**不祥症结**。

我同弗略里会晤的真实情况，在马克思的小册子里已作了说明。伊曼特几个星期以来在弗略里家里教法语，他对'英国一家有名公司的商人和女婿'，产生了怀疑，他以我应为他任课为借口把我带到那里去。这次'会晤'是弗略里在科隆案件中被公开揭露前三天发生的。弗略里企图通过民主派熟人的证据来向当局阿谀奉承，此外他还说什么，维利希就在**那一天**曾在他

（弗略里）的家里，并朗读了有关某些方案计划的商谈情况，维利希力图想通过这些方案计划来消除他愚蠢可笑的形象，他看到这种形象在科隆的审理中日益变得清晰起来。这些方案的存在，后来也由维利希的其他朋友所证实。由此可见，弗略里虽然出于不知什么理由'不敢再公开在维利希家里露面'，但并不妨碍维利希秘密地在弗略里家里露面。可是，后来弗略里炫耀他掌握了**泰霍夫的**一封信，在信中，泰霍夫在他动身到澳大利亚时，从移民船的甲板上向弗略里先生这个'伦敦最高尚的人之一'，又是'人们总是以**真正的友情**来回忆的**少数人之一**'最后告别！维利希根据自己的和希尔施的表白，他早就知道弗略里干警察勾当，他怎么竟不加解释和劝告而让骑士泰霍夫沉湎于这种丢人的交往呢？或者，呵，真理信徒，这里也许隐藏着一种新阴谋，面对它，人们不能谈论'**人们怎样相处**'？

因此以维利希的风格，这整句令人忍俊不禁的话或许作如下表述更为确切：

'公民维利希关于伊曼特和德朗克同公民弗略里会晤所说的一切，只可能是公民弗略里在给公民维利希的信中说过的，也许是通过公民**希尔施**的介绍，当公民弗略里不敢再在维利希家里露面时，希尔施还同公民维利希和公民弗略里会晤。'

最后，'奥·维利希'先生自言自语地说，他认为'人的未来形象确实是这样的'。够了，够了！是否有人看到过一个江湖骗子，他并**不**认为'人的未来形象确实是这样的'呢？［……］可是——维利希先生向人暗示：他比那种形象要好；他'泰然自若'地面对'人民法庭'，不错，他这位大人物甚至要求美国的工人们站出来，为伦敦发生事件作证。因为工人们要回答维利希先生的问题，所以，维利希先生也许要帮他们这种忙，例如，他回答了在伦敦某个公共场所向他提出的质问，即维利希先生既没有财产又不愿工作，他或者必须以一贯乞讨为生，或者必须以盗窃或以警方救济金为生。据我所知，维利希先生还没有解决这个'工人的问题'。"见阿姆斯特丹国际社会史研究所，马克思恩格斯遗著，R 27/024。——391

498 施特芬的这一猜想无疑是毫无根据的。与此有联系的丹尼尔斯背叛同盟事务的可能性已经被排除了，因而这种情况在科隆共产党人案件中已不起作用，并且各种文件证实了，丹尼尔斯比他的同案人更好地掌握了密谋的规律。另一方面，丹尼尔斯在认识提到的那个警官时，他在同盟中并不担任什么职务。施特芬的意见，似乎并没有完全摆脱对丹尼尔斯的某种偏见，这种偏见很可能同施特芬于1850年底或1851年初被开除出共产主义者同盟科隆支部（见注480）有关。——406

499　施特芬曾参与了科隆共产党人案件，并在这里复述了关于卫生顾问费舍医生的证词的个人印象，保存下来的证词如下：费舍医生"从他的大学时代起就认识被告**丹尼尔斯医生**，知道他非常光荣地完成了他的学业，获得了出色的医疗知识，并得到了幸运而机敏地运用这种知识的机会。后来，当**丹尼尔斯**成了圣茅里梯斯区的施诊医生时，他不仅是医术高明的医生，而且是他的病人的充满同情心的朋友，因此，他的施诊越多，他为这种施诊付出的牺牲也就越大。后来，当人们对他提出过分的要求，因而他认为不能再像他本人所希望的那样精心对待每个人的时候，他就决定中断他的施诊。养老院医生们很不乐意他脱离施诊；在这些医生中，有人竭力想使他改变这个决定，他们让他注意当时已开始显露出来的霍乱迹象，因而他们达到了让他留下来的目的。这样做对于保持他的岗位直到流行病消失，具有决定性作用。他在这期间进行的活动，卫生委员会本身确认是光荣的，并给了他最高的奖赏。可是，甚至在后来，在他辞职后，他仍然在他先前的活动范围内从事活动，而证人甚至要到监狱里去访问他，以便向他了解关于个别病人的情况。"载于《1852年科隆共产党人案件在同时期报刊上的反映》（卡尔·比特尔主编并作序）1955年柏林版第142—143页。——406

500　这封没有完全保存下来的信是1856年策略讨论的一部分（见注490），在信中米凯尔像往常一样，表现出对特别是在《共产党宣言》（文件202）和《1850年三月告同盟书》（文件448）中论述的共产党人在资产阶级革命中的政策的偏离。

　　1856年4月26日马克思在给恩格斯的信中说道："附上：〔……〕米凯尔的信。这封信**必须寄回**。因为我还没有答复，希望在答复之前能听到你的详尽的'意见'。这是有点难以把握的东西。'问题有时很微妙'，回答时难以掌握适当的尺度。"载于《马克思恩格斯全集》德文版第29卷第49页（参看《马克思恩格斯全集》中文第1版第29卷第49页）。恩格斯的回信没有保存下来（关于这一点见文件788）。

马克思对米凯尔的答复没有保存下来，但是，答复的部分内容包括在文件789中。——416

501 这封信与莱维和米凯尔的信件（文件783和784）有着密切关系，它是1856年策略辩论的组成部分。辩论中科隆共产主义小组和杜塞尔多夫共产主义小组之间发生分歧，这一点信中已加以暗示。因为马克思的夫人燕妮1856年5月22日离开伦敦，到9月中旬一直在德国逗留，所以，马克思通过夫人向科隆的共产主义者转达他的答复（见文件788）。

关于哈马赫在这个时期的活动，没有进一步的材料；后来他是第一国际科隆支部的成员。——427

502 对于米凯尔1856年8月15日的来信（文件789），马克思很可能立即写了回信（信没有保留下来）；米凯尔的本封信就是对这封回信的答复，它大约在1856年9月至11月间，也就是在秋天写的。大约在1857年1月底，米凯尔在给马克思的最后一封信（文件791）里说，自从收到马克思1856年年中的那封信以后，他已经给马克思写了**两次**信；这里所说的、大约写于1856年11月至12月间的第二封信没有保留下来。——432

503 米凯尔的这封信标志着他行将转入1859年创建的资产阶级的民族联盟，也就是说，标志着他对无产阶级政党实际上的背叛。他的背离倾向从一开始就存在，因为他对独立的无产阶级政党的必要性始终缺乏彻底的认识。马克思和米凯尔之间在策略观点方面的意见分歧就归结在这个问题上，这些分歧在几乎所有保留下来的信件中都可看到。

当米凯尔从50年代中期至末期开始越来越多地卷入汉诺威的地方政治的时候，他面对马克思在德国的追随者极力掩饰自己资产阶级的立场。例如，他在1860年8月30日给贝尔塔·莱维的信中，用一些关心社会的言词为他行将进入汉诺威议会辩解，并信誓旦旦地说，他"仍然和往日一模一样"。在

1864 年 12 月 22 日给路·库格曼的信中，他还标榜自己与马克思志同道合（见威廉·蒙森《约翰奈斯·米凯尔》1928 年柏林—莱比锡版第 1 卷第 68—71 页）。类似的手腕也表现在他与马克思最后一次间接的联系中，即他在 1867 年 11 月 5 日就《资本论》第 1 卷的出版写给库格曼的信（见《新时代》（斯图加特）第 32 年卷 1913—1914 年第 2 册第 195 页）。

　　1865 年米凯尔任奥斯纳布吕克市市长，1867 年为普鲁士众议院议员，继而为帝国国会议员，1869 年升迁为奥斯纳布吕克市第一市长，1880 年任美因河畔法兰克福第一市长，最后于 1890 年任普鲁士财政大臣。由于在政府中担任要职，米凯尔越来越觉得有必要在公众面前隐瞒或掩饰他曾一度与共产主义者同盟有联系的事实。当米凯尔于 1871 年 4 月 3 日在帝国国会上对社会民主党进行攻击之后，奥·倍倍尔揭出了他与共产主义者同盟的联系并提到他给马克思的第一封信（见奥·倍倍尔《我的一生》1980 年柏林版第 345 页）。事件发生后米凯尔设法弥合，力图与倍倍尔及威廉·李卜克内西达成一项协议。怀着这样的企图，他在这个时候悄然地给库格曼送去一张纸条，告诫马克思不要来德国访问。同样在这个时候，李卜克内西在事先与马克思商量好之后，也发起对米凯尔的攻击，他揭发米凯尔从前是共产主义者同盟盟员，他使用了米凯尔给马克思的信，并在一个脚注中指出："我们有理由相信，米凯尔先生仍然追随共产主义原则，并怀着隐秘的企图，一旦他'干了一番事业'，就是说，从资本主义'敌人'那里夺去了尽可能多的'资本'之后，他将带着充足的军费和双倍的'阶级仇恨'反戈一击，投入反对'精神上和道德上堕落的资产阶级'的斗争中。"（载于 1871 年 4 月 22 日莱比锡《人民国家报》第 33 号）——恩·德朗克也置身于这个行动中，1871 年 6 月，他通过利物浦的银行家、米凯尔的一位朋友 G. 迪弗雷纳把第一国际总委员会宣言——《法兰西内战》送交米凯尔一本，见 1871 年 6 月 19 日德朗克给马克思的信（莫斯科苏共中央马列主义研究院中央党务档案馆，f. l, op. 5, d. 2365）。

　　为了继续往上爬，米凯尔在 80 年代设法从长远的角度证明自己的无辜。属于这方面的材料有他给民族自由党领袖之一、帝国国会议员亨利希·马克瓦德森的一些信，他在信中指示马克瓦德森为他辩护，如果社会民主党在帝国国会发动对他的攻击的话（见米凯尔给亨利希·马克瓦德森的信，载于1913年3月、4月和5月慕尼黑《南德意志月刊》）。在1890年给鲁道夫·卞尼格先的一封信中，米凯尔也作了同样的指示，并谎称他"只给马克思写过一封空谈理论的信［……］而且是在1851年"（见威廉·蒙森《约翰奈斯·米凯尔》第1卷第73页）。

　　1890年米凯尔当上普鲁士财政大臣，在此之后倍倍尔重又发起对他的攻击，这一次是在1893年10月社会民主党科隆代表大会上。倍倍尔宣读了米凯尔给马克思的第一封信（文件489），宣读前他作了一番说明，内中讲道："我手里现有他给卡尔·马克思的四封信的抄件，这些信写于1850年和1851年，但是，我只想念一念1850年夏天的一封，而且不念全文；这封信最清楚不过地表明，在某些人身上存在着何等非凡的发展能力，即向右转！奇妙得很，他似乎早已有预感，知道自己是有发展能力的，因为他本人明确地指出这一点——不过，当时他认为是向左转！"（载于《德国社会民主党莱茵河畔科隆代表大会会议记录（1893年10月22—28日）》1893年柏林版第260—262页）在帝国国会1893年11月27日的会议上，倍倍尔再一次谈到米凯尔的叛变行径。他说："直到今天他仍然是个隐蔽的社会民主党人，他利用自己的权势仅仅是为了如有可能时通过政府和通过新的税收提案尽快地把这个可怜的资产阶级社会搞垮，好让社会民主党掌权［……］他不再是个保守的部长了，他不再是现存制度的代表者了，这是个**革命者，就像书中所写的那样**。从这个观点出发，我有时在想：你对待米凯尔先生太不公正了，直到今天他仍然是你的党内同志。"在同一次会议上，米凯尔回答了倍倍尔的攻击，他对倍倍尔所宣读的信件是否真实表示怀疑，然后用较长的时间大力美化他早年与无产阶级运动的联系，试图把这种联系说成是他青年时代纯理论上的失误（见《帝国国会辩论速记记录。1893—1894年第九届第二次例会》1894年柏林版第1卷第116页和第118—119页）。米凯尔还在给柏林的《新普鲁士报》（《十字报》）主编冯·哈默施泰因的信中以类似的方式写了这件事，并请他"在这个意义上［……］予以关照"（见汉斯·洛伊斯《威廉·冯·哈默施泰因男爵。〈十字报〉主编（1881—1895）》1905年柏林版第110—111页）。在倍倍尔于科隆党代表大会上发难之后，米凯尔还当即致函威廉二世皇帝，同样对倍倍尔所宣读的信件的真实性提出怀疑。在帝国国会，这件事于1899年12月13日再一次成为话题（见《帝国国会辩论速记记录。1898—1900年第十届第一次例会》1900年柏林版第4卷第3331页）。

关于这个问题，参看爱德华·伯恩施坦"约翰奈斯·米凯尔谈马克思以及与他的疏远"，载于《新时代》（斯图加特）第32年卷1913—1914年第2册第188—196页。——435

504　这封信是保留下来的有关莱茵地区前同盟盟员50年代中期继续保持联系的最重要文件之一。除卡尔·克林斯外，施塔克和梅尔希奥尔也同属在索林根附近格隆嫩堡森林里聚会（见注506）的组织者。这封信就是为直接准备聚会而写的。1857年8月初，克林斯被搜家，该信落入警察手中。

泥瓦粉刷工约翰·施塔克是明格斯多夫人，革命时期加入科隆工人协会，1850—1851年期间与共产主义者同盟至少非常接近，跟他熟悉的彼得·勒泽尔的证词表明了这一点（见本书第3卷附录，文件6）。在1851年年中科隆的大逮捕之后，施塔克是为被告募集捐款的组织者之一。1852年5月，他参加了由同盟盟员为纪念1849年战斗三周年而在杜塞尔多夫附近的内安德尔洞穴组织的秘密集会。1852年8月初，当局指控他散发《红色问答书》（见注336）把他逮捕，但是，经过两个月的审前羁押之后又不得不将他开释。施塔克在科隆继续——主要和胡贝尔特·萨尔盖特一起——致力于为被判刑的共产党人募集捐款的活动，为此他时常去杜塞尔多夫和埃尔伯费尔德。为了给往返旅行打掩护，他替一家颜料和清漆厂跑业务，在萨尔盖特1857年春去世后他一个人附带继续干下去。1854年10月，当他与同盟盟员约瑟夫·罗斯以及希拉里乌斯·费舍的联系被发觉后，警察对他的监视加强了（见梅泽堡德国中央档案馆，Rep. 6, Gen. Nr. 54, Bd. 2）。

尤·梅尔希奥尔是施塔克在索林根共产主义小组的联系人之一，例如，他在1857年2月曾带给科隆10塔勒。在警察的一次审讯中，施塔克承认，他每三四个月定期地从梅尔希奥尔那里收到10塔勒（见海因茨·罗森塔尔《索林根工人运动的开端》1953 年朗根费尔德版第 13 页）。科隆和索林根之间的联系可能不仅是为了募集捐款，而且也为了秘密散发印刷品。——438

505 磨工尤利乌斯·梅尔希奥尔在索林根附近的菲尔德与卡·克林斯密切合作。1861 年他们在那里共同创建一个工人教育协会，1862 年建工人消费协会，1863 年 5 月全德工人联合会建立时他们成为联合会会员。1863 年 9 月 27 日，当斐·拉萨尔在索林根发表演说时，与会者同挑衅分子发生殴斗，梅尔希奥尔同弗里德里希·莫尔一道遭逮捕，1864 年 2 月被判处四个月徒刑。拉萨尔建议向普鲁士国王提出赦免请求，这遭到了工人们的一致谴责，克林斯 1864 年 4 月 20 日写信给拉萨尔："被这里判刑的两个人属于最坚定的工人政党，即使被判处四年，他们也不会被说服递交一份赦免请求，因为对陛下感恩戴德违背他们的良知。"（引自海因茨·许姆勒《拉萨尔的反对派》1963 年柏林版第 68—69 页）

这里所说的"最坚定的工人政党"并非指他们是全德工人联合会的成员，而是指他们属于"马克思派"。

梅尔希奥尔和莫尔出走美国，去美前他们先到伦敦拜访了马克思（见 1864 年 6 月 3 日马克思给恩格斯的信，《马克思恩格斯全集》德文版第 30 卷第 402—403 页，参看《马克思恩格斯全集》中文第 1 版第 30 卷第 395—396 页）。马克思和恩格斯以及伦敦工人教育协会为他们筹集了去美国的路费，此外，他们还得到了一封写给阿伯拉罕·雅科比的介绍信。他们在美国（大概在芝加哥）参加了革命工人运动。莫尔不久又返回德国，而梅尔希奥尔则留在美国。梅尔希奥尔让出席 1872 年国际工人协会海牙代表大会的一位美国代表带给马克思一笔钱，以偿还八年前他所得到的那笔款（见弗·阿·左尔格《三月十四日》，载于《新时代》（斯图加特）第 31 年卷 1902—1903 年第 1 册第 721 页）。——438

506 指 1857 年 6 月 21 日在离索林根不远的格隆嫩堡（多尔普镇）附近的森林里举行的秘密工人集会。自 1852 年以来，在杜塞尔多夫和索林根地区显然每年都举行类似的工人集会，所有这些集会都是由共产主义者同盟的前盟员组织的。1857 年 6 月的这次集会（据说有来自索林根、杜塞尔多夫、科隆、巴门、赫沙伊德和附近其他地区的40—100名工人参加）是由卡尔·克林斯领导的。
与会者当中有来自科隆的同盟盟员希拉里乌斯·费舍和约翰·施塔克，来自
杜塞尔多夫的斐迪南·基希尼阿维和古斯达夫·莱维，来自索林根的尤利乌
斯·梅尔希奥尔。尽管警察当局采取了严密的监视措施，它总是事后才得到
些有关这些集会的零星情报。于是警方对克林斯、梅尔希奥尔、基希尼阿维、
施塔克等人进行搜家，还对由于共产党人案件而被关押在科隆的勒泽尔的妻
子搜了家。对施塔克的搜家直到1857年8月才进行，因为在那以前施塔克始
终外出不在家。——见杜塞尔多夫国家档案总馆，Reg. Düsseldorf, Präs.
Nr. 802, Vol. 49, Fach 35 Nr. 4, R. 1171, Bl. 287—297; 梅泽堡德国中央档案馆，
Rep. 6, Gen. , Nr. 54, Bd. 2, Bl. 46—66；卡尔-海因茨·莱迪希凯特“谈谈科隆
共产党人案件后共产主义者同盟的传统”，载于《德国工人运动史论丛》
1962年第4期第866—869页。——438

507　纽约共产主义者俱乐部是在1857年秋天由德国流亡者建立的，他们多半参加
过1818—1849年革命。起领导作用的，主要是阿·康普、弗·康姆、弗·雅
科比（明斯特的候补官员，维护帝国宪法运动后流亡瑞士）、弗·阿·左尔
格。虽然他们在欧洲时不是共产主义者同盟盟员，但他们的感情与同盟是相
通的，愿意在美国继续同盟的活动，文件795中“支部”这一概念的使用也
可证明这一点。俱乐部的藏书中包括马克思和恩格斯断的若干著作。自1857年
年底起，共产主义者俱乐部尽力谋求同伦敦的马克思建立联系（见文件795、
797、798、799、800）。在美国，俱乐部与阿·雅科比、约·魏德迈这样一些
前同盟盟员保持接触。共产主义者俱乐部的成员最多时达到50人，大半是知
识分子和手工工人，其中多数接近不同派别的小资产阶级民主主义和空想共
产主义。随着理论性辩论的开展（在辩论中《共产党宣言》——文件
202——起了重大作用），越来越多的俱乐部成员靠近科学共产主义的立场。
自1857年起，俱乐部试图对正在形成中的美国工人运动施加革命的影响，但
是直到1867年都没有取得明显的成功。

　　美国内战期间，共产主义者俱乐部的多数成员站在北部方面参战。从
1861年到1865年，俱乐部中止了活动。没有留下1865年和1866年的记录。

在这个时期，发生了与拉萨尔主义追随者的旷日持久的争论，不过，俱乐部的多数成员在 1867 年 7 月 2 日参加了第一国际。共产主义者俱乐部的成员，如齐格弗里特·迈耶尔和前同盟盟员奥古斯特·福格特，在 1867 年底创建美国的工人政党时，起了领导作用。共产主义者俱乐部的成员加入了该政党，从而停止了本身的活动。1867 年的记录摘要见文件 816。关于共产主义者俱乐部的历史，见卡尔·奥伯曼《约瑟夫·魏德迈传》1968 年柏林版第 345—352 页；H. C. 鲁勉采娃"纽约共产主义者俱乐部（1857—1867）"，载于《马克思和 19 世纪国际工人运动的若干问题》1970 年莫斯科版第 339—417 页（其中除了保留下来的记录全文，还包括共产主义者俱乐部的章程、成员名单和书目）。——439

508 沃尔姆斯的弗里德里希·康姆自 40 年代初起参加民主运动。1848—1849 年革命期间，他是波恩一家名声不大好的酒店老板，由哥特弗里德·金克尔领导的民主协会在他那里聚会，康姆曾作为民主协会的代表出席 1848 年 6 月 14 日至 17 日在法兰克福举行的第一届民主主义者代表大会（见注 145）和 1848 年 8 月 13—14 日在科隆举行的莱茵民主主义者代表会（见注 188）。在文件 243 中提到的"小弗·康姆，波恩的制刷工"是否指弗里德里希·康姆，看来不十分确定，不过，马克思在一封信中也把酒店老板康姆称作制刷工（马克思 1852 年 10 月 5 日给阿·克路斯的信，《马克思恩格斯全集》德文版第 28 卷第 552 页，参看《马克思恩格斯全集》中文第 1 版第 28 卷第 551 页）。1849 年 5 月，维护帝国宪法运动期间，康姆和弗里德里希·安内克、卡尔·叔尔茨等人一道参加了对锡格堡军火库的袭击，结果失败（在 1850 年 4 月就此事举行的一次审判中，他被缺席宣判无罪），1849 年 7 月流亡瑞士，在日内瓦他成了德意志工人协会以及革命集中的成员。1851 年他加入了由莫里斯·赫斯领导的宗得崩德日内瓦支部，一起参加的还有彼得·伊曼特和维克多·席利。1852 年他被驱逐出瑞士，取道伦敦去美国，在伦敦他会见了金克尔，大概也会见了伊曼特。在美国，以后数年他逐渐熟悉共产主义思想——部分地受到魏德迈的影响——，1857 年夏在纽约与康普一道发起建立共产主义者俱乐部（见注 507），任俱乐部主席。写给马克思的一封信（文件 795）

最初没有得到回答（见注 512）。到 1867 年止，康姆一直是共产主义者俱乐部
的领导成员。——439

509 锡格河畔艾托夫的阿尔布雷希特·康普（见文件 798）是约瑟夫·狄慈根在
锡格堡的青年时代的朋友，他在索林根学习制作帽上饰毛的技术，此后在艾
托尔夫创立一家手工业企业，企业破产后去美国，在这里当银行职员，最后
当上纽约银行总行经理。康普到达美国后最初与威廉·魏特林关系密切（见
海尔曼·施留特尔《德国工人运动在美国的开端》1907 年斯图加特版第
161—162 页）。他与魏德迈的结识以及对政治经济学的学习把他引向共产主
义理论。1857 年夏，在霍博肯的康普家里，举行了几次有康姆等人参加的关
于建立共产主义者俱乐部（见注 507）的事先磋商，1857 年秋康普成为俱乐
部的副主席。根据他的建议，俱乐部展开了对《共产党宣言》（文件 202）的
讨论。他特别致力于俱乐部与国际协会（见注 511）的联系，他本人是该协
会的秘书。1858—1859 年，康普与伦敦的马克思不时有通信联系；在 1859 年
3 月 6 日的俱乐部会议上，他宣读了马克思 1859 年 2 月的一封信（这封信没
有保留下来）。康普在美国宣传马克思的著作《政治经济学批判。第 1 册》
（见文件 800）。大约 1859 年中，在他返回德国的计划破灭后，一度迁居美国
南部。1861 年初，他又参加共产主义者俱乐部的会议，但是由于同情蓄奴州
而受到谴责，被开除出俱乐部。不过，直到 1867 年的记录表明，康普始终参
与俱乐部的活动。——439

510 《纽约共产主义者俱乐部章程》是在 1857 年 10 月 25 日的第一次会议上通过
的。确定该组织性质和目的的第 1 条和第 2 条写道："第 1 条　共产主义者俱
乐部的成员摈弃任何形式的宗教信仰，摈弃一切不以直观为基础的观念。他
们主张一切人，不论肤色或性别，完全平等，因此他们首先致力于废除所谓
的资产阶级所有制，不论它是继承来的还是挣得的，代之以人人都有机会并
尽可能符合人们需要的合理分享地球上的物质和精神果实。他们通过自己的
署名负有义务即使在目前社会状况下也要尽可能实现这些观点，并在道义上
和物质上相互支持。

　　第 2 条　协会通过一切适于它的方式——私下讨论、公开集会、与美国

和欧洲的共产主义者通讯、传阅适宜的刊物和书籍等等，尽力宣传自己的目的。[……]"

第 3 条　是有关会员的规定。

第 4 条规定，每三个月举行一次理事会的选举，理事会由主席、副主席（兼司库）、秘书（兼图书员）组成。第 5 条规定，只要会员人数超过 30，则设立分会，但是没有任何材料表明，这一条款是如何实际应用的。第 6 条规定，只要在美国产生三个分会，则在纽约成立一个中央理事会。这一条没有实现。结尾的第 8 条写道："只要有一个成员主张俱乐部继续存在下去，共产主义者俱乐部就不能被解散。"——章程的印刷本由主席弗里德里希·康姆、副主席阿尔布雷希特·康普、秘书弗里茨·雅科比签字。

章程的完整俄译本，见《马克思和 19 世纪国际工人运动的若干问题》1970 年莫斯科版第 348—349 页。——439

511 国际协会的前身是 1855 年在伦敦成立的国际委员会，于 1856 年 9 月 22 日在伦敦一次为纪念 1792 年法兰西共和国而举行的集会上组成，集会的主持人是厄内斯特·琼斯。协会会员是法国、波兰和德国的流亡者，他们已经在设于伦敦的革命公社、波兰社会主义者协会和德意志工人教育协会中组织起来，会员中还有一些宪章派。伦敦德意志工人教育协会方面的安得烈亚斯·谢尔策尔（见本条注释后面的介绍），特别积极地参与国际协会的工作。该组织的宗旨是，改善各社会主义协会和革命协会在争取建立"民主和社会共和国"的斗争中的国际合作。在国际协会里，主要是法国成员发号施令，协会除了在伦敦有中央机构外，在比利时和美国还设有分会。

纽约的共产主义者俱乐部自 1857 年年底起试图与国际协会的美国分会加强合作；两个组织的成员互相参加对方的活动。共产主义者俱乐部的领导人，主要是阿尔布雷希特·康普，力图把国际协会的成员争取到科学共产主义原则上来，这些人多数是卡贝和蒲鲁东学说的拥护者。

见 A. 弥勒-莱宁"国际协会（1855—1859）。关于第一国际前史的一篇论文"，载于《社会史国际论丛》第 3 册，1938 年莱登版第 185—286 页；卡尔·奥伯曼《约瑟夫·魏德迈传》1968 年柏林版第 349—351 页。

　　裁缝安得烈亚斯·谢尔策尔来自离纽伦堡不远的一个村庄，用马克思的话来说，他"自30年代起就参加工人运动，享有声誉"（马克思《福格特先生》，《马克思恩格斯全集》德文版第14卷第670页，参看《马克思恩格斯全集》中文第2版第19卷第414页）。大约从1839年年中起，谢尔策尔就是巴黎的正义者同盟领导成员。当威廉·魏特林最终移居瑞士前于1840年冬天再次在巴黎逗留时，谢尔策尔非常紧密地靠拢了他。（参看文件15）。于是，许多年之久，谢尔策尔始终是在此期间已过时了的魏特林主义最积极的维护者之一。大约从1841年起，他领导由魏特林发起的膳食协会，该协会同时也是同盟在巴黎的集会中心。谢尔策尔出版了一些小册子，在小册子里，他把自己的诗——其中包括写给魏特林和海尔曼·艾韦贝克的——和关于现实政治问题的短文混合在一起，例如，《要讲仁爱。致德国青年》（1842年巴黎版），《在魏特林被关押的监狱前》（1844年巴黎版），《闲暇与汗珠》（1847年巴黎版）。1847年6月，按照第一次代表大会的决议，巴黎的魏特林分子被开除出同盟（见文件148），这时谢尔策尔是他们的一个领袖，不过，巴黎区部的领导在革命前就把许多魏特林分子重新接纳入盟。1848年2月，谢尔策尔积极地参加了巴黎的革命，在革命中，紧跟艾韦贝克和莫里斯·赫斯（见文件278和294）。他出版了两期《现代和未来报》（1850年巴黎版）。1850年秋，他和巴黎组织的多数一起参加了宗得崩德，1851年秋，由于所谓的德法密谋（见注452）被捕，1852年2月被判处三年徒刑（见1852年2月28日《科隆日报》）。1855年底获释后流亡伦敦，成为工人教育协会的领导人之一。从1858年6月到1859年4月，他出版协会的机关报《新时代》，在报上攻击马克思，因为马克思对纽约的阿·康普的一封来信（文件798）没有及时作答（参看文件803）。谢尔策尔还为伦敦《人民报》撰稿。在马克思与卡尔·福格特的斗争中，谢尔策尔支持马克思（见《马克思恩格斯全集》德文版第14卷第670—672页，参看《马克思恩格斯全集》中文第2版第19卷第414—415页）。1871年底，他与一批拉萨尔分子由于进行诽谤第一国际的活动被开除出工人教育协会一段时间（见1872年1月18日和2月15日恩格斯给威廉·李卜克内西的信，《马克思恩格斯全集》德文版第33卷第377页和401

页，参看《马克思恩格斯全集》中文第 1 版第 33 卷第 380 页和 405 页）。由约翰·莫斯特编辑出版的无政府主义的《自由报》（伦敦），于 1879 年 4 月 26 日第 17 号登载了一篇讣告。——445

512 马克思是在 1858 年 6 月底连同阿尔布雷希特·康普 1858 年 6 月 15 日的信（文件 798）一起收到这封信的。他本想在 7 月 2 日把这两封信寄给恩格斯，可是不知把信放到哪儿去了，直到 1859 年 2 月 9 日，在他"终于给他们回了信"之后，才把两封信附给恩格斯——见马克思 1859 年 2 月 9 日给恩格斯的信（《马克思恩格斯全集》德文版第 29 卷第 393 页，参看《马克思恩格斯全集》中文第 1 版第 29 卷第 376 页）。在此期间，安德烈亚斯·谢尔策尔在伦敦工人教育协会的机关报《新时代》上由于马克思的这种拖延而批评了他。——451

513 沙佩尔声明的由来与马克思准备写反击卡·福格特的著作有关。在这场斗争中，沙佩尔全力支持马克思。在沙佩尔原信的第一页，马克思写上了"ⅩⅩⅩⅢ"，这表明，马克思计划在《福格特先生》的附录中利用这封信，不过，最后没有使用。

沙佩尔在声明中完全正确地指出，造成 1850 年 9 月 15 日分裂的原因，决非个人的分歧，而是政治观点和理论观点的不同。这里不仅指奥古斯特·维利希与小资产阶级流亡者无原则的联系，而且主要指革命理论方面的根本问题（见文件 522）。——471

514 鞋匠奥古斯特·福格特是科隆人，1850 年左右在莱茵地区成了共产主义者同盟的盟员。不清楚他属于哪个支部。60 年代初，他在走南闯北当中来到柏林，结交了斐迪南·拉萨尔——不过，他强调自己是马克思的追随者——，1863 年参与创建全德工人联合会柏林支部。1865 年 3 月底，威廉·李卜克内西写信给马克思："星期一我在联合会详细地谈了你与拉萨尔的关系，我证明，拉萨尔不过是你的一个只会'照葫芦画瓢'的学生而已。现在，除了三个'拉萨尔分子'整个联合会都拥护我们。我的最好的成员是个出色的家伙。名字叫福格特，职业是鞋匠，旧同盟（科隆）的一员。"引自海因茨·许姆勒《拉萨尔的反对派》1963 年柏林版第 166 页。1865 年 11 月，福格特开始和马克思通信，他与自己的朋友——大学生齐格弗里特·迈耶尔和鞋匠泰奥多尔·梅茨纳一道，要求马克思回到德国接管工人运动领导权。1866 年，福格特与约翰·菲力浦·贝克尔也建立了通信联系，同年他与梅茨纳、迈耶尔以及裁缝 A. 赖曼一道，建立了第一国际柏林的第一个支部。他于 1867 年去美国，在纽约加入共产主义者俱乐部（见文件 816），通过马克思与伦敦的国际总委员会通信，直到 1871 年。他与迈耶尔一起，在国际设于美国的组织中起了积极的作用，至少到 1874 年；不过，这两个人与弗里德里希·阿道夫·左尔格处于对立的地位。参看汉斯·尤尔根·弗里德里齐"约翰·菲力浦·贝克尔和《先驱报》对德国工人运动发展的影响（1866—1868）"，载于1964 年《德国工人运动史论丛》特刊《马克思恩格斯和第一国际》第 217—221 页；赛米尔·伯恩施坦《第一国际在美国》1965 年纽约版。——478

515 在巴黎公社失败和 1871 年 9 月第一国际伦敦代表会议之后，英国市民阶层对于国际的兴趣猛增，以致《泰晤士报》发表了一篇详细文章，介绍这个组织的前史、建立过程和发展情况，文章还摘录了国际的纲领性文件。恩格斯在1871 年 11 月 4 日写给威廉·李卜克内西的信中说，文章"材料来源很好"（《马克思恩格斯全集》德文版第 33 卷第 305 页，参看《马克思恩格斯全集》中文第 1 版第 33 卷第 313 页）。一切迹象表明，本文的作者是格奥尔格·埃卡留斯。

英国保守党人亚历山大·柯克伦-贝利以这篇文章为由，在 1871 年 10 月31 日的《泰晤士报》上发表一篇攻击国际的诽谤性文章。总委员会用恩格斯撰写的一篇声明作了回答，声明刊登在 11 月 11 日的伦敦《东邮报》上（《马克思恩格斯全集》德文版第 17 卷第 456—457 页，参看《马克思恩格斯全集》中文第 1 版第 17 卷第 493—495 页；另见《马克思恩格斯全集》历史考证版第 1 部分第 22 卷第 431—432 页和第 1269 页）。——481

516 李卜克内西的这一论断显然并不是偶然的。有趣的是，威廉·白拉克曾把社会民主工党（爱森纳赫派）的成员称作共产党人。在哥达合并代表大会前的协商中，白拉克曾就纲领草案于 1875 年 3 月 23 日写信给奥古斯特·倍倍尔说："这样，原则性部分就会是很一般的，使我们共产党人和拉萨尔分子双方都能够签字同意"。见艾里希·孔德尔"新发现的白拉克关于 1875 年哥达合并代表大会的书信"，载于《德国工人运动史论丛》第 4 期第 613 页（参看《研究〈哥达纲领批判〉参考史料》1978 年三联书店版第 151 页）——490

517 来自海德（迪特马申）的糖果工人约翰·雅各·布吕宁从 1839 年起在汉堡做工。正如维尔穆特和施梯伯在他们的《19 世纪共产主义者的阴谋》第 2 部分（1853 年柏林版第 32 页）中所提到的，虽然他早在 40 年代初或者是在1848—1849 年曾在石勒苏益格—荷尔斯泰因服过兵役，但材料没有保存下来。布吕宁可能在 1845 年就已经是汉堡工人教育协会的会员了；从 1845 年夏天或者 1846 年起他居住在伦敦。他在那里是共产主义工人教育协会的会员，他同萨洛蒙·弗伦克尔有亲密的友谊。1847 年他成为共产主义者同盟盟员。在同盟第一次代表大会之后，他于 1847 年 8 月去了阿姆斯特丹；大概他是文件160 中提到的特使，而不是像注释 122 中所估计的那样，说是约翰·巴尔塔扎尔·多尔。1847 年 11 月或 12 月，布吕宁返回汉堡。在那里他是弗里德里希·马尔滕斯所领导的同盟支部的成员，至迟在 1849 年，他也参加了工人兄弟会的工作。布吕宁在工人教育协会（有时他还为了该组织举办的活动写诗）中积极开展活动，这一点从他当选为秘书（1851 年 5 月至 10 月）就可以看出。

1851 年 9 月弗伦克尔托从伦敦去汉堡的宗得崩德成员迈克尔·奇哈利带给布吕宁一封信，轮船刚抵达汉堡奇哈利就被捕了，警察局于 10 月 2 日逮捕了布吕宁。他们在搜查住宅时发现了工人教育协会的记录本。在审讯中，布吕宁坚决否认参加任何违禁的活动，由于缺乏证据，他终于在 1852 年 3 月 5日经过五个月的审前羁押之后获释，但被驱逐出汉堡。——关于他到 1852 年为止的履历见汉堡国家档案馆，警察局侦查案卷，Serie Ⅳ, Lit. Ⅹ,Nr. 1365, Bd. 2。

布吕宁直到 70 年代在海德当面包师，这时他同汉堡的马尔滕斯偶尔有书信联系。例如，1868 年 5 月 31 日他写道："但是，我们的政治信仰情况如何呢？这是不可动摇的！所有人，甚至那些想打倒我们的死敌都在为我们工作。我们的思想属于未来！"见汉堡国家和大学图书馆，马尔滕斯遗著。——496

图书在版编目(CIP)数据

共产主义者同盟文献(4)/童建挺主编.
—北京:中央编译出版社,2011.12
(国际共产主义运动历史文献. 第 4 卷)
ISBN 978 - 7 - 5117 - 1147 - 2

Ⅰ.①共…
Ⅱ.①童…
Ⅲ.①共产主义者同盟 – 史料
Ⅳ.①D11

中国版本图书馆 CIP 数据核字(2011)第 245800 号

共产主义者同盟文献(4)

出 版 人	和　巽
责任编辑	冯　章
责任印制	尹　珺
装帧设计	田晗工作室
排版制作	醍醐(北京)文化发展有限公司
出版发行	中央编译出版社
地　　址	北京西城区车公庄大街乙 5 号鸿儒大厦 B 座(100044)
电　　话	(010)52612345(总编室)　　(010)52612351(编辑室)
	(010)66161011(团购部)　　(010)52612332(网络销售)
	(010)66130345(发行部)　　(010)66509618(读者服务部)
网　　址	www.cctphome.com
经　　销	全国新华书店
印　　刷	北京印刷一厂
开　　本	787 毫米×960 毫米　1/16
字　　数	515 千字
印　　张	40
版　　次	2011 年 12 月第 1 版第 1 次印刷
定　　价	220.00 元

本社常年法律顾问:北京大成律师事务所首席顾问律师　鲁哈达
凡有印装质量问题,本社负责调换,电话:(010)66509618